Buddhist Sein

(Antworten auf Missverständnisse bezüglich Buddhismus)

Vajropasaka Sivaka Ke RuDe 

Impressum

Bibliografische Information der Deutschen Nationalbibliothek:
Die Deutsche Nationalbibliothek verzeichnet diese Publikation in der Deutschen
Nationalbibliografie; detaillierte bibliografische Daten sind im Internet über
http://dnb.dnb.de abrufbar.

© 2024 Rudolf Korbelius

Herstellung und Verlag: BoD – Books on Demand, Norderstedt

ISBN: 978-3-7597-5033-4

ॐ मूनि मूनि महामूनि शक्यमूनिये स्वाहा

om muni muni mahāmuni śakyamuniye svāhā

Oṁ Āḥ Hūṁ
(in Devanāgarī Schrift)

Dieses Buch richtet sich vorwiegend an jene, die mit der Lehre des Buddha besser vertraut werden wollen. Es soll aber auch jenen Menschen, die sich selbst als Buddhisten bezeichnen oder die sich bereits als ernsthaft praktizierende Buddhisten bemühen die Lehren des Buddha zu leben, dazu verhelfen, ihr Verständnis bezüglich des Buddhismus zu überdenken und dadurch bestehende Irrtümer und Missverständnisse hinsichtlich des Buddhismus zu korrigieren.

ANMERKUNG ZUR SCHREIBWEISE DER FACHAUSDRÜCKE.
Buddhistische Begriffe werden im Text in Sanskrit oder Pali wiedergegeben. Sanskrit wird mit „S" und Pali mit „P" gekennzeichnet. Zusätzlich sind einige Chinesische oder Tibetische Ausdrücke entsprechend mit „C" oder „T" vermerkt. Regeln zur Umschrift und korrekten Aussprache finden sich im Anhang (SIEHE SEITE 391).

INHALTSVERZEICHNIS

Vorwort **7**

Buddha **23**

Präambel 23

Der historische Buddha 25

Klassische Buddha Biographien 41

Buddhas der Vorzeit 49

Wiedergeburts-Geschichten.. 54

Buddha der Zukunft.. 58

Bodhisattva, Arhat, Lohan 62

Erleuchtung und Nirvāṇa 74

Stūpa Pagode Chörten 79

Reliquien... 82

Kann eine Frau Buddha werden? 85

Glauben Buddhisten an Gott? 89

Drei-Körper Lehre.. 94

Buddhastatuen 106

Studium **108**

Präambel 108

Unzufriedenheit und Leiderfahrung.................................... 111

Vier Edle Wahrheiten 116

Achtfacher Pfad 126

Abhängiges Entstehen (Konditionalität)............................. 137

Ursache und Wirkung (Kausalität)...................................... 143

Wiedergeburt?..157

Über das Ich...163

Wahrheit, Wirklichkeit und Realität.............................167

Der Mittlere Weg..174

Buddhistische Logik...181

Bewusstseins-Lehre..187

Buddhismus und Wissenschaft.....................................194

Übung und Meditation 202

Präambel...202

Zuflucht nehmen 204

Lehrer und Schüler..208

Meditative Übung...213

Übungssysteme 221

Einweihung - Initiation..224

Zurückziehen (Retreat)..228

Zeremonien und Rituale..233

Bodhisattva-Weg...236

Buddha-Verehrung...240

Yoga 245

Tantra..251

Qigong und Wushu...257

Lebensführung..260

Präambel...260

Religion oder Philosophie...262

Wann ist man Buddhist?..268

Worin besteht die Praxis? 273

Vertrauen und Glaube 279

Ethik und Moral 282

Reuebekenntnis 286

Die Vier Unermesslichen 289

Vegetarismus 292

Mönchstum oder Laienstand 295

Berufsausübung 297

Soziales Engagement 300

Geschichtliche Entwicklung **303**

Präambel 303

Datierung der Lebenszeit Buddhas 305

Ausbreitung der Lehre 307

Drei Fahrzeuge 317

Differenzierung in Schulen 321

Religionsoberhaupt und Titel 335

Buddhistische Sprache 339

Text-Sammlungen 358

Feiertage 367

Pilgerstätten 371

Ikonographie 374

Was sollte man lesen ? **381**

Das Buddhawort 381

Kommentarwerke 385

Kriterien für lesenswerte Bücher. 387

Anhang..**391**

Schreibweise und Aussprache 391

    Sanskrit und Pali...392

    Chinesisch 395

Textsammlungen der buddhistischen Tradition.........398

    Pali Kanon 398

    frühe Kommentarwerke in Pali.....................................401

    Prajñāpāramitā 402

    Mahāyānasūtra 404

    Chinesischer Tripiṭaka 407

    Tibetischer Kanon 409

Verfasser der Zitate 411

Vergleichstabelle geschichtlicher Ereignisse 418

Register der wichtigsten Sanskrit Begriffe..................422

Weitere Bücher des Autors 425

VORWORT

Dieses Buch und im Besondern auch dieses Vorwort richtet sich an all Jene, welche die Lehren des Buddha nicht als Religionsersatz oder Wohlfühlbalsam betrachten, sondern sich bemühen in den Wesensgehalt der Lehre wirklich einzudringen. Es sollten sich somit all jene Menschen angesprochen fühlen, die den Weg des Buddha nachvollziehen wollen und nicht müde werden diese Herausforderung anzunehmen um sich ernsthaft mit dieser Lehre, die wir Buddhismus nennen, zu beschäftigen.

Buddhas letzte Worte vor seinem Hinscheiden waren folgende.

„vayadhammā saṅkhārā appamādena sampādethā"
„Alle bedingten Dinge sind dem Verfall unterworfen, strebet achtsam weiter."

sutta piṭaka, dīgha nikāya, mahāparinibbāna sutta
(Palikanon, Längere Sammlung, 16)

„Jede Erscheinungsform und alle Phänomene sind dem Wandel und der Veränderung unterworfen. Bemüht Euch daher ständig aufrichtig und ernsthaft um die rechte Sichtweise." Das ist die Bedeutung dieser Worte, die wir nicht vergessen sollten wenn wir uns dem Buddhismus zuwenden.

Der Buddhismus scheint bereits im Westen angekommen zu sein. Damit sind all jene Länder ausserhalb Asiens gemeint die keine lange buddhistische Tradition aufweisen. Vielerorts finden sich nun bereits in diesen Ländern buddhistische Gruppen und Zentren. Lehrer aus Asien kommen in den Westen und geben Unterweisungen und halten Vorträge über die Lehre des Buddha. So scheint es, dass diese Lehre nun im Westen Fuß gefasst hat. Doch bei genauerem Hinsehen scheint dieser Schein zu trügen.
Viele Menschen betrachten sich als Buddhisten und haben im Grunde nur die ihnen bequemen Lehren daraus entnommen und zu ihrem bereits bestehenden Weltbild hinzugefügt. Zu tief und zu stark sind wir hier im Westen geprägt durch die zweitausend Jahre andauernde christliche

Denkweise und letztlich auch festgefahren in der Werteskala die uns die gängige westliche materialistische Lebensweise vorgibt. Wir sind und bleiben in einer Art des dualistischen Denkens und in absoluten Begrifflichkeiten verwurzelt.

Ich werde nun hier einige Arten beziehungsweise Kategorien von sogenannten Buddhisten kurz benennen und jeder sollte für sich darüber reflektieren und versuchen sich zu hinterfragen. Inwieweit habe ich selbst eine solche Tendenz? Inwieweit ist es mir wirklich ernst mit dem Buddhismus? Ist meine eigene Motivation aufrichtig und ehrlich?

Da gibt es hier im Westen die sogenannten Esoteriker und spirituell motivierten Suchenden, die den Buddhismus aus ihrer eigenen Interpretation heraus umgestalten. Sie kreieren sich ihre eigene Lehre und fühlen sich darin wohl und dadurch auch bedeutend. Denn sie scheinen nun in den Besitz einer Wahrheit gelangt zu sein, die sie von ihren Mitmenschen abhebt und ihnen gegenüber das Gefühl der Sicherheit und oft auch einer gewissen Überlegenheit den Anderen gegenüber vermitteln kann. Man fühlt sich besser und das eigene Ego fühlt sich wohl und zufrieden. Dies hat aber mit der Lehre des Buddha wenig zu tun und ist den Grundaussagen des Buddhismus entgegengesetzt.

Da gibt es die Anhänger verschiedenster buddhistischer Schulen, welche meinen der Buddhismus bestehe darin zu einem Asiaten (Tibeter, Inder, Koreaner oder Japaner) zu konvertieren. Sie übernehmen die kulturellen Formen und vernachlässigen weitgehend die Inhalte. Sie fühlen sich wohl in den neuen Formen, denen sie nacheifern. Sie tauchen bereitwillig und leider auch kritiklos in fremde kulturelle Eigenheiten ein und meinen dadurch der Buddhalehre näher gekommen zu sein. Doch wäre dies die rechte Methode sich dem Buddhismus zuzuwenden, dann wäre der Buddhismus nach seiner Ausbreitung in den unterschiedlichsten Ländern Asiens immer noch der Buddhismus mit indisch kultureller Prägung. Doch in Asien wurde in der Ausbreitungsphase des Buddhismus stark darauf geachtet vorwiegend die Lehre und deren Inhalte zu übernehmen. Die kulturell geprägten Formen wurden zwar beachtet, sie wurden aber nur dort wo es sinnvoll und angebracht erschien in die eigene Kultur assimiliert. Daher unterscheidet sich die Lehre und Darstellung des Buddhismus in den asiatischen Ländern zwar in ihrem Erscheinungsbild nicht aber in ihren grundsätzlichen Inhalten.

Anderseits haben wir jene bekennenden Buddhisten, die sich einer Schule oder Gruppe von Buddhisten angeschlossen haben und dadurch meinen damit wäre nun alles erledigt – sie sind ja nun offiziell und ernsthaft Buddhisten geworden. Diese Westler fühlen sich in diesen Gruppen entspannt und zufrieden und bemühen sich daher sehr oft wenig oder gar nicht ihre eigenen Fehler zu erkennen und an sich ernsthaft zu arbeiten. Sie bleiben ihrer zur Gewohnheit gewonnenen Weltsicht in den meisten Aspekten verbunden und hinterfragen diese nicht wirklich. Sie halten letztlich an den Fundamenten, an der tiefsitzenden eigenen Einstellung, der eigenen Sichtweise beharrlich fest und beurteilen aus dieser Position heraus alles andere auch die Lehren des Buddhismus. Oder sie fallen in das andere Extrem übernehmen kritiklos alles Angebotene und vergessen dabei, dass es um Inhalte und nicht primär um Formen geht. Sie kaschieren damit ihre eigenen Probleme, sind nicht gewillt sich selbst ungeschminkt gegenüber zu treten und fühlen sich durch die Geborgenheit in der Gruppe bestätigt.

Der Inhalt sollte somit das Wesentliche sein und nicht die Erscheinungsform dieses Inhaltes. Jede Schule des Buddhismus betont die intensive persönliche Schulung in den Bereichen Studium, Meditation und Lebensführung. Doch wie gestalten die meisten Buddhisten ihren Zugang zur Lehre? Sie sammeln buddhistische Belehrungen sowie Übungsunterweisungen und vertrauen darauf, dass alleinig ihre Zugehörigkeit zu einer buddhistischen Gruppe bereits den Erfolg garantiert. Buddhismus ist jedoch kein Hobby und kein Zeitvertreib, er ist auch nicht ein sogenannter Ausgleich zum alltäglichen Leben, der uns getrennt vom Profanen Energie und Kraft spenden soll. Und die Lehre des

Buddha ist auch keine Ersatzreligion oder Philosophie, die es uns leichter macht aus unseren bestehenden Verpflichtungen zu entfliehen.

Und noch etwas sei zu erwähnen. Der Buddhismus wird hier Im Westen oft stark intellektualisiert und als Disziplin der Religionswissenschaft betrieben. Dies ist vor allem in sogenannten akademischen Kreisen sehr verbreitet. Die vergleichende Religionsbetrachtung erfolgt dann oft im Kontext christlich kultureller Rahmenbedingungen, wie z.B. theologischer Institute. Oder der Fokus wird auf sprachliche Forschung und Übersetzungstätigkeiten gelegt. Das Zauberwort ist dann die sogenannte „Buddhologie". Doch ohne meditative Schulung und ohne das ernsthafte Bemühen den Weg des Buddha in der eigenen Praxis zu gehen ist Sprachwissenschaft, Philosophie, etc. nicht der Nachvollzug der Lehre! Somit bleiben nicht nur buddhistische Standardtexte sondern auch übersetzte Texte der meditativen Praxis letztlich abstrakt oder verfälschen die Lehre des Buddha. Nicht Gelehrsamkeit ist der Schlüssel zum Verständnis der buddhistischen Lehre, sondern nur die Ausgewogenheit von Wissen, meditativer Schulung und Anwendung im praktischen Leben.

Und dann gibt es noch das andere Extrem und die Lehren werden gar nicht intellektualisiert und rein als religiöse Strömung, als eine Glaubenslehre in der man sich eingebettet wohlfühlen kann wahrgenommen. Auch dies führt leider in den meisten Bereichen zu einer Verzerrung der Inhalte der Buddhalehre. Der Buddha gründete keine Religion (im westlichen Sinn), er legte seine Erfahrungen offen dar. Er kann uns nicht erlösen, er kann uns nicht die Erleuchtung vermitteln, seine Inspiration und seine Lehrdarlegungen können uns aber dahin führen und dazu verhelfen, dass wir uns selbst aufraffen und den Weg des Buddha beschreiten – ernsthaft und aufrichtig beschreiten.

Um all diese falschen Vorstellungen vom Buddhismus und den Irrtümern, denen viele Menschen aufsitzen, entgegen zu wirken und uns dies einigermaßen bewusst zu machen wurde dieses Buch geschrieben.

Wenn man nun mit Freunden oder Bekannten über Buddhismus spricht, dann werden manche zentralen Themenbereiche des Buddhismus wie die Philosophie des Mittleren Weges (S: madhyamaka, auf die Mitte bezüglich) und die buddhistische Bewusstseinslehre (S: cittamātra, nur Bewusstsein) gar nicht erwähnt oder sind völlig unbekannt. Dafür ist man aber häufig mit Fragen zu Themen wie Meditation, Karma, Wiedergeburt oder anderen Lehrinhalten den Buddhismus betreffend konfrontiert. Es werden Behauptungen über buddhistische Begriffe und Themen aufgestellt, die mit der Lehre des Buddha wenig oder gar nichts zu tun haben. So kommt es zu einem verdrehten Verständnis der buddhistischen Inhalte. Aber auch Fragen nach den geschichtlichen Ursprüngen und der Ausbreitung der Lehre, der Tradition der Buddhalehre, bleiben oft unbeantwortet und im Dickicht der eigenen Meinungen und Interpretationen verhaftet. Auch hier treibt die Phantasie manchesmal interessante Blüten.

Hier ein paar solch obskurer Beispiele: Vajrayāna, der Diamantweg, sei eine Fehlentwicklung und dekadent; der tibetische Buddhismus ist die älteste Form der Lehre; Tantra im Hinduismus und im Buddhismus sind das selbe; Pali ist die heilige Sprache des Buddhismus; der Dalai Lama ist das Oberhaupt aller Buddhisten; Meditation führt zu Glück und verbessert das eigene Lebensgefühl; China ist atheistisch und hat auch in der Vergangenheit wenig mit Buddhismus zu tun gehabt; Zen entstand in Japan; der Theravada Buddhismus ist Hīnayāna und die wahre urspüngliche Lehre des Buddha; und so weiter. Diese Liste könnte man leider lange fortsetzen.

Wir werden im Laufe dieses Buches nun feststellen, dass solche Behauptungen und Ansichten der Lehre des Buddha entweder nicht entsprechen oder die buddhistischen Lehrinhalte nur unvollständig oder verdreht wiedergeben.

Und was nun die Praxis der Integration der Buddhalehre in das Leben selbst betrifft, so wird auch hier viel hineininterpretiert und falsch akzentuiert oder Wesentliches gar nicht praktisch beachtet. Die Lehre des Buddha wird entsprechend angepasst und man korrigiert seinen

Lebensstil nicht wirklich. Der praktische Bezug zum eigenen Leben wird nur in jenen Bereichen in Angriff genommen die aus der momentanen Sichtweise heraus als wichtig erscheinen. Die wirklichen viel tiefer sitzenden Probleme und unheilsamen Eigenarten unserer selbst werden vernachlässigt und gar nicht in Angriff genommen. Sie bleiben in uns begraben und werden nicht durchleuchtet. Die eigenen Schwächen werden nur dort korrigiert wo es uns nicht tief innerlich betrifft und Unbehagen auslösen würde, das alltägliche Leben geht weiter wie zuvor.

Aber auch ein anderes Extrem ist zu beobachten. Alltägliche Dinge, wie Berufsausübung, der Umgang mit Mitmenschen oder Verhaltensrichtlinien und ähnliches werden ausschließlich im Licht der neuen Betrachtungsweise, nämlich des Buddhismus, versucht zu sehen. Das heißt unser Verständnis des Buddhismus bestimmt unser Engagement im täglichen Leben. Wir versuchen dann alles ausschließlich buddhistisch zu interpretieren. Das Essen muss achtsam erfolgen, die Unterhaltung mit Mitmenschen muss sich vorwiegend um buddhistische Inhalte drehen, unser Benehmen soll ständig den Geist der Lehre widerspiegeln, usw.. Das reale Leben mit seinen Höhen und Tiefen wird hintan gestellt. Wir versuchen keine starken Gefühle zu zeigen, wir ziehen uns aus einer Art von Menschlichkeit zurück, denn das Leben soll ja nun „buddhistisch" werden. Wir beginnen uns selbst als Marionette unserer Sichtweise zu verhalten. Mit anderen Worten der Geist der Lehre, die Inspiration und Praxis geht verloren oder wird dadurch nicht wirklich erfasst.

Wir als Menschen, die in einem „nicht-buddhistischen" Kulturkreis hier im Westen leben und aufgewachsen sind, tun uns schwer manche Aussagen des Buddhismus in unser Leben zu integrieren. Asiaten, d.h. Menschen die in einem buddhistischen Umfeld leben und in einer dem Buddhismus nahestehenden Kultur aufgewachsen sind, können viele Aussagen des Buddhismus leichter erfassen und haben weniger oder oft nur geringe Schwierigkeiten damit das Essenzielle zu erfassen. Viele Dinge werden als natürlich empfunden und werfen somit keine Fragen bzw. Probleme auf. Bei Menschen in der westlichen Hemisphäre ist dies leider anders.

Zum einen liegt das daran, dass wir im Westen sehr stark durch die christliche Kultur und Religion geprägt sind und daher andere Religionen meist aus diesem Blickwinkel heraus betrachten und beurteilen und zum anderen liegt es aber auch daran, dass sprachliche Schwierigkeiten im Verständnis einzelner Begriffe zu überwinden sind. Viele der buddhistischen Ausdrücke sind in unserem religiösen und auch im europäisch-philosophischen Gedankengut nicht oder nur mangelhaft vorhanden oder sie werden gänzlich anders verstanden. Viele Begriffe, die der Buddhismus verwendet, basieren auf Sprachen, die bereits über Jahrhunderte und sogar Jahrtausende einen anderen philosophischen und kulturellen Bezug haben. Bei Übersetzungen werden dann diese Begriffe in westliche Terminologie übertragen und durch das westlich-kulturelle und philosophische Verständnis und das eigene religiöse Empfinden gefärbt. Dadurch erscheint uns ein Zugang zu den Lehrinhalten des Buddhismus erschwert. Es setzen sich hartnäckig fehlerhafte Interpretationen fest und es ergibt sich viel Stoff zum Nachdenken, Diskutieren und zum Hinterfragen. Auch hier seien Begriffe wie Nirvāṇa, Karma, Erleuchtung, Nicht-Ich sowie Meditation beispielhaft erwähnt, die einerseits viel zu viel Interpretationsspielraum in ihrer übersetzten Wortbedeutung haben oder einfach betrachtet völlig falsch interpretiert oder verstanden werden. Aber auch Begriffe der westlichen Philosophie und der abrahamitischen Religionen finden Einzug in die übersetzten Texte des Buddhismus. Da finden sich Bezeichnungen wie es sie in dieser Form und Bedeutungsweise in den Lehren des Buddha so nicht gibt wie zum Beispiel Glaube, Gebet, Religion, Seele, Meditation, Gebote, Gott, Sünde, usw.

In den vergangenen Jahren, und letztlich bis heute, sind viele Missverständnisse und manche Fragen zur buddhistischen Lehre immer wieder in meinem persönlichen Umfeld aufgetaucht. Wobei dies nicht nur auf Menschen zutraf, denen die Lehre des Buddha unbekannt war und somit für sie etwas Neues darstellte, sondern diese Themen werden auch von jenen hinterfragt und diskutiert, die sich bereits mit dem Buddhismus auseinandergesetzt haben. Hierbei geht es sehr oft um die Frage, wie etwas wirklich zu verstehen ist und warum es im Widerspruch zum persönlichen Weltbild bzw. eigenen Gedankengut zu stehen scheint. Wie habe ich diesen Begriff oder ein spezielles Thema zu verstehen und warum passt es in manchen Aspekten nicht zu meinem gewohnten Weltbild? Wie setze ich die buddhistische Lehre praktisch in meinem Leben um? Wie kann ich für mein Verhalten und meine Lebensweise den besten Nutzen aus den vom Buddha hinterlassenen Lehren gewinnen? Worin liegen der Schlüssel zur Anwendung und der praktische Nutzen?

All diese Fragestellungen werden dann meist durch eigene Interpretation beantwortet und somit ergibt sich ein Verständnis des Buddhismus, das in manchen Aspekten stark von der eigentlichen Lehrdarlegung abweicht oder diese sogar völlig verdreht. Dadurch verfestigen sich die Irrtümer und die Lehre des Buddha bleibt weitestgehend missinterpretiert. Begriffe wie Wiedergeburt, Erleuchtung, Karma, Nirvāṇa, usw. setzen sich in missinterpretierter Weise fest und andere meist christliche Begriffe wie Seele, göttliches Wesen, Gebet, Sünde, Gebote werden dem Buddhismus aus Unverständnis hinzugefügt oder als Übersetzung angeboten, wo sie gar nicht hingehören oder einfach nicht in der buddhistischen Lehre vorhanden sind.

Wir sollten aber noch etwas bedenken. Für viele Menschen bleibt der Buddhismus leider meist auch so etwas wie ein Hobby oder eine befriedigende Erweiterung des eigenen spirituellen Weltbildes. Das geht aber an einem Verständnis der Lehre des Buddha völlig vorbei. Nach dem intellektuellen Einstieg und Studium der buddhistischen Lehren sollte berechtigterweise der Wunsch entstehen, das Gelesene und Durchdachte wirklich zu verstehen und auch praktisch anwenden zu können. Doch hier entsteht das Problem. Denn nicht alles, was wir scheinbar intellektuell nach dem ersten Begreifen geistig verdaut zu haben scheinen, ist es auch.

Und so entstehen geistige Verdauungsbeschwerden, die sich uns in Form nicht befriedigend beantworteter Fragen nun aufdrängen.

Es entstehen Zweifel und Missverständnisse sowie Fehlinterpretationen. Wir greifen wiederholt zu weiteren Büchern und Darstellungen, finden jedoch nicht in dem Maße Antworten auf unsere offenen Fragen, wie wir es uns erwarten und wünschen würden. Denn leider finden sich auch in manchen Darstellungen des Buddhismus, die in Zeitschriften und Magazinen erscheinen, des öfteren ungenaue Erklärungen und manche nicht-buddhistische oder aus dem Blickwinkel des Christentums oder esoterischer Vorlieben heraus geprägte Interpretationen. Andererseits gibt es seriöse Bücher und Artikel über den Buddhismus, die allerdings den Schwerpunkt oft nur auf sogenanntem Faktenwissen aufbauen, d.h. geschichtlicher Hintergrund, schulspezifische Ausprägungen, mit anderen Worten Theorie. Die wenigsten Darstellungen versuchen die Inspiration und Motivation der Lehre selbst in den Vordergrund zustellen. So entstehen oft mehr Fragen als Antworten, nachdem wir solche Schriften gelesen haben.

Unter den Büchern, die sich mit dem Buddhismus als Hauptthema auseinandersetzen, gibt es nach wie vor einseitige und unklare Darstellungen. Allzu oft werden buddhistische Texte von „Gelehrten" übersetzt und diesen fehlt meist jeglicher Bezug zur praktischen Umsetzung. Intellektuelle Erkenntnis gepaart mit sprachlichem Wissen ist bei weiten nicht ausreichend den Buddhismus wirklich verdauen geschweige denn praktisch in sein eigenes Leben aufnehmen zu können.

Die Lehre des Buddha ist keine Philosophie, welche durch mentale Akrobatik ergründet werden kann. Diese Methode der ausschließlich intellektuellen Auseinandersetzung mit dem Thema scheint im Westen aber der bevorzugte Zugang zur Philosophie zu sein. Auch wenn ein praktischer Bezug hergestellt wird, so fehlt dem westlichen Philosophen die eigene Selbstverinnerlichung, er bleibt ein Denker und er ist kein Meditierender.

Die Lehre des Buddha ist eine Anweisung zur praktischen Lebensführung, zur Korrektur der eigenen Sichtweise und damit beinhaltet sie die Notwendigkeit, das Studierte und das erlangte Wissen auch zu verdauen. Diese sogenannte Verdauung ist die meditative Schulung und ohne diese bleibt eine Erfahrung des Buddhismus Gehirn-Akrobatik.

Ich habe daher versucht im Kontext der Themen der Buddhalehre diesen Geist der Inspiration und Motivation aufzuzeigen. Dass dabei manche Irrtümer bezüglich der Lehre angesprochen und erhellt werden ist natürlich notwendig.

Die Motivation zur Abfassung dieses Buches kam für mich aus unterschiedlichen Bereichen. Bereits meine Yogalehrer aber vor allem meine buddhistischen Lehrer zeigten mir, dass es wichtig ist, das Gehörte nicht nur intellektuell zu erfassen sondern auch praktisch umzusetzen. In den 1970er und 1980er Jahren führte ich bereits umfangreiche Gespräche, um Fragen bezüglich der praktischen Anwendung der Buddhalehre zu hinterfragen und um Antworten und Meinungen darüber zu diskutieren. Zu jener Zeit war der Buddhismus in Europa noch wenig verbreitet. Es war eine Zeit des spirituellen Aufbruchs und Formen des Yoga und der Meditation kamen verstärkt in Europa an.

Um aufzuzeigen inwieweit der Buddhismus inhaltlich im Westen angekommen ist und wie schwieirig es letztlich ist die Lehren des Buddhismus im Denken und Empfinden der Menschen zu verankern möchte ich hier deshalb als ein Beispiel die Entwicklung des Yoga im Westen und das Wegtriften von der ursprünglichen Yogalehre kurz aufzeigen.
Was die Entwicklung des Yoga im Westen betrifft muss man sich eingestehen, dass sie sich hier im Westen im Laufe der Zeit stark von ihrer ursprünglichen indischen Form in die Richtung einer Körperertüchtigung und Gesundheitslehre entwickelt hat. Es gibt nun hier im Westen Yoga für Fitness, für Anti-Aging und vorwiegend wird sogenannter Ashtanga-Yoga propagiert. Asthanga ist ein Sanskritbegriff und bedeutet acht Glieder (S:

aṣṭāṅga, achtgliedrig) und bezieht sich auf das klassische Raja Yoga System wie es Patanjali (SIEHE SEITE 245) im fünften Jahrhundert bereits in den Yogasutren niedergeschrieben hat. Dabei wird aber die Grundlage, die Basis und zentrale Lehre des Yoga, nämlich die meditative Schulung, niemals vernachlässigt. Yoga wird jedoch im Westen hauptsächlich als Körper betonter Yoga (S: haṭha yoga) gelehrt, einem Fitnessprogramm eher vergleichbar als einer ganzheitlichen spirituellen Schulung. Dies bedeutet, dass die zentrale Motivation Yoga zu üben weitgehend verloren gegangen ist. Gymnastik esoterischer Prägung wurde hier im Westen erschaffen und nun in der Allgemeinheit als Yoga verbreitet und vermarktet. Unterschulen des Yoga werden als die Hauptströmung der Lehre propagiert und die Basis scheint weitgehend verloren gegangen zu sein.

Wenn man sich nun die Entwicklung des Buddhismus hier im Westen ansieht, so erkennt man eine ähnliche Tendenz wie beim Yoga, die teilweise bereits ebenfalls weg von der ursprünglichen Basis führt. Die Lehren des Buddhismus verbereiten sich wie erwähnt entweder als esoterische Strömung, als Kopie einer asiatischen Kultur oder als zusätzliches Wohlfühl-Programm für den gestressten und inhaltsleeren Menschen unserer technokratisch geprägten Zeit. Meditationskurse werden als Buddhismus verkauft aber auch traditionelle Rituale mancher buddhistischer Schulen, die weitgehend kulturell gefärbt sind, werden ohne tieferes Verständnis einer großen Zuhörerschaft angeboten.

In allen asiatischen Ländern, in denen der Buddhismus Fuss fassen konnte, geschah dies aber dadurch, dass die Praktizierenden und ernsthaft Übenden der buddhistischen Lehre, den Inhalt der Lehre im jeweiligen eigenen sozialen Umfeld nach und nach bekannt machten. Organisationen, wie Tempel und Klöster sowie Vereinigungen und Gesellschaften wurden auf Grund dieser praktischen Erfordernisse dann schließlich ins Leben gerufen. Wir sehen also, dass zuerst der Inhalt und dann die Form kam. Zuerst gab es eine nicht zu vernachlässigende Anzahl von Übenden und Bekennern zur Lehre und daraus entwickelten sich die organisatorischen Strukturen und gesellschaftsrelevanten Formen. Im

Westen scheint es allerdings in vielen Bereichen eher umgekehrt zu sein.

Buddhistische Organisationen breiten sich im Westen aus und schaffen Strukturen wie Zentren und Vereinigungen, die aber stark durch die Kultur und die sozialen Strukturen ihres Herkunftlandes geprägt bleiben. Dadurch erlangen sie natürlich Zulauf und eine anwachsende Zahl von Mitgliedern. Nur Mitglieder, die sich ohne tiefer in das buddhistische Gedankengut einzudringen dann als Bekenner des Buddhismus deklarieren sind aber keine ernsthaften Bekenner der buddhistischen Lehre. Wir sehen dies zum Beispiel daran, dass buddhistische Texte in einer Fremdsprache wie Pali, Sanskrit, Tibetisch oder Japanisch rezitiert werden, ohne dass der oder die Betreffende sich deren Inhalt wirklich erarbeitet hat und einen Großteil der Rezitation gar nicht versteht. Man sollte einmal darüber nachdenken warum in asiatischen Ländern die meisten buddhistischen Texte in der jeweiligen Landessprache von den Menschen dort rezitiert werden (Indien – Sanskrit, China – Chinesisch, Korea – Koreanisch, Japan – Japanisch). Und in Südost-Asien ist es Pali, weil dies durch die Reziterenden auch wirklich inhaltlich verstanden wird.

Ich will damit in keinster Weise das Engagement dieser Bestrebungen schmälern. Ich will hier aber zu bedenken geben, ob kulturelle, organisatorische und mitgliederstarke Gemeinschaften, den Kern des Buddhismus weitertragen geschweige denn inhaltlich lebendig erhalten können. Hier besteht sicherlich die Problematik, dass die buddhistische Lehre verwässert und den Bedürfnissen der Anhänger angepasst wird. Dies sollten wir beachten, denn die Quantität ist niemals ein Garant für die Qualität einer Sache.

Aus all diesen Gründen und wegen dieser gewonnenen Eindrücke, erscheint es notwendig sich ernsthafter mit den unverfälschten buddhistischen Lehren auseinander zu setzen. Denn auch aus der Lektüre mancher Bücher, die hier im Westen unter dem Begriff Buddhismus publiziert werden, finden sich teilweise unklare Darstellungen über den Buddhismus.

Besonders hilfreich und erhellend waren und sind daher vor allem meine Kontakte zu Buddhisten, die in einem buddhistischen Umfeld aufgewachsen sind und in einem Land mit buddhistischer Kultur leben. In Gesprächen über die Lehre des Buddha in Tempeln und Klöstern in China als auch mit Laienanhängern und Laienanhängerinnen wurden viele Aspekte der buddhistischen Lehre für mich klarer. Denn aus asiatischer Sicht scheint der Zugang zur Lehre des Buddha ursprünglicher und mit weniger Fallstricken versehen zu sein als aus der westlichen und stark gefärbten christlichen Sichtweise heraus.

Das hier Dargelegte ist natürlich nur eine Auswahl. Ich habe allerdings versucht jene Themen aufzuzeigen, die in Gesprächen immer wieder angeschnitten wurden oder über die leider sehr häufig Fehlinterpretationen verbreitet werden. Inwieweit dies gelungen ist, muss der Leser, die Leserin selbst für sich beurteilen. Die Antworten und Erklärungen zu den einzelnen Themen sind geprägt durch meine eigenen Erfahrungen und sind natürlich durch meine gewählten Formulierungen gefärbt. Ich hatte jedoch, während der vergangenen Jahrzehnte das Glück und vielleicht auch das Privileg, unter Anleitung meiner Lehrer diese Themen studieren und vor allem praktizieren zu können. Durch diese Unterstützung war es für mich erst möglich diese schriftliche Zusammenfassung als ein Hilfsmittel zu verfassen.

Möge der Leser und die Leserin die hier ausgebreiteten Themen betrachten und sich mit ihnen beschäftigen. Mögen sie dies zum Anlass nehmen, über die Themen, die hier behandelt werden, selbst zu reflektieren und durch eigenes Nachdenken daraus Gewinn ziehen. Vielleicht gelingt es mit jener inneren Einstellung, die der Buddha selbst so trefflich in der Lehrrede an die Kalamer darlegte, an die Sache heran zu gehen.

„.. Geht, .., nicht nach Hörensagen, nicht nach Überlieferungen, nicht nach Tagesmeinungen, nicht nach der Autorität heiliger Schriften, nicht nach bloßen Vernunftgründen und logischen Schlüssen, nicht nach erdachten Theorien und bevorzugten Meinungen, nicht nach dem Eindruck persönlicher Vorzüge, nicht nach der Autorität eines Meisters. Wenn ihr aber, ..., selber erkennt: `Diese Dinge sind heilsam, sind untadelig, werden von Verständigen gepriesen, und, wenn ausgeführt und unternommen, führen sie zu Segen und Wohl`, dann, ..., möget ihr sie euch zu eigen machen."

sutta piṭaka, aṅguttara nikāya, kālāma sutta
(Palikanon, Angereihte Sammlung III,66)
nach einer Übersetzung von Nyānatiloka

So möge dieses Buch eine Hilfe sein, im Auffinden von Antworten, und möge es auch Anlass zu eigenem Nachdenken sein sowie zu eigener vorurteilsfreier Reflexion und schließlich zu einer praktischen Umsetzung und Anwendung der buddhistischen Lehrinhalte hinführen. Möge es dazu verhelfen jene Inspiration aus der Lehre des Buddha zu gewinnen, die entsteht wenn wir unsere eingeschränkte und vor allem westlich geprägte Sichtweise hinterfragen. Wenn wir offen werden für Neues und die Mauern in unserem Weltbild versuchen zu überwinden, werden wir es schließlich auch schaffen uns aus dem selbst auferlegten Gefängnis der eigenen Meinungen und Ansichten zu befreien.

Die nachfolgenden Kapitel folgen keiner notwendigen inhaltlichen Reihenfolge. Sie müssen nicht zwingend vom ersten bis zum letzten Kapitel in der gegebenen Reihenfolge gelesen werden. Ich habe weitestgehend versucht keine Abhängigkeiten von einem Kapitel in ein anderes zu schaffen. Sollte ein tieferes Verständnis einzelner Begriffe jedoch als notwendig erscheinen, so sei auf die im Text eingebetteten Querverweise verwiesen.
Damit kann dieses Buch auch quer gelesen werden. Der Leser und die Leserin können somit jene Themen gezielt herausgreifen, die ihnen gerade als wichtig erscheinen. Man sollte sie lesen, wenn möglich mit Gleichgesinnten diskutieren und inhaltlich hinterfragen. Gerade in der heutigen Zeit haben wir den Vorteil auf eine Fülle von Informationen

leicht zugreifen zu können. Achtsam und mit Bedacht sollte man gewonnenes Wissen ergänzen und vervollständigen. Hier sei vor allem die Möglichkeit der Internet Recherche erwähnt. Vielleicht verhilft dieses Buch dazu den sogenannten goldenen Faden in der Fülle der Informationen zu finden. So kann man sich schrittweise oder je nach Notwendigkeit mit dem einem oder anderen Thema auseinandersetzen und besser damit vertraut machen.

Ein Gesamteindruck bezüglich einer praktischen Umsetzung der buddhistischen Lehre in unser Leben erschließt sich natürlich umso besser je ganzheitlicher wir mit den Lehrinhalten der buddhistischen Lehre (P: dhamma / S: dharma) vertraut sind. Daher macht es natürlich Sinn nicht nur einzelne Kapitel nachzulesen, sondern das gesamte Buch zu beachten. Vollständigkeit kann man bei dem hier ausgebreiteten Thema allerdings in keinster Weise erwarten. Was hier ausgebreitet wurde, sind Themen, die in meinem Umfeld relevant waren und sind, die ich mit meinen Lehrern sowie mit Gleichgesinnten besprochen, diskutiert und erörtert habe. Ich hoffe aber trotz dieser Unvollständigkeit, dazu beizutragen auf wesentliche Irrtümer bezüglich des Buddhismus hinweisen zu können und durch die Darstellung der jeweiligen Themen zur Richtigstellung beitragen zu können.

Abschließend möchte ich noch all meinen Begleitern auf dem Weg des Dharma sowie all meinen Freunden danken, denn ohne sie, ohne den Dialog mit ihnen, wäre dieses Buch nicht entstanden und auch manche meiner eigenen Fragen wären unbeantwortet geblieben oder hätten sich in den abstrakten Gefilden der Theorie eingenistet ohne jeglichen Nutzen für das praktische Leben zu haben.

Mein besonderer Dank gilt vor allem meinen indischen, chinesischen, tibetischen aber auch meinen europäischen Lehrern.
Meiner chinesischen Frau und Gefährtin auf dem praktischen Weg des Buddha Dharma danke ich für ihre Anregungen und die vielen Gespräche, die mir manche festgefahrene westliche Interpretation korrigieren half und hilft. Meinem Sohn danke ich für seine Anregungen und das Korrekturlesen von Teilen des Manuskriptes.

Ohne den Anstoss durch meine indischen Lehrer, die mich inspririerten den praktischen Weg des Yoga zu beschreiten und ohne die Inspiration durch meinen buddhistischen Guru wäre dieses Buch nie zustande gekommen.

Wien (Österreich)
Wenjiang (Sichuan, China)
im Jahr des Drachen, 2024

BUDDHA

PRÄAMBEL

Im Buddhismus werden die Drei Juwelen oder Kleinodien (P: tiṣarana / S: triśaraṇa) in hohen Ehren gehalten. Das ist der Buddha, die Lehre (P: dhamma / S: dharma) und die Gemeinde (P: sangha / S: saṅgha). Der Buddha ist der Erwachte, der aus sich selbst heraus den Weg aus der Unzufriedenheit und Leidhaftigkeit gefunden hat. Die Lehre ist der vom Buddha gefundene Weg und seine Darlegungen bezüglich dieses Weges. Die Gemeinde sind dann diejenigen die sich um einen Nachvollzug der Lehre bemühen.

In diesem Kapitel beschäftigen wir uns vorwiegend mit dem Buddha. Der Buddha steht am Beginn der Lehren des Buddhismus, da er aus der Unwissenheit und den Verstrickungen einer fehlgeleiteten Weltsicht heraus erwacht ist (PS: buddha, der Erwachte). Er ist kein Gott oder ein göttliches Wesen, sondern ein Mensch, der durch eigene Anstrengung den Weg zum Erwachen, zur Erleuchtung, gefunden hat. Dieses Prinzip der Erleuchtung spiegelt sich im Buddhismus in vielen Ausdrucksformen wieder. Daher ist der Buddha nicht nur die historische Person, sondern er verkörpert für uns Buddhisten dieses Erleuchtungsprinzip, d.h. er ist das konkrete Beispiel für die Möglichkeit aus der Ilusion und fehlgeleitenden Weltsicht zu erwachen. Der Buddha lebte es uns vor wie wir uns selbst als der Mensch der wir sind ungeschminkt erfahren können und daher auch die Welt in der wir existieren der Wirklichkeit gemäss wahrnehmen können.

Neben dem historischen Buddha gibt es weitere Wesen, die dieses Prinzip des Erwachens und der Erleuchtung repräsentieren. Dies zeigt sich in den unterschiedlichen Formen von Buddhadarstellungen, die nicht den historischen Buddha darstellen. Das sind einerseits Formen, die bestimmte Qualitäten eines Erwachten symbolisieren und uns damit inspirieren und vertraut machen sollen. Es sind dies zum Beispiel die

Meditationsbuddhas (S: dhyānibuddha) oder es sind andererseits Wesen auf dem Weg zur Erleuchtung (P: bodhisatta / S: bodhisattva), die bereits eine hohe Stufe der Selbsterkenntnis und Selbstverwirklichung realisiert haben.

Aber auch um die Frage eines Gottesbegriffes und inwieweit das Wesen eines Buddha für uns fassbar ist, geht es in diesem Abschnitt.

In den weiteren Kapiteln wie „Studium" und „Lebensführung" werden wir uns dann mit der Lehre des Buddhismus näher auseinandersetzen. Das Kapitel „Übung und Meditation" betrifft dann vorwiegend Aspekte der praktischen Anwendung und den Übungsmöglichkeiten innerhalb des Buddhismus. Im Kapitel „Geschichtliche Entwicklung" schließlich werden die Entwicklung des Buddhismus und damit verbundene Fragen behandelt.

Missverständnis
Der historische Buddha ist ein göttliches Wesen und repräsentierte eine Offenbarungslehre.

Richtigstellung
Der historische Buddha ist kein Gott, er war ein Mensch der aus sich selbst heraus den Weg aus den Verstrickungen und Abhängigkeiten der Unzufriedenheit und des Leidens gefunden hat. Seine Lehrdarlegungen weisen einen praktischen nachvollziehbaren Weg und sind nicht die Offenbarung einer überweltlichen oder göttlichen Lehre. Um dies besser verstehen zu können sollte daher jeden ernsthaft am Buddhismus Interessierten die Lebensgeschichte des Buddha bekannt sein.

Als Menschen sind wir vielschichtige Wesen. Wir leben nicht nur im Denken sondern auch in unseren Gefühlen, Vorstellungen und Phantasien. Sich einem anderen Menschen anzunähern, bedeutet ihn nicht nur zu verstehen, d.h. mit unserem Denken zu ergründen. Letztlich versuchen wir ihn auch gefühlsmäßig zu begreifen und versuchen das von ihm Erlebte an uns nachzuvollziehen. Wir wünschen uns es mit unserem eigenen Erleben in Einklang zu bekommen. Denn erst in diesem Einklang begreifen wir die Handlungen und Motivationen und dringen sozusagen ein in die Erlebniswelt dieses Menschen. Daher sind Biographien ein nicht zu vernachlässigendes Hilfsmittel, um unseren eigenen Horizont zu erweitern und um ein tieferes Verständnis über uns selbst zu erlangen. Denn im Spiegel einer Lebensbeschreibung öffnen sich für uns die Türen zu unseren eigenen Erlebniswelten. Beschäftigen wir uns also mit der Lebensbeschreibung des Menschen, den wir den Buddha nennen und auf den jene Lehre zurückgeht, die wir hier im Westen als den Buddhismus bezeichnen.

Geburt und Jugend

Vor mehr als 2500 Jahren war Nordindien überzogen von Kleinstaaten, die unterschiedlichste Regierungsformen unterhielten - es gab Monarchien, demokratische Bünde, Fürstentümer und Adelsrepubliken. In einer solchen Adelsrepublik erblickte an einem Vollmondtag im Mai des Jahres 563 vor unserer Zeitrechnung Siddhartha Gautama als Sohn eines Regionalfürsten, das Licht der Welt. Geboren wurde er in einer Adelsrepublik des Sakya Stammes. Er war also nach europäischem Adels-Verständnis kein Prinz, sondern entstammte einer regionalen Adelsfamilie. Die Erhöhung zu einem Prinzen wurde erst in späterer Zeit durch die Übersetzer in Europa hinzugefügt. Er erhielt den Namen Siddhartha aus dem Geschlecht der Gautama – somit kennen wir ihn als Siddhartha Gautama. Kurz nach seiner Geburt verstarb seine Mutter und er wurde von der zweiten Frau seines Vaters aufgezogen. Sie war die Schwester seiner Mutter. Der Geburtsort war ein Hain in der Nähe der damaligen Hauptstadt Kapilavastu, ein Ort der Lumbini genannt wurde. Heute ist dies eine verlassene Stätte in Nepal nahe an der Grenze zum heutigen Indien.

Vielfache Mythen und wundervolle Erzählungen ranken sich um diese Geburt. All diese Geschichten versuchen uns eines zu vermitteln - ein besonderes Wesen trat hier erneut ein in den Kreislauf von Geburt und Tod, der zukünftige Buddha war geboren. Desgleichen wird auch sein Heranwachsen in schönen Bildern ausgeschmückt.

Auf Grund der hohen sozialen Stellung des Vaters war es selbstverständlich, dass auch der Sohn in eine solche Stellung hineinwachsen sollte. Und so wurde dessen Erziehung entsprechend ausgerichtet. Die überlieferten alten Texte berichten uns vom Luxus, in dem der Knabe aufwuchs und von seiner vor den Unbilden der Welt abgeschirmten Erziehung.

Da die Hofbrahmanen (P: brāhmapurohita / S: brāhmaṇa, Priester und Religionsgelehrter) bei seiner Geburt dem Knaben eine besondere Stellung in der Welt vorausgesagt hatten, und dies wäre sowohl im Weltlichen als auch im Geistigen möglich (Herrscher oder Weiser), wurde der Junge vor aller direkten Berührung mit Yogis und Asketen abgeschirmt, damit er die Laufbahn eines Herrschers einschlage, um so die Familientradition fortzusetzen. Man wollte damit vermeiden, dass er so wie manche Menschen in Indien, sich dem Leben abwendet und sein Zuhause verlässt um ein Wanderasket zu werden. In Indien gab und gibt es bis heute die Tradition den Verpflichtungen des Lebens zu entsagen und sich in die Hauslosigkeit zurückzuziehen, um durch spirituelle Übung (PS: yoga) oder Askese (P: sāmañña / S: śramaṅa) das eigene Seelenheil zu finden.

Und so wie alle jungen Menschen verbrachte der Knabe Siddhartha Gautama seine Zeit mit Lernen und Spiel. Es wird berichtet, dass er außergewöhnliche Fähigkeiten und Talente entwickelte. Somit war ihm eine, diesen Fähigkeiten entsprechende, glanzvolle Karriere in den Fußstapfen seines Vaters vorgezeichnet.

Auf Grund seiner sozialen Stellung wurde er daher von den Widrigkeiten und Problemen seiner Umwelt weitgehend ferngehalten und verbrachte eine glückliche und sorglose Jugend. Intensive Berührungen mit der Außenwelt, der Welt des Elends, des Jammers und der Verzweiflung waren ihm verschlossen und fremd, sodass der heranwachsende Knabe ein ruhiges und behütetes Leben hatte.
Im Alter von sechzehn Jahren wurde er, so wie es zu seiner Zeit üblich war, verheiratet und bald darauf wurde er auch Vater eines Sohnes.

Beginn der Suche

Aber sein innerer Drang, nach Wesentlichem zu suchen - Beständigkeit in dieser Welt der Veränderungen und des ständigen Wandels zu finden, konnte auf Dauer nicht ruhen. Und so berichtet uns die Legende, dass der Knabe bei dieser Suche nach beständigen Werten auf verschiedenen (die Tradition spricht von drei) Ausfahrten außerhalb seines geschützten Wohnbereichs mit den Grenzsituationen des Lebens konfrontiert wurde.

Da sah er einen alten Menschen, von der Last der Jahre gebeugt, klapprig und gebückt; einen von Krankheit gezeichneten Menschen, hilflos und dem Siechtum hingegeben und schließlich einen Toten, dessen Körper bereits in Auflösung begriffen war. Diese drei Erfahrungen erweckten in Siddhartha Gautama den Wunsch nach Wissen, nach Antworten auf die Fragen des Lebens. Als er schließlich auf einer späteren Ausfahrt einem heiteren Asketen begegnete, stand sein Entschluss fest, er selbst wollte sein Heim verlassen, um wie Hunderte und Tausende vor ihm, als Wanderasket nach geistigen, spirituellen Werten zu suchen.

Auch heute befindet sich der Mensch in einer ähnlichen Situation. Alter, Krankheit und Tod werden von uns ferngehalten. Alte Menschen werden in Heime gegeben oder verbringen (besonders in den Städten) ein einsames Leben ohne Kontakte zu ihrer Mitwelt; unheilbar Kranke werden in Kliniken untergebracht, fernab vom alltäglichen Leben und das Herannahen und Eintreten des Todes wird versteckt, verschleiert und letztlich häufig menschenunwürdig vollzogen.

So wie Siddhartha sollten aber auch wir, diese drei Ausfahrten unternehmen, und uns der Wirklichkeit des Lebens stellen, den Tatsachen ins Auge sehen - drei Ausfahrten in uns selbst unternehmen, um zu ergründen, wie wir selbst zu diesen Erscheinungen und Vorgängen stehen, uns ihnen gegenüber verhalten. Wie ist unsere eigene Reaktion auf Krankheit, Alter und Tod? Wie denken wir darüber, wie handeln wir, wenn wir damit konfrontiert werden? Wie verändern sie unsere Motivationen und Erfahrungswerte, wenn wir ihnen direkt ins Auge sehen?

Im Alter von 29 Jahren beschloss nun Siddhartha Gautama den Weg in die Hauslosigkeit anzutreten und sich in die Reihe jener Wanderasketen einzureihen, die in jener Zeit und bis heute Indien bevölkern und mit zu seiner Spiritualität beitragen.
Er verlies des Nachts heimlich seine behütete Welt und begab sich auf Wanderschaft, auf die Suche nach Lehrern, die ihm seine Fragen erklären und vielleicht auch beantworten konnten.

Er verabschiedete sich von seiner vertrauten häuslichen Umgebung, die ihn bis dahin beschützt hatte und die ihn auch von den Schwierigkeiten des Lebens abgeschirmt hatte. So begab er sich auf eine Wanderschaft in fremde für ihn neue Situationen. Er war auf sich allein gestellt, ohne Unterstützung durch seine vertraute Umgebung nur angewiesen auf sich selbst, hineingestellt in seine Selbstverantwortung und konfrontiert mit den Unbilden des Lebens. Er legte sein nobles Gewand ab, schnitt sich gemäß der Tradition der Asketen, die in die Hauslosigkeit zogen, das Haar und sandte seinen ihn begleitenden Diener zurück nach Hause.

Nun war er einer der vielen Asketen Indiens geworden, die durch dieses Land streiften auf der Suche nach Wahrheit, auf der Suche nach Antworten, auf der Suche nach sich selbst.

Yogaweg und Askese

Zwei Yogalehrern (P: alara kalama, uddaka ramaputta / S: ārāda kālāpa, udraka rāmaputra) begegnete er und schloss sich ihnen an.

Bei seinem Lehrer Alara Kalama, einem Lehrer der Samkhya Schule (S: saṁkhya, Bestimmung der Anzahl, Erwägung des pro und contra), übte und studierte er Yoga (SIEHE BZGL. YOGA SEITE 245). Samkhya ist jene indische philosophische Richtung welche die Wirklichkeits-bestimmenden Elemente des Menschen und der Welt kategorisiert und analysiert. Dies umfasst den Vorgang der Sinneserfahrung ebenso wie die Konstitution des Menschen vom Physichen über das Mentale bis zum Spirituellen hin. Daher wird dieses philosophische System auch als die Basis des traditionellen Yoga in Indien betrachtet.
So erkannte Gautama, dass alle Erscheinungsformen Quelle des Leidens und der Unzufriedenheit sind. Unzufriedenheit entsteht aus uns selbst heraus, aus unserer falschen Erwartungshaltung. Denn obwohl wir den ständigen Veränderungen und den Einflüssen unseres Lebens ausgesetzt sind versuchen wir diese stets vorhandenen Bedingungen, der Welt in der wir leben, unseren Wünschen und Vorstellungen entsprechend zu verändern, um ihnen Dauerhaftigkeit zu verleihen. Somit sind wir selbst

Quelle der Unzufriedenheit und Leidhaftigkeit. Das Ziel besteht nun darin, sich von dieser Vorstellung, dass wir alle Phänomene und Situationen kontrollieren und manipulieren können, zu lösen.

Diese erkennend erlangte Siddhartha Gautama nach tiefer Selbstreflektion jenen Zustand der Zufriedenheit in seinem Bewusstsein, der ihn abhob von den Unzulänglichkeiten dieser Welt und der ihn unberührt werden lies vom Geschehen dieser Welt. Dies nennt man im Yoga den Bereich ohne Begrifflichkeit (S: nirvikalpa, nicht differenziert, nicht schwankend) und im Buddhismus die Meditationsstufe der Nichtetwasheit (P: ākiñcañña āyatana / S: akiñcanya dhyāna).

Aber auch diese Bewusstheit hinterließ in ihm immer noch einen Rest von Unsicherheit, einen Rest von Unverständnis und somit letztlich das Gefühl einer Unzulänglichkeit.

Hierin sehen wir die immense Konsequenz, mit jener der zukünftige Buddha seine spirituellen Übungen bestritt. Nie gab er sich mit Unvollständigem zufrieden, immer war er auf der Suche nach Vollkommenheit. Das Finden der Erkenntnis und schließlich der Wahrheit, stand ihm über allem, unabhängig davon, wie dieses Ziel letztlich aussah und sich offenbaren würde.

Und so erlangte Siddhartha Gautama im Laufe der Zeit dieselben Verwirklichungen wie sein Lehrer, der ihm schließlich anbot, mit ihm zusammen die Schüler zu unterweisen. Aber Siddharthas Streben nach Vollendung war stärker und er verlies schließlich seinen Lehrer, um weiter zu suchen, um tiefer zu gehen, um Gewissheit zu erlangen.

So kam er zu seinem zweiten Yogalehrer (SIEHE BZGL. YOGA SEITE 245) Uddaka Ramaputta, einem Lehrer des Vedanta (S: vedānta, das Ende des Veda Studiums). Vedanta ist jene indische philosophische Richtung die ein tiefes Eindringen in das Verstehen der frühindischen Texte und Philosophien beinhaltet.

Alaro Kalama wies wie einst Siddharthas vorheriger Lehrer einen sehr ähnlichen Weg. Dieser Lehrer ging aber noch einen Schritt weiter. Er durchleuchtete die Vorstellung über den Weg selbst, welchen man folgt, um ein spirituelles Ziel zu erreichen. Schließlich klassifizierte er die Idee eines Weges, den man geht, als absurd und leer. Da dies keinen in sich besitzenden Wert hat, also keine Eigensubstanz, sollte man dies als solches erkennen. In der Überwindung der Vorstellung eines Weges, liegt die vollständige Überwindung der Anhaftung an alle Erscheinungsformen und die Erlösung aus dem Getriebe der Welt. Dies nennt man im Yoga den Bereich ohne diskursives Denken (S: nirvicāra, wobei keine Überlegung mehr nötig ist) und im Buddhismus ebenfalls die Meditationsstufe der Nicht-Etwasheit.

Aber auch hier war nicht das Ende, war nicht die Aufhebung der Leidenserfahrung, war nicht der Weg, der zur Aufhebung der Leidenserfahrung, des Empfindens der Unzulänglichkeit führte. Und wie schon damals, bei seinem ersten Yogalehrer, verlies Siddhartha auch diesen Lehrer, nachdem er dieselben Verwirklichungen, wie sein Lehrer erlangt hatte.

Nach den Erfahrungen des Yogaweges folgte nun eine Phase der Kasteiung und Askese. Vielleicht bestand darin der Weg zur Vollendung, zum Aufheben unseres Nichtwissens, unserer falschen Reaktionen auf das Geschehen in dieser Welt und in uns?

So fastete der Asket Gautama bis er sich nur mehr mühsam aufrecht halten konnte. Die Körperhaare fielen ihm aus und wenn er seinen Bauch berührte, so fühlte er die Knorpel seiner Wirbelsäule. Befühlte er seinen Rücken, so spürte er seine Bauchdecke. Schließlich war er so geschwächt, dass sich die Boten des herannahenden Todes ankündigten. Erlösung aus dem Leiden, Vollendung ward aber nicht gefunden und erlangt! Letzte Zweifel waren noch immer nicht ausgelöscht.

Entschluss und Erleuchtung

Er beendete seine Askese, denn damit hatte er seine Leiden nur vermehrt und nicht überwunden. Und in ihm erwuchs die Erkenntnis, dass der Weg nicht darin bestand in Extreme zu verfallen, weder in Askese noch in einem Verhaftetsein und Gebundensein in der Welt.

In der Mitte lag der Weg, in der Vermeidung jeglicher Extreme, im klaren Erkennen der Notwendigkeiten und in seinem konsequenten Voranschreiten. Und es wird uns ferner berichtet, dass er wieder zu essen begann, um seinen Körper zu kräftigen und zu klaren Sinnen und Erleben zu gelangen.
Wieder bei Kräften setzte er seine meditativen Übungen fort und schließlich brachte die Erinnerung an ein Jugenderlebnis die Wende.

Als Knabe saß er einst unter einem Baum und betrachtete seinen Vater bei der Arbeit auf dem Feld. Offensichtlich handelte es sich damals um die Frühjahreszeremonie, in der der Regent rituell den Acker pflügte, um dadurch eine gute und reichliche Ernte zu erreichen. Die Erinnerung an dieses Erlebnis gepaart mit seiner tiefen durch Yoga erlangten Selbstreflektion führte bei Siddhartha zu einem Loslassen aller Wünsche, aller Vorstellung, allen begrifflichen Seins, zu Zufriedenheit und Ausgeglichenheit. Die Einheit allen Lebens sowie die Schönheit der Natur wurden dabei tief empfunden.

Es entstand damit spontan eine tiefe Meditation über das Wesen der Natur und des Menschseins, ein tiefes Mitempfinden mit allen Wesen und die Erkenntnis, dass alles Leben in uns ist. Die Grenzen des Ich waren überwunden, neue Erfahrungen, die der Buddha später als Meditationsstufen beschreiben wird, entstanden.

Aus dieser Rückerinnerung heraus, fasst er den Entschluss auf diesem Wege weiterzumachen. Tief beeindruckt von dieser Erinnerung beschließt er nun, bereits 35-jährig, am Flusse Nairanjana in der Nähe der Stadt Uruvela (heute Bodhgaya in Indien) sich unter einen Baum zu setzen und solange meditierend sitzen zu bleiben, bis der Durchbruch erreicht ist.

Unter diesem Pappelbaum (später Bodhibaum genannt von PS: bodhi, vollkommene Erkenntnis) an einem Vollmond im Mai des Jahres 528 (SIEHE BZGL. FEIERTAGE SEITE 305) vor der Zeitrechnung erlangte er schließlich das Ziel seines Weges, die Vollendung, die Erleuchtung! (SIEHE BZGL. ERLEUCHTUNG UND NIRVĀṆA SEITE 74)

So gelangt er in jener Vollmondnacht durch die geballte Intensität und den totalen Einsatz seiner Kräfte zu einer wirklichkeitsgemäßen Schau der Welt und durchschaute die Gesetzmäßigkeit allen Seins.

Alles ist mit allem verknüpft (S: tantra, das Netz, das Verwobensein) (SIEHE BZGL. TANTRA SEITE 251). Alles besteht in Abhängigkeit zueinander. Die Ursachen der Disharmonie und Unzufriedenheit liegen in unserer ich-zentrierten falschen Sichtweise, in unserer falschen Reaktion auf diese Welt.

Diese falsche Sichtweise erschafft eine Verblendung (P: avijjā / S: avidyā, ungebildet, ohne Wissen) in uns, die als Unfähigkeit, die Welt nicht so zu sehen wie sie ist, alles verschleiert. Unsere Wünsche, Vorstellungen, Neigungen, Absichten, letztlich unser eigenes Weltbild, alles ist somit dieser Verblendung unterworfen – ein wirklichkeitsgemäßes Sehen und Erkennen wird dadurch vereitelt.

Und er überwand dieses Nichtwissen, die Angst die uns an dieser Verschleierung hängen lässt und wurde ein ganzer, vollkommen erwachter Mensch. So wie ein Mensch aus einem Traum oder Schlaf erwacht, so sah Siddhartha Gautama plötzlich diese Welt, ihre Erscheinungsformen, ihr Kommen und Gehen. Und künftig bezeichnete er sich selbst als der Erwachte, der Buddha. (PS: budh, erwachen, achten auf, wahrnehmen, erfahren).

Doch bevor er zur Erleuchtung durchbrach, wird uns mythologisch auch die Begegnung mit Mara dem Gott der Großen Illusion, des Todes und Unheils geschildert, der den werdenden Buddha von seinem Vorhaben abhalten wollte. Gewaltige Angriffe im Geistigen wurden unternommen. Mara (PS: māra, Mörder, Tod, tötend, vernichtend, Hindernis) wird in der indischen Mythologie als Totengott bzw. als die Personifikation des Zerfalls und des Verlustes gesehen. Im Buddhismus steht Māra für die Personifikation der eigenen Verwirrtheit und der Verstrickungen in Gier, Hass und Unwissen.

Es kamen die Damönen des Māra um die Ruhe des Meditierenden Siddhartha zu stören. Sie verbreiteten Furcht, Schrecken und Zweifel, doch der werdende Buddha blieb unbeeindruckt.

Wenn wir uns selbst unvoreingenommen gegenüberstehen, wenn wir uns selbst ungeschminkt ins eigene Antlitz schauen, dann erkennen wir dass tief in unserem Wesen aus Unwissenheit geboren Hass, Aggression sowie Unsicherheit, Furcht und Zweifel existieren. (P: dosa / S: doṣa, Verfehlung, Verbrechen, Schaden). Dies sind die Damönen des Māra, die uns ständig beeinflussen und verunsichern. (SIEHE BZGL. ZWEITE EDLE WAHRHEIT SEITE 119)

Als das aber bei Siddhartha nicht fruchtete, lies Māra seine reizvollen und lieblichen Töchter erscheinen. Sie versuchten den Meditierenden durch Anhaften und Gier, durch Verlockung und Begehren (P: taṇhā / S: tṛṣṇa, Durst, Begierde, heftiges Verlangen) gefangen zu nehmen (SIEHE BZGL. ZWEITE EDLE WAHRHEIT SEITE 119). Aber auch dies führte für Māra nicht zum Erfolg.

Erst nachdem Siddharta Gautama auch diese Anhaftungen und Verstrickungen abgelegt hatte, wurde er zum Erwachten, zum Buddha. Daraus sehen wir, dass das Erwachen zur Erleuchtung nicht nur der Wechsel in eine neue Sichtweise und neue Ebene der Erfahrung und Erkenntnis ist, sondern dass dies den ganzen Menschen erfordert. Den ganzen Menschen mit seinen Trieben und Gewohnheiten, mit seinen tief verankerten Vorlieben und Abneigungen. Erst wenn diese Eigenschaften, obwohl vorhanden, keine unheilsamen Bindungen mehr erzeugen, erst dann ist der Weg frei zum Erwachen. Er wird daher auch Śakyamuni (PS: muni, Weiser, Seher), der Weise, der Heilige aus dem Geschlecht der Śakyas, genannt. Muni wird auch als Ehrenbezeichnung verwendet für Menschen die ihr eigenes Herz (Gewissen) erkannt haben und daher sehend geworden sind

Erste Lehrdarlegungen sowie Verbreitung der Lehre

Der Erleuchtung folgte schließlich der Entschluss die Lehre zu verkünden. Doch wem sollte er sie darlegen? Und da gedachte er seiner beiden früheren Yogalehrer. Ihnen konnte er seine Erfahrungen, den Weg zu diesen Erfahrungen, den Weg zur Buddhaschaft mitteilen. Sie wären fähig ihn sofort zu verstehen, das Unbeschreibbare zu erfassen und den Weg nachzuvollziehen. Doch beide Lehrer waren vor kurzem verstorben, und so machte sich der Buddha auf nach Benares (auch Varanasi genannt) um den damals dort weilenden Mitbrüdern aus seiner Zeit der Askese, die Lehre darzulegen.

Diese Darlegung ist als die Lehrrede (P: sutta / S: sūtra, Faden, Plan, Lehrsatz, Textbuch, Lehrrede) von der "Inbewegungssetzung des Rades der Lehre" bekannt geworden.

So wurde nun erstmalig die Lehre (P: dhamma / S: dharma, das Tragende, Gesetzmässigkeit, Erscheinung, Lehre des Buddha), die zum Erwachen führen kann, formuliert. (SIEHE BZGL. STUDIUM SEITE 108)

Der ersten Lehrdarlegung folgten weitere. Immer mehr Anhänger schlossen sich bald darauf dem Buddha an und es entstand eine Gemeinde die wuchs und aus der heraus wurde schließlich die Gründung eines Mönch- und etwas später eines Nonnenordens vollzogen.

Der Buddha lehrte aber keine Lehre, die ausschließlich Mönchen und Nonnen vorbehalten blieb, seine Lehrdarlegung war allen zugänglich und verständlich. Er übermittelte seine Anweisungen auch nicht in einer Gelehrtensprache, wie etwa Sanskrit, welches zur damaligen Zeit von den Brahmanen (PS: brahmin, indische Priesterkaste) benutzt wurde. (SIEHE BZGL. BUDDHISTISCHE SPRACHE SEITE 339) Der Buddha sprach in der Sprache seiner Zeit zu den Menschen seiner Zeit. Und diese Eigenschaft ist dem Buddhismus über die Jahrtausende als wesentliches Merkmal erhalten geblieben, wie wir dies bei der Entwicklung der unterschiedlichen buddhistischen Schulen, die im Laufe der Jahrhunderte entstanden, sehen. (SIEHE BZGL. DIFFERENZIERUNG IN SCHULEN SEITE 321)

Die Gemeinde der Laienanhängerschaft wuchs und alte Aufzeichnungen berichten uns, dass unter den Spitzen seiner Anhängerschaft sowohl Mönche und Nonnen als auch Laien in gleicher Weise zu finden sind. Frauen und Männer waren in ihrem Streben zur Erleuchtung gleichgestellt, denn in jedem Menschen liegt die Möglichkeit, Erleuchtung zu erlangen und den gewiesenen Weg, den der Buddha durchschritten hatte, nachzuvollziehen.

Der Buddha stellte den Menschen in seine Selbstverantwortung. Nicht was in heiligen Büchern steht, nicht was die Menschen für verehrungswürdig erachten, nicht den Worten von heiligen Männern sollen wir unser Vertrauen schenken, sondern einzig und allein dem, was wir durch eigene Prüfung als heilsam für uns und andere erkannt haben. (SIEHE BZGL. KĀLĀMA SUTTA SEITE 20). Somit erteilte der Buddha all jenen eine klare Absage, die autoritätsgläubig nur allzu oft selbsternannten Meistern nachfolgen und ohne sich selbst zu bemühen in dieser Nachfolge allein den Weg sehen.

Eine der Charakteristiken des Buddhismus, der Lehre des Buddha, ist es, sich ständig selbst zu bemühen. Unablässig an sich zu arbeiten, sei es durch Ausformen und Regulieren unserer Persönlichkeit, durch meditative Betätigung oder durch intellektuelles Studium. Was der Buddha uns vorlebte, müssen wir an uns selbst erproben, nachvollziehen und umsetzen. Wir selbst müssen uns ständig bemühen und unablässig an uns arbeiten in jenem Streben, das uns offener und klarer werden lässt.

So wanderte der Buddha nun 45 Jahre lang durch Indien und legte in Vorträgen und Gesprächen seine Lehre dar. Vom einfachen Bauern, vom Kaufmann, vom Gelehrten bis zum Adeligen und König fanden sich Zuhörer und Nachfolger ein. Ob es gelehrte Diskussionen oder einfache Gespräche waren, der Buddha verstand es stets, in der Sprache und gemäß dem Verständnis seiner Zuhörer die Lehre zu vermitteln und darzulegen. Im Gegensatz zu den meisten spirituellen Meistern und den Brahmanen seiner Zeit, versuchte der Buddha in einfachen und klaren Worten, seine gewonnenen Erfahrungen zu beschreiben und verständlich zu machen. Und seine Worte wurden gehört, die Gemeinde wuchs und die Lehre des Dharma begann sich auf dem indischen Subkontinent auszubreiten.

Reaktionen

Doch nicht jeder, der die Lehre des Buddha vernahm, wurde auch gleich ein Anhänger dieser Lehre. Es gab Skeptiker, Kritiker und auch Feinde des

Buddha. Doch der Buddha begegnete Allen, den Befürwortern und den Oppositionellen mit Güte und Verständnis. Missgunst und Spott, Gewalt und Aggression wurden vom Buddha niemals negativ, sondern immer mit Verständnis und Güte beantwortet. Dies führte in den meisten Fällen zur Verbesserung der Situation und half den im Negativen verstrickten Aggressor sich zum Besseren zu wandeln und Einsicht zu gewinnen.

Jene die sich nicht besannen und aggressiv gegen den Buddha stellten, wurden vom Buddha nicht bekämpft. Ihnen widerfuhr, so wie jedem Wesen, die eigene Wirkung ihrer gesetzten Ursachen. Wie im Falle von Devadatta, der ihm nach dem Leben trachtete, den Buddha verletzte und an den Auswirkungen seiner engstirnigen Tat dann zu leiden hatte. Devadatta war ein Cousin aber auch der Halbbruder des Buddha, da der Vater des Buddha ja nach indischer Tradition der damaligen Zeit auch mit der Schwester seiner Mutter verheiratet gewesen war. Devadatta war Mönch in der Gemeinde des Buddha wollte aber aus Ehrgeiz und Selbstüberschätzung die Gemeinde selbst führen und übernehmen, da er meinte der Buddha sei nun zu alt und solle zurücktreten. Als der Buddha dieses Ansinnen jedoch ablehnte, schmiedete Devadatta Mordpläne gegen den Buddha. Drei Anschläge zettelte er gegen den Buddha an, die jedoch alle misslangen. Daraufhin spaltete er die buddhistische Gemeinde und gründete mit einer kleinen Schar Abtrünniger seine eigene Gemeinde. Die Überlieferung berichtet uns, dass ein Teil der abtrünnigen Mönche später wieder zum Buddha zurückkehrten. Devadatta aber wollte den Buddha dann selbst vergiften und wurde laut Legende vom Erdboden verschluckt. Er stürzte sozusagen in die dunklen Bereiche der das eigene Wesen verhärteten und sich selbst verschliesenden Unwissenheit. Dies symbolisiert, dass unheilsame Taten und Motivationen schließlich auf einen selbst zurückfallen und nur das eigene Leiden vermehren.

Die Ausstrahlung des Buddha war jedoch auch so stark und friedensstiftend, dass es ihm gelang in schwierigsten Situationen, die Menschen zur Besonnenheit und Selbsterkenntnis zu bewegen, wie im Falle des Räubers Angulimala, der den Buddha töten wollte, dies jedoch nicht durchführte, sich besann und ein aufrichtiger Schüler des Buddha wurde.

Als Dankbarkeit und auch als Zeichen der Verehrung dem Buddha und seinen Anhängern gegenüber, wurden der immer größer werdenden Gemeinde Spenden gegeben, sodass die Gemeinschaft der dem Buddha Nachfolgenden wuchs und sich festigte.

Es wird uns auch berichtet, das der Buddha nicht nur die Menschen belehrte, sondern Dank seiner Fähigkeit, alles Sein und somit alle Welten und Formen zu erkennen und zu durchdringen, auch in übergeordnete Sphären vordringen konnte, die dem Aufnahmevermögen der Menschen normalerweise verschlossen bleiben. Er belehrte nicht nur die Menschen, sondern auch die Götterwelten. So wird uns berichtet, dass er auch in die Himmelsphären wechselte, um die dort lebenden Wesen zu belehren.
Kraft seiner Fähigkeiten gelang es ihm auch, den Menschen manches Mal Einblicke in diese anderen Welten zu verschaffen. Diese wurden in der späteren Entwicklung des Buddhismus weitererzählt, ausgeschmückt und auch in vielen künstlerischen Darstellungen wiedergegeben.

Himmelssphären oder Götterwelten im Buddhismus sind Erfahrungs-bereiche eines erwachten und klar bewussten Geistes, die sich über die Erfahrungswelt, des in seiner Ich-Zentriertheit verstrickten Menschen, hinaushebt. So wie die Traumwelt einen Teil unserer Erfahrungswelt ausmacht, so ist es nach buddhistischer Auffassung auch möglich über die Erfahrungswelt des gewohnten Lebens hinauszublicken. Ob diese anderen Welten und Bereiche damit für sich selbst existieren oder nur unserer Vorstellung entspringen wird in der Lehre des Buddha und speziell später durch die Formulierungen der buddhistischen Bewusstseinslehre (S: cittamātra, nur Bewusstsein) behandelt.

Verlöschen und die Zeit danach

Aber so wie jedes Wesen, da es geboren wurde, einmal sterben wird, so ging auch das Leben des Buddha zu Ende. Der Buddha war ein Mensch, ein Mensch, der auch der Krankheit, dem Alter und schließlich dem Tod unterworfen war.

Auf die Frage seiner Schüler, was denn nun nach dem Dahinscheiden des Buddha geschehen solle, wer die Gemeinde führen und die Lehre weiter darlegen solle, antwortete der Buddha:

"Es mag wohl sein, Ananda, dass ihr denkt: ´Dahin ist die Unterweisung des Meisters, wir haben keinen Meister mehr.´ Doch darf man das, Ananda, nicht also ansehen. Was ich euch als Lehre und Ordnung aufgewiesen und angegeben habe, das ist nach meinem Verscheiden euer Meister."

sutta piṭaka, dīgha nikāya, mahāparinibbāna sutta
(Palikanon, Längere Sammlung, 16)

Und in einer Vollmondnacht im Mai des Jahres 483 v.d.Z. verschied (P: parinibbāna / S: parinirvāṇa, vollkommenes Erlöschen) zu Kusinara (Ort in Indien) jenes Wesen, dass das Höchste erlangt hatte und uns als Vermächtnis seinen Weg zur Erlangung der Erleuchtung zurück lies.

"Wohlan denn, ihr Mönche, lasst euch gesagt sein: schwinden muss jede Erscheinung, unermüdlich mögt ihr da kämpfen." waren seine letzten Worte.

sutta piṭaka, dīgha nikāya, mahāparinibbāna sutta
(Palikanon, Längere Sammlung, 16)

Da der Buddha jeweils an einem Vollmondtag geboren, die Erleuchtung erlangt und auch an einem Vollmondtag verschieden ist, wird dieser Tag von allen buddhistischen Schulen als Gedenktag gefeiert. Der Monat errechnet sich nach dem alten indischen Mondkalender und fällt teilweise auf unsere Monate April oder Mai (P: vesakh / S: vaiśākhī, Vollmondtag im Monat vaiśākha nach indischem Mondkalender). Aus diesem Grund wird dieser Tag meistens einfach als Vesakh bezeichnet. (SIEHE BZGL. FEIERTAGE SEITE 367)

Nach dem Verlöschen des Buddha, wurde er, wie es indischer Brauch war, eingeäschert. Seine Asche wurde unter den Königen und Regenten des damaligen Indiens aufgeteilt. Zu seinen Ehren und als Erinnerung an ihn, den Menschen Siddhartha Gautama, der zum Buddha erwacht war, wurden Mahnmale (P: thupa / S: stūpa, Haufen, Schopf, kugelförmiges Grabdenkmal mit Reliquien) errichtet. (SIEHE BZGL. STŪPA PAGODE CHÖRTEN SEITE 79)

Der Buddha war erloschen, wie jedes Wesen, das geboren ward, ist auch er verstorben. Seine Lehre ist uns als sein Vermächtnis geblieben und wird seit über zweieineinhalb Jahrtausenden vom Lehrer zum Schüler weitergegeben. Möge uns sein Vorbild ein Licht in der Nacht der Unwissenheit sein und uns den Weg zu Wissen, Erfahrung und Erkenntnis ermöglichen.

Wenn die Welt übersät wäre mit buddhistischen Monumenten, Tempeln und Schriften, es aber keine Menschen gibt, welche die Lehre des Buddha an sich selbst nachvollziehen und umzusetzen versuchen – dann ist der Dharma, die buddhistische Lehre, erloschen.
Wenn alle buddhistischen Monumente, alle buddhistischen Aufzeichnungen und Bücher verschwunden sind; wenn es aber noch Menschen gibt, die der Lehre des Buddha gemäß leben und sich bemühen – dann ist der Dharma nicht erloschen.

Wir haben Glück. Wir wurden als Mensch geboren in einer guten Zeit. Es gibt sie noch, die Monumente, Tempel und Schriften. Und es gibt sie noch, die Lehrer und Praktizierenden.

Abschließend zum hier Ausgeführten ist es sehr sinnvoll, sich mit der Lebensgeschichte des historischen Buddha vertiefend auseinander zu setzen. Dazu sollte man einige der Lehrreden, wie sie in der ältesten Tradition des Buddhismus in den Pali Texten überliefert sind kennen. Es geht aber nicht nur um das historische Bild, das die Lebensgeschichte des Buddha hinterlassen hat. Es geht auch um die Mythologie, denn diese kann uns in stärkerem Masse die Faszination und Inspiration seines Lebens übermitteln. Daher sollte man sich auch mit ausgeschmückten Geschichten zum Buddha aus der Tradition buddhistischer Länder beschäftigen.

Missverständnis
Der Buddha ist keine historische Person und nur eine Phantasiegestalt des Buddhismus.

Richtigstellung
Es gibt mehrere Biographien über das Leben des Buddha und Erzählungen über ihn. Die Orte seines Wirkens sind über Nordindien verteilt und dieses Wirken ist ebenfalls in überlieferten Texten beschrieben.

Als Bekenner zur Lehre des Buddha sollten wir natürlich die Biographie des Buddha kennen. Und so wie es beim Lesen jeder Biographie uns hilft den dahinter stehenden Menschen besser zu verstehen und auch Inspiration und Klarheit zu gewinnen, so kann uns das Lesen einer Buddhabiographie in gleicher Weise dazu verhelfen eine tiefergehende Inspiration für unsere Beschäftigung mit dem Buddhismus zu erhalten. Der Buddha steht auch stellvertretend für die Lehre des Buddhismus (P: dhamma / S: dharma) und zeigt uns in den jeweiligen Situationen seines Lebens und natürlich auch in seinen Gesprächen und Reaktionen auf die Menscher seiner Zeit den rechten Umgang mit Achtsamkeit und rechter Sichtweise auf das Leben. Seine Biographie zeigt uns den heilsamen Umgang mit den Lebenssituationen.

Aber auch die beigegebenen mythologischen und symbolhaften Erzählungen über den Buddha eröffnen uns beim Lesen und Hören ein tieferes Verständnis. Ein Verständnis, welches teilweise nur jenseits der Worte zu fassen ist, so wie ein Gedicht nicht nur durch die Beschreibung einer Szene uns berührt, sondern durch seine Stimmung und den Symbolen der Beschreibung. Daher sollten wir mythologische Erzählungen in der Lebensgeschichte des Buddha nicht einfach als Phantasie oder Märchen abtun. Sie sind ein Wegweiser zu einer tieferen Erkenntnis und zu einem jenseits des rationalen Denkens erfahrbaren Geschmacks der Lehre des Buddha. Mythologische Darstellungen und symbolhafte Erzählungen sind oft notwendig die ständige Vorherrschaft unseres rationalen Denkens abzuschwächen. Denn aller Sinn, den wir der Welt unterstellen, entsteht letztlich in uns selbst. Denn wir tragen in uns nicht nur eine Gedankenwelt sondern auch eine Gefühlswelt und daher eine Erfahrungswelt jenseits der Worte und klaren Definitionen. So wie ein Künstler sein Werk nicht konstruiert sondern aus sich heraus schafft, so können Symbole und Bilder, die uns in Mythen entgegentreten auch in uns einen zusätzlichen Bereich der Erfahrung eröffnen.

„Wenn nicht mehr Zahlen und Figuren
sind Schlüssel aller Kreaturen,
Wenn die, so singen oder küssen,
Mehr als die Tiefgelehrten wissen,
Wenn sich die Welt in's freie Leben
Und in die Welt wird zurück begeben,
Wenn dann sich wieder Licht und Schatten
Zu echter Klarheit werden gatten.
Und man in Märchen und Gedichten
erkennt die ewgen Weltgeschichten,
Dann fliegt vor Einem geheimen Wort
das ganze verkehrte Wesen fort.“

Novalis, aus Heinrich von Ofterdingen

In den frühesten Schriftensammlungen des Buddhismus finden sich noch keine eigenständigen Werke, welche sich ausschließlich mit dem Leben des Buddha auseinandersetzen. Hinweise auf Begebenheiten aus dem Leben des Buddha finden sich allerdings sehr wohl in diesen frühen Texten, nämlich in den kanonischen Werken der alten Traditionen (S: hīnayāna). In den Büchern, die uns durch diese Traditionen überliefert wurden, also speziell die Werke des frühen Buddhismus (P: theravāda / S: sthaviravāda), finden sich in der Gruppe der Lehrreden (P: suttapiṭaka / S: sūtrapiṭaka) viele Erzählungen und Hinweise zum Leben des Buddha. Aber auch in der Sammlung zur Disziplin (PS: vinayapiṭaka) finden sich solche Darstellungen eingestreut. (SIEHE BZGL. PALI KANON SEITE 398)

Erst mit dem Auftreten der reichhaltigen Mahāyāna Literatur entstehen dann eigenständige Buddha Biographien. Viele dieser Werke sind jedoch in ihrem Sanskrit Original nicht mehr erhalten geblieben, sondern liegen nur mehr in Übersetzungen (meist Chinesisch) vor.

Fünf Lebensbeschreibungen des Buddha sind dabei von Bedeutung:

- Das Werk „Großes Ereignis" (PS: mahāvastu) aus der Schule der Großen Gemeinde (P: mahāsāṅghika / S: mahāsāṃghika) bzw. der Anhänger des Transzendenten (P: lokuttaravādin / S: lokottaravādin). Dieses Werk ist in hybriden Sanskrit verfasst.
Die Mahāsāṅghika und ihre Unterschule die Lokottaravādin waren eine buddhistische Schulrichtung aus der Frühzeit des Buddhismus, die sich später dann zum Mahāyāna gewandelt hat.
Der Sanskrittitel dieser Buddhabiographie bedeutet soviel wie "große bzw. bedeutende Geschichte" und behandelt das Leben des Buddha. Da ein großer Teil des Textes sich mit der Ordensdisziplin beschäftigt, wurde dieser Text in die Schriftensammlung der disziplinären Werke (PS: vinaya) des buddhistischen Kanons aufgenommen und ist auch darin das erste Buch des Vinayapiṭaka (Lehrkorb der disziplinären Schriften) in der Schule der Lokottaravādin. Aus Sprachanalysen ableitend ergibt sich dafür eine Entstehungszeit für das erste oder zweite Jahrhundert v.d.Z. Damit ist dieser Text die älteste uns erhalten gebliebene Biographie des Buddha. Sie endet auch nicht mit dem Hinscheiden des Buddha (P: parinibbāna; / S: parinirvāṇa) sondern bereits etwas früher. Inhaltlich ist dieses Werk nicht besonders chronologisch strukturiert sondern eine Ansammlung von Geschichten aus dem Leben des historischen Buddha und behandelt auch (mythologisch betrachtet) Leben aus vorherigen Inkarnationen des Buddha.

- Das Werk "Die anmutigen Umstände" (S: lalitavistara) aus der Schule der „Lehre, dass alles existiert" (S: sarvāstivāda) ist im hybriden Sanskrit verfasst.
Die Schule des Sarvāstivāda vertrat die Ansicht, dass alle

Erscheinungsformen in ihrer Essenz unabhängig von der Zeit als Kontinuum existieren (S: sarvam asti, alles existiert). Die Zeit existiert real als ein Kontinuum und erscheint in unserer Erfahrung als Vergangeheit, Gegenwart und Zukunft. Diese Schulrichtung war die einflussreichste Schule des frühen Buddhismus in Indien.

Der Sanskrittitel Lalitavistara bedeutet soviel wie "der anmutige ungekünstelte Umfang" (S: lalita, arglos, klug, anmutig, lieblich / S: vistara, die einzelnen und genaueren Umstände einer Sache, ausführliche Darstellung) und meint damit das Spiel oder die Ereignisse aus dem weltlichen Leben des Buddha. Dieses Werk beschreibt nicht nur das Leben des Buddha sondern gibt auch detaillierte Einblicke in die kulturelle und soziale Situation Indiens zur damaligen Zeit. Von den hier angeführten fünf Biographien, ist dieser Text sicherlich der umfangreichste und reichhaltigste.

Der Text ist weder ein einheitlicher Text noch wurde er von einem einzelnen Autor erstellt. Er ist eine Sammlung unterschiedlichster Berichte, die sich mit dem Leben des Buddha im weitesten Sinn befassen, von der geschichtlichen Biographie bis zu mythologisch ausgeschmückten Erzählungen.

Verfasst wurde dieses Werk etwa im dritten Jahrhundert n.d.Z. und fand auch Einzug in die chinesischen, tibetischen und nepalesischen buddhistischen Schriftensammlungen.

- Das Werk „Die Taten und der Wandel des Buddha" (S: buddhacarita) wurde von Aśvaghoṣa in klassischem Sanskrit zusammengestellt.
  Aśvaghoṣa (ca. 80 – 150) war ein buddhistischer Philosoph, Dramatiker und Poet in Indien. Er gilt neben Kālidāsa (4. - 5. Jahrhundert) als der bedeutendste Dichter Indiens.
  Erst im 2. Jahrhundert entstanden die ersten Biographien über Siddhartha Gotama, dem Buddha, die keine mythologischen Ergänzungen beinhalten. In der Regierungszeit des Kaisers Kaniṣka der Kushan Dynastie wurden zwei Werke unter dem Titel „Buddhacarita", was soviel wie „Leben des Buddha" bedeutete, verfasst. Eines von Saṅgharakṣa (zweites Jahrhundert), von dem nur mehr chinesische

Übersetzungen erhalten geblieben sind und ein anderes von Aśvaghoṣa.

Das Werk von Aśvaghoṣa ist eine einheitliche und klar dargestellte Biographie über den Buddha, da es keinerlei mythologische Geschichten enthält und außerdem ist es ein Meisterwerk der klassischen Sanskritliteratur.

- Das Werk „Grundlage der Erzählung" (P: nidānakathā) ist ein Werk, das als Einleitung zu den Wiedergeburtsgeschichten des historischen Buddha in Pali verfasst wurde.

  Dies ist die einzige Biographie über den Buddha in Pali Sprache und wurde als Einleitung zu den Wiedergeburtsgeschichten (P: jataka) verfasst. Die Darstellungen stellen das Leben des Buddha bewusst in den Kontext einer langen Abfolge von Buddhas. Diese Pali Text-Sammlung der Wiedergeburtsgeschichten wurde in dem langen Zeitraum vom dritten Jahrhundert v.d.Z. bis zum vierten Jahrhundert n.d.Z. zusammengetragen und verfasst.

- Das „Sūtra über das Verlassen des Hauses um den Einsiedlerstand zu ergreifen" (S: abhiniṣkramaṇa sūtra) stammt aus der Schule „Die vom Dharma Geschützten" (S: dharmagupta) und wurde in hybriden Sanskrit verfasst. Die früheste chinesische Übersetzung stammt aus der Westlichen Jin Dynastie (265 – 317).

  Dieses Werk ist im Original verloren gegangen und liegt nur mehr in chinesischen Übersetzungen vor. Es ähnelt dabei eher dem Lalitavistara als dem Mahāvastu. Es behandelt ebenfalls Ereignisse aus dem Leben des Buddha im Kontext seiner Wiedergeburtsgeschichten (P: jataka).

Um die Gedankenwelt, die Beweggründe sowie die Reaktionen eines Menschen auf sein Leben wenigstens teilweise zu erfassen, ist es hilfreich die Lebensgeschichte und die Lebensumstände dieses Menschen zu kennen. Nur wenn wir das Leben eines Menschen in seinen Aktionen und Reaktionen kennen, können wir auch in die durch ihn formulierten Aussagen und von ihm mitgeteilten Worte eindringen. Denn nicht unsere eigene und damit subjektive Lebenserfahrung sollte vorrangig der Massstab seiner Formulierungen sein sondern die Lebenserfahrung des Mitteilenden also des Sprechers ist der Massstab. Wir sollten Zuhörende sein; das Gehörte aufnehmen und nicht sofort und unmittelbar jedes Wort auf die Waagschale unserer eigenen Lebenserfahrung werfen. Um jedoch diese unvoreingenommene Einstellung erlangen zu können sind Kenntnisse über die Lebensumstände des Mitteilenden, also dessen Biographie, hilfreich und in manchen Fällen sogar unabdinglich. Erst wenn wir diese zuhörende Position einnehmen, können wir das Aufgenommene mit unserem eigenen Leben und unserer eigenen Lebenserfahrung vergleichen, abwägen und bewerten. Ohne dieses Korrektiv werden wir ständig nur das Hören und Verstehen, was wir bereits in uns tragen und daher wird die Lehre des Buddha nur unsere Vorlieben und eigenen Meinungen ansprechen.

„Philosophen sind sowohl Ergebnisse als auch Ursachen:
Ergebnisse ihrer sozialen Umstände, der Politik und der Institutionen ihrer Zeit;
Ursachen (wenn sie Glück haben) der Überzeugungen, die der Politik und den
Institutionen späterer Zeitalter die Form geben.“
Bertrand Russel, Philosophie des Abendlandes

Ich selbst habe es mir seit langem schon zur Gewohnheit gemacht das Leben und die biographischen Notizen all jener buddhistischen Meister zusätzlich zu ihren Lehrdarlegungen zu studieren. Denn nur die Kenntnis über den Menschen erhellt uns viele Formulierungen und stellt sie in den richtigen Kontext.

Das gilt übrigens natürlich auch für alle (westlichen als auch östlichen) Philosophen. Solange uns der Mensch der hinter den Formulierungen steht verborgen und dadurch auch unbekannt bleibt, fallen wir sehr leicht in Missverständnisse hinsichtlich der getroffenen Aussagen und wir beginnen Bewertungen vorzunehmen, die in diesen Aussagen nicht angedacht waren und auch nicht so gemeint sind.

Dass zeigt sich zum Beispiel daran, dass viele Buddhisten im Westen die Lehrer und Meister des Buddhismus (speziell jene der Vajrayāna Tradition) zu „Heiligen" hochstilisiert haben, weil wir beim Lesen oder Hören von Vorträgen, den Menschen, den Lehrer in unserem Geiste auf ein Potest stellen, ihn als perfekt betrachten und daher alles unreflektiert übernehmen. Die Bezeichnung „seine Heiligkeit" bzw. „his holiness", die immer wieder im Zusammenhang mit buddhistischen Würdenträgern und Meistern gebraucht wird, ist aus dem Gedankengut des Christentums entlehnt und suggeriert impliziet eine kritiklose Annahme des Gehörten und Vermittelten. Damit will ich das Gehörte und Gesagte nicht abmildern sondern aufzeigen, dass ohne einen klaren Blick auf die Situation, die Zeit und die Lebensumstände zu kennen, die getroffenen Aussagen ungefiltert aufgenommen werden und daher wiederum nur unser eigenes bestehendes Weltbild stärken werden. Vieles ist kulturbedingt und spiegelt die Begriffswelt und Gedanken des Menschen der damaligen Zeit in seiner Umgebung (kulturellen und soziales Umfeld) wider. Auch wir als Zuhörer sind in einer, nämlich unserer Begriffswelt, eingebettet. Das eigene bestehende Weltbild sollte jedoch aufgerüttelt werden und nach Reflektion des Vernommenen hinterfragt und korrigiert werden können. Kein buddhistischer Meister ist perfekt, denn er ist ein Mensch. Er ist ein Mensch der sich aufrichtig bemüht seine Stärken und Schwächen zu erkennen und in einen heilsamen Lebenswandel umzuformen. Dadurch unterscheidet er sich vom „gewöhnlichen" Menschen. Und genau dieses ernsthafte Streben können uns die Lebensbeschreibungen aufzeigen.

Soweit zu den Fakten und den äußeren Lebensumständen eines Menschen, die durch eine Biographie vor uns ausgebreitet wird. Es gibt aber auch eine andere, eine weitere Dimension der biographischen Darstellung. Dies ist die Welt der Mythen, der Symbole und Bilder – die Welt der künstlerischen, der gefühlmässigen und uns jenseits des logischen Denkens und Beurteilens greifbaren Annäherns an die Lebensgeschichte eines Menschen.

„… denn mögen auch in gewisser Hinsicht und für leichtfertige Menschen die nicht existierenden Dinge leichter und verantwortungsloser durch Worte darzustellen sein als die seienden, so ist es doch für den frommen und gewissenhaften Geschichtsschreiber gerade umgekehrt: nichts entzieht sich der Darstellung durch Worte so sehr und nichts ist doch notwendiger, den Menschen vor Augen zu stellen, als gewisse Dinge, deren Existenz weder beweisbar noch wahrscheinlich ist, welche aber eben dadurch, daß fromme und gewissenhafte Menschen sie gewissermaßen als seiende Dinge behandeln, dem Sein und der Möglichkeit des Geborenwerdens um einen Schritt näher geführt werden.“

Hermann Hesse, Das Glasperlenspiel

Daher sind Legenden, Mythen und symbolisch ausgeschmückte Biographien über den Buddha und auch anderer buddhistischer Meister und Lehrer als wichtig und lesenswert zu betrachten.

*"Man sieht nur mit dem Herzen gut,
das Wesentliche ist für die Augen unsichtbar"*

*Antoine de Saint-Exupéry
(aus Der Kleine Prinz)*

Missverständnis
Das Erscheinen eines Buddha ist ein einmaliges Ereignis.

Richtigstellung
Vor dem historischen Buddha gab es bereits Buddhas. Sie vermittelten ebenfalls eine Lehre, die wir als Buddhismus bezeichnen können. Ihre Lehrdarlegungen wurden aber im Laufe der Menschheitsgeschichte vergessen.

Die buddhistische Tradition berichtet uns davon, dass es bereits vor dem Erscheinen des historischen Buddha andere Buddhas gab. Diese lebten Äonen zuvor und sie unterwiesen und lehrten die Menschen und Wesen ähnlich unserem historischen Buddha (Siddhartha Gautama), den Weg aus der Unzufriedenheit zum Erkennen und zur Erlösung. So berichten uns die überlieferten Schriften von mehreren, in manchen Texten von sieben und in anderen von 28 Buddhas der Vorzeit. Der historische Buddha Siddhartha Gautama erwähnte in seinen Lehrreden sieben Vorzeitbuddhas namentlich. Er verglich ihre Lehren mit einer wunderschönen alten längst vergessenen und versunkenen Stadt, die darauf warte, wieder entdeckt zu werden. Der Weg dorthin ist verfallen und die Natur hat ihn bereits wieder in Besitz genommen, er ist überwuchert und schwer zu erkennen bzw. zu finden.

Eine Auflistung von Buddhas der Vorzeit, zurück über die Äonen, findet sich in den ältesten überlieferten Schriften des Palikanon, in der Lehrsammlung der Kurzen Lehrreden im Buch der Chronik der Buddhas (P: suttapiṭaka khuddakanikāya buddhavaṁsa). Dort finden sich die Biographien von 24 Buddhas der Vorzeit.

Das Erscheinen eines Buddha beruht darauf, dass die Lehren der vergangenen Buddhas vergessen sind und die Menschen keinen Zugang mehr zur Lehre haben. Wenn dies der Fall ist, dann tritt wieder ein

Buddha in Erscheinung. Siddhartha Gautama wurde ebenfalls geboren, um diese Lehre wieder aus eigener Anstrengung und Kraft heraus zu entdecken, sie zu leben und mitzuteilen.

Was wollen uns solche Geschichten über Vorzeitbuddhas eigentlich sagen?
Solange es Lebewesen gibt sind diese den Bedingungen der Welt, in der sie existieren, unterworfen. Solange es Menschen gibt sind diese der Unzufriedenheit und Leiderfahrung unterworfen. Denn sie finden sich mit den Bedingungen dieser Welt nicht ab, sie akzeptieren den Wandel der Welt nicht und suchen nach Beständigkeit und Dauer in einer Welt des ständigen Wandels und der Veränderungen. Dadurch werden ihre Wünsche meist nicht erfüllt und ihre Erwartungen werden enttäuscht. Aber einige von ihnen versuchen auch hinter die Fassade dieses Geschehens zu blicken. Diese bemühen sich dann um Antworten und so entstehen Philosophien und Religionen. Aber manchmal kommt es vor, dass jemand auch darüber hinaus sich bemüht und sich erst zufrieden gibt, wenn die letzten Zweifel behoben, wenn die Keime der Unzufriedenheit ausgemerzt und die Wünsche verweht sind. Dann ist die Zeit wieder reif, dass ein Wesen sich durchgerungen hat und erwacht ist – ein Buddha tritt in Erscheinung.

Das Erscheinen eines Buddha ist kein einmaliges aber ein sehr seltenes Ereignis und bildet auch nicht den Endpunkt einer spirituellen oder göttlich gelenkten Weltordnung. Das Erscheinen eines Buddha erfolgt im sich ständig wiederholenden Kontinuum der Zeit solange es Wesen gibt, die in den Bedingungen der Welt wandern und sich mühen. Ein Buddha erscheint dann in der Welt, wenn die Lehre des Buddhismus (d.h. seines Vorgängers) bereits in Vergessenheit geraten ist. Und daher ist ein solches Autreten eines Buddha sehr selten. Es ist daher sehr wertvoll in Kontakt mit der Lehre eines Buddha zu kommen, denn dieser Kontakt ist nicht immer möglich. Wenn die Lehre des Buddha vorhanden ist und es möglich ist mit ihr in Kontakt zu kommen, dann spricht man im Buddhismus von der Kostbarkeit der menschlichen Geburt.

Da die Lehre eines Buddha durch das Vorhandensein und das Leben dieses Buddha geprägt wird, wird sie nach seinem Hinscheiden in der Vermittlung durch seine Schüler und Schülerinnen weitergetragen. Damit erfolgt aber mehr oder minder immer eine Art von Akzentuierung und auch Interpretation. Solange die Nachfolger eines Buddha aufrichtig sich bemühen und diese erhaltene Lehre nicht nur intellektuell weitertragen, sondern auch in ihr Leben integrieren und damit lebendig erhalten, bleibt diese Lehre mehr oder minder erhalten. Wenn dies aber schwächer wird und schließlich nur mehr in übermittelten schriftlichen Aufzeichnungen und Geschichten vorhanden ist, wird diese Lehre nach und nach verwässert werden und erlöschen.

Der Buddha selbst sprach darüber, dass nach seinem Hinscheiden drei Phasen der Lehre kommen werden. Die Phase unmittelbar nach seinem Hinscheiden, als eine Phase der Blüte und Klarheit. Die Phase der Interpretationen und schließlich die Phase des Niedergangs bis zum Erlöschen der Lehre. Nach buddhistischer Tradition befinden wir uns derzeit am Ende der zweiten Phase und nach der Sichtweise einiger buddhistischer Schulen sogar bereits in der dritten Phase.

Die vom Buddha unseres Zeitalters genannten Buddhas der Vorzeit sind:

Dipankara Buddha (P: dīpaṅkara / S: dīpaṃkara)
Dieser Buddha ist der erste genannte Buddha und steht am Beginn einer langen Reihe von Buddhas in dem Siddhartha Gautama als letzter historischer Buddha bekannt ist und auf den noch der Buddha Maitreya (P: metteya / S: maitreya, der Liebende) folgen wird. Dipankara der „Lichtmacher" wird er deshalb genannt, weil er als Erster die Erleuchtung erreichte und den Weg dazu weitervermittelte und somit mit ihm die Reihe der Buddhas beginnt. Dargestellt wird er in der Padmāsana, im Lotussitz (S: padma, Lotus / S: asana, feste Position). Seine Handhaltung der Furchtlosigkeit die Abhayamudra (S: abhaya, ohne Gefahr, Sicherheit ausstrahlend / S: mudra, Siegel, Mysterium, Handgeste) zeigt, dass er die Lehre darlegt.

Vipassin Buddha (P: vipassīn / S: vipaśyin)

Dies ist der sechste Buddha vor unserem historischen Buddha. Sein Name bedeutet „der Klarsehende" und er wird im Lotussitz (S: padmāsana) dargestellt. Seine Handhaltung ist die Bhūmisparśamudra, die Erdberührungsgeste (S: bhūmi, Erde, Weltgebiete, Boden / S: sparśa, berühren), welche er mit beiden Händen ausführt.

Sikhin Buddha (P: sikhīn / S: śikhin)

Dies ist der fünfte Buddha vor unserem historischen Buddha. Sein Name bedeutet „der mit dem Haarschopf" und er wird im Lotussitz (S: padmāsana) dargestellt. Seine Handhaltung mit der rechten Hand ist die Vitarkamudra, die Geste der Lehrdarlegung (S: vitarka, Erwägung, Argumentation, Beweisführung), seine linke Hand ruht im Schoß. (S: dhyānamudra)

Vessabhu Buddha (P: vessabhū / S: viśvabhū)

Dies ist der vierte Buddha vor unserem historischen Buddha. Sein Name bedeutet „der alles Verzehrende" und er wird im Lotussitz (S: padmāsana) dargestellt. Seine Handhaltung ist die Dharmacakramudra, die Geste des Drehens oder in Bewegung Setzen des Rades der Lehre (S: dharma, buddhistische Lehre/ S: cakra, Rad, in Bewegung).

Kakusandha Buddha (P: kakusandha / S: krakucchaṁda)

Dies ist der dritte Buddha vor unserem historischen Buddha. Dies ist der erste Buddha des „glücklichen Zeitalters" in dem wir nun leben. Glücklich heißt dieses Zeitalter deshalb, weil in ihm nicht nur ein Buddha sondern gleich fünf Buddhas zur Erleuchtung durchbrechen. Dies sind die Vorzeitbuddhas Kakusandha, Konagamana, Kassapa, sowie Śākyamuni unser historischer Buddha und der zukünftige Buddha Metteya. Kakusandha Buddha wird im Lotussitz (S: padmāsana) dargestellt. Seine rechte Hand ist die Varadamudra, die Geste der Wunschgewährung (S: varada – Wünsche gewährend), während die linke Hand ruhig auf dem Schoß in der Dhyānamudra ruht (S: dhyāna, Vertiefung, religiöse Betrachtung, Meditation).

Konagamana Buddha (P: konāgamana / S: kanakamuni)

Dies ist der zweite Buddha vor unserem historischen Buddha. Sein Name bedeutet „der Gold-Weise" denn am Tage seiner Geburt soll ein Goldregen herabgefallen sein. Er wird im Lotussitz (S: padmāsana) dargestellt. Die rechte Hand ist in der Darlegungs- oder Argumentationsgeste Varadamudra (S: varada, Wünsche gewährend) am Knie ruhend und nach unten weisend zu sehen, während die linke Hand ruhig auf dem Schoß ruht (S: dhyāna mudra).

Kassapa Buddha (P: kassapa / S: kāśyapa)

Dies ist der Buddha vor unserem historischen Buddha. Er wird im Lotussitz (S: padmāsana) dargestellt. Seine rechte Hand zeigt die Śramaṇamudra, die Verzicht-Geste (S: śramaṇa, Mühe, Anstrengung, buddh. Mönch, Bettelmönch), die linke Hand ruht auf dem rechten Fuß. Der Buddha des Zeitalters vor dem Erscheinen des Buddha Gautama. Von ihm wird berichtet, dass er an jenem Ort geboren wurde, wo der Buddha unseres Zeitalters (Siddhartha Gautama) seine erste Lehrdarlegung hielt, nämlich im Gazellenhain von Sarnath bei Benares.

Das Prinzip der Erleuchtung, des Erwachens ist universell. Es ist nicht durch Ort und Zeit begrenzt. Diese wahre Buddhanatur ist daher nicht nur durch den historischen Buddha sichtbar geworden sondern auch in der Vergangenheit und in der Zukunft präsent. Diese Kontinuität durch die Zeiten auch als Symbol und Hinweis auf den stetigen Wandel aller Erscheinungsformen wird durch die Darstellung der drei Buddhas (S: tryadhva-buddhāḥ / C: 三世佛 sānshì fú) manifest. Diese drei Buddhas, die man in allen Strömungen des Buddhismus (Hīnayāna, Mahāyāna und Vajrayāna) findet sind:

der erste Buddha Dipankara (P: dīpaṅkara / S: dīpaṁkara)
der historische Buddha (P: sakkamuni buddha / S: śākyamuni buddha)
der zukünftige Buddha Maitreya (P: metteyyo / S: maitreya)

WIEDERGEBURTS-GESCHICHTEN

Missverständnis

Das menschliche Leben eines Buddha ist ein einmaliges Ereignis, denn jeder Mensch existiert nur einmal und zwar in diesem seinen Leben. Daher hat der Buddha seine Erleuchtung nur in diesem seinem Leben begonnen und vollendet.

Richtigstellung

Das momentane Leben eines Menschen ist das Resultat vorangegangener Existenzen. Auch Siddhartha Gautama, der Buddha, steht am Ende einer langen Entwicklung, die sich über eine Unzahl von Leben und Existenzformen erstreckt.

Einen weiteren Aspekt des Lebens des Buddha bilden die sogenannten Wiedergeburts-Geschichten (PS: jātaka, erzeugt, geboren, Aggregat gleichartiger Dinge). Wird der Buddha durch das Vorhandensein anderer Buddhas vor ihm, den Buddhas der Vorzeit, in einen gewaltigen großen Äonen umspannenden Zeitraum gestellt, so erweitert sich dies durch die Geschichten aus voherigen Leben des Buddha selbst auf einer sehr persönlichen Ebene. Diese Geschichten finden sich in den kanonischen Sammlungen der buddhistischen Texte in der Tradition des Theravāda der ältesten noch heute vorhandenen Schule des Buddhismus (SIEHE SEITE 317).

Erwähnenswert ist auch ein frühes Kommentarwerk, das Buddhacarita von Aśvaghoṣa (S: carita, Taten, Lebenswandel), welches den Werdegang des Buddha über viele Leben nachzeichnet. Aśvaghoṣa (ca. 80-150) war ein indischer buddhistischer Gelehrter und Dichter. Er verfasste seine Werke in Sanskrit. Sein Werk über den Buddha beschreibt unterschiedliche Leben beginnend mit dem historischen Buddha, als er bereits ein Schüler des Vorzeit-Buddha Dīpaṁkara (SIEHE BZGL. BUDDHAS DER VORZEIT SEITE 49) war bis zur Geburt als Siddhartha Gautama des historischen Buddha in unserer Zeitepoche.

Die Pali Geschichtensammlung der Jataka umfasst 550 einzelne Episoden, in denen die unterschiedlichsten Inkarnationen, das heißt Vorleben des Buddha, erzählt werden. Diese Geschichten beginnen jeweils mit einer kurzen Belehrung, die der historische Buddha selbst dargelegt hat und führen dann fort mit der Erzählung einer zugehörigen Geschichte aus einem früheren Leben des Buddha. Der Stil der einzelnen Geschichten reicht von Fabeln über Abenteuergeschichten und Märchen bis hin zu Legenden. In diesen früheren Leben wird Śākyamuni nicht nur als Mensch sondern auch in unterschiedlichen Tierformen porträtiert. Damit erschließt sich uns die Gedankenwelt des Buddhismus, die uns zeigt, dass auch Tiere empfindende Wesen sind. Sie haben ebenfalls Wünsche und Mitgefühl, sie sind wie wir Menschen auch der Leiderfahrung, der Angst und der Freude unterworfen.

Die Jataka Erzählungen zeigen einen die Zeiten überspannenden Ansatz des Strebens nach Erleuchtung und Vollendung. Der Buddha selbst ist es jeweils, allerdings noch nicht als Buddha sondern als ein Wesen auf dem Wege zur Buddhaschaft, der diesen Bezug herstellt und sich somit in Gegenwart und Vergangenheit stellt, denn die Suche nach Erleuchtung umfasst nicht nur die Gegenwart sondern auch die Vergangenheit. Somit ist das Erscheinen eines Vollkommen-Vollerwachten (P: sammā sambuddha / S: samyak sambuddha) kein einmaliges Unterfangen, sondern ein in Äonen heranreifendes Bemühen, dass dann schließlich in der Erscheinungsform eines Menschen auftritt, der schließlich zum Buddha erwacht.

Die Besonderheit des Menschseins liegt darin, dass man als Mensch im Spannungsfeld zwischen dem Animalischen, der Trieb Verbundenheit und dem Spirituellen, der Sehnsucht und Suche nach Höherem und Reinem, existiert. Nur in diesem Spannungsfeld erwacht in einem Wesen die Sehnsucht nach innerer Befriedigung und dauerhaftem Glück. Nur als Mensch beginnen wir darüber zu reflektieren und hinterfragen unser Leiden aber auch die Unbeständigkeit unseres Glücks. Wir schauen in uns und beginnen zu erkennen, dass unsere Reaktionen auf die Erscheinungsformen dieser Welt uns formen und gestalten.

Wir können sowohl die Gebundenheit an unsere das Leid verursachenden Eigenschaften als auch Inspiration und Zuversicht erfahren. Diese unmittelbare und tiefe Erfahrung unserer Wesennatur haben die Philosophen und Dichter in allen Kulturen erahnt und ausgedrückt.

Im Buddhismus und speziell im Vajrayāna, ist eine Bewusstwerdung dieser zwiespältigen Wesensnatur unserer selbst, ein wesentliches Thema im Umgang mit uns selbst und somit der Praxis auf dem Weg der Selbsterkenntnis. Nur so können wir über unserer Leben reflektieren und unsere Handlungen korrigieren. Daher ist das Menschsein die beste Voraussetzung dafür aus der eigenen Unwissenheit heraus zu erwachen. Der Mensch kann tief fallen und sich seinen Trieben, Vorlieben und Abneigungen hingeben. Er kann sich aber auch erheben und sich selbst bewusst gestalten. Er ist des Mitgefühls, der Empathie und der Reflektion über sich selbst fähig. Er kann sich in seinem Denken und Handeln dem Heilsamen zuwenden. Er kann sich ändern. Nur Menschen erschaffen Religionen und Philosophien, nur Menschen erschaffen Kunst und Kultur.

Die Art und Weise wie uns hier der Buddha und sein über viele Leben sich erstreckendes Streben nach Erleuchtung, und sei es auch nur das Streben zum Besseren Wertvolleren hin, vor Augen geführt wird, hat naturgemäß die Menschen zu allen Zeiten fasziniert und angesprochen. Und so finden wir in allen asiatischen Ländern in denen sich die Lehre des Buddha ausgebreitet hat viele Erzählungen und Geschichten sowie auch Kunstformen, die durch diese Sammlung der Wiedergeburtsgeschichten inspiriert wurden. In vielen asiatischen Kulturen finden sich in den Volkserzählungen daher Elemente dieser buddhistischen Wiedergeburtsgeschichten.

Wie alle Fabeln und viele der alten Erzählungen, die in den verschiedensten Kulturen lebendig geblieben sind, so sind auch diese Wiedergeburtsgeschichten eine Quelle der Erbauung und geben den Menschen Zuversicht und Inspiration. Grundtenor dieser Geschichten ist das immer wieder aufgezeigte Mitgefühl, die Empathie und der Altruismus, jene Eigenschaften welche die Qualität der buddhistischen Lehre auszeichnen.

Diese Geschichten zeigen uns, dass alle Wesen im Grunde gleichwertig sind, gleichwertig als lebende Wesen - weder besser noch schlechter. Wir selbst als Mensch sind daher mit ihnen tief innerlich verbunden. Nicht nur jeder Mensch ist wertvoll sondern auch jedes Tier. Und obwohl Tiere auf unterschiedlichsten Stufen der Entwicklung hinsichtlich ihrer kognitiven und gefühlmässigen Möglichkeiten stehen sind sie empfindende Wesen wie wir Menschen.

So zeigen uns diese Wiedergeburtsgeschichten des Buddha eine verbundene und gemeinsame Welt. Der Buddha wird einmal als Mensch, einmal als Tier dargestellt. Es vermittelt uns die Einsicht zur Toleranz und Verbundenheit mit allen Wesen und aus dieser Verbundenheit heraus werden durch diese Geschichten die Friedfertigkeit und Empathie als wesentliche Elemente der buddhistischen Lehre für den Leser greifbar. Fabeln und sogenannte Märchen ergreifen uns tiefer als nüchterne nur auf rationalem Denken beruhende Erzählungen. Daher sind die Jataka Erzählungen wichtiger Teil einer symbolischen Biographie des historischen Buddha.

Missverständnis

Der historische Buddha steht am Ende einer langen Entwicklung. Er ist der letzte Buddha unseres Weltzeitalters. Nach ihm wird es keinen Buddha mehr geben.

Richtigstellung

Nach dem Hinscheiden des historischen Buddha wird die buddhistische Lehre im Laufe der Zeit immer mehr verfallen. Wenn sie schließlch den Menschen nicht mehr bekannt sein wird oder das Verständnis der Lehre nur mehr falsch und fehlgeleitet sein wird. Dann wird nochmals ein Buddha in dieser Welt in Erscheinung treten.

Da Śakyamuni (der historische Buddha) nicht der letzte Buddha in unserem Weltzeitalter sein wird, kommt in Zukunft wiederum ein Wesen in unsere Welt, das zur Buddhaschaft gelangen wird. Dieses Wesen wird in seiner Grundeigenschaft als der Mitfühlende bezeichnet, daher wird sein Name Maitreya (P: metteyyo / S: maitreya) sein. Maitreya bedeutet „der liebevoll Mitfühlende".

Er wird in den Darstellungen nicht im Lotussitz sondern meist in einer Sitzhaltung dargestellt, die oft als „europäischer" Sitz interpretiert wird. Er sitzt sozusagen auf einem Hocker oder Potest und sein Beine berühren den Boden, so wie wir im Westen auf einem Sessel sitzen. Diese Sitzhaltung, im Gegensatz zum Lotussitz, bedeutet jedoch keineswegs eine europäische Sitzhaltung sondern, dass sich dieser Buddha gerade aus dem für Buddhas üblichen Lotussitz erhebt, denn Maitreya ist der Kommende. Es gibt auch Darstellungen, bei denen er einen Fuß noch im Lotussitz hat und der andere Fuß bereits herab gestreckt erscheint, was wiederum das Aufstehen, das sich gerade Erheben, also das Kommen, andeutet.

Maitreya, als eine alle buddhistischen Schulen verbindende Erscheinungsform, weist über die zeitlichen Beschränkungen hinaus und repräsentiert somit die Erleuchtung eines Buddha nicht nur als ein einmaliges Erlebnis oder ein Ereignis der Vergangenheit, sondern als ein allgegenwärtiges Phänomen, das auch in der Zukunft stattfinden wird.

Besondere Verehrung wird dem zukünftigen Buddha Maitreya (C: 弥勒佛 mílèfó) in China zuteil. Er gilt als Manifestation, der in jedem Menschen potentiell immerwährend gegenwärtigen Erleuchtung.
In der Gestalt des dickbäuchigen Mönches Bu Dai (C: 布袋和尚 bùdài hé shang), der im zehnten Jahrhundert in China lebte, findet sich seine Statue in fast jedem chinesischen buddhistischen Tempel im Eingangsbereich. Bu Dai wird als ein Mönch verehrt, in dem das Prinzip der Bodhisattvaschaft bereits gegenwärtig ist und der daher jene wärmende und grenzenlose Liebe zu seinen Mitwesen ausstrahlt, die auch den zukünftigen Buddha Maitreya auszeichnen wird. Er wird als der heiter lächelnde Buddha verehrt und ist meist in sitzender Haltung als freundlicher dickbäuchiger Mönch dargestellt. Er repräsentiert dabei das Ideal eines gesunden, glücklichen und zufriedenen Menschen.

Der Buddhismus wurde besonders in seiner Anfangsphase im Westen oft missverstanden und als eine pessimistische Lehre dargestellt. Im Gegensatz hierzu ist die buddhistische Lehre jedoch eine sehr lebensbejahende und dem Leben realistisch gegenüber eingestellte Lehre. Dies zeigt sich auch deutlich in der bereits erwähnten Gestalt des Bu Dai, der als Mönch lebensbejahend und zufrieden dargestellt wird. Erleuchtung findet im Hier und Jetzt statt, hier in diesem Leben und nicht in überirdischen Bereichen oder durch Flucht aus diesem Leben.
Der Weg des Buddhismus ist ein Weg der Mitte, ein Weg der Ausgeglichenheit und kein Weg der Extreme. (SIEHE SEITE 173) Weder die Weltflucht noch das völlige Aufgehen in den Genüssen der Welt ist das anzustrebende Ziel, sondern eine ausgeglichene Balance, ein auf die Realität bezogenes Leben, so wie es uns in der Gestalt des Mönches Bu Dai entgegen lächelt.

Man nimmt an, dass Bu Dai im 10. Jahrhundert gelebt hat und es sind in einigen buddhistischen Texten Anekdoten aus seinem Leben überliefert. Seine spontane Handelsweise und Unbekümmertheit wird am ehesten der buddhistischen Auffassung der Schule der Meditation (C: chán zōng 禅宗) (SIEHE BZGL. DIFFERENZIERUNG IN SCHULEN SEITE 321) gerecht. Seine Gestalt wird mit den für Chinesen typischen Glück verheißenden Attributen dargestellt, wie zum Beispiel der dicke Bauch für Wohlstand sowie sein lachender Gesichtsausdruck für innere Zufriedenheit. Er trägt einen großen Sack mit sich aus dem er der Tradition gemäß Geschenke an seine Mitmenschen verteilte. Deshalb wird er auch bù dài hé shang genannt, wobei bù dài im Chinesischen Stoffsack bedeutet und hé shang bedeutet Mönch.

Bu Dai ist in der chinesischen Provinz Zhejiang gestorben. Er starb in sitzender Meditationshaltung im Korridor eines Tempels und hinterließ folgenden Vers: „Maitreya ist der wahrhaft Liebende, der sich in unzähligen Formen verkörpert. Beständig erscheint er den lebenden Wesen, die ihn aber kaum wahrnehmen." Auf Grund dieser Aussage, begann man unmittelbar nach seinem Hinscheiden ihn selbst nun als Inkarnation des kommenden Buddha Maitreya anzusehen und zu verehren. Später führte diese religiöse Verehrung sogar dazu, dass er in Japan als Hotei sogar Einzug in das japanische Pantheon der sieben Glücksgötter (jap.: 七福神 shichi fukujin / C: qī fú shén) erlangte.

Doch der lächelnde Mönch Bu Dai sollte uns nicht nur ein historisches Vorbild sein sondern auch ein Ansporn für unser eigenes Leben. Er zeigt uns die Kontinuität der Erleuchtung auf und weist uns somit auf den kommenden Buddha Maitreya hin. Auch Siddhartha Gautama, der historische Buddha, ist nicht der Endpunkt der Möglichkeit, Erleuchtung zu erlangen. Nach ihm wird es einen weiteren Buddha in diesem Weltzeitalter geben, eine Buddha, den wir heute als den Liebenden bezeichnen (P: metteyyo / S: maitreya). So ist uns die Gegenwart des Maitreya sowohl Erinnerung an Vergangenes (wie der historische Mönch Bu Dai) als auch Hinweis auf Zukünftiges (wie der zukünftige Buddha Maitreya). Und dies ist nicht losgelöst von dieser Welt zu begreifen sondern eingebettet in diese Welt, eingebettet in unserer Leben im Hier und Jetzt.

Abschließend hierzu muss noch erwähnt werden, dass Bu Dai (also die Qualität des Maitreya Buddha) oft mit einer Ausformung eines daoistischen Glückgottes verwechselt wird bzw. wird dieser ebenfalls als lächelnd und dickbäuchig dargestellt, allerdings umgeben von fünf Kindern. Diese daoistischen Figuren finden sich oft in den Gasträumen der chinesischen Restaurants bei uns im Westen. Die Figur ist ein Zeichen für eine glückliche Familie, hilft Spannungen abzubauen, Frieden und Wohlergehen zu schaffen und somit die Sorgen in einem Haushalt zu lindern. Sie ist eng verküpft mit der daoistischen Feng Shui Theorie. Diese Darstellung ist aber auch ein Beispiel dafür, dass der Daoismus im Lauf seiner geschichtlichen Entwicklung, was die Volksfrömmigkeit betrifft, manchesmal buddhistische Formen übernommen und modifiziert hat. So wie auch manches Gedankengut des Daoismus, besser gesagt der Yin Yang Philosophie, in die Volksfrömmigkeit des chinesischen Buddhismus Eingang gefunden hat.

Missverständnis

Bodhisattvas sind Buddhas. Arhats und Lohans sind erleuchtete Wesen. Beides ist in unserer heutigen Zeit nicht mehr erreichbar.

Richtigstellung

Bodhisattvas, Arhats und Lohans sind Menschen die eine hohe Stufe der Achtsamkeit und rechten Sichtweise über sich selbst und die Welt erlangt haben. Das Ideal des Bodhisattva bezeichnet aber auch Wesen, die wir als übernatürlich ansehen, im Sinne einer unsere Fähigkeiten und Auffassungsgabe überschreitenden Wirklichkeitserfahrung.

Bodhisattva

Bodhisattvas (P: bodhisatta / S: bodhisattva) sind Wesen, die sich bereits auf dem Wege zur Buddhaschaft befinden. Es sind Wesen, männlich oder weiblich, die den Entschluss gefasst haben, Erleuchtung zu erlangen, aber so lange unter den unerleuchteten Wesen verweilen, bis auch diese den Weg zur Buddhaschaft, den Weg zur Erleuchtung gefunden haben und in sich verwirklichen können. Wie ein buddhistischer Meister so trefflich sagte:

„Ein Bodhisattva ist ein Individuum, das sein Leben der Selbsterforschung und dem altruistischen Dienst gewidmet hat. Er entdeckt in sich selbst die Quelle jener vollkommenen Geisteshaltung, die die Wurzeln der Angst durchschneidet"

Tarthang Tulku

Der Buddhismus kennt somit eine große Anzahl von solchen „Erleuchtungswesen", was die wörtliche Bedeutung des Begriffes Bodhisattva ja bedeutet.

Das Ideal des Arhat (P: arahant / S: arhat, jemand dem höchste Würde zu Teil wird) ist das erstrebenswerte Ziel des buddhistischen Weges, wie es in den Schulen des frühen Buddhismus (S: hīnayāna) gesehen wird. Im späteren

Buddhismus (S: mahāyāna) wurde jedoch nicht so sehr auf die Erleuchtung des Einzelnen Wert gelegt. Nicht das Ideal des Arhat, der den Bindungen und den Bedingungen entwunden ist war es was erstrebenswert ist, sondern die Stufe des achtsamen Erwachens als Hilfe für andere und alle Wesen, die dies aus eigener Kraft heraus nicht erreichen können. So wurde das Ideal des Bodhisattva des Erleuchtungswesens (S: bodhi, vollkommene Erkenntnis / S: sattva, Existenz, ein lebendes Wesen), wichtiger als das Ideal des Arhats. So werden in den Mahāyāna Ländern des Buddhismus sehr oft ernsthaft Praktizierende und Meister als Bodhisattvas bezeichnet. Sie repräsentieren damit jenen Geist der mitfühlenden Liebe zu allen Wesen, die ein Erleuchtungswesen ausmachen. Bodhisattvas verkörpern somit das Ideal des Strebens nach Erleuchtung, das Ideal selbstlos den Weg, welchen auch der historische Buddha gegangen ist, nachzuvollziehen zum Wohle und zur Hilfe aller Wesen.

Es gibt viele unterschiedliche Bodhisattvas in den Schriften des Buddhismus. In der Darstellung werden Bodhisattvas sowohl männlich als auch weiblich dargestellt. Im Grunde sind Bodhisattvas androgyn, da sie sowohl männliche als auch weibliche Qualitäten in sich vereinen. Sie betonen jedoch immer bestimmte Aspekte dieser Qualitäten und daher findet man sie sowohl in männlicher als auch in weiblicher Form. Manche Bodhisattvas erscheinen daher entweder in der einen oder in der anderen Gestalt. Sie können aber auch je nach kulturellen Hintergund in beiden Formen präsent sein. Als Beispiel sei hier Avalokiteśvara (männlich) erwähnt, der im chinesischen Kulturkreis als Guanyin (weiblich) verehrt wird. Die unterschiedlichen Darstellungen dieses Bodhisattva, ob in männlicher oder weiblicher Form, drücken im wesentlichen dieselbe Qualität, nämlich liebendes Mitempfinden aus (P: metta karuṇā / S: maitri karuṇā / C: 慈悲 cíbēi).

Aber auch die Sitzweise, die Handhaltungen (S: mudra - Siegel, Kennzeichen, Charakter), die jeweilige Körperfarbe sowie die beigegebenen Attribute in den Darstellungen eines Bodhisattvas haben alle eine bewusst gewählte

Bedeutung. Sie dienen als weiterer Hinweis und als sichtbares Merkmal, um die durch den Bodhisattva repräsentierte Qualität zu unterstreichen.

Wir sehen also, dass Bodhisattvas idealisierte Formen bestimmter Qualitäten darstellen, die im Streben nach Erleuchtung entstehen. Es wurden aber auch in der Vergangenheit lebende Meister später zu Bodhisattvas erhoben, da sie durch ihre Weisheit und ihren Lebenswandel diese Qualitäten repräsentierten. Ein Beispiel dafür ist Mañjuśri, der als er von China nach Nepal kam durch seine verdienstvollen Daten in den Rang eines Bodhisattvas erhoben wurde. Ein anderes Beispiel sind die immer wiederkehrenden Dalai Lamas, die als eine Repräsentation des Bodhisattva Avalokiteśvara gelten.

Allen buddhistischen Mahāyāna-Schulen sind acht Bodhisattvas wichtig. Grundsätzlich ist anzumerken, dass in diesen buddhistischen Ländern jeder mehr oder minder mit diesen acht großen Bodhisattvas vertraut ist. Sie sind fester Bestandteil der jeweiligen Kultur und finden sich in vielen Formen der Volksfrömmigkeit wieder, wie zum Beispiel in Geschichten, in Darstellungen sowie auch Redewendungen und ähnlichem. Sie sind somit ein wesentlicher Teil im Leben dieser Menschen geworden.

Bodhisattvas repräsentieren durch ihre Erscheinungsform bestimmte Qualitäten des Erwachtseins. Sie personifizieren in symbolischer Form die Eigenschaften, die auf dem praktischen Übungsweg zur Erleuchtung wichtig sind und stellen eine Motivation für den Übenden dar. Es sind die Qualitäten, die jeder Mensch in sich trägt, die aber aus dem Verborgenen und latent schlummernden Bereichen unseres eigenen Wesens heraus erst zum Leben erweckt werden müssen. Dies kann in unterschiedlichster Weise durch die meditativen Methoden des Buddhismus erfolgen.
Der Weg des Bodhisattva ist ein stufenweises Heranreifen von heilsamen Qualitäten, an dessen Ende das Erwachen steht. Dann ist ein Bodhisattva zu einem Buddha geworden.

Bodhisattvas sind somit so etwas wie tief in uns sitzende Archetypen einer transpersonellen Qualität, die intellektuell nicht voll von uns, die wir verstrickt sind in diese Welt mit unseren Vorlieben und Aversionen, mit unseren Wünschen und Sichtweisen, erfasst werden kann. Sie erscheinen uns bildhaft als Repräsentanten dieser Buddhaqualität und sie manifestieren sich in Wesen die sich ernsthaft bemühend auf den buddhistischen Pfaden befinden. Sie inspirieren uns und zeigen uns damit Wege und Möglichkeiten in den Wirrsalen des Lebens eine Richtung zu finden - eine Richtung der Selbsterkenntnis und schießlich auch Selbstüberwindung (Alturismus), die am Ende in jenen Zustand der Freiheit mündet, die der Buddha uns vorgelebt und beschrieben hat. Durch die bildhafte Darstellung, der ihnen beigegebenen Attribute sowie durch die mit ihnen verbundenen erklärenden Geschichten, geben sie uns eine Ahnung dieser das gewöhnliche Menschsein übersteigenden Buddhanatur. Insofern sind sie natürliche Helfer für uns, die wir die Anweisungen des Buddha studieren, sie reflektieren und ernsthaft versuchen sie in unserem Leben als Leitfaden lebendig zu erhalten.

Die acht großen Bodhisattvas des Mahāyāna Buddhismus und ihre wichtigsten Qualitäten, welche sie repräsentieren, sind folgende.

<u>Akāśāgarbha   Mutterschoß des Raumes</u>
ākāśāgarbha (S: ākāśa, freier Raum / S: garbha, Mutterleib, Schoß / C: 虚空藏菩萨 xūkōng cáng púsà)

Seine Weisheit und seine Güte reichen so weit wie die Unendlichkeit des Universums. Im übertragenen Sinne ist damit das geheime Innerste des Raumes gemeint, auch im Sinne einer verborgenen Schatzkammer. Der Raum durchdringt alles, ohne auf Hindernisse zu treffen und er ist unwandelbar. Entsprechend wird Akāśāgarbha die Fähigkeit zugesprochen, sämtliche Hindernisse aus dem Weg zu räumen. Er hilft den Lebewesen ihre Fehler hinter sich zu lassen und lehrt sie die Qualitäten eines Bodhisattva (S: pāramitā - das Gelangen zum jenseitigen Ufer, die vollkommene Erreichung einer Tugend) zu praktizieren und zu erlangen. Die Ausstrahlung seiner Güte überschreitet jedes Hindernis und jede Grenze, er ist wie der Raum selbst, ungehindert und allgegenwärtig.

Avalokiteśvara   Wahrnehmender der Klagenden

avalokiteśvara bzw. alte Form avalokitaśvara (S: avalokita, betrachtend / S: svara, Klang, Ton/ S: īsavara, Herr, Herrscher / C: 观音菩萨 guānyīn púsà)

Ürsprünglich hieß dieser Bodhisattva Avalokitaśvara (S: avalokita + svara). Das entspricht genau der chinesischen Übersetzung Guanyin (C: 堪 guān, beobachten / C: 音 yīn, Ton, Schall). Ab dem siebenden Jahrhundert wird er aber als Avalokiteśvara bezeichnet (S: avalokita + īsvara, in Sanskrit wird ein 'a' am Wortende mit einem i oder ī am Wortbeginn zu einem e).
Avalokiteśvara heißt wörtlich übersetzt „der Herr, der (die Welt) betrachtet", zusammengesetzt aus den Sanskrit Wörtern īsvara (Herr bzw. Herrscher) und avalokita (betrachtend). Gemeint ist damit die Fähigkeit sich der Welt zuzuwenden und das Klagen der leidenden Wesen zu hören.
Dieser Bodhisattva wird in männlicher Form als der tausendarmige Bodhisattva dargestellt oder in seiner weiblichen Form als die chinesische Form der GuanYin oder die tibetische Form der Tara. Er ist die Verkörperung der mitempfindenden Liebe, die alle Wesen umfasst. Er bzw. sie ist sicherlich der am meisten verbreitete und bekannte Bodhisattva in den buddhistischen Ländern. Seine tausend Hände symbolisieren die helfende Zuwendung zu allen Wesen. In jeder Handfläche ist ein Auge abgebildet, denn Hilfe ohne Empathie, ohne klare Erkenntnis und Achtsamkeit, ist nur selbstgefällig und nicht aufrichtig. Diese Zuwendung und Empathie wird auch durch seine weibliche Form treffend dargestellt.

„Genau wie eine Mutter ihr einziges Kind liebt und mit dem eigenen Leben beschützt, mögen wir grenzenlose Liebe entwickeln und sie allen Wesen im gesamten Kosmos spenden.
Möge unsere grenzenlose Liebe alles Sein erfüllen, oben, unten und ringsum.
Möge unsere Liebe keine Hindernisse kennen.
Mögen unsere Herzen völlig frei sein von Hass und Feindseligkeit."

sutta piṭaka, khuddaka nikāya, khuddaka pātha, mettā sutta
(Palikanon, Kurze Textsammlung I, 8-9)
nach einer Übersetzung von Thich Nhat Hanh

Kśitigarbha   Muttterschoß der Erde

kśitigarbha (S: kśiti, Wohnsitz, Erde, Herrschaft / S: garbha, Mutterleib, Schoß / C: 地藏菩萨 di cáng púsà)

Sein Name kann als "Mutterschoß der Erde" oder Schatzkammer der Erde", übersetzt werden. Kśitigarbha ist bekannt für sein Gelübde, Verantwortung für die Unterweisung der Wesen nach dem Tod des Śakyamuni Buddha und bis zum Erscheinen des zukünftigen Buddha Maitreya zu übernehmen. Sein Versprechen besagt, dass er nicht die Buddhaschaft erreichen will bis alle Bereiche, in denen Wesen leiden welche der Verwirrung und Unzufriedenheit unterworfen sind, auf dem Weg zum Erwachen gelangt sind. Er wird deshalb oft als der helfende Bodhisattva der extrem leidenden Wesen (S: naraka, Höllenwesen) betrachtet. Er wird auch eng verwandt mit dem Bodhisattva Akaśagarbha gesehen, der den Segen des unendlichen Raumes repräsentiert. Beide werden oft gemeinsam dargestellt.

Kśitigarbha ist der einzige Bodhisattva   , der manchesmal auch mit den Attributen eines Wandermönches wie Rasselstab (S: khakkhara) und Almosenschale dargestellt wird. Der Rasselstab ist ein Stab mit mehreren Metallringen am oberen Ende. Er wird dazu benutzt Kriechtiere vor dem Herannahen eines Mönches zu warnen, damit sie nicht zertreten werden. Mythologisch werden damit auch Dämonen und böse Geister vertrieben. So wie dieser Bodhisattva in die tiefsten Tiefen hinabsteigt (Höllenwelten), um den Wesen zu helfen, so vertreibt er auch die Gefahren und Ängste (Dämonen und Geister) aus den fehlgeleiteten Bewusstseinzuständen der leidenden Wesen.

Maitreya   der liebevoll Empfindende

maitreya (S: maitri, liebend, freundlich, gütig / S: maitreya, von Wohlwollen erfüllt / C: 弥勒菩萨 mílè púsà)

Dies ist die Bezeichnung für den zukünftigen Buddha. Die Namen aller Buddhas und Bodhisattvas sind nicht willkürlich gewählt, sondern sie repräsentieren die Qualität und Erscheinungsform des jeweiligen Buddha bzw. Bodhisattva. Daher bezeichnet der vom historischen Buddha gewählte Begriff Maitreya für den zukünftigen Buddha die Methode in welcher dieser Buddha lehren wird. Seine Methode der Unterweisung wird nicht so intellektuell sein, wie der jetzt bestehende Dharma (die buddhistische Lehre), sondern sich viel stärker auf die Intuition und damit verbundene Realisierung durch meditative Übung beziehen, durch unmittelbares Erleben und durch direkte Zuwendung auf einer höheren emotionalen Ebene, getragen durch Empathie. Wir sollten also wissen, dass sowohl der Bodhisattva als der zukünftige Buddha, die sich ja nur in ihrem zeitlichen Auftreten unterscheiden, als Maitreya bezeichnet werden. (SIEHE BZGL. BUDDHA MAITREYA SEITE 58)

Mañjuśri   der Liebliche

mañjuśri (S: mañju, schön, lieblich / S: śri, schönes Aussehen, Glück, Reichtum /
C: 文殊师利菩萨 wénshū shī lì púsà)

Er hilft die Unwissenheit zu überwinden und Weisheit zu erlangen. Durch seine Inspiration wird es möglich in die Tiefen der buddhistischen Lehre einzudringen und sie zu verstehen. Er gilt deshalb als der Schutzpatron der Gelehrten und durchtrennt mit seinem Flammenschwert die Verbindungen und Fesseln der Unwissenheit. Er verhilft uns die wahre Natur des Selbst zu erfahren und unseren Geist zu befreien.
In vielen buddhistischen Texten der Mahāyāna Tradition (SIEHE SEITE 318) wird am Beginn Mañjuśri angerufen oder dargestellt. Er dient damit als Inspiration zur Erlangung von Gelehrsamkeit und des wirklichen Verstehens. Er vertreibt die Uniwissenheit und dies verhillft uns dazu, die rechte Sichtweise zu entwickeln und Licht in das Dunkel der Meinungen und Interpretationen zu bringen.

Samantabhadra   Allumfassende Güte

samantabhadra (S: samanta, vollständig / S: bhadra, erfreulich, im Wohlstand
sich befindend / C: 普贤菩萨 pǔ xián púsà)

Er gilt als der „Allumfassend Gute" und „Ringsum Segensreiche", der jene beschützt, die der Lehre des Buddha nachfolgen. Er personifiziert das tätige Mitleid (S: karuṇa, Mitleid, Mitempfinden) mit den in den Daseinsbereichen verstrickten Wesen und ist der Schutzpatron der meditativen Bestrebungen. Seine Inspiration verhilft den Praktizierenden die Lehre (S: dharma) darzulegen, zu erklären und weiter zu geben.

Sarvanivāraṇa Viṣkambhin   umfangreiches Abwehren

sarvanivāraṇa viṣkambhin (S: sarva, ganz / S: nivāraṇa, abwehren, verhindern / S: viṣkambha, Riegel, Hindernis / C: 除蓋障菩薩 chú gài zhàng púsà)

Er beseitigt und wehrt alle Hindernisse ab, die einer erfolgreichen Meditation entgegen stehen. Durch die Inspiration seiner Qualitäten können die fünf Hemmnisse (S: pañca nīvaraṇāni, C: 五蓋 wǔ gài) auf dem praktischen Weg der Selbstfindung überwunden werden. Diese sind Verlangen (S: kāmacchanda), Feindseligkeit (S: vyāpāda), Faulheit (S: styāna middha), Ablenkung und Sorge (S: audhyatha-kaukṛtya) sowie Zweifel (S: vicikitsā)

Vajrapāni   den Vajra in der Hand haltend

vajrapāni (S: vajra, Diamant, Donnerkeil / S: pani, in der Hand haltend / C: 金剛手菩薩 jīngāng shǒu púsà)

Die ultimative Qualität des Buddhismus wird als Vajra-Qualität bezeichnet. Unser Bewusstsein, unsere Wahrnehmung und Auffassungsgabe sollte so klar und unbeeinflusst von den Anhaftungen und Trübungen sein wie ein Diamant. Fällt Licht auf einen Diamanten, so wird das Licht in verschiedenen Farben reflektiert. In gleicher Weise reflektiert unser Bewusstsein alle Eindrücke und Wahrnehmungen, die wir erhalten. So wie der Diamant jedoch unverändert und unbeeinflusst von den Lichtstrahlen bleibt, so bleibt auch das Bewusstsein an sich unbefleckt und rein. Daher wird im Buddhismus die wahre innere Natur des Menschen als Vajranatur bezeichnet. Vajrapāni zeigt uns diese Vajranatur in seinem aktiven Reflex, im heilsam motivierten Handeln. Er gilt als Beschützer der buddhistischen Lehre, als Dharmapāla (S: dharma, die Lehre des Buddha / S: pāla, Wächter, Hüter) und als Verkörperung der Macht und Tatkraft aller Buddhas. Auf der populären Ebene ist Vajrapāni der Bodhisattva, der die Macht aller Buddhas repräsentiert. Er ist der Meister der unbegreiflichen Mysterien, jener Wahrheit die auch in

Widrigkeiten der Finsternis und Unwissenheit Bestand hat.

Ein Bodhisattva, der eine Sonderstellung einnimmt, sei hier noch zusätzlich zu den Acht Bodhisattvas erwähnt.

Vajrasattva   Vajra Wesen

vajrasattva (S: vajra, Diamant, Donnerkeil / S: sattva, Existenz, ein lebendes Wesen / C: 金刚薩埵 jīngāng sà duǒ)

Dieser Bodhisattva umfasst wesentliche Aspekte der meditativen Ausrichtung und Schulung. Da er die Vajranatur symbolisiert, wird er in den vorbereitenden Übungen und im Zuge der Reinigung des eigenen Wesens vom Meditierenden und Übenden gesehen. Er ist der aktive Reflex der ungeschminkten Selbstreflektion. Er integriert in sich alle Aspekte des erwachenden Bewusstseins und symbolisiert daher nicht nur einen Bodhisattva sondern auch das Unaussprechliche und die Essenz der buddhistischen Praxis.

Wir sehen also, dass die latent in jedem Menschen vorhandene Möglichkeit aus der eigenen Unwissenheit zu erwachen und damit die heilsamen und positiven Faktoren der Individualität zu kultivieren sich in unterschiedlichster Weise entfalten kann. Wie bereits erwähnt sind Bodhisattvas Wesen denen dies gelungen ist und die auf dem Pfad dieser Selbsterkenntnis und Kultivierung weit vorangeschritten sind. Daher erscheinen sie uns als erhabene ja man möchte sogar sagen überweltliche Wesen im Vergleich zu uns, die wir noch am Beginn dieser Reise stehen oder sie noch gar nicht unternommen haben.

Arhat, Lohan

Jene Menschen, welche die Stufe der unparteiischen Achtsamkeit erreicht haben, dass heißt, den Weg des Buddha zu Ende gegangen sind und daher alle Bedingungen, die zu neuerlicher Geburt in die Welten der unterschiedlichen Wesen führen würden, aufgehoben haben, diese

Wesen werden als „Würdige" (P: arahant, S: arhat) bezeichnet. Ein Arhat ist somit jemand der die tief im Menschsein verwurzelten Tendenzen von Gier, Hass und Verblendung überwunden hat und dadurch jene Freiheit erlangt hat, die ihn aus dem immerwährenden Kreislauf von Geburt und Tod (PS: saṃsāra, Kreislauf der Wiedergeburten) heraushebt.

Im Chinesischen wurde dafür der Begriff des Alohan (C: 罗汉 luóhàn / 阿罗汉 āluóhàn) verwendet, was eine lautliche Übersetzung des Sanskritwortes Arhat ist. In den westlichen Sprachen wurde dann daraus das Wort Lohan.

Da der chinesische Buddhismus überwiegend dem Mahāyāna Buddhismus (SIEHE SEITE 318) und auch dem Vajrayāna Buddhismus (SIEHE SEITE 319) zuzurechnen ist, vollzog sich dort in diesem nun ebenfalls eine Neuorientierung. Aus dem Arhat, der für sich selbst das Ziel der Buddhaschaft anstrebt wurde der Lohan, der jedoch im Grunde seines Wesens dem Bodhisattva Ideal (SIEHE SEITE 236) nachfolgt. Er strebt nach Erleuchtung nicht um nur sich selbst zu befreien, sondern um alle Wesen auf dem Wege zur Befreiung mitzunehmen.

Besonders populär wurden die Lohans durch die Schule des Chan Buddhismus (C: 禅宗 chán zōng) (SIEHE BZGL. DIFFERENZIERUNG IN SCHULEN SEITE 321), die in ihnen das Ideal der Buddhaschaft, welche sich im weltlichen Leben manifestiert, ausgedrückt sieht. Der daraus entwickelte Zen-Buddhismus in Japan hat diese Tradition dann ebenfalls übernommen.

Es gibt sehr unterschiedliche Darstellungen dieser heiligen Meister. Entweder findet man sie als Mönche mittleren oder jungen Alters dargestellt oder aber als alte ehrwürdige Meister. Je nach bildlicher Ausprägung vermitteln sie uns jedoch immer die ihnen innewohnende Dynamik eines erleuchteten Geistes der kraftvoll oder ruhig meditativ sich dem Betrachter erschließt.

Diese Heiligen waren bedeutende Schüler und Nachfolger des historischen Buddha, die durch ihre außergewöhnlichen Fähigkeiten und den Grad ihrer spirituellen Reife sich auszeichneten und dadurch zum Vorbild innerhalb des Buddhismus geworden sind. Bereits der Buddha selbst erwähnte in diesem Zusammenhang einige seiner unmittelbaren Schüler mit Namen zum Beispiel Mahā Kassapa, Pindola und Rāhula (S: mahākaśyapa, piṇḍola bhāradvāja, rāhula) und berichtete, dass diese solange unter den Menschen als Arhats wirken werden, bis wiederum ein neuer Buddha erscheinen wird, der dann als Maitreya Buddha (SIEHE SEITE 58), was soviel heißt wie der liebevoll Empfindende, die buddhistische Lehre erneut beleben und darlegen wird.

In etwas späteren Quellen werden dann bereits sechzehn Lohans genannt. Dies geht traditionell auch auf eine Überlieferung zurück, gemäß jener der Maler Guan Xu (C:贯修 guàn xīu), welcher 832 - 912 in Chengdu lebte, heute Provinz Sichuan China, in einem Traum diese Meister sah und davon eindrucksvolle Porträts schuf. Guan Xu soll auch Mitautor der Sammlung der bedeutenden Gedichte vom Kalten Berg (C: 寒山 hán shān) sein. Seine Darstellungen der Lohan wurden im Laufe der Jahrzehnte und Jahrhunderte von den spezifischen buddhistischen Schulen übernommen und so entstanden die sechzehn Lohans, die sich dann nicht nur in China wiederfinden, sondern auch ihren Weg über Korea nach Japan fanden. Später wurde in China diese Anzahl auf achtzehn erhöht und in den chinesischen buddhistischen Tempeln wird man sie meist im Inneren der Haupthalle an den beiden Seiten zu je neun sitzend wieder finden. Da diese Meister die Stufe der sogenannten Heiligkeit erreicht haben und damit über den Einflüssen dieser Welt stehen, werden ihnen auch magische Kräfte zugeschrieben und so werden sie auch als Beschützer der buddhistischen Lehre und ihrer Anhänger betrachtet. Die Anzahl der urspünglichen sechszehn findet sich heute noch in den Gebieten Tibets und in Japan. Im größten Teil Chinas sind es aber Darstellungen der achtzehn Lohans. Aber man findet in manchen Tempelanlagen auch Darstellungen von über hundert bzw. von fünfhundert Lohans, die sich dann in eigenen ihnen gewidmeten Tempelhallen befinden.

Wir sehen also, dass es nicht unmittelbar darum geht so schnell wie möglich Erleuchtung zu erlangen und ein Buddha zu werden, sondern darum die Erleuchtung zwar anzustreben, nicht aber um seiner selbst willen. So wie die Lohans ihr Leben nicht negierten, sich nicht von ihrem Leben abwandten sondern ihren ihnen entsprechenden Übungsweg innerhalb des Buddhismus gefunden und gelebt haben, so sollten auch wir diese Einstellung dazu haben. Und dieses aktive Leben mit und in der Lehre des Buddhismus und nicht eine Negierung oder die Abkehr vom Leben ist es, was uns die Lohans, jeder in seiner spezifischen Art, aufzeigen.

Missverständnis
Erleuchtung ist ein Erkennen des wahren Selbstes und Nirvāṇa ist das Nichtsein.

Richtigstellung
Erleuchtung ist die Erfahrung, dass auch unser Selbst eine Fiktion und daher ein Ergebnis unserer Existenz ist. Es ist nicht ewig und auch nicht göttlich oder die Emanation von etwas Göttlichem. Nirvāṇa ist nicht Nichtsein sondern das Freisein von Gier, Hass und Verblendung und damit das Zurruhekommen unserer ständigen Verstrickungen in die Welt.

Was ist nun die Erleuchtung, die aus dem Menschen Siddhartha Gautama einen Buddha werden lies?

Am Beginn steht ein Mensch. Der Buddha ist kein Gott, kein Prophet, kein Avatar (S: avatāra, das Herabsteigen, Erscheinung, Offbarwerdung), eine Emanation eines göttlichen Wesens oder die Inkarnation eines Gottes, er ist auch kein übernatürliches Wesen. Er ist ein sich vollständig bewusst gewordener Mensch, ein ganzer Mensch, der das Nirvāṇa (P: nibbāna / S: nirvāṇa) erlangte! Der Begriff Nirvāṇa, den der Buddha für dieses Ganzwerden gebrauchte, ist in seiner ursprünglichen Bedeutung das Freisein von Gier, Hass und Verblendung. Es ist das spontane unmittelbare Klarwerden und Erkennen, ein Erwachen zur totalen Achtsamkeit.

Ein Wesen wird geboren und ab diesem Zeitpunkt entwickelt und entfaltet sich seine Fähigkeit die Welt zu erfahren in der es als Wesen lebt. Im Menschen entwickelt sich ab der ersten Stunde seiner Existenz in diesem Leben eine Bewusstheit über die Welt und sich selbst. Es entsteht das Ich und dieser innere Bezugspunkt, das Ich, festigt sich mehr und mehr.

Deutsches Sprichwort

So wie ein Wagenrad sich ständig um seine Nabe dreht, so verdichtet und verhärtet sich das Wesen Mensch ständig um seine Ichvorstellung (P: atta / S: atma). Dies führt zu Unzufriedenheit und Beschränkung (P: dukkha / S: duḥkha, Unzulänglichkeit, dem Leiden unterworfen sein). Erst das Freiwerden von dieser Illusion, das ungehemmte Drehen des Rades (P: sukkha / S: sukha, wohl, angenehm) führt zu Freiheit und zum Loslassen. Nicht das Verschwinden eines Ich und somit das Vernichten der Persönlichkeit ist es, was uns befreit (SIEHE BZGL. ÜBER DAS ICH SEITE 163); es ist das Zurechtrücken der Bedeutung und des Einflusses dieses unseres Ichs auf unser ganzes Wesen, das uns öffnet und fähig werden lässt, wirklichkeitsgemäß die Welt in der wir existieren zu erleben und zu erfahren. (SIEHE BZGL. DUḤKHA SEITE 116/ BZGL. NIRVĀṆA SEITE 121)

So hatte der Buddha das Tor zur Todlosigkeit, zur vollen Achsamkeit und Selbsterkenntnis aufgestoßen. Todlosigkeit nicht im Sinne eines ewigen Lebens, sondern als das Akzeptieren des Wandels und dadurch die Befreiung sich dem Wandel nicht mehr entgegen zu stellen. Er selbst hatte an sich jene Wandlung vollzogen, die ihn zum Erwachten und zum Erleuchteten, zum Buddha (S: budh, erwachen, zur Besinnung kommen, wachsam sein, gewahr werden, erkennen) werden lies. Er hat uns diesen Weg vom Nichtwissen zur Erkenntnis, von der Dunkelheit zum Licht, als praktischen und nachvollziehbaren Übungsweg hinterlassen. Damit ist er sozusagen unsterblich geworden, unsterblich in den Herzen der Menschen und seinem Platz in der Geschichte der Menschheit.

Bereits in den Upanishaden findet sich dieser Wunsch aus der Unwissenheit zu erwachen.

„oṁ asato mā sad gamaya
tamaso mā jyotir gamaya
mṛtyor mā amṛtaṁ gamaya"

„Om vom Nichtsein führe mich zum Sein
von der Dunkelheit führe mich zum Licht
vom Tod führe mich zur Todlosigkeit"
bṛhadāraṇyaka upaniṣad 1,3,28

Die Upanishaden entstanden zwischen dem 8. und 2. Jahrhundert v.d.Z., wurden mündlich weiter gegeben und etwa ab dem 5. Jahrhundert dann schriftlich niedergelegt. Sie gehören zu den heiligen Texten (S: vedānta) der indischen Religion. Die verschiedenen religiösen Strömungen der Inder werden im Westen als Hinduismus bezeichnet. Wobei dies ein etwas undifferenzierter Sammelbegriff der unterschiedlichsten philosophischen und religiösen Strömungen in Indien ist. Auch einer der Yogalehrer des Buddha, nämlich Uddaka Ramaputta, war ein Meister der Lehre der Upanishaden.

Ein Ziel und sei es auch nur ein unmittelbares ist notwendig, wenn man an sich arbeitet und einen sogenannten inneren spirituellen Weg geht. Die meisten Ziele aber gründen sich auf nicht überprüfbare Annahmen oder entsprechen nur einer vagen Wunschvorstellung. Nirvāṇa ist in gewisser Hinsicht zwar etwas Erreichbares, Konkretes, aber trotz allem nicht Darstellbares, Beschreibbares. Es ist eine neue Perspektive des Seins jenseits der Vorstellungen und Empfindungen von Ich und Du, von Mensch und Welt. Es ist nicht ein Zustand, den man einnehmen könnte oder der irgendwo außerhalb von einem selbst latent ist und seiner Entdeckung harrt. Es ist eine Positionsänderung und Standpunkt-verschiebung unserer selbst.
Nirvāṇa ist nicht Erlösung in Form einer Ich-Vernichtung bei Fortbestand der Welt, sondern es ist eine Erlösung in Form einer Durchschauung von Ich und Welt. Das Verständnis und Begreifen des Anattā Begriffes (SIEHE SEITE 163), fälschlich als Nicht-Ich übersetzt, ist ebenfalls wesentlich in diesem Zusammenhang, denn es bewahrt uns davor einen Pessimismus zu sehen, dort wo keiner ist. Nicht das Verlöschen oder Vernichten unserer selbst ist das Ziel, sondern vielmehr das gründliche Durchschauen und Verstehen von Ich und Welt.

Es ist notwendig sich mit dem Begriff des Nirvāṇa auseinanderzusetzen, um nicht einer Illusion oder Wunschvorstellung nachzuhängen. Wenn das Ziel umrissen ist, ist der Weg leichter. Nirvāṇa selbst können wir nicht begreifen, aber die Symptome können wir sehen. Am deutlichsten sehen wir sie im Leben des Erwachten und seiner fortgeschrittensten Nachfolger wie den Arhats und Lohans (SIEHE SEITE 70). Und dies sollte uns inspirieren und anspornen auf unserem eigenen Weg.

Frei von Gier, Hass und Verblendung, frei von den Begrenzungen unseres Selbst durch selbstische Interessen, erleben wir eine Beglückung, die auch alle anderen Wesen mit einschließt. Deshalb bedeutet Nirvāṇa auch Freude, aber im weiteren Sinne mehr als eine Zufriedenheit im Gegensatz zu Schmerz und Unzufriedenheit. Vielmehr ist diese Freude (P: pīti / S: prīti) ein Zeichen unserer Annäherung an diesen Zustand der Durchschauung. Sie gipfelt dann in jenem Ausdruck, der uns, so unvollkommenen er auch dargestellt sein mag, aus dem Antlitz jeder Buddhastatue entgegenstrahlt. Diese Ausstrahlung zeigt uns eine Lösgelöstheit und ein Freisein von den Verstrickungen und Verhaftungen im Leben und erschafft damit das Glücksgefühl einer Freiheit des Lebens in dieser Welt.

Erwachen ist das wirklichkeitsgemäße Erkennen. Es findet nicht irgendwo statt, sondern ist ein Zustand der Einsicht und Klarsicht im Hier und Jetzt. „Vor der Erleuchtung sind Berge Berge und Wälder Wälder. Nach der Erleuchtung sind Berge Berge und Wälder Wälder". So lautet ein Spruch des Chan Buddhismus. (SIEHE BZGL. DIFFERENZIERUNG IN SCHULEN SEITE 321)

Die Welt (PS: saṃsāra, das sich ständig wiederholende Dasein, das weltliche Dasein) und ihre Bedingungen denen wir ausgesetzt sind bleiben Bedingungen. Was sich jedoch durch ein Erleuchtungserlebnis, ein Erwachen, ändert ist unsere Reaktion auf die Bedingungen dieser Welt, denen wir ausgesetzt sind. Unsere Sicht auf diese Welt ist nicht mehr getrübt und wir erkennen diese Welt wirklichkeitsgemäß.

Nirvāṇa ist also kein Ort jenseits dieser Welt, es ist auch nicht ein glorifizierter Zustand jenseits unseres Lebens. Nirvāṇa ist das nicht mehr Anhaften und Verstricktsein in die Wünsche, Neigungen, Sehnsüchte und Aversionen unseres eigenen Lebens. Es ist ein Geisteszustand des Freiseins von Kategorisierung, Interpretation und Illusion. Es ist das Zur-Ruhe-Kommen des eigenen Geistes und damit das Aufhören jeglichen Ergreifens und Involviertseins in die Welt, in der wir leben. Und trotz allem können wir in dieser Welt agieren und reagieren, so wie es uns der Buddha vorgelebt hat. Eine Vorstufe zum Nirvāṇa wird in einer bestimmten buddhistischen Schule auch als das Erreichen des Reinen Landes (S: buddhakṣetra, Wirkungskreis eines Buddha) bezeichnet. Das Reine Land ist somit jener Bereich unseres Bewusstseins und unserer Erfahrung, in dem alle förderlichen Bedingungen, den Weg des Buddha nachvollziehen zu können, gegeben sind..

Missverständnis

Stūpas sind symbolische Grabbauten und Pagoden sind Tempeltürme.

Richtigstellung

Stūpas entwickelten sich aus den Grabhügeln, in denen die Asche des Buddha aufbewahrt wurde. Im Laufe der Zeit wurden sie immer mehr zum Symbol der buddhistischen Lehren. Diese symbolischen Bauten werden einerseits als Grabstelen errichtet aber auch als Symbole der unterschiedlichsten Facetten der Erleuchtung. Pagoden sind ostasiatische Formen des Stūpa.

Nachdem der Buddha gestorben war wurde gemäß der indischen Tradition sein Leichnam eingeäschert. Die Asche wurde als Verehrungsgegenstand in errichteten Grabhügeln aufbewahrt. Seine Anhänger und Schüler und somit unterschiedliche Regionen Indiens bekamen einen gemäßen Anteil und errichteten daher weitere solche Grabhügel. Die älteste Form dieser Grabhügel (Tumuli) findet sich in den Bauwerken des Stūpa, aus denen sich dann im den Jahren nach dem Hinscheiden des Buddha immer stärker Erinnerungsorte für die Buddhaverehrung entwickelt haben. Sie wurden dann im Laufe der Zeit symbolisch ausgestaltet und schließlich auch in Tempelanlagen integriert.

Der Stūpa (P: thupa / S: stūpa, Haufen, kugelförmiges Grabdenkmal) ist somit ein psychokosmisches Lebens- und Todessymbol und erinnert uns an den Buddha. Er symbolisiert die Aspekte der Erleuchtung eines Buddha und ist in seiner ursprünglichen spezifischen Architektur sowohl Grabmal als auch ein Erinnerungsmahnmal an den Buddha. Einige dieser damals errichteten Stūpas aus den Jahrzehnten nach dem Hinscheiden des Buddha finden sich heute noch in Indien.

Aber nicht nur als Erinnerung an den Buddha sondern auch als Erinnerung an bedeutende Lehrer, Mönche und Nonnen wurden im Laufe der Zeit solche Mahnmale errichtet. Des Weiteren sind sie Sinnbild der Wandlung und werden auch als Gedenksteine in buddhistischen Begräbnisstätten gesetzt. Sie finden sich auf vielen Friedhöfen von buddhistischen Klosteranlagen. In jenen Stūpas welche als Grabdenkmäler errichtet wurden befinden sich meist Überreste des Verstorbenen wie die Asche oder Knochensplitter. Es können aber auch Statuen und buddhistische Texte eingemauert sein, da auch diese einen nicht unwesentlichen Erinnerungswert an den Buddha oder einen bedeutenden Meister der buddhistischen Lehre darstellen.

Da sie einen so bedeutenden Symbolwert haben finden sich in allen Ländern des Buddhismus Stūpas und treten daher auch in unterschiedlichsten architektonischen Ausprägungen auf. Sie finden sich als eigenständige Mahnmale an Tempeln und in Klosteranlagen oder als zusätzliche Aufbauten an Gebäuden oder großen Toren von Tempelanlagen. Für alle buddhistischen Schulen sind daher Stūpas Symbole und Bezugspunkte der Präsenz des Buddha und des Dharma, der buddhistischen Lehre. Sie symbolisieren das Prinzips der Erleuchtung. Im Vajrayāna (SIEHE BZGL. VAJRAYĀNA – DAS DIAMANTFAHRZEUG SEITE 319) wurden diese Symbole auch für unterschiedlichste Formen und Qualitäten auf dem Weg zur Buddhaschaft geschaffen. So gibt es verschiedene Typen von Stūpas wie Erleuchtungsstūpa, Lotusstūpa, Nirvāṇastūpa, Stūpa der Verdienste und weitere. Sie unterscheiden sich in den einzelnen geometrischen Formen aus denen sie gebildet werden. So symbolisieren diese Bauwerke nicht nur als Grabhügel sondern auch als architektonische Bauwerke wie etwa Tempeltürme die Präsenz der Buddhaschaft. Um dieser Präsenz seine Verehrung gegenüber zu erweisen, werden diese Bauwerke immer im Uhrzeigersinn, also rechts herum, umwandelt. In Tibet umwandern allerdings die Anhänger der alten nicht buddhistischen Bön Religion solche Bauwerke entgegen dem Uhrzeigersinn.

In Tibet nennt man diese Bauwerke Chörten (T: mchod rten). Stūpas werden in Asien außerhalb Indiens meist Pagoden genannt. Die singhalesische Bezeichung dafür ist Dagoba, die chinesische ist 塔 tǎ. Es sind dann meist mehrstöckige Türme, die sich im Bereich von Tempelanlagen befinden. Stūpas bzw. Chörten sind geschlossene Bauwerke und man kann nicht in sie hineingehen. Pagoden und Tempeltürme sind im allgemeinen innen begehbar.

Das Wort Pagode kommt wahrscheinlich von den Portugiesen, die diese Bauwerke erstmals in Asien sahen. Sie haben den lokalen Begriff benutzt und entsprechend wiedergegeben. Daraus entstand dann das Wort Pagoda. Es gibt zwei Ansichten darüber aus welchem Begriff sie dies abgeleitet haben. Aus dem Sanskrit abgeleitet bedeutet es heilig oder sakral (S: bhāgavata, heilig, sakral) oder aus dem Persischen bedeutet es Götzenbild-Haus (persisch: بت خانه bet khane). Beide Begriffe wären eine lautliche ungefähre Entsprechung dazu.

Allen diesen Bauwerken gemeinsam ist es jedoch, dass sie durch die Anordnung unterschiedlichster Formen einen starken symbolischen Charakter aufweisen. Sie sind sozusagen auf unterschiedlichsten Ebenen der Ausdruck innerer Erfahrungswerte und Qualitäten. Die Formprinzipien solcher Bauwerke verbinden in harmonischer Weise sowohl scholastische als auch archetypische Symbolik zu einem Ganzen. Scholastisch sind sie in dem Sinn, dass ihre Gestaltungsprinzipen durch geometrische Formen und Zahlenbeziehungen festgelegt sind, die wiederum jede für sich auf einen spezifischen Aspekt der buddhistischen Lehre hinweist. Zum Beispiel bedeutet der viereckige Unterbau auf dem ein Chörten aufbaut das Fundament jedeweder meditativen Übung, nämlich die vier Stufen der Achtsamkeit (P: satipaṭṭhāna/ S: smṛtyupasthāna). Archetypische Symbolik finden wir dann z.B. im Emporstreben des Bauwerkes, welches gefestigt ruhend auf der Erde sich in die Lüfte erhebt. Und in gleicher Weise erhebt sich der geistig strebende Mensch in die lichteren Höhen des Wissens und der Achtsamkeit. Er bleibt aber mit seinem Fundament verwurzelt, er verlässt es nicht. Und so wie auch buddhistische Statuen und Bildnisse einen detaillierten symbolischen Charakter aufweisen, so sind auch die Bauwerke des Buddhismus reich an Symbolik und Hinweisen auf die unterschiedlichsten Aspekte der buddhistischen Lehre.

Missverständnis

Reliquien haben eine Kraft an sich, unabhängig von der mentalen Einstellung und Aufnahmefähigkeit des Betrachters.

Richtigstellung

Reliquien wirken dann als Inspiration auf uns, wenn wir sie mit der Lehre und mit den Menschen, welche diese Lehre ernsthaft praktizierten verbinden. Daraus entsteht dann eine tiefe Verbundenheit, die uns als Hilfe auf unserem eigenen Weg weiterführen kann.

Eine Reliquie (latein: reliquiae, Reste) ist etwas, das übrig geblieben ist das Zurückgelassene. Die grundsätzliche Bedeutung von Reliquien im Buddhismus unterscheidet sich nicht wesentlich von der Reliquienbedeutung in anderen Religionen. Den Ursprung im Buddhismus haben sie in der Bestattung des Buddha.

Nachdem der Buddha verstorben war wurde er eingeäschert und seine Asche sowie die nicht verbrannten Teile seines Körpers wurden auf zehn verschiedene Grabhügel (S: stūpa) in Indien aufgeteilt. Später wurden unter der Herrschaft König Aśokas (reg. 268 – 232 v.d.Z.) (S: dharmāśoka) die Grabhügel geöffnet und die Reliquien neu und vielfach aufgeteilt, um sie in weiteren Stūpas zu hinterlegen. Es wird uns berichtet, dass es zu dieser Zeit über 84.000 Stūpas im Großraum Indiens gab. Die Zahl 84.000 ist nicht wörtlich zu nehmen sondern eine indisch-mythologisch zu verstehende Zahl, welche aussagt dass es sich um eine sehr große im Grunde nicht mehr zählbare Anzahl handelt. Man war also bestrebt die noch vorhandenen Überreste des Buddha so aufzuteilen, dass ihre Präsenz allen zugute kommen konnte. Später erweiterte sich diese Tradition der Reliquienverehrung auch auf Reliquien bedeutender Schüler des Buddha und auf Lehrer des Buddhismus.

Der Buddha sagte uns zwar, dass nach seinem Hinscheiden die Lehre, der Dharma, unser Lehrer sein soll. Wir als empfindende und emotionale Menschen sehnen uns aber nach etwas, dass uns in der Gegenwart an den Buddha lebhaft erinnert und inspiriert. Daher sind Reliquien auch im Buddhismus eine Inspiration und Kraft spendende Quelle. Sie sind sozusagen die Repräsentation jener nicht mit dem Verstand begreifbaren Energie, die erleuchtete Wesen ausdrücken und in den von ihrem physischen Körper zurück gebliebenen Resten weiterschwingen. Daher wurden dann im Laufe der Zeit nicht nur Buddhareliquien sondern auch Reliquien weiterer bedeutender Meister des Buddhismus verehrt.

Manchesmal werden nach der Einäscherung eines bedeutenden buddhistischen Meisters kleine Kugeln oder Perlen in der Asche gefunden. Diese werden dann als Reliquien betrachtet und in speziellen Behältern aufgehoben. Sie dienen der Verehrung und als Zentren der Energie, da sie die Qualität des verstorbenen Meisters in greifbarer uns sichtbarer Form weitertragen und an ihn erinnern.

Es gibt in Asien einige bedeutende Tempelanlagen, die Reliquien beherrbergen. Zwei bedeutende Stätten an denen sich Reliquien vom historischen Buddha befinden seien hier beispielhaft erwähnt. Zum einen ist dies der „Buddhazahn" in Kandy (Sri Lanka) und zum anderen der „Buddhafinger" in Famen (China).

Buddhazahntempel in Sri Lanka
Nach der Einäscherung des Buddha wurde seine Asche und was noch übrig war auf verschiedene Grabhügel (P: thupa / S: stūpa) aufgeteilt. Einer seiner Schüler entwendete jedoch mehrere Relikte aus der übrig gebliebenen Asche. Darunter befanden sich einige Zähne sowie kleine Knochenteile. Die Asche und diese Relikte galten und gelten bis heute bei den Anhängern des Buddhismus als Kraftquellen. Sie besitzen eine spirituelle Kraft, denn sie sind immer noch durchflutet vom Geist des Erwachens und jener Qualität die der Buddha zu seinen Lebzeiten erlangt

hat. Nach einigen Umwegen gelangte schließlich ein Zahn aus diesen entwendeten Relikten nach Kandy in die damalige Hauptstadt des Königreichs auf Sri Lanka. Dort befindet er sich noch heute im Tempel des Zahnes „Sri Dalada Maligawa" (erbaut im 17. Jahrhundert). Regelmässig werden dort im Andenken an den Buddha und in Verehrung dieser Reliquie buddhistische Feste sowie Zeremonien abgehalten.

Famen Tempel

Der Famen Tempel (C: 法门寺 fǎmén sì) wurde in der Östlichen Han Dynastie (25 – 220) erbaut und befindet sich in der Provinz Shaanxi (C: 陕西 shǎnxī) in China. Unter dem indischen Herrscher Ashoka (S: aśoka / 304 – 232 v.d.Z.) erhielten neunzehn chinesische Regionen Buddha-Reliquien. Es wurden dort Pagoden errichtet und später entstanden bei diesen Pagoden dann Tempelanlagen. Der Famen Tempel ist der größte und bedeutendste solcher Tempel, die eine Pagode mit Buddha Reliquien beinhaltet. Bei der Reliquie handelt sich um einen Fingerknochen des Buddha. Er wurde bei Renovierungsarbeiten im Jahr 1987 in einem seit über tausend Jahren verschlossenen großen Kellergewölbe unterhalb der Pagode entdeckt.

Missverständnis
Frauen können nicht Erleuchtung erlangen; sie müssen dafür als Mann geboren werden.

Richtigstellung
Jeder Mensch kann Erleuchtung erlangen, wenn er aufrichtig und konsequent dem Pfad des Buddha folgt, unabhhängig davon ob er als Mann oder Frau geboren wurde.

Oft wird es so dargestellt, dass die Frauen weniger geeignet wären Erleuchtung zu erlangen als die Männer. Dadurch sieht es so aus, dass der Buddhismus Frauen nicht gleichwertig behandelt und Männer höher stellt. Das stimmt so nicht. Es gibt keinen prinzipiellen Unterschied zwischen Frauen und Männern was die Möglichkeiten der Erlangung von Achtsamkeit und das Erwachen, die Erleuchtung betrifft. Alle Menschen haben in sich das Potential Erleuchtung zu erlangen.

So wie bereits Atiśa es dargestellt hat, gibt es unterschiedliche Menschen mit verschiedener Auffassungsgabe und Motivation. Atiśa (982 – 1054) (S: atīśa dīpaṅkara śrījñāna) war ein indischer Gelehrter und Abt der berühmten indischen Klosteruniversität Vikramaśilā während der indischen Pāla Dynastie (750 - 1161). Er brachte im 11. Jahrhundert nach dem Niedergang des Buddhismus in Tibet die buddhistischen Lehren zum zweiten Mal nach Tibet.

„Da es Praktizierende mit Fähigkeiten der anfänglichen, mittleren und höchsten Stufe gibt, sind diese als die drei Arten von Personen bekannt. Ich möchte daher über diese speziellen Unterteilungen schreiben und ihre unterschiedlichen Eigenschaften erläutern.
Jener Mensch, der großes Interesse an sich selber hat und daher lediglich das Glück des sich unkontrollierbar wiederholenden Saṃsāra zu erlangen sucht, wird als Mensch mit geringstem spirituellen Horizont bezeichnet.
Jener Mensch, der die Veranlagung hat, den Vergnügungen der zwanghaften

Und diese verschiedenen Typen von Menschen finden sich sowohl unter Männern als auch unter Frauen. Es geht darum inwieweit wir motiviert und bereit sind an uns zu arbeiten, uns selbst zu ergründen.

Sind wir nur an materiellen und letztlich uns dienlichen Dingen interessiert oder sehen wir über diesen Horizont hinaus und suchen nach wirklichem Verständnis hinsichtlich unserer selbst?

Wir sollten aber bedenken, dass es dennoch, geprägt durch die Bedingungen in denen wir leben unterschiedliche Herausforderungen für Männer und Frauen gibt, wenn sie sich dem Buddhismus zuwenden.

Männer haben meist den Nachteil, dass sie durch ihre Erziehung und gesellschaftliche Prägung zumeist emotional eingeschränkt handeln und sich mehr auf den Intellekt verlassen. Dadurch fällt es ihnen zwar leicht den Dharma intellektuell zu verstehen, ein wesentlicher Aspekt nämlich die Empathie und das Mitempfinden zu allen lebenden Wesen ist oft schwerer zu entwickeln.

Frauen hingegen haben dieses Problem nicht, da sie ja von Natur aus Mütter werden können. Sie sind daher besser dazu befähigt aufrichtiges Empfinden (Empathie), welches nicht ständig rational gerechtfertigt werden muss, zu entwickeln. Damit ist ihnen einer der wesentlichsten Aspekte in der Praxis des Dharma besser zugänglich als den Männern, nämlich die mitfühlende Liebe zu allen Wesen (P: metta karuṇā / S: maitri karuṇā).

Wie sehen zwar, dass es aus der Sichtweise männlich und weiblich Unterschiede gibt, dass die Unterschiede hinsichtlich eigener Motivation aber vorwiegend kulturbedingt und somit durch die Wirkung unterschiedlichster Bedingungen in dieser Welt wie Erziehung, soziale Stellung, Lebenserfahrung, etc. geprägt sind. Es gibt also keinen wirklich relevanten Unterschied bzw. Nachteil weder für Frauen noch für Männer, Jeder einzelne Mensch ist geprägt durch seine Erfahrungen und Anlagen die ihn auszeichnen. Prinzipiell haben also Männer als auch Frauen die selben Möglichkeiten.

„Wenn ihr das Ungeborene vollständig erfasst, dann gibt es im Ungeborenen keinen Unterschied, ob ihr Männer oder Frauen seid. Der Buddhaleib besteht aus allen zusammen… Dieses Geschwätz über den 'männlichen' und den 'weiblichen' ist nichts anderes als Worte für die Spuren eurer Gedanken. Bevor diese Spuren auftreten, im Bereich des Ungeborenen, gibt es weder Mann noch Frau. Und weil das so ist, weil es keinen Unterschied gibt zwischen dem Buddhageist der Männer und der Frauen, sollt ihr solchen Zweifeln kein Gehör schenken…".

Bankei Yōtaku

Der Buddhismus nahm und nimmt in seiner Praxis auf die Bedingungen denen wir momentan unterworfen sind sowie auf das Umfeld aus dem heraus wir stammen Rücksicht. Daher ist die Praxis des Buddhismus immer eine individuelle Praxis.

Ein anderes Missverständnis bezieht sich darauf, dass der Buddha es vermieden habe, einen Nonnenorden zu gründen und erst nach längerem Zögern zugestimmt hat. Dies hat nichts mit der Wertigkeit von Frauen zu tun, sondern vielmehr mit dem Verhalten der Männer. Männer werden, da sie ihre Sexualität stärker ausleben als Frauen, von Frauen, die attraktiv sind, sich schmücken und lieblich anzusehen sind, abgelenkt und verstricken sich leicht in Phantasien und Wunschvorstellungen. Es ist die Wirkung der Frauen auf den Mann und die Problematik liegt nicht bei den Frauen. Die Frauen sind es nicht, es ist die Reaktion der Männer auf sie. Der Buddha wies genau auf diesen Umstand hin, als er dann den Nonnenorden gründete.

Die Stellung der Frauen und der Männer war und ist eine soziale und kulturbedingte und nicht in den Lehren des Buddha verankert. Auch dass es überwiegend mehr buddhistische Meister und Äbte als Meisterinnen und Äbtissinnen von Klostergemeinschaften gibt, ist historisch und sozial bedingt.

Letztlich ist der wahre Erwachte, das was wir Buddha nennen, weder männlich noch weiblich, er ist androgyn. Denn die Qualität der Erleuchtung ist eine Qualität jenseits des dualistischen Denkens in Begriffen wie männlich oder weiblich.

Missverständnis

Buddhisten verehren den Buddha wie einen Gott. Die Bodhisattvas sind Götter des Buddhismus.

Richtigstellung

Der Buddhismus kennt keinen Schöpfer oder Gott im religiösen Sinn. Aber er verneint auch nicht die Existenz höherer Wesen, die manchmal als Götter bezeichnet werden. Weder der Buddha noch die Bodhisattvas sind göttlich.

Der Gottesbegriff aus den großen Offenbarungsreligionen Judentum, Christentum und Islam prägte und prägt unser Verständnis und unseren Zugang zum sogenannten Überweltlichen und Esoterischen besonders stark hier im Westen. Es gibt verschiedene Arten sich diesem Gottesbegriff anzunähern bzw. ihn zu umschreiben und zu beschreiben. Da gibt es einerseits den personifizierten Gottesbegriff, als das überpersönliche Wesen, das jenseits der Menschwelt regiert und deren Geschicke leitet wie in den Offenbarungsreligionen. Andererseits gibt es den abstrakten Gottesbegriff als jenes Metaphysische, das jenseits der menschlichen Begrifflichkeit aber dennoch als eigenständige Existenz über den Menschen gedacht wird wie in der Agnostik. Und schließlich sieht man das Göttliche, den Gott, auch als immanenten Wesenskern des Menschen selbst, als den göttlichen Funken oder die unsterbliche Seele des Lichts und der Ewigkeit wie in der Sichtweise der altindischen Religionen und daraus übernommen in der westlichen Esoterik.

<u>zur Sichtweise der Offenbarungsreligionen</u>
Betrachten wir den ersten Aspekt, den Gottesbegriff, der als Schöpfer der Welt und oftmals personifiziert gedacht wird.
Im Judentum, Christentum und im Islam, also den drei größten Offenbarungsreligionen, wird Gott als der Schöpfer und Erhalter der Welt,

als die Erstursache allen Seins gedacht. Darauf gründet sich auch der Glaube und das Glaubensbekenntnis der Anhänger dieser Religionen. Damit ist diese unumstössliche Feststellung die massgebliche Grundlage und höchste Instanz der gesamten Lehre dieser Religionen.

Hierzu Beispiele aus deren heiligen Schriften.

„Im Anfang schuf Gott Himmel und Erde, ..“ Genesis 1,1

„ Alles ist durch das Wort geworden …“ Johannes Evangelium 1,3

„Aus dem Wort und dem Hauch Gottes geht das Sein und das Leben jedes Geschöpfes hervor.“ Katechismus der Katholischen Kirche §703.

Allah ..„Dem Schöpfer der Himmel und der Erde…“ Koran Sure 2, 115

Im Buddhismus betrachtet man die Welt nicht in einem Schöpfungsakt entstanden, welcher durch eine transzendente Einwirkung stattgefunden hat. Die Welt und damit auch alle Wesen sind durch einen Entwicklungsprozess entstanden, der zwar in den buddhistischen Schriften (Palikanon dīgha nikāya 27, aggaññasutta) bildhaft dargestellt wird, aber nicht im Gegensatz zu den Erkenntnissen der modernen Naturwissenschaft steht. Jedenfalls kann man sagen, es werden keine Behauptungen aufgestellt die im krassen Gegensatz dazu stehen. Eine Schöpfungsgeschichte oder das Einwirken einer göttlichen Kraft in die Geschicke der Welt ist nicht Bestandteil der buddhistischen Lehren. Obwohl auch die indischen Religionen (Hinduismus) eine Schöpfungsgeschichte kennen hat der Buddhismus keine solche. Daher gibt es im Buddhismus auch keinen zentralen Gottesbegriff. Der Buddha betrachtete Aussagen über die Schöpfung der Welt oder das Wirken eines Schöpfers als dem eigenen Erkenntnisgewinn nicht förderlich und daher als irrelevant. Die Lehre des Buddha ist also nicht wissenschaft-feindlich. (SIEHE BZGL. BUDDHISMUS UND WISSENSCHAFT SEITE 194) Der Kreationismus (intelligence design) wie er heutzutage wieder verstärkt auftritt ist den Lehren des Buddhismus jedoch diametral entgegengesetzt. Nicht ein Schöpfungsakt wie in den heiligen Büchern der abrahamitischen Religionen beschrieben erzeugte die Welt sondern der Wandel des Entstehens und Vergehens. Durch die gegenseitigen Abhängigkeiten aller Objekte und Phänomene zueinander tritt diese Welt in Erscheinung und erschafft sich ständig. Die Welt ist ein ablaufender Prozess und kein durch ein (göttliches) Ereignis hervorgerufenes Sein. Daher wird auch kein Gott postuliert.

„… das Grübeln über die Welt ist etwas Unfassbares, worüber man nicht nachdenken sollte, und worüber nachdenkend, man dem Wahnsinn oder der Verstörung anheimfallen möchte."

sutta piṭaka, anguttara nikāya, acintita sutta
(Palikanon, Angereihte Sammlung, 4,77)
nach einer Übersetzung nach Nyānatiloka

Das zeigt uns deutlich, dass ein Philosophieren über metaphysische theologische Themen für die Praxis auf dem Wege des Buddhismus nicht zielführend sein kann. (SIEHE BZGL. FALSIFIZIERUNG SEITE 195)

<u>zur Sichtweise der Agnostik.</u>

Die Agnostik betrachtet die menschliche Auffassungsgabe hinsichtlich transzendenter oder metaphysischer Phänomene als begrenzt, daher bejaht sie noch verneint sie die Existenz eines Gottes. Atheismus als auch Theismus haben Platz in dieser Weltanschauung. Sogenannte Gottesbeweise werden nicht geführt aber auch nicht als irrelevant angesehen. Gott kann sowohl existieren als auch nicht existieren. Ein Gott und damit ein Schöpfergott bleibt also im Bereich des Wahrscheinlichen. Diese Art der Wahrscheinlichkeit schließt man im Buddhismus allerdings aus. Denn der Gottesbegriff hinsichtlich eines zentralen Schöpfergottes, als letzte Instanz allen Seins, ist eine Konstruktion unserer Vorstellung und damit weder real noch wahrscheinlich.

Der Buddhismus erkennt und definiert aber neben der Menschenwelt auch noch andere Bereiche des Seins in denen Wesen existieren können. So wie die Welt der Tiere, die unseren Erfahrungen und Sinnen zugänglich ist, so gibt es den herkömmlichen Erfahrungen und Sinnen nicht zugängliche Welten jenseits unseres alltäglichen Auffassungsvermögens. Diese Welten sind spiritueller Natur und Ebenen, seien sie nun höher und edler als die menschliche Welt oder tiefer und beschränkter als diese. In diesen höheren Welten, die sich auf geistige Sphären und zum Teil innere Erfahrungen beziehen, gibt es auch Wesenheiten, die man als göttlich bezeichnen kann. Einen Himmel mit einem Schöpfergott, der ewig Bestand hat und über uns Menschen und alles Erschaffene wacht, gibt es in den buddhistischen Lehrdarlegungen jedoch nicht. Auch jene höchsten Wesenheiten, die Großartiges erschufen, welches für Äonen Bestand haben kann, auch jene Wesenheiten werden schließlich dem Wechsel und Wandel unterworfen sein und sie werden vergehen. Denn auch diese Sphären jener göttlichen Wesen, sind ebenso wie unsere menschliche Seinssphäre dem Wandel, der Umformung und schließlich der Auflösung unterworfen. Sie sind nicht von Dauer und jene Wesen, die sich darin Dauer und Ewigkeit wünschen, werden schließlich unbefriedigten Wünschen nachhängen, frustriert sein und schließlich solange sie diesem nicht erfüllbaren Seinszustand nachhängen, leidhafte Erfahrungen machen. (SIEHE BZGL. GÖTTER UND SCHUTZGÖTTER SEITE 377)

<u>zur Sichtweise der westlichen Esoterik</u>

Hier sei darauf hingewiesen, dass wir von den esoterischen Strömungen hier im Westen sprechen, die sich starke Anleihen aus asiatischen Religionen und Philosophien geborgt haben und diese manchesmal auch mit phantasievollen urwestlichen Vorstellungen (Keltenmythos, Germanenkult, Druiden, etc.) angereichert haben. Die Sichtweise der Esoterik ist im Grunde ein Sammelsurium unterschiedlichster Anleihen aus Religionen und Philosophien. Zentral dabei ist die Existenz einer immerwährenden Entität in uns, die als Ich in Erscheinung tritt und Anteil an einem Überweltlichen Etwas hat.
Doch wenn es auch kein überpersönliches Wesen gibt, so stellt sich doch die Frage, ob es nicht eine Entität oder Existenz eines überpersönlichen Etwas gibt, in das wir Menschen und alle anderen Lebewesen eingebettet sind, dem wir in unserer Unvollkommenheit Verehrung und Hinwendung entgegenbringen können und sollten, also doch so etwas wie einen Gott. Oder im einfachsten Fall ein göttlicher Funke in uns (Anleihe aus dem

Hinduismus), eine unsterbliche Seele (Anleihe aus den Offenbarungsreligionen), eine Personifizierung eines Höheren (Anleihe aus dem Okkultismus bzw. auch dem Spiritismus) und so weiter. All diese Ansichten stehen im Widerspruch zur Sichtweise bezüglich des Ich (P: anattā / S: anātaman) im Buddhismus (SIEHE BZGL. ÜBER DAS ICH SEITE 163)

Der Buddha wies immer wieder darauf hin, dass wir uns selbst wandeln sollen und somit nicht eine Heilserfahrung von außerhalb unserer eigenen Erfahrung einfach übernehmen sollen. Damit ist auch das Hereinwirken oder das sich einem Gott unterordnen obsolet. Denn nur der eigene Reifeprozess, die jedem Menschen innewohnende Erfahrung, führt uns zu Weisheit und Erkenntnis. Weder das Befolgen von Regeln und Riten, noch das Hinwenden und Aufgehen in einer mystischen Vereinigung mit einem Gott bringt Erlösung.

Trotz alledem lies es der Buddhismus seinen Anhängern unbenommen an göttliche oder übernatürliche Wesen zu glauben. (SIEHE BZGL. GÖTTER UND SCHUTZGÖTTER SEITE 377) Ob es etwas gibt, das man unvollkommen als Gott bezeichnen kann, entzieht sich einer verallgemeinernden Definition und bleibt schließlich jedem einzelnen Menschen in seinem individuellen und persönlichen Erfahrungsschatz und Erleben vorbehalten. Einen Gott oder einem höheren Wesen, das jedoch diese unsere Erscheinungswelt geschaffen hat und dessen Geschicke lenkt, wurde durch die buddhistische Lehre von der Bedingtheit alles Geschaffenen (SIEHE SEITE 137) genauso eine Abfuhr erteilt, wie der Vorstellung eines Schöpfergottes.

Missverständnis

Nur das was wir mit unseren fünf Sinnen wahrnehmen ist Wirklichkeit. Außer dem historischen Buddha sind die Bodhisattvas und Meditationsbuddhas (S: dhyānibuddha) nur Phantasiegestalten.

Richtigstellung

Im Buddhismus zählen wir sechs Sinne, denn auch das Denken zählt zu den Sinnesorganen bzw. Wahrnehmungsprozessen. Dadurch ist unsere Innenwelt ein wesentlicher Teil der Wahrnehmung und unserer Erfahrung. Aber auch darüber hinaus kann es Erfahrungen geben, die nicht mit den Möglichkeiten unserer Sinne klassifiziert und beschrieben werden können.

Am Beginn kurz ein paar Worte warum die Drei-Körper Lehre (S: trikāya) des Buddhismus überhaupt relevant für ein Verständnis der Lehre des Buddha sein soll. Die Drei-Körper Lehre wurde im Mahāyāna formuliert (SIEHE BZGL. DREI FAHRZEUGE SEITE 317) als Methode um die Wesensnatur der Buddhas und Bodhisattvas intellektuell greibarer zu machen. Ohne diesem Verständnis bezüglich unserer Wahrnehmungen ist es schwer die Bedeutung der unterschiedlichen Formen von Buddhas und Bodhisattvas zu begreifen geschweige denn zu verstehen. Allzu leicht werden dann diese Formen entweder als Phantasien abgetan oder als göttlich verehrt.

Die Wahrnehmung und Erfahrung der Welt in der wir existieren ist nicht nur die Welt der äußeren Erscheinungen, die Welt der materiellen Objekte und der mit ihnen verbundenen Phänomene, sondern auch unsere innere Welt des eigenen Vorstellungsvermögens und der geistigen Projektionen. Beide Bereiche sind jene Welt die wir als Realität erleben und erfassen können. Diese Realität kann sich gemäss der buddhistischen Sichtweise auf unterschiedlichsten Ebenen für uns manifestieren. Sie kann in verschiedenster Weise für uns in Erscheinung treten und uns somit berühren, für uns erfahrbar werden und damit erkannt, gefühlt, wahrgenommen und bewusst gemacht werden. Doch darüber hinaus gibt es noch weitere Ebenen einer Wirklichkeitserfahrung. Daher müssen wir uns zuerst einmal mit der buddhistischen Lehre der Sphären (PS: dhātu, loka) befassen.

<u>Drei Sphären (S: traidhātuka) – 3 Ebenen der Wirklichkeitserfahrung</u>

Diese unterschiedlichen Ebenen der Wirklichkeitserfahrung, der Bewusstwerdung, werden im Buddhismus als die Drei Ebenen (P: tedhātuka / S: traidhātuka) beschrieben in denen Bewusstwerdungsprozesse in Erscheinung treten können. Vereinfacht wären diese Ebenen (PS: dhātu, Lage, Bestandteil, Element) auch als Regionen (PS: loka, Raum, Welt) bekannt folgende:

- Region der Wünsche und der Leidenschaften (PS: kāmadhātu)
- Region der reinen Form (PS: rūpadhātu)
- Region jenseits der Dinghaftigkeit (PS: arūpadhātu)

Region der Wünsche und der Leidenschaften (PS: kāmadhātu)
kāma, Wunsch, Begehren
dhātu, Lage, Bestandteil, Element

Das ist der Bereich der sinnlichen Wahrnehmung, die Welt der Objekte und Phänomene. Es ist die Welt der Formen und Gestaltungen, das was wir einerseits materiell und andererseits geistig als formhaft und dadurch als existent wahrnehmen und erfahren. Gekennzeichnet ist dieser Bereich durch seine Formhaftigkeit, seine Abgrenzungen und Einzeldarstellung. Die Objekte erscheinen uns als gesondert und sind von anderen Objekten abgegrenzt. Die Grenze wird durch den Raum vollzogen. Die Phänomene haben einen Anfang und ein Ende. Die Abgrenzung wird durch die Zeit vollzogen. Es ist die Welt von Subjekt und Objekt, von Kategorisierung, Einteilung und Bewertung. Es ist unsere profane Welt. Ich als Individuum nehme eine Welt der Objekte und Phänomene wahr. Dieser Spannungszustand Objekt – Subjekt, Ich – Welt bestimmt unser Leben und ist letztlich der Grund all unserer Leiderfahrungen und Unzufriedenheit.

Diese Sphäre ist jedoch nicht ein Ort sondern eine Möglichkeit unseres Bewusstseins, eine Fähigkeit und ein Aspekt unseres Bewusstseins, leider der häufigste und meist der einzig genutzte. Somit haben wir es hier mit der Welt unserer Sinneserfahrung, des Sehens, des Hörens, des Riechens, des Schmeckens, der Berührung und unseres Denkens zu tun. All diese Wahrnehmungen erfahren wir als eigenständiges Wesen und verbinden sie mit unseren Vorlieben und Abneigungen. Sie sind gefärbt und geprägt durch unser Wünschen und Wollen. Es ist unsere Welt, die Welt wie wir sie kennen und die wir nicht hinterfragen sondern die wir einfach annehmen als die Welt in der wir leben, fühlen, hoffen, agieren und reagieren, die Welt in die wir verstrickt sind und durch die wir geprägt sind und ständig geprägt werden. Daher nennt der Buddhismus diese Welt die Sphäre der Leidenschaften (PS: kāmadhātu).

Region der reinen Form (PS: rūpadhātu)
rūpa, Gestalt, Form, Erscheinung
dhātu, Lage, Bestandteil, Element

Eine weitere Möglichkeit unseres bewussten Erlebens ist eine Welt die nicht geprägt ist durch Vorlieben und Abneigungen, die nicht dominiert wird durch unseren ausschließlich Ich-zentrierten Standpunkt. Es wäre eine Wirklichkeitserfahrung jenseits der eigenen Ichbezogenheit. Es wäre die Wahrnehmung der Welt sozusagen von Innen heraus in einer ungetrübten Art und Weise frei von Interpretation und Bewertung. Daher bezeichnet man im Buddhismus eine solche Welt als eine Welt der reinen Formen, als Sphäre der Form und Gestaltung (PS: rūpadhātu), bar jeder individuellen Interpretation.

Vergleichbar wäre dies in etwa der spontanen Erfassung, die manchesmal in Augenblicken erfolgt, wenn wir ein Phänomen oder eine Sache ungetrübt und unvoreingenommen rein intuitiv erfassen ohne sie dann sofort wieder einer Erinnerung oder Kategorie einer bereits in der

Vergangeheit gemachten Erfahrung zuzuordnen. Es wäre eine intensivere Erfassung der Wirklichkeit jenseits der interpretativen Kategorisierung. Es ist der schöpferische Prozess unseres Gewahrwerdens, der die Dinge, die Objekte und Phänomene einfach wahrnimmt ohne ihnen sofort ein intellektuelles bzw. rational begründetes Etikett zu verpassen.

Lasst uns das an einem Beispiel etwas verdeutlichen. Es ist jene unvoreingenommene reine Sicht auf die Welt, welche kleine Kinder noch in gewisser Weise haben. Wenn kleine Kinder ein Feuerwehrauto sehen, das mit blinkendem Licht an ihnen vorbei fährt, dann nehmen sie dies als ein Auto wahr, das sie interessiert, sie erfreut und ihnen eine Art Zufriedenheit und ein Glücksgefühl beschehrt. Es ist ein Fahrzeug mit blinkendem Licht, welches an ihnen vorbeifährt, weiter nichts. Sie interpretieren es nicht. Wenn wir jedoch als Erwachsene ein solches Fahrzeug sehen, dann bewerten wir diese Erfahrung sofort. Das vorbeifahrende Fahrzeug ist dann ein Einsatzfahrzeug, welches zu einem Brand unterwegs ist. Und aus dieser Wertung heraus entsteht sofort eine Geschichte, die den spontanen Eindruck des roten Autos überlagert. Die Wahrnehmung wird kategorisiert, bewertet und eingeordnet. Dadurch geht die unmittelbare Erfahrung und Wahrnehmung verloren und an ihrer Stelle entsteht ein Bild, ein Narrativ (sinnstiftende Erzählung), die letztlich nur noch Interpretation der zurecht erfolgten spontanen Wahrnehmung ist. Die Sphäre unserer Wahrnehmung wird sozusagen von unseren Erinnerungen, unserem Wissen, unseren Eigenschaften wie Vorlieben und Aversionen überlagert.

Wir sehen hier also, dass unser Leben sich im Grunde immer auf dieser überlagerten Ebene der Wahrnehmung abspielt und nicht auf der ersten und unmittelbaren Ebene eines nicht interpretativen Erfassens und Erkennens.

Die reine Sphäre der Sinneswahrnehmung ist jedoch diese Sphäre jenseits jeglicher Interpretation, deshalb wird sie rein genannt. Formhaftigkeit ist hier also mehr als nur das durch unseren Wahrnehmungsprozess gefärbte Erscheinungsbild, es ist die

Dinghaftigkeit (PS: rūpa) der wahrgenommenen Phänomene an sich.

Region jenseits der Dinghaftigkeit (PS: arūpadhātu)

arūpa, gestaltlos
dhātu, Lage, Bestandteil, Element

Bewegen wir uns an die Grenze möglicher Wahrnehmung und somit der Sinneswahrnehmung in der Sphäre der Leidenschaften (PS: kāmadhātu) als auch der reinen Wahrnehmung jenseits jeglicher Interpretation (PS: rūpadhātu) dann ensteht ein Bewusstwerden jenseits der Objekte und Phänomene. Dieses Bewusstwerden kann sich als Raumunendlichkeit (P: ākāsānañcāyatana / S: ākāśānantyāyatana, Sphäre des unbegrenzten Raumes) als auch als Nichtetwasheit (P: ākiñcaññāyatana / S: ākiñcanyāyatana, Sphäre des Nichts) manifestieren.

Raumunendlichkeit in dem Sinne, dass nicht mehr die Objekte und ihre Beziehungen zueinander die Wahrnehmung ausmachen, sondern die Grenzen unseres Bewusstseins werden so weit gesetzt, dass der Raum an sich als ursächliche Dimension aller Objekte und Phänomene erfahren wird.

Nichtetwasheit in dem Sinne, dass die Wahrnehmung an sich ihre Grenzen erreicht und sich die Wahrnehmung als sich selbst manifestiert.

In beiden Fällen ist es ein meditativer intuitiver Zustand des Gewahrseins losgelöst von Sinneswahrnehmung von Objekten und Phänomenen. Daher wird diese Meditationsstufe im Buddhismus immer nur umschrieben. Sie wird in Beispielen und Symbolen bezeichnet aber niemals direkt beschrieben. Sie kann es nämlich nicht, da sie jenseits der in Worte und Begriffe fassbaren Erfahrungen vorgedrungen ist. Allerdings in einen Erfahrungsbereich in dem wir immer noch präsent und bewusst sein können.

Die Welt wird als Ganzheit jenseits der Trennung von Materie und Geist wahrgenommen und diese Erfahrung ist daher letztlich rational weder beschreibbar noch interpretierbar. Weder Kategorisierung noch

Interpretation sind Eigenschaften dieser Wahrnehmung, denn diese Wahrnehmung so paradox es klingen mag ist eine Wahrnehmung ohne Eigenschaften.

<u>Drei-Körper (S: trikāya) – Möglichkeiten des Bewusstwerdens</u>

Wir haben also gesehen, dass es möglich ist auf unterschiedlichen Ebenen der Wahrnehmung, durch unterschiedliche Fähigkeiten unseres Bewusstwerdens, Wahrnehmungen zu erlangen. Und hier setzt die Drei-Körper Lehre des Buddhismus an. Sie besagt, dass die Qualität eines Buddha oder eines Erleuchtungswesens (P: bodhisatta / S: bodhisattva) ebenfalls auf diesen unterschiedlichen Ebenen auf uns einwirken kann. Wir nehmen diese Wesen auf drei in ihrer Qualität und Ausprägung verschieden in Erscheinung tretenden Ebenen war.
Die drei Ebenen der Erfahrung und Wirklichkeit hinsichtlich der Erscheinung und Manifestation (S: kāya) eines Buddha oder eines Bodhisattvas sind:

- Ausstrahlungskörper, Manifestationskörper oder Transformationskörper (S: nirmāṇakāya)
- Körper der Glückseligkeit, Genusskörper oder Belohnungskörper (S: saṃbhogakāya)
- Wahrheitskörper oder Gesetzeskörper (S: dharmakāya)

Wobei hier anzumerken ist, dass die erste Ebene die des Transformationskörpers eines Buddha oder Bodhisattva den Menschen normalerweise zugänglich ist. Der Körper der Glückseligkeit ist meist nur in meditativen oder durch Meditation geschulten achtsamen Bewusstwerden erfahrbar. Der Wahrheitskörper schließlich entzieht sich der normalen Wahrnehmung.

Diese drei Ebenen der Wirklichkeit manifestieren sich somit in der Erscheinung eines Buddha bzw. eines Bodhisattva. Da die Übersetzung dieser Sanskritbegriffe die Bedeutung nur andeuten kann möchte ich hier, als Einstieg in dieses Thema und um die unterschiedlichen Dimensionen dieser Erfahrung aufzuzeigen sowie auch als Versuch einer Annäherung an das Wesen dieser Drei-Körper Lehre, etwas näher darauf eingehen. Vielleicht helfen auch ein paar Beispiele diese drei Ebenen der Wirklichkeit besser zu begreifen.

die Erscheinung, das Objekt, das Phänomen (S: nirmāṇakāya)
nirmāṇa, Messung, das Bilden
kāya, Körper, Gesamtheit, Natur, Eigentümlichkeit
(der nirmāṇakāya manifestiert sich im kāmadhātu)

Alle Wahrnehmung ist die Wahrnehmung des Formhaften (PS: rūpa), es sind die Objekte und Phänomene der Welt, die wir mit unseren Sinnen erfassen. Es sind aber auch die Formen, Töne, Bilder, etc. die wir uns denken, die Welt unserer Träume, die Welt unserer bildhaften Erinnerungen. Es ist die Welt in der wir uns bewegen, handeln und leben.

Beispiel:
Ein Mensch betrachtet eine Blume. Die Blume wird in ihrer Schönheit und farbigen Pracht gesehen, ihr Duft wird wahrgenommen. Unsere Sinne verknüpfen all diese Eindrücke automatisch zu einem Gesamtbild. Aber auch unsere Gefühle spielen mit. Wir empfinden Neugier, vielleicht Freude oder Abneigung, je nach unseren in der Vergangenheit gemachten Erfahrungen. Schließlich ordnen wir die Sinneserfahrung sofort Bekanntem zu. Unser Wissen, unsere Erinnerungen all dies zusammen formt dann das Bild dieser Blume in uns. Wir klassifizieren das Gesehene, wir interpretieren das Gesehene und wir bewerten das Gesehene. Die Blume, das Objekt manifestiert sich als ein Phänomen in uns. Eine Erfahrung und ein Objekt bzw. Phänomen werden uns bewusst. Doch diese Erfahrung ist gefärbt und beeinflusst durch unser Wissen, unsere Neigungen, unsere Gefühle usw.. Wir befinden uns in der Sphäre des Sinnlichen (PS: kāmadhātu). Aber es ist zu bedenken, dass das wahre Wesen der Blume Anlass dazu war, dass wir diese Erscheinungsform verbunden mit unseren Gedanken darüber (Wissen, Erinnerung, etc,) sowie mit unseren Gefühlen (Vorlieben, Gewohnheiten, etc.) als Blume erfahren konnten und zum Beispiel nicht als Frucht oder Blatt. Die wahre Natur der Blume ist Ursache für unsere Wahrnehmung. Sie ist aber

niemals ident mit unserer Wahrnehmung. Die Blume ist für uns ein Erscheinungsbild eine Transformation der zugrunde liegenden Ursache nämlich der wahren Blume.

花非花雾非雾 huā fēi huā wù fēi wù
Die Blume ist keine Blume und der Nebel ist kein Nebel.
chin. Gedicht der Tang Zeit (618-907)

In ähnlicher Weise haben wir Kenntnis von Śākyamuni, dem Buddha und nehmen ihn als Transformation der Buddha-Qualität in das Menschsein wahr. Und so identifizieren wir auch inspirierende und bedeutende Meister und Lehrer des Buddhismus als Erscheinungsformen einer Bodhisattva-Qualität. Daher ist die Erscheinung eines Buddha oder eines Bodhisattvas auf der Ebene dieser Sinneserfahrung immer eine subjektive Wahrnehmung, eine Transformation in uns hinein, eine Manifestation (S: nirmāṇa). Sie ist die Austrahlung und nicht die direkte Wahrnehmung der zugrunde liegenden wahren Natur der Erscheinungsform. Man spricht im Buddhismus daher auch davon, dass sich die Buddhanatur eines Lehrers in einem Menschen manifestieren kann und sich dem Sehenden und dafür empfänglichen Betrachter in transformierter und somit adäquater Form zeigt. So wird zum Beispiel der Dalai Lama als der Bodhisattva Avalokiteśvara von den tibetischen Buddhisten gesehen.

Es ist der Buddha als Mensch, der Erleuchtung erlangt hat, der uns seine Erfahrungen mitteilte und einen Weg zum Nachvollzug wies, welche wir jetzt Buddhismus nennen. Der historische Buddha, so wie auch alle Lehrer und Meister des Buddhismus erscheinen uns im Nirmāṇakāya, im gebildeten manifestierten der Sinneswahrnehmung zugänglichen Körper, im Manifestationskörper oder Transformationskörper.
Unsere Sinneserfahrung angereichert mit unserem Wissen und unseren Erfahrungen klassifiziert und interpretiert letztlich das Bild, dass wir von ihnen haben. Es ist die Erscheinungsform in Raum und Zeit, es ist die Erfahrung innerhalb unserer realen Welt, die auf uns wirkt und in der wir handeln, fühlen, denken und leben.

<u>der ideelle Charakter, die inspirierende Wirklichkeit (S: saṃbhogakāya)</u>
saṃbhoga, Genuss, Befriedigung
kāya, Körper, Gesamtheit, Natur, Eigentümlichkeit
(der saṃbhogakāya manifestiert sich im kāmadhātu.)

Wenn es uns gelingt die Buddhaqualität, die sich dem Ich-zentrierten Wahrnehmungsprozess verschließt, zu erahnen und zu erfassen, dann haben wir uns dem sogenannten Regenbogenkörper (T: ja'lus) angenähert. So wird nämlich die ideelle Erscheinungsform eines Wesen, die ihre wahre Qualität widerspiegelt im tibetischen Buddhismus genannt. Es ist der Ausdruck einer inneren Verwirklichung jenseits der dualistischen Sichtweise auf diese Welt.

Dann nehmen wir die hinter der durch Wünschen und Wollen verschleierten Erscheinungsform verborgene Qualität eine Buddha oder Bodhisattva wahr. Dieses Erlebnis ist dem Meditierenden zugänglich, wenn er sich ernsthaft bemüht den Schulungsweg des Bodhisattva zu beschreiten (SIEHE BODHISATTVA-WEG. SEITE 236)

Beispiel:
Der Dichter erhebt sich über den nur Wissenden und wird schließlich in einer Blume den Ausdruck einer Eigenschaft wahrnehmen, die ihn durch ihre Eleganz und Faszination eine Botschaft jenseits der Form vermittelt. Er wird in ihr stellvertretend das Leben empfinden, welches sie repräsentiert und das sie umgibt und in dem sie eingebettet ist. Für ihn ist diese Blume nicht nur Gewächs, sondern Mittler zu etwas Höherem und Weiteren. Auf diese Weise wird sich seine Wahrnehmung und Aufnahmefähigkeit der Blume gegenüber erweitern, vom intellektuell geprägten Wissenden schließlich zum Grenzen überschreitenden Poeten.

Und so wie die nächstfolgende Stufe die vorherige in sich einschließt, in ähnlicher Weise können wir auch unsere Annäherung an den Buddha vollziehen. Dazu ist es allerdings notwendig die Dominanz unseres Ego, festgefahren im Wissen und rationalen Verstehen, gefärbt durch emotionale Schwankungen wie Wünsche und Abneigungen, hintan zu stellen.

Erst diese ungetrübte Wahrnehmung erzeugt dann letztlich ein Glücksgefühl und eine innnere Zufriedenheit. Wir befinden uns jedoch immer noch im Bereich des Sinnlichen aber unsere Motivation ist nicht mehr ausschließlich Ich-zentriert; wir bewegen uns dann mit unserer bewussten Aufnahmefähigkeit bereits an der Grenze zwischen sinnlicher (PS: kāmadhātu) und intuitiver (PS: rūpadhātu) Wahrnehmung. In diesen Bereich fallen auch Erscheinungen von Bodhisattvas, wie sie uns von buddhistischen Meistern und ernsthaft Praktizierenden berichtet wurden. Diese Erscheinungen sind somit keine Phantasiegebilde der jeweiligen Einbildungskraft. Sie sind schöpferischer Ausdruck einer Vergegenwärtigung von Erleuchtungsqualitäten und somit eine wahrnehmbare Realität.

<u>das Erlebnis der Ganzheit und der Universalität (S: dharmakāya)</u>
dharma, die wesentliche charakteristische Eigenschaft, die Art und Weise eines Dinges
kāya, Körper, Gesamtheit, Natur, Eigentümlichkeit

Wenn die Blume nicht mehr alleiniges Merkmal unserer Betrachtung ist, wenn das Einzelne sich im Ganzen auflöst und die Ganzheit der Träger unserer Wahrnehmungen und Empfindungen wird, dann überschreiten wir die Beschränktheit von Zeit und Raum und betreten den Bereich der Universalität. Diesen Zustand kann man nicht beschreiben (SIEHE BZGL. WAHRHEIT, WIRKLICHKEIT UND REALITÄT SEITE 167), man kann ihn nur erahnen und unvollständig in Worte fassen. Es ist der Raum, der unbegrenzt ist und doch alle Einzelheiten beinhaltet. Es ist jene überpersönliche Wirklichkeit, die der Urgrund allen Wissens und aller Erfahrung ist. Es ist die allen Buddhas und Bodhisattvas gemeinsame Qualität dessen, was wir unvollständig als Buddhanatur (S: ākāśagarbha) bezeichnen

Was bedeuten diese drei Ebenen (S: trikāya) der Wirklichkeit nun im Bezug auf unsere Wahrnehmung des Buddha?

Wir erkennen den Buddha als einen Menschen, der geboren wurde, lebte und verstorben ist. Wir sehen in ihm die historische Persönlichkeit, die uns seine Erfahrungen und sein Wissen zur Überprüfung und zum Nachvollzug hinterlassen hat. Wir nehmen seine physische Form, seine Persönlichkeit – wir nehmen den Buddha als Menschen wahr.

Wenn wir einen Bezug zur Lehre des Buddhismus haben und den Buddha als den Erleuchtenden sehen, so sehen wir den Buddha als Mensch und als Erleuchtenden in seiner transfomierten Erscheinung (S: nirmāṇakāya). Diese Manifestation ist die durch unsere Sinne wahrnehmbare Form, die sich in Raum und Zeit als der Buddha zeigt.

Wenn wir dann die Möglichkeiten der ausschließlich persönlichen Sinneswahrnehmung und Formwahrnehmung überschreiten und nicht nur den Menschen Gautama sehen, sondern in ihm und durch ihn das Prinzip der Buddhaschaft wahrnehmen, wenn wir in der Meditation Raum und Zeit hinter uns lassen, wenn wir alle Dimensionen des Seins voll umfassen, dann ist der Buddha plötzlich Gegenwart. Er wird zum allzeit vorhandenen Erleuchtungsprinzip. Seine Gegenwart erfüllt uns mit Freude und Glückseligkeit. Diese Erfahrung überschreitet die Grenzen des Intellekts und schafft eine ganzheitliche Erfahrung ohne den Beschränkungen der Kategorisierung und Interpretation des Denkens. Darum wird diese Erscheinungsform auch als Manifestation der Wonne und des andauernden Glücksempfindens (S: saṁbhogakāya) bezeichnet. So wird der Buddha vom Menschen zu einem allgegenwärtigen Prinzip der Erleuchtung. Diese Erfahrungsform beinhaltet dann auch die unterschiedlichsten Aspekte der Erleuchtung, wie sie uns in den zahlreichen Formen der Bodhisattvas gegenübertritt.

Doch auch hier muss man nicht stehen bleiben. Wenn die Begrenzungen des Klassifizierbaren und Beschreibbaren überschreiten werden, so könnte man die Buddhaqualität wirklichkeitsgemäß wahrnehmen. Dann sind wir aber selbst zu einem Erleuchtungswesen (S: bodhisattva) geworden, dann haben wir die Schranke des Begrifflichen hinter uns gelassen und Erleuchtung ist gegenwärtig. Dies ist die Erfahrung des

Buddha in seinem Wirklichkeits-Körper (S: dharmakāya).

Solange wir jedoch Strebende sind und die Erleuchtung nicht erlangt haben können wir nur symbolhaft uns der wahren Qualität des Buddha in unterschiedlicher Weise annähern. Dies findet dann seinen Ausdruck in den sogenannten fünf Weisheits- oder Meditationsbuddhas (S: dhyānibuddha). Sie repräsentieren unterschiedliche Aspekte der vollkommenen Erleuchtung und akzentuieren diese auch durch ihre Darstellungweise. (SIEHE IKONOGRAPHIE SEITE 374)

Missverständnis
Buddhisten beten zu Statuen.

Richtigstellung
Statuen dienen als Inspiration und ihre Verehrung ist Ausdruck des Respekts und der Zuwendung zur Lehre.

Was bedeuten Darstellungen des Buddha für den Betrachter?

Was tun wir, wenn wir einen Menschen bewundern und verehren?
Wir werden, wenn wir nicht mit ihm beisammen sein können versuchen dennoch seine Nähe zu erfahren. Als Inspiration und Ausdruck unserer Zuwendung werden wir uns ein Bild von diesem Menschen beschaffen. Dieses Bild werden wir uns an einem persönlichen Ort aufstellen und es so positionieren, dass wir es wahrnehmen können und davon inspiriert werden. In gleicher Weise schufen sich nach dem Verlöschen des Buddha die Menschen Bildnisse, um diese Zuwendung und Inspiration aufrecht erhalten zu können.

In den ersten Jahren nach dem Hinscheiden des Buddha gab es noch keine figürlichen Darstellungen nur Symbole, wie das Rad der Lehre (P: dhammacakka, S: dharmacakra) oder den Fussabdruck des Buddha (PS: buddhapada), um die lebendig gebliebene und erfühlte Präsenz des Buddha zu erhalten. Erst später entstanden dann Bildnisse und figürliche Darstellungen.

Buddhadarstellungen sind aber keine anzubetenden Bildnisse. Sie sind inspirierender Ausdruck und Erinnerung an den Menschen Siddhartha Gautama, jenes Menschen der konsequent den Weg bis zur Erleuchtung, zum Erwachen durchschritten hat. Sie sind aber auch Inspiration und versinnbildlichte Ausdrucksformen unterschiedlicher Qualitäten der

Buddhaschaft. Es ist diese Inspiration und diese persönliche Beziehung, die uns aus den Bildnissen entgegen blickt und unser Herz berührt.

Es gibt streng genommen eigentlich nur zwei Gründe Statuen oder Bilder aufzustellen.
Wir tun dies um etwas Schönes und für uns Inspirierendes um uns zu haben. Dies sollte aber nicht der wesentliche Grund dafür sein sich eine Buddhastatue zu Hause hinzustellen.
Der sinnvollere Grund wäre, dass wir mit einer Statue oder einem Bildnis uns der inneren Verbindung zum Dargestellten bewusst bleiben wollen. Genau so sollten wir mit buddhistischen Statuen und Bildnissen verfahren. Es sollte so sein, wie wenn sich jemand das Bild eines geliebten Menschen aufstellt, Er tut dies nicht, damit es schön aussieht oder damit er etwas repräsentieren kann. Man tut es, weil es diese innere Verbindung zum dargestellten Menschen gab oder gibt. Und dieser innere Wert ist die Inspiration und Bereicherung im eigenen Leben.

In gleicher Weise sollten wir mit buddhistischen Darstellungen umgehen. Lampenschirme mit Buddhaköpfen, bunte Bilder von Bodhisattvas oder Buddhas, Buddhafiguren im Garten als Ersatz für Gartenzwerge – all dies zeigt, dass Derjenige der solches tut aus Unwissenheit nichts über die Lehren des Buddha verstanden hat oder diese einfach ignoriert oder missachtet.

So wie Buddhastatuen Quelle der Inspiration und Vergegenwärtigung der Qualitäten eines Erwachten sind, in gleicher Weise gibt es im Buddhismus Statuen und Bilder von Bodhisattvas und buddhistischen Meistern. Sie alle sind Ausdruck einer tiefen Verbundenheit mit der Lehre (P: dhamma / S: dharma) und Vorbild für das eigene Bemühen. Sie dienen als Inspiration dieser Lehre zu folgen.

(SIEHE BZGL. BUDDHA-VEREHRUNG SEITE 240)

(SIEHE BZGL. IKONOGRAPHIE SEITE 374)

STUDIUM

PRÄAMBEL

Bevor wir uns nun den verschiedenen Themen widmen, welche in der Lehre des Buddhismus zu finden sind, seien einige Worte zur Bedeutung des Studiums erwähnt.

Studium, Lernen und Ergründen der buddhistischen Lehre ist ohne Zweifel die intellektuelle Beschäftigung mit den Themen des Buddhismus. Es ist das Lernen von Fakten, Zusammenhängen und Begriffen sowie deren Bedeutung. Somit versteht man unter Studium im wesentlichen Wissensvermittlung. Das heißt wir lernen etwas und können das Gelernte dann wiedergeben, daraus zitieren und die einzelnen Themen und Fakten aus unserer Erinnerung heraus wiedergeben. Wir erlangen damit die Möglichkeit unserem Weltbild, d.h. unserer Art und Weise wie wir über uns und die Welt nachdenken und reflektieren, neue Sichtweisen und Bewertungen hinzuzufügen. Im Kontext der buddhistischen Lehre bedeutet aber Studium nicht nur das Anhäufen von Wissen. Es geht vielmehr um ein Verstehen des Gelernten. Das Wissen und das Annehmen des Gewußten muss geistig verdaut werden, um es dann anwenden zu können (P: ñāṇa / S: jñāṇa).

Eine gute Methode, um festzustellen ob man das Erlernte auch verdaut hat, ist folgende. Kann ich die Fakten und das Wissen in meinen eigenen Worten wiedergeben oder bleibe ich in Zitaten und auswendig gelernten Formulierungen verhaftet? Bin ich in der Lage mein Wissen zu reflektieren und auch Gegenargumente abzuwägen und zu verstehen?

Wir sagen oft, die Lehre des Buddha ist der Weg des Buddha. Nicht eine Lehre, die wir lernen, sondern ein Weg dem wir nachfolgen. So wie es keinen Sinn macht eine Landkarte auswendig zu lernen und wieder und wieder sich mit den darin abgebildeten Symbolen und Darstellungen zu beschäftigen ohne sie wirklich zu benutzen um im dargestellten Gelände den Weg zu finden, so macht es auch keinen Sinn die Lehre des Buddha zu studieren ohne sie zu benutzen. Dieses Benutzen ist jedoch die Verinnerlichung der Lehre, die meditative Übung (SIEHE BZGL. ÜBUNG UND MEDITATION SEITE 202). Ihre Auswirkungen sind dann die Handlungsweisen und Aktionen im Leben hier und jetzt (SIEHE BZGL. LEBENSFÜHRUNG SEITE 260).

Der Buddha formulierte den Dharma, die Lehre, seiner Zeit gemäß und angepasst an das Verständnis seiner Zuhörerschaft. Andere nach ihm taten das selbe und so entstand im Laufe der Zeiten, das was wir heute Buddhismus nennen. Und obwohl Modell und Vereinfachung sind diese durch die Zeit geprägten Formulierungen etwas, das universelle Gültigkeit haben kann. Nicht durch ihre Formulierung, sondern durch die Ideen und Anweisungen, die durch diese Formulierungen transportiert werden. Sie sind über die Zeit hinaus gültig und wenn wir sie selbst in uns entdecken, mit ihnen arbeiten und sie umzusetzen versuchen, wenn wir selbst in uns zur Reife bringen und beleben was wir intellektuell aufnehmen, dann wird sich ihr Wert erweisen.

Denn der Buddha wies uns einen Weg, eine Methode und nicht ein fertiges Ziel. Wir selbst müssen uns auf den Weg machen und den Nachvollzug, die Umsetzung an uns selbst beginnen und durchführen. An uns selbst muss es sich erweisen, ob wir eine Welterklärung annehmen oder ob sie für uns unbefriedigend bleibt. Was wir lesen und was wir gedanklich verarbeiten, sollte uns Hilfsmittel und Sicherheit sein, um uns in dieser Welt, hier und jetzt, besser zurechtfinden zu können.

„Die Welt, die wir erleben, schließt die Welt unseres Denkens ein, nicht aber umgekehrt; denn wir leben in verschiedenen Dimensionen, von denen die des Intellektes, der Fähigkeit diskursiven Denkens, nur eine ist.“

Lama Anagarika Govinda

Wir sollten eines aber nie vergessen. Alle Erklärungen und Darstellungen sind Modelle, sind Vereinfachungen der Wirklichkeit, die obwohl notwendig und nützlich, dennoch nie endgültig sein werden und somit keine ultimative Wahrheit darstellen.

„Der Verstand ist der große Schlächter des Wirklichen"

tibetischer Aphorismus
(zitiert nach „Die Stimme der Stille" von H.B.Blavatsky)

Ein bedeutender buddhistischer Text aus dem 5. Jahrhundert definiert den Begriff Wissen in folgender Weise.

Wissen (P: paññā) ist die mit einem karmisch heilsamen (P: kusala) Bewusstseinsmomente verbundene Hellblick-Erkenntnis (P: vipassanā-ñāṇa).

Der Weg der Reinheit (P: visuddhi magga)
(SIEHE BZGL. FRÜHE KOMMENTARWERKE IN PALI SEITE 401)

Damit sollte unmissverständlich klar sein, dass Wissen nicht allein Sachkenntnis ist sondern immer zusammen mit Verständnis einhergehen muss.

Missverständnis

Buddhisten sind Pessimisten, denn sie sprechen immer nur vom Leiden.

Richtigstellung

Leid ist eine unzureichende Übersetzung des buddhistischen Pali Begriffes dukkha. Vielmehr ist eine Unzufriedenheit mit Gegebenen (Habenwollen) oder dem Nichterlangen (Vermeidenwollen) von Etwas gemeint. Diese immerwährende Unzufriedenheit hat der Buddha aufgezeigt.

Der Buddha sagte nicht alles Leben ist Leiden, er sagte alles Leben ist mit Ungemach verbunden und verursacht Leiden, da wir falsch auf die Bedingungen denen wir ständig ausgesetzt sind reagieren. Darin liegt ein wesentlicher Unterschied. Das Leben an sich, das heißt die Lebensumstände und die Bedingungen in denen wir leben sind aus dieser Sichtweise heraus weder gut noch schlecht. Es ist unsere eigene Reaktion auf die Umstände unseres Lebens, unsere Sichtweise und Bewertung des Lebens, die diese Unzufriedenheit und dadurch für uns eine Leiderfahrung schafft. Die eigene Unzufriedenheit mit allem und jedem ist es was uns ständig antreibt. Die Welt per se ist nicht Leiden, sie ist wie sie ist. Sie ist wie wir sie sehen und wie wir darauf reagieren.

Das Charakteristikum der Welt in der wir leben wurde vom Buddha klar und deutlich durch drei besonders hervorzuhebende Merkmale beschrieben. Diese drei Merkmale (P: tilakkhaṇa / S: trilakṣaṇa) unserer Realität, der Welt die wir erfahren und in der wir leben, sind gemäss der Aussagen des Buddha: Veränderung (P: anicca / S: anitya), Ungemach bzw. Unzufriedenheit (P: dukkha / S: duḥkha) und Wesenlosigkeit (P: anattā / S: anātman).

In Pali lautet diese Formel der drei Merkmale folgendermassen.

sabbe saṅkhārā aniccā'ti
sabbe saṅkhārā dukkha'ti
sabbe dhammā anattā'ti

- *sabbe saṅkhārā aniccā'ti*

Alle Willensregungen und Tatabsichten sowie auch alles Gestaltete, alle Phänomene und Erscheinungsformen unserer Welt (P: saṅkhāra / S: saṃskāra, Tätigkeit des Gestaltens, das Gestaltete) sind dem Wandel und der Veränderung (P: aniccā / S: anitya, nicht beständig, vorübergehend) unterworfen. Die Welt ist eine Welt des Wandels und der ständigen Veränderungen. Nichts kein Phänomen und keine Aktivität hat dauerhaft Bestand, aber auch alles Gestaltete jedes Objekt ist ebenfalls dem Wandel unterworfen und besteht nicht ewig. Alles ist im ständigen Fluss der Zeit und ist dem Entstehen und Vergehen unterworfen.

Auch im westlichen Kulturkreis wurde diese grundsätzliche Eigenschaft unserer Welt erkannt. Schon der griechische Philosoph Heraklit (ca. 520 – ca. 460 v.d.Z) erkannte dies als er sagte „Wir steigen niemals in den selben Fluss" (griechisch: panta rhei, πάντα ῥεῖ, alles fließt). Leider haben dann die in der westlichen Hemissphäre dominierenden Religionen diese Sichtweise nicht nur vergessen sondern auch negiert und das Denken in Ewigkeitsbegriffen wurde postuliert. Man glaubt an einen ewigen Gott, ein Ende der Welt und eine Erlösung als Endpunkt der Entwicklung oder an eine ewige Verdammnis usw..

Erst mit dem Aufkommen wissenschaftlichen Denkens in der westlichen Welt fand man dann wieder allmählich zurück zu der Sichtweise einer dynamischen und nicht statischen Erklärung der grundlegenden Natur unserer Welt. Im Osten allerdings wurde die Welt sowohl bei den Indern (z.B. Vaiśeṣika, Naturphilosophie und Elementenlehre) als auch bei den Chinesen (z.B. Daoismus, zentrale chin. Philosophie bzw. Weltanschauung) niemals als starr und unveränderich angenommen. Denn ein Ewigkeitsdenken hinsichtlich der Welt und ihrer Phänomene ist in den Philosophien dieser asiatischen Kulturen nicht vorhanden.

- *sabbe saṅkhārā dukkha'ti*

  Alle Willensregungen und Tatabsichten sowie auch jede Reaktion und Bewertung von uns als Lebewesen hinsichtlich des Gestalteten, der Phänomene und Erscheinungsformen unserer Welt (P: saṅkhāra / S: saṃskāra, Tätigkeit des Gestaltens, das Gestaltete) sind der Leiderfahrung und der Unzufriedenheit unterworfen. (P: dukkha / S: duhkha). Allen unseren Entscheidungen, allen willentlichen Aktionen und Reaktionen haftet der Beigeschmack der Unvollkommenheit an. Nichts das wir in Gedanken, Worten und Taten tun erfüllt uns letztllich mit absoluter Zufriedenheit, denn es ist niemals von Dauer.

  Hier haben wir eine wesentliche Aussage des Buddhismus. Nicht die Welt an sich ist leidhaft oder schlecht, so wie es leider sehr oft durch christliches Denken falsch interpretiert wird. Es ist unsere Reaktion auf die Welt in der wir leben, die eine Unzufriedenheit schafft, denn aufgrund der ständigen Veränderungen und Nichtdauerhaftigkeit sind wir unzufrieden, weil der Mensch sich Dauer, Geborgenheit und ein ständiges Festhalten an Vertrautem wünscht. Der Buddhismus klassifiziert die Welt daher nicht in Gut und Böse, sondern er weist uns darauf hin, dass es immer unsere Sichtweise ist die diese Welt klassifiziert. Somit sind wir es selbst mit unseren Wünschen und Abneigungen die der Welt ihren Wert geben.

- *sabbe dhammā anattā'ti*

  Alle Phänomene und Ereignisse in der Welt (P: dhammā / S: dharma) haben keine Eigennatur (P: anattā / S: anātman) und sind in Abhängigkeit zueinander. Nichts was wir wahrnehmen, was wir erfahren und erkennen, kann als absolut betrachtet werden. Alles existiert nur in Abhängigkeit zu Anderem. Die Welt der Erscheinungen und Phänomene, der Objekte und Formen ist ein gewaltiges Beziehungsgeflecht und nichts besteht unbeeinflusst und abgesondert für sich allein. Daher sagt uns die Lehre des Buddha, dass alles in wechselseitiger Abhängigkeit existiert und nichts eine innewohnende (intrinsisch, systeminhärent) Eigennatur besitzt.

  Aber nicht nur alle Objekte der Außenwelt sind in Abhängigkeit und daher nicht gesondert für sich allein bestehend sondern auch alle Phänomene der Innenwelt sind es. Nichts aber auch gar nichts, nicht unsere Gefühle, nicht unsere Gedanken, nicht unsere Erinnerung und auch nicht unser Wissen ist unabhängig. Sie alle sind Resultat und Ergebnis als auch beeinflusst durch andere Phänomene und Ereignisse.

Diese Erkenntnis wird in der buddhistischen Lehre vom Abhängigen Entstehen und Vergehen (SIEHE BZGL. ABHÄNGIGES ENTSTEHEN (KONDITIONALITÄT) SEITE 137) klar akzentuiert und bearbeitet.
Und ein zentraler wesentlicher Punkt dabei ist es, dass auch unser Ich, unser Ich-Bewusstsein, das Ego keine für sich unabhängige Entität ist und daher kein gesondertes Etwas. Dies ist eine der wesentlichsten Lehren des Buddhismus und ohne deren Verständnis bleiben viele Ausssagen im Buddhismus unklar oder werden völlig falsch interpretiert. (SIEHE BZGL. ÜBER DAS ICH SEITE 163)

Die Lehre des Buddhismus betont und weist uns also darauf hin, dass alle Erscheinungsformen und Phänomene auf die wir als Individuum reagieren, Auslöser unserer Unzufriedenheit und damit letztlich einer Leiderfahrung sind. Dies heißt jedoch nicht, dass alle Erscheinungsformen und Phänomene an sich leidhaft sind. Nicht die Welt ist Leiden, sondern unsere falsche Reaktion auf die Welt verursacht Leiden. Es ist immer eine Interpretation und subjektve Sichtweise auf die Welt in der wir leben, weil wir ja unserer Gefühlswelt, unserem Wissen und unseren unbewussten Neigungen unterworfen sind. Die Ursache dieser Unzufriedenheit liegt also in unserer falschen Sichtweise und Reaktion auf die Geschehnisse der Welt begründet. Wir akzeptieren nicht, dass wir in einer Welt der Veränderung und des ständigen Wandels leben (P: anicca). Wir halten an Liebgewonnenen fest oder versuchen energisch Unangenehmes von uns fern zu halten. Damit schaffen wir den Wunsch und die Illusion in einer statischen Welt leben zu können, die wir kontrollieren und je nach unseren Vorlieben und Abneigungen gestalten werden. Doch dies ist nicht möglich und wir werden enttäuscht erkennen müssen, dass wir nicht im Einklang mit der Natur leben. Wir sind daher unzufrieden und erfahren Unbehagen und Schmerz (P: dukkha).

Wir leben aber auch in einer Welt der Bedingungen und Abhängigkeiten. Wir selbst, unser Ich, ist ebenfalls verbunden mit diesen Abhängigkeiten. Niemand lebt nur für sich und ist vollständig isoliert von der Welt. (SIEHE BZGL. ABHÄNGIGES ENTSTEHEN (KONDITIONALITÄT) SEITE 137) Wir leben in Abhängigkeiten mit dieser Welt, in die wir hineingeboren sind. Wir selbst sind nicht unbeeinflusst davon. Unser Ich ist das Resultat dieser Wechselwirkungen und dieser Abhängigkeiten (P: anicca / S: anātman).

Bedingungen können nicht geändert werden nur unsere Reaktion darauf. Es ist die falsche Erwartungshaltung, die uns fesselt und in Unzufriedenheit verstrickt. Es ist unsere Gier nach dem Mehr und nach dem Perfekten (P: taṇhā / S: tṛṣṇa, Begierde, heftiges Verlangen). Es ist unsere Abneigung und unser Hass auf das Ungewollte und Fremde (P: dosa / S: dveṣa, Abneigung, Widerwille). Beides lässt uns in unserer Unwissenheit (P: avijjā / S: avdiyā, Nichtwissen, Unwissenheit) zur falschen Annahme kommen, dass die Umstände und somit die Welt an sich gut oder schlecht sei und wir darin gefangen sind. Diese absolute Sicht führt dann dazu, dass wir uns von der Welt abwenden (Pessimismus) und meist unser Heil außerhalb der Welt suchen (abrahamitische Religionen).

Der Buddha sagte uns klar und deutlich, wir selbst sind es, die Leid und Glück erfahren und erschaffen, nicht die Welt. Es ist immer nur unsere Reaktion auf diese Welt.

Der Buddhismus ist somit keine pessimistische Lehre, denn er zeigt uns worin die Ursachen unserer Unzufriedenheit und Leiderfahrung liegen. Durch das Erkennen dieser Ursachen können wir uns selbst ändern und die Welt realistischer erfahren. Damit mindert sich unsere Unzufriedenheit und die Schatten der Unzufriedenheit verdunkeln unseren Geist nicht ständig.
Der Buddhismus ist eine optimistische Lehre.

Missverständnis

Die Vier Edlen Wahrheiten sind Wahrheiten, die man glauben muss.

Richtigstellung

Die Vier Edlen Wahrheiten sind eine vom Buddha aufgezeigte Methode, die uns auf jene wesentlichen Aspekte unseres Lebens hinweist, die wir erkennen, reflektieren und mit denen wir uns theoretisch und praktisch auseinanderzusetzen haben. Es geht hier nicht um Glauben oder blinden Gefolgsam sondern um bewusstes Erkennen und Selbsterfahrung.

Als der Buddha nach seiner Erleuchtung im Gazellenhain zu Varanasi erstmalig seine Erfahrungen und Anweisungen, den Dharma, formulierte, sprach er von Vier Edlen Wahrheiten. Er klassifizierte somit seine Erfahrungen und den Weg, der ihn zur Erleuchtung, zum Erwachen geführt hatte in vier grundlegenden pragmatischen Ansichten.

Diese Vier Wahrheiten sind:

- Die Edle Wahrheit von der Unzufriedenheit und Leiderfahrung. (P: dukkhaṁ ariya saccaṁ)
- Die Edle Wahrheit von den Ursachen der Unzufriedenheit und Leiderfahrung. (P: dukkha samudayaṁ ariya saccaṁ)
- Die Edle Wahrheit von der Aufhebung der Unzufriedenheit und Leiderfahrung (P: dukkha nirodhaṁ ariya saccaṁ)
- Die Edle Wahrheit vom Weg zur Aufhebung der Unzufriedenheit und Leiderfahrung (P: dukkha nirodhaṁ gāmanī paṭipadā ariya saccaṁ)

Erste Edle Wahrheit von der Unzufriedenheit und Leiderfahrung

Es beginnt mit der Einsicht und Anerkennung der eigenen Situation; einem Erkennen unserer selbst. Alles Leben, all unsere Reaktionen auf die Welt um uns herum sind ungenügend, sie sind unvollkommen und gehemmt. So wie ein Rad sich nicht frei drehen kann, wenn es in seinem

Zentrum gehemmt wird, in gleicher Weise kann der Mensch nicht zufrieden leben, wenn er sich selbst nicht kennt, wenn er falsche Erwartungen hegt und damit enttäuscht wird. Aber auch wenn er glücklich ist, haftet diesem Gefühl der Geschmack der Nichtdauer an und daraus wiederum entsteht Unzufriedenheit.

Der Palibegriff sukha (S: sukha) bedeutet angenehm, übereinstimmend mit, erfreulich, beglückt. In seiner ursprünglichsten Bedeutung ist damit das ungehemmte Drehen eines Rades um seine Nabe gemeint. Der Palibegriff dukkha (S: duḥkha) bezeichnet das genaue Gegenteil, also das gehemmte Drehen eines Rades um seine Nabe. Es ist das Knirschen und Flattern des Rades, welches uns am Vorwärtskommen Mühe bereitet oder sogar hemmt. Und deshalb nannte der Buddha diesen Zustand der Ungenügsamkeit, in dem die Wesen leben, der uns unzufrieden macht (das Rad knirscht) oder sogar leiden läßt (das Rad hemmt), dukkha.

Die Übersetzung dieses Begriffes in den deutschen Ausdruck Leid, ist zwar prinzipiell richtig, da das Empfinden der Unvollkommenheit und Ungenügsamkeit mit einer Leiderfahrung zusammenhängt, führt aber leicht, ohne Wissen um seine ursprüngliche Bedeutung, zu Missverständnissen. Nicht die Leidhaftigkeit der Welt, nicht einen Pessimismus lehrte der Buddha, sondern jene tief verwurzelte Unzufriedenheit und Ungenügsamkeit, die wir als Wesen alle in uns tragen. Wir erkennen unsere falschen Ansichten sowie unsere fehlgeleiteten Aktivitäten nicht als solche, denn wir erkennen unsere eigene Situation und unserer Reaktionen darauf nicht. Nicht die Welt an sich ist gut oder schlecht. Was wir als positiv und negativ empfinden sind unsere eigenen Maßstäbe die wir auf diese Welt anwenden. So sprach der Buddha von der Wahrheit der Unzufriedenheit, der Ungenügsamkeit und Leiderfahrung. Die Erste Edle Wahrheit charakterisiert somit uns und die Welt in der wir leben.

Wir erinnern uns einer Episode aus dem Leben des Buddha, als er einst als junger Mann mit den sogenannten drei Himmelboten zusammentraf, mit Alter, Krankheit und Tod. Es waren diese drei Ausfahrten, welche ihm die

Unzulänglichkeit des Lebens aufzeigten (siehe bzgl. Der historische Buddha Seite 25). Es geht dabei nicht darum, das Leben als leidvoll und negativ zu sehen, sondern es geht darum, die Fähigkeit zu entwickeln, unsere Wunschvorstellung vom Leben zurechtzurücken. Wir müssen lernen einzusehen, dass es Unzulänglichkeiten gibt, dass nichts auf Dauer von Bestand sein kann und dass alles, was entsteht wieder vergehen wird.

Der Mensch ist, so wie alle anderen Lebewesen, dem Wandel und Wechsel unterworfen. Er reift heran, wird alt und krank und er wird sterben. Krankheit, Alter und Tod sind natürliche Erscheinungsweisen in dieser Welt. Es gibt keine ewige Jugend, kein ewiges Leben, keine immer während Gesundheit. Alles ist vergänglich. Aber gerade in dieser Vergänglichkeit und Veränderung liegt auch die Schönheit und das Wertvolle in dieser Welt.

Was wäre eine Welt die sich nicht verändert, eine Natur in der keine Blumen mehr blühen, kein Wasser fließt, kein Laub im Herbst zu Boden schwebt, kein Schnee fällt? Was wäre ein Mensch, der nicht den Augenblick genießen kann, weil es keine Augenblicke mehr gibt, der nicht lernen, sich nicht freuen und nicht wandeln kann? Es wäre Starrheit und Unveränderlichkeit, es wäre der Tod des Lebens!

Wenn wir Ewigkeit im Vergänglichen, Bestand im Unbeständigen suchen, dann werden wir stets enttäuscht werden und wir werden das empfinden, was der Buddha als Unzulänglichkeit und Ungenügsamkeit bezeichnete (P: dukkha, S: duḥkha). Wenn unsere Reaktionen auf diese Welt und auf unser eigenes Verhalten durch die Illusion von Ewigkeit und Unveränderlichkeit geprägt sind, dann werden wir Leid erfahren. Unangenehmes wird uns als schmerzhaft und ewig erscheinen, Angenehmes wird uns als unvollkommen und zu kurz bemessen erscheinen.

Das rechte Erkennen dieser Situation und das Auffinden der Ursachen für unsere Unwissenheit, das ist dann die Zweite Edle Wahrheit des Buddha.

Zweite Edle Wahrheit von den Ursachen der Unzufriedenheit und Leiderfahrung

Fragen wir nach den Ursachen unserer Unzufriedenheit und der daraus resultierenden Leiderfahrung, so sind wir bei der zweiten vom Buddha aufgezeigten Edlen Wahrheit.
Unsere Reaktionen, unsere Beweggründe zum Handeln in dieser Welt, lassen uns unzufrieden und unglücklich sein. Es ist unsere Sicht der Welt, die wir hier genauer betrachten müssen, es ist das ungeschminkte Wahrnehmen und Durchleuchten unseres eigenen Weltbildes, das erforderlich zu sein scheint.

Die Welt an sich, die Natur aller Dinge ist es, sich zu verändern und zu wandeln. Veränderung, Dynamik, Wandel und Bewegung ist ein Grundcharakteristikum dieser Welt. Es ist eine allen Formen und allen Gestaltungen zugrunde liegende Eigenschaft. Nicht Alter, Krankheit und Tod sind die primären Ursachen unserer Unzufriedenheit und Leiderfahrung, sondern es ist unsere Reaktion auf diese Ereignisse.
Wie sieht nun diese unsere Reaktion aus? Wir wünschen uns Beständigkeit dort wo Unbeständigkeit und Wandel sind. Wir leben in und mit einer Welt der Veränderungen und Dynamik wollen aber Beständigkeit und Starrheit. Aus dieser Unwissenheit heraus (P: avijjā, S: avidyā, Nichtwissen, Unwissenheit) laufen wir ständig unseren Zielvorstellungen und Wünschen hinterher und sind enttäuscht, wenn das Erstrebte nicht oder nur teilweise eintritt.

In zwei sich diametral gegenüberstehenden Kräften manifestiert sich diese Unwissenheit. Für uns Angenehmes wollen wir an uns bringen, wollen es nicht mehr verlieren und es festhalten. Das wird in der Lehre des Buddha als die Wurzelursache des Verlangens (PS: lobha, Gier, Verlangen nach) benannt. Unangenehmes wollen wir von uns weisen, ihm ausweichen, es ständig verbannen und nicht damit in Berührung kommen. Das wird als die Wurzelursache der Abneigung (P: dosa / S: dveṣa, Hass, Abneigung, Widerwille) bezeichnet. Deshalb zeigte uns der Buddha drei Fesseln, die alle Lebewesen an das Leben (PS: saṃsāra, Kreislauf des

Daseins) binden, nämlich Unwissenheit (PS: moha, Verblendung, Mangel an klarem Bewusstsein), Gier und Hass. (P:, lobha, dosa / S:, lobha, doṣa). Diese drei Fesseln werden auch als die Wurzelursachen (P: timūla / S: trimūla) aller Unzufriedenheit bezeichnet.

Solange wir alles hauptsächlich auf uns beziehen, solange wir uns selbst stets als Mittelpunkt des Geschehens betrachten, solange werden wir Ich-zentriert und egoistisch handeln, fühlen, denken, leben. Wir werden krampfhaft an unseren Vorstellungen, Wünschen, Neigungen und Ansichten festhalten und damit erstarren. Wir erstarren in einer Welt der Veränderungen, der Dynamik und des Fließens. Da alles in ständiger Bewegung ist, werden wir durch unsere starre Haltung ständig in Konflikt mit der Welt um uns, und schließlich mit uns selbst geraten. Der Mensch, sowie alle Wesen, sind der Veränderung und dem Fließen der Zeit unterworfen. "panta rhei" (πάντα ῥεῖ) sagte einst der griechische Philosoph Heraklit von Ephesos (520 - 460 v.d.Z.), "alles fließt". Alles ist dem Wandel unterworfen (P: anicca, S: anitya), alles befindet sich ausnahmslos im Fluß der Zeit, lehrt uns der Buddhismus.

Erst wenn wir es gelernt haben, der Wirklichkeit gemäß diese Welt, uns selbst und unsere Beziehungen zur Welt realistisch zu sehen und zu erfahren, erst dann werden unsere Reaktionen uns nicht mehr enttäuschen, sondern in Harmonie mit allem Geschehen sein. Solange dies nicht so ist, werden wir Ewigkeit und Beständigkeit in dieser Welt der Veränderungen und des ständigen Wandels suchen und stets von neuem unzufrieden sein, weil wir diese Unveränderlichkeit nicht finden können. Und diese Unzufriedenheit, diese Ungenügsamkeit ist es, die uns leiden lässt.

Wir selbst sind uns Himmel und Hölle, wir selbst sind uns Hoffnung und Verzweiflung, es ist nicht diese Welt oder eine durch höhere Wesen gelenkte Gesetzmäßigkeit, wir sind es selbst!

Dritte Edle Wahrheit von der Aufhebung der Unzufriedenheit und Leiderfahrung.

Doch der Buddha lehrte uns auch, dass ein Überwinden dieser Ungenügsamkeit in uns selbst stattfinden kann. Durch das wirklichkeitsgemäße Sehen, durch ein Akzeptieren der Dynamik dieser Welt, dadurch können wir Befreiung aus unseren Illusionen und Zwängen erlangen. Wenn wir es schaffen, die Dinge so zu sehen wie sie sind und nicht ihre Interpretation, dann werden wir Wechsel und Wandel als Realität erkennen können, dann werden wir Unbeständigkeit als ein Wechselspiel dieser Welt akzeptieren und nicht mehr starren Schatten und fest gefahrenen Vorstellungen nachjagen. Was einst als leidvoll empfunden wurde, wird zur faszinierenden Dynamik eines Lebens, in dem wir eingebettet sind und von dem wir ein Teil sind. Im Wechselspiel des Annehmens und Gebens, werden wir eine Befriedigung erleben, die uns die inneren Gifte Gier und Hass auflösen lässt und uns aus der Unwissenheit zu Weisheit und innerem Glück führen kann.

Diese Überwindung von Gier, Hass und Verblendung nannte der Buddha uns als Ziel, als jenen nicht in Worte fassbaren Zustand der Aufhebung aller Anhaftung. Es ist das Verwehen und zur Ruhe kommen (P: nibbana, S: nirvāṇa, erloschen, vollkommen beruhigt) jenes flatterhaften Festhaltens oder Zurückweichens. Dieses Habenwollen und Nichthabenwollen ist es ja, welches uns schließlich diese ständige Unzufriedenheit verursacht. Denn nichts, gar nichts was wir erstreben oder dem wir ausweichen, ist damit endgültig erledigt.
Der Begriff Nirvāṇa beschreibt in seiner ursprünglichen Bedeutung das Nichtwehen oder das Unbewegte (S: va, vayati das Wehen). Er beschreibt aber auch das Auslöschen des Feuers, das nach indischer Vorstellung immanent immer vorhanden ist und bei jedem Entzünden wieder in Erscheinung tritt. Der Buddha benutzte dieses Wort daher, um jene Möglichkeit eines Erwachens und Ausbrechens aus unserer fehlgeleitenden Weltsicht und der damit verursachten Illusion zu bezeichnen.

Eine andere Terminologie innerhalb der buddhistischen Schulen hat dann eine Vorstufe zum Nirvāṇa mit der Vorstellung eines Reinen Landes gleichgesetzt. Rein in dem Sinn, dass die Färbungen unser individuellen Betrachtungsweise und unserer durch Gier und Hass beeinflussten Interpretation dieser Welt, nicht mehr vorhanden sind. Diese Welt ist dann sozusagen „bereinigt" und erscheint uns der Wirklichkeit gemäß. Was bisher leidvoll war, bietet nun die Möglichkeit zur Wandlung.

Der Buddhismus lehrt keinen Nihilismus. er bejaht diese Welt voll und ganz, ja er akzeptiert diese Welt in einer weitaus tiefer gehenden Weise, als es unser alltägliches Leben wahrhaben will. Es ist möglich Erleuchtung zu erlangen, es ist möglich aus diesem Traum der Illusion zu erwachen. Der Buddha hat es uns vorgelebt und seine Erfahrungen uns als seine Lehre hinterlassen; als eine Lehre, die wir an uns selbst nachvollziehen können und sollten, damit auch wir einst erwachen und zu einem Buddha werden können.

Vierte Edle Wahrheit vom Weg zur Aufhebung der Unzufriedenheit und Leiderfahrung.

Was ist nun der vom Buddha empfohlene Weg zur Aufhebung dieser unserer Unzufriedenheit? Es ist eine stufenweise formulierte Methode, um unsere Blickrichtung zu ändern, um unsere Sicht zu schärfen, um es zu ermöglichen, diese Welt, in der wir leben, der Wirklichkeit gemäss zu sehen und begreifen zu können. Es ist eine Praxis, die alle Bereiche des Menschseins umfasst.

Seine Formulierung ist der Edle Achtfache Pfad (P: ariya-aṭṭhaṅgika-magga, S: āryāṣṭāṅgamārga). Die einzelnen Glieder des Pfades werden als recht oder richtig (P: sammā, S: samyak) bezeichnet. Wobei hier sammā im Sinne von vollkommen und vollständig und nicht im Sinne von recht oder anderes überragend aufgefasst werden sollte. Der Buddha formulierte somit einen Übungsweg, der auf alle Bereiche unseres menschlichen Seins Bezug nimmt.

Dieser Übungsweg beinhaltet folgenden Glieder.
(SIEHE BZGL. ACHTFACHER PFAD SEITE 126)

Studium und Verstehen (Wissen, Einsicht, Entschlussfähigkeit)

- Vollkommene Anschauung (P: sammā diṭṭhi / S: samyak dṛṣṭi)
  Dies ist das Hinterfragen unserer eigenen Sichtweise und das
  Zurechtrücken von fehlgeleiteten Ansichten und Interpretationen.
  Alles was wir erfahren und wahrnehmen, alles was wir wissen und
  gelernt haben, ist gefärbt durch unsere Auffassungsgabe und letztlich
  eine Interpretation des momentanen Geisteszustandes unserer
  selbst. Im Grunde geht es um das Bestreben diese eigene Sichtweise
  soweit zu korrigieren, dass sie nicht mehr durch Wünschen und
  Wollen oder durch Vorlieben oder Aversionen getrübt ist.

- Vollkommenes Streben (P: sammā saṅkappa / S: samyak saṃkalpa)
  Hier geht es darum, die rechte Gesinnung und das Bemühen den
  Weg des Buddha inhaltlich nachzuvollziehen, ernsthaft zu betreiben.
  Buddhismus ist kein Hobby, kein Zeitvertreib. Buddhismus ist aber
  auch kein Studienobjekt zur intellektuellen Bereicherung.
  Buddhismus ist ein Weg der Praxis dem man folgt, weil man die
  Notwendigkeit diesen Weg zu gehen erkannt und erfahren hat.
  Streben bedeutet hier also konsequent zu sein im Tun, aufrichtig sich
  selbst gegenüber und sich nicht durch Vorlieben oder Abneigungen
  verwirren zu lassen.

Lebensweise (Ethik, Moral, Sittlichkeit, Empathie)

- Vollkommene Rede (P: sammā vācā / S: samyak vācā)
  Wahrhaftigkeit uns selbst gegenüber ist gefordert. Wir sollten uns
  natürlich geben und nicht eine Rolle spielen, uns nicht verstellen und
  damit selbst betrügen. Dies bedingt ein Abstehen vom leeren
  Geschwätz, von roher und verletzender Rede sowie Lügen zu
  vermeiden. Lüge ist das Vorspiegeln falscher Tatsachen, eigene
  Fehler nicht einzugestehen und damit eine Unaufrichtigkeit sich
  selbst gegenüber. Solange wir uns selbst nicht akzeptieren, können

wir unsere Schwachstellen und schmerzhaften Neigungen nicht korrigieren.

- Vollkommene Handlungsweise (P: sammā kammanta / S: samyak karmānta)
Wir sollten einen heilsamen Lebenswandel führen durch Abstehen von Aggression, von Gier und Hass sowie von Ausschweifungen. Dies fordert von uns jedwede Art von Extremen zu vermeiden. Es bedingt aber auch, dass wir achtsam durchs Leben gehen. Wir müssen versuchen, uns der Motivation unseres Tuns bewusst zu sein.

- Vollkommene Lebensführung (P: sammā ājīva / S: samyak ājīva)
Wir müssen die Art und Weise wie man seinen Lebensunterhalt bestreitet reflektieren und unheilvolle Handlungen diesbezüglich vermeiden. Wir sollten keiner Tätigkeit nachgehen, die bei anderen und uns selbst Kummer und Verzweiflung erzeugt.

„Der Mensch kann nicht in einem einzelnen Lebensbereich recht tun, während er in irgendeinem anderen unrecht tut. Das Leben ist ein unteilbares Ganzes.“
Mahatma Gandhi

Meditative Praxis (Konzentration, Selbstreflektion, Versenkung)

- Vollkommene Anstrengung (P: sammā vāyāma / S: samyak vyāyāma)
Hier geht es um die Anstrengung zur Vermeidung und Überwindung von Unheilsamen. Wir sollten unsere in uns schlummernden unheilsamen Motive und Tendenzen erkennen und im Ansatz vermeiden. Wenn dies allerdings nicht mehr möglich ist, weil sie uns bereits im Handeln und Denken beeinflussen, dann sollten wir sie durch positive, heilsame Motive zu kompensieren versuchen. Am Besten ist es allerdings, heilsame Tendenzen zu erwecken und zu erhalten. Damit entziehen wir den unheilsamen ihren Nährboden.

- Vollkommene Achtsamkeit und Vergegenwärtigung (P: sammā sati / S: samyak smṛti)

  Dies beinhaltet Übungen zur Förderung der Achtsamkeit und Methoden, welche die Trübungen unseres Bewusstseins-Zustandes verhindern. Hier geht es darum uns selbst wirklich kennen zu lernen. Dies bedingt einerseits dass wir innerlich ruhig werden können (P: samatha / S: śamatha) und andererseits dass wir über uns selbst reflektieren können (P: vipassanā / S: vipaśyanā).

- Vollkommene innere Einswerdung (P: sammā samādhi / S: samyak samādhi)

  Dies beinhaltet eine Vertiefung in den eigenen Geist. Es ist die Erfahrung der eigenen Existenz sowie die Förderung von Güte Mitgefühl, Mitfreude und Gleichmut. (P: appamaññā / S: brahmavihāra) (SIEHE BZGL. DIE VIER UNERMESSLICHEN SEITE 289)

Missverständnis
Der Achtfache Pfad ist Schritt für Schritt zu befolgen, beginnend mit der ersten und fortschreitend bis zur achten Stufe.

Richtigstellung
Der Achtfache Pfad ist nur zu Beginn ein schrittweiser Pfad, damit wir mit seinen Bereichen vertraut werden. Alle Bereiche sind jedoch immer in Harmonie zueinander zu entwickeln und zu beachten.

Der praktische Übungsweg den der Buddha uns hinterlassen hat ist ein Weg der alle Aspekte des menschlichen Wesens mit einschließt. Alle Übungen der verschiedenen buddhistischen Schulen, die sich im Laufe der Jahrhunderte herausgebildet haben, sind Modifikationen, Ergänzungen oder spezifische Ausprägungen dieses Achtfachen Pfades. Der Achtfache Pfad ist sozusagen die Landkarte die uns als Wegweiser dient, in den unterschiedlichsten Bereichen unseres menschlichen Seins. So wie die Lehre des Buddha stets darauf bedacht nahm in den unterschiedlichsten Kulturen und Zeiten den Zuhörern gemäß formuliert zu werden, so gilt dies auch für die Erklärungen und seine damit verbundenen praktischen Übungen die diese Lehre beinhaltet.

Die einzelnen Glieder dieses Pfades werden am Beginn zwar in der beschriebenen Reihenfolge als Übung aufgenommen, doch dies dient nur als Einstieg. Die einzelnen Glieder sind keine Stufen sondern Mosaiksteine eines großen ganzen Bildes, das wir zusammenfügen müssen. Und so wie die einzelnen Steine beim Erstellen eines Mosaikbildes wiederholt auf ihre Passform hin modifiziert werden müssen und mit ihnen zu arbeiten ist, so müssen wir auch die einzelnen Glieder des Achtfachen Pfades ständig beachten.

Was sind nun diese einzelnen Glieder dieses Achtfachen Pfades?

In der buddhistischen Tradition werden sie in drei Bereichen zusammengefasst nämlich:

- Wissen bzw. Erkenntnis (P: paññā / S: prajñā)
  - Anschauung, Streben
- Sittlichkeit (P: sīla / S: śīla)
  - Rede, Tat, Lebensführung
- Meditation (PS: samādhi)
  - Anstrengung, Achtsamkeit, innere Einswerdung

Wissen und Erkenntnis

Wissen bzw. Erkenntnis beschäftigt sich mit dem intellektuellen Verstehen und Begreifen der Lehre des Buddha. Es beinhaltet das durch Einsicht und Erfahrung gewonnene Wissen bezüglich unserer Sichtweise (P: sammā diṭṭhi / S: samyak dṛṣṭi) auf diese Welt und auf uns selbst. Es ist aber auch die Forderung einer Zielstrebigkeit und Motivation, die es ermöglicht diese unsere Sichtweise wenn erforderlich zurecht zu rücken (P: sammā saṅkappa / S: samyak saṃkalpa). Es geht hier also nicht nur um Wissen im Sinne einer Kenntnis hinsichtlich von Fakten und Theorien sondern um das Eindringen in die Bedeutung dieser Fakten und Theorien.

„Sein Wesen (Anm.: das Wissen) besteht darin, das die wahre Natur der Dinge verhüllende Dunkel der Verblendung zu zerteilen,
seine Äußerung in Unverblendung, seine Grundlage aber in der Sammlung (Anm.: Meditation), gemäß den Worten:
Der Gesammelte erkennt und sieht die Dinge der Wirklichkeit gemäß.“

Der Weg der Reinheit (P: visuddhi magga)
(SIEHE BZGL. FRÜHE KOMMENTARWERKE IN PALI SEITE 401)

<u>Vollkommene Anschauung (P: sammā diṭṭhi, S: samyak dṛṣṭi)</u>

Dies ist das Durchleuchten und das Herausfinden bzw. Hinterfragen der eigenen Sichtweise. Es ist die Entwicklung der Fähigkeit eine unparteiische und unvoreingenommene Einsicht in die Natur der Dinge und alles Geschehens (S: yathā-bhūtam) zu erlangen.

Alle Anschauungen, alle Weltbilder, die wir uns machen, sind niemals die letzte Wahrheit. Letztgültige Wahrheit gibt es nicht. Es gibt nur jene Wirklichkeit, jene Erfahrung, die momentan auf uns wirkt und deren Begreifen wir als Menschen interpretieren und aus der heraus wir versuchen uns ein Weltbild zu bauen. (SIEHE BZGL. WAHRHEIT, WIRKLICHKEIT UND REALITÄT SEITE 167)

Wenn wir erkennen, dass diese Weltbilder eben nur Bilder sind, nur Interpretationen durch uns, dann stellen wir fest, dass ein intellektuelles Erkennen der Welt letztlich immer nur ein Versuch der Annährung an eine Wirklichkeit sein kann. Dann haben wir den Weg zur Vollkommenen Anschauung bereits beschritten. Dann werden wir so wie der große buddhistische Gelehrte und Philosoph Nāgārjuna (2. Jahrhundert) erkennen, dass alles ohne Entstehen und Vergehen, nicht abgeschnitten und nicht ewig, weder eins seiend noch auch verschieden ist.

> *„anirodham anutpādam anucchedam aśāśvatam,*
> *anekārtham anāgamam anirgamam,*
> *yaḥ pratītyasamutpādaṃ prapañcopaśamaṃ śivam,*
> *deśayāmāsa saṃbuddhas taṃ vande vadatāṃ varam."*

> *„Ohne Entstehen und ohne Vergehen, nicht unterbrochen und nicht ewig;*
> *weder vielfältig noch eins seiend, ohne Kommen und ohne ein Gehen;*
> *wer so das gleichzeitige Entstehen in Abhängigkeit des Seins und sein zur Ruhe*
> *kommen lehren kann;*
> *dem höchsten aller Lehrer, dem Vollkommenen Buddha, bringe ich meine*
> *Verehrung dar."*

> *Nāgārjuna, mūlamadhyamakakārikā, Einleitungsvers*

Wir leben in einer Welt der Abhängigkeiten und der Relativität, von der wir sowohl sagen können sie ist, sie ist nicht, weder ist sie noch ist sie nicht. Das tut jedoch unserer Erfahrung einer Welt keinen Abbruch. Diese Welt wird dadurch nicht zum Schein, sie bleibt und ist Wirklichkeit für uns, denn Wirklichkeit ist all das, was auf uns wirkt.

Vollkommene Sichtweise, rechte Anschauung ist somit ein zentraler Baustein auf dem die Lehre des Buddhismus ruht. Ohne unvoreingenommener und uneigennütziger Sichtweise auf die Lehren des Buddhismus ist jedes Studium, jede meditative Schulung und jede Lebensführung immer den Schwankungen unserer Vorlieben und Aversionen ausgesetzt.

Doch diese unparteiische Einstellung ist bei uns Menschen nicht leicht zu finden. Daher sprach der Gott Brahma (P: brahma sahampati, die höchste Form des Brahma / Brahma ist ein indischer Gott) dreimal zum Buddha, nachdem der Buddha die Erleuchtung erlangt hatte folgendes.

„Möge der verehrungswürdige Erhabene die Lehre verkünden,
möge der Vollkommene die Lehre verkünden.
Es gibt Lebewesen, die von Natur aus wenig Staub auf den Augen haben,
durch das Nichthören der Lehre gehen sie abwärts;
es werden Versteher der Lehre da sein."

vinaya piṭaka, mahāvagga I.05

<u>Vollkommenes Streben (P: sammā saṅkappa, S: samyak saṃkalpa)</u>

Misstraue deinen Motiven, erkenne sie und fasse den Entschluss die gebotenen Möglichkeiten zu nutzen. Wir sollten keine halben Sachen machen. Wenn wir etwas erkannt und für wertvoll empfunden haben, dann müssen wir uns als ganzes Wesen im Denken, Fühlen, Empfinden und Taten dahinter stellen und versuchen es mit uns und in uns in Einklang zu bringen.

Wichtig dabei ist, dass wir es lernen unsere innere Ausrichtung zu kultivieren und unsere Motivationen zu regulieren. Halbherzig zu agieren sowie getroffene Entscheidungen ständig zu bezweifeln lässt unsere Achtsamkeit schwinden und führt zu innerer Unruhe. Daher ist es wichtig nicht zaghaft zu sein.

Wer den buddhistischen Pfaden folgt, der hat sich dafür bewusst entschieden und steht zu seiner Entscheidung.

Aber auch ein überzogener Perfektionismus wäre hier fehl am Platz. Wir sind Lernende und nicht Allwissende. Daher müssen wir uns davor hüten Begriffe und Dinge, die wir nicht sofort begreifen oder in unser Weltbild einordnen können als unwichtig oder verzichtbar zu klassifizieren.

Vieles bedarf einer Zeit der Reife, nicht jede Frucht entsteht unmittelbar und sofort aus der Blüte – sie muss durch die notwendigen Bedingungen erst zur Reife gebracht werden. In gleicher Weise sollte unser Streben im Verstehen und Begreifen der buddhistischen Lehren nicht ungeduldig sein. Es ist sozusagen die rechte Gesinnung um an die Sache heranzugehen – offen, unvoreingenommen und weder gierig dannach noch abweisend. Es ist sozusagen jener Entschluss der einer getroffenen Entscheidung eine feste Richtung gibt.

Sittlichkeit (Lebensführung)

Sinn und Zweck der Lehre des Buddha zu folgen ist es nicht ausschließlich Wissen und Erkenntnis zu erlangen. Es ist es auch nicht in Meditation losgelöst vom täglichen Leben zu verweilen. Die Lehre des Buddha soll uns zu Achtsamkeit im Leben verhelfen.

Wissen und Meditation sind notwendig, jedoch ohne praktische Auswirkung auf unser Leben, auf unsere Lebensführung bleibt es Theorie und geistige Akrobatik. Daher beinhaltet der Achtfache Pfad auch so wesentliche Glieder wie die Wahrhaftigkeit (P: sammā vācā / S: samyak vācā), das Handeln (P: sammā kammanta / S: samyak karmānta) und eine rechte Lebensführung (P: sammā ājīva / samyak ājīva).

„Gleichwie ein Stadtbaumeister, o König, wenn er eine Stadt bauen will, zuerst einen Platz für die Stadt lichten läßt, sodann von Baumstümpfen und Dornen befreit, ebnet und nach einiger Zeit daran geht, denselben in Strassen, Plätze, Kreuzungspunkte usw. einzuteilen und auf diese Weise die Stadt baut:

Vollkommene Rede (P: sammā vācā, S: samyak vācā)

Dies ist zum einen die Vermeidung der negativen Auswirkungen der Rede
wie Lüge, üble Nachrede, verletzende Worte und Geschwätz. Aber im
Wesentlichen ist es die Wahrheit vor sich selbst. Die äußere Rede, das
was wir artikulieren und von uns geben ist letztlich immer Ausdruck
unserer inneren Einstellung. Es ist die Oberfläche und es sind die Wellen
auf der Oberfläche des tiefen Sees unseres Wesens.
Erst wenn wir uns selbst ungeschminkt ins Angesicht blicken können,
wenn unser innerer Monolog zur Ruhe gekommen ist, dann sind wir
bereit unter den aufgewühlten Wellen unseres Wesens in die Tiefe in uns
selbst zu blicken. Und dann werden auch die äußeren Aktivitäten, unsere
Worte und all unser Reden nicht aufgewühlt durch Emotionen und
Neigungen getrübt oder aus Unachtsamkeit verletzend sein.

Unsere ganze Existenz, unser ganzes Leben ist ein beständiges inneres
Reden – im Unerleuchteten ein Monolog, im geistig Strebenden ein Dialog
und im Erleuchteten ein Zuhören.

Unsere Lebensäußerungen vollziehen sich in einem beständigen
Formulieren, Bewerten, Klassifizieren und Gestalten. Es ist so etwas wie
der ständige Drang etwas hervorbringen zu müssen, sei es in Gedanken,
Worten oder Daten. Immer versuchen wir initiativ zu sein, immer wollen
wir regulieren und gestalten. Dieser innere Drang ist die beschränkte
Umsetzung und Äußerung einer Lebenskraft, die sich in uns und durch uns
manifestiert. So wie wir durch eine Vielheit und Mannigfaltigkeit von
Komponenten bedingt sind, die alles Existierende temporär zusammen

halten und nähren, so manifestiert sich jene Form der Aktivität auch in uns. Die Äußerung dieser Lebenskräfte zeigt sich damit auch in diesem beständigen inneren Monolog.

Vollkommene Rede ist somit die Anweisung dieses innere Reden zu erkennen und gezielt zu beachten.
Aus diesem Grunde wurde der Buddha auch als Śākyamuni (P: Sakkamuni) bezeichnet. Wobei hier der Begriff Muni (PS: muni) soviel wie Weiser bedeutet. Und der Begriff des Weisen (S: muni) leitet sich vom inneren Schweigen (S: mauna) ab. Somit ist der Buddha jemand, der diesen inneren Monolog beendet hat und vollkommen ruhig in sich ruht.

<u>Vollkommene Tat (P: sammā kammanta, S: samyak karmānta)</u>

Unser Handeln muss in Übereinstimmung mit unserer inneren Haltung und Zielrichtung geschehen. Wir müssen und sollen uns so geben wie wir sind und nicht vortäuschen anders zu sein.
Offen und ehrlich, unvoreingenommen und als ganzes Wesen präsent, jederzeit in unserer eigenen Verantwortung stehend und nicht erscheinen wie gewünscht, sondern erscheinen wie man ist. Daher sollten individuelle und daher sehr oft egoistische Beweggründe unseres Handeln hintangestellt werden. Als menschliche Wesen sind wir einerseits rational handelnd aber andererseits auch Getriebene durch unser Menschsein, getrieben durch Triebe, Gewohnheiten und Gefühle.

Rechtes Handeln gelingt uns dann, wenn wir Achtsamkeit entwickeln und die Beweggründe unseres Handelns erkennen können. Dann haben wir die Möglichkeit aufsteigendes Tun zu erkennen und wenn notwendig zu korrigieren. Handeln im Einklang mit uns selbst und dadurch auch im Einklang mit der Natur ist gefordert. Aber im Einklang mit uns selbst können wir nur sein wenn wir uns selbst kennengelernt haben, ungeschminkt, frei von Illusion und Wunschdenken.

<u>Vollkommene Lebensführung (P: sammā ājīva, S: samyak ājīva)</u>

Dies ist im Grunde die Anweisung all die bisher besprochenen Ausrichtungen in unserem Leben wie Ansicht, Streben, Rede und Tat (d.h. die ersten vier Glieder des Achtfachen Pfades) auch praktisch in unserem alltäglichen Leben zu befolgen.

Es geht hier darum, wie wir unser Leben im Zusammenspiel mit allen anderen Menschen und jedem Wesen gestalten, wie wir unseren Lebensunterhalt verdienen. Es geht um die Frage welche Tätigkeiten wir ausüben und welche soziale Stellung wir in der Gesellschaft einzunehmen pflegen.

Der Buddha selbst hat es vermieden detaillierte Vorschriften zum Lebenserwerb zu formulieren. Es ging ihm hier nicht um Gebote oder Verbote. Er hat allerdings mehrfach darauf hingewiesen, dass unser Lebenswandel im Einklang mit unserer inneren Einstellung zu erfolgen habe. (SIEHE BZGL. BERUFSAUSÜBUNG SEITE 297)

Das bedeutet, dass wenn wir Probleme damit haben, eine bestimmte Tätigkeit auszuüben weil sie unserer inneren Einstellung, unserem inneren Wertmaßstäben zuwider läuft, dann sollten wir auch keine Kompromisse schliessen und sie daher nicht ausüben. Vollkommene Lebensführung heißt somit eine Lebensführung in Reinheit, Gerechtigkeit und Nützlichkeit hinsichtlich unserer Berufsausübung zu gestalten. Es geht hier aber nicht nur um Berufsausübung sondern um alle Aktivitäten die wir in unserem Leben setzen und unternehmen.

Es ist die Frage wie wir unsere Lebensumstände mit unseren Verhaltensweisen und Gewohnheiten (Habitus) in Lichte des Dharma in Einklang bringen können. Wie gehen wir mit unseren Verhaltensweisen und Gewohnheiten um?

Meditation

Ohne Selbstreflektion bleiben wir in unseren Vorlieben, Wunschvorstellungen und festgefahrenen Meinungen und Ansichten gefangen.

Dies verursacht Enttäuschung und Leid, da unsere Erwartungen letztlich nicht oder nur unvollständig erfüllt werden. Daher ist es wichtig unsere Blickrichtung letztlich auch auf uns selbst zu lenken.

Dies wird durch meditative Übungen erreicht und umfasst das Bemühen um Selbsterkenntnis (P: sammā vāyāna /S: samyak vyāyāma), Achtsamkeit (P: sammā sati / S: samyak smṛti) und Sammlung unserer zerstreuten Geistestätigkeit (P: sammā samādhi / S: samyak samādhi).

„Wie, o König, die Dachsparren eines Giebelhauses sämtlich zum Giebel hinführen, zum Giebel geneigt sind, im Giebel sich treffen und der Giebel als das Höchste gilt, ebenso, o König, haben die guten Eigenschaften alle die Sammlung zur Führung, haben eine Neigung und einen Hang zu ihr, haben sie zum Treffpunkt.“

Die Fragen des Königs Milinda (P: milindapañhā)
(SIEHE BZGL. FRÜHE KOMMENTARWERKE IN PALI SEITE 401)

<u>Vollkommene Anstrengung (P: sammā vāyāna, S: samyak vyāyāma).</u>

Halbheiten gibt es im Buddhismus nicht. Unter Einsatz all unserer bestehenden Möglichkeiten und unter vollem Einsatz unserer Kräfte müssen wir den Weg des Dharma, die Lehre des Buddha im Nachvollzug, beschreiten. Bequemlichkeiten, Verstecken hinter lieb gewordenen Gewohnheiten sowie Kompromisse uns selbst gegenüber sind Hindernisse auf dem Voranschreiten.

Erst wenn es uns gelingt, voll und ganz hinter unserem Bestreben zu stehen, erst dann kann es uns gelingen, die Illusion unserer falschen Sichtweise zu durchbrechen und zu erwachen.

Der Buddha selbst gab uns Hinweise dazu wie wir dieses Bestreben erfolgreich durchführen können. Denn wenn wir ernsthaft uns bemühen, dann sollten wir vier Dinge im Zusammenhang mit unseren Fehlern, fehlgeleitenden Ansichten und Problemen beachten.

- bereits Entstandenes Unheilsames vernichten
  Das erkannte und bestehende Unheilsame in uns müssen wir analysieren und versuchen es zu verringern.
- Unheilsames am Entstehen verhindern
  Das aufkeimende in Entstehung befindliche Unheilsame in uns müssen wir sozusagen aushungern, indem wir ihm den Nährboden entziehen.
- Heilsames entstehen lassen
  Das Heilsame müssen wir entstehen lassen und entsprechende Voraussetzungen dafür schaffen.
- entstandenes Heilsames fördern
  Das Heilsame sollten wir wo immer es geht fördern und dann sorgsam pflegen.

Vollkommene Achtsamkeit und Vergegenwärtigung (P: sammā sati, S: samyak smṛti)

Dies beschreibt den Weg und die unterschiedlichsten Methoden der meditativen Schulung. (SIEHE BZGL. MEDITATIVE ÜBUNG SEITE 213)
Sie führen uns durch ihre regelmässige Anwendung in immer tiefere Schichten unseres Seins und dadurch erlangen wir eine immer bessere Achtsamkeit hinsichtlich der Welt und uns selbst. Dies führt dann wiederum zu einem heilsameren Umgang mit der Welt in der wir leben.
Hier geht es also um Selbsterkenntnis und Achtsamkeits-Training.
Achtsamkeit erlernt man durch meditatives Sitzen und die Technik des Achtsamkeitstrainings. Achtsamkeit entwickelt und fördert man dann in allen Situationen des Lebens.

Vollkommene innere Einswerdung (P: sammā samādhi, S: samayak samādhi)

Dies beschreibt die Möglichkeiten einer Transformation des Bewusstseins, in der die Spannung zwischen Subjekt und Objekt aufgehoben wird. Dadurch werden die begrifflichen Unterscheidungen, die wir uns selbst ständig erschaffen, obsolet.

Dies ist ein folgerichtiger nächster Schritt auf der Basis einer Achtsamkeit, der uns jene Bereiche unseres Seins erfahren lässt, die sich jenseits der Worte und Beschreibungen abspielen. Es ist jene integrierende Kraft die uns durch ihr reines Erleben unserem wahren Wesen näher bringt.

ABHÄNGIGES ENTSTEHEN (KONDITIONALITÄT)

Missverständnis

Die Lehre vom Abhängigen Entstehen und Vergehen ist nur eine unter den vielen Lehren des Buddhismus.

Richtigstellung

Die Lehre vom Abhängigen Entstehen und Vergehen ist neben der Lehre der Nicht-Beständigkeit eines Ich eine der beiden zentralen Lehren des Buddhismus. Ohne einer tiefgreifenden Kenntnis dieser Lehren werden die übrigen Lehren zum Teil fehlinterpretiert oder völlig falsch verstanden.

Nichts existiert für sich allein, abgesondert oder isoliert, alles besteht in Abhängigkeit zu Anderem. Alle Phänomene, seien sie physischer oder psychischer Natur, stehen in irgendeiner Beziehung zueinander. Dies erklärte der Buddha mit der Kette der Abhängigkeiten die manchesmal auch Konditionalnexus genannt wird (P: paṭiccasamuppāda / S: pratītyasamutpāda).

Diese Kette der Abhängigkeiten beinhaltet zwölf unterschiedliche Aspekte des Seins, die in Wechselwirkung zueinander stehen. Wobei die darin formulierten einzelnen Glieder nicht eine Bedingung im Sinne von Entstehen und Hervorrufen, nicht im Sinne einer notwendigen Reihenfolge aufzufassen sind, sondern es ist eine Abhängigkeit der Erscheinungsform an sich – ohne das Eine könnte das Andere nicht sein. Wird eines der Glieder zum Verlöschen gebracht, dann erlöschen somit auch alle anderen. Daher wird diese Kette der Abhängigkeiten oft auch als Kreis bildlich dargestellt; wie zum Beispiel im Tibetischen Lebensrad (P: bhavacakka / S: bhavacakra / T: srid pa 'khor lo). Egal an welcher Stelle der Kreis aufgebrochen wird, das Resultat ist immer ein Verschwinden des ganzen Kreises.

Die traditionelle Aufzählung, die auf den Buddha selbst zurückgeht, beinhaltet zwölf Glieder. Das bedeutet allerdings nicht, dass es nur diese zwölf Arten der zueinander in Beziehung befindlichen Glieder gibt. Die zwölf Glieder sind einfach eine klare und deutliche Gruppierung, um ein Verständnis der Abhängigkeiten allen Seins zu demonstrieren.

Die einzelnen Glieder der zwölfgliedrigen Kette der Abhängigkeiten (P: paṭiccasamuppāda) sind nun nachfolgend aufgeführt. Zusätzlich erwähne ich hier die Symbole, die diese einzelnen Aspekte bildhaft festhalten, so wie sie in den buddhistischen Darstellungen des Lebensrades gezeigt werden.

- Nichtwissen (P: avijjā / S: avidyā)
  Es ist die eigene Verblendung, die Unfähigkeit die Dinge so zu sehen wie sie sind. Symbolisiert wird dies meist durch einen blinden Mann, der umherirrt und nur sehr eingeschränkt seinen Weg findet.

- karmische Bildekräfte (P: saṅkhāra / S: saṃskāra)
  Das sind die willentlichen Bildekräfte, die Entscheidungen, die wir treffen. Es sind diese Aktivitäten, die alles was uns bewegt und betrifft hervorbringen. So wie ein Töpfer aus Lehm seine Gefäße formt, formen wir aus unseren Veranlagungen und Gewohnheiten unser Leben.

- Bewusstsein (P: viññāṇa / S: vijñāna)
  Dadurch dass wir ständig unserer Aufmerksamkeit auf etwas richten, dadurch dass wir immer aktiv sein wollen, schaffen wir eine Bindung an alles, was uns umgibt. Symbolisiert wird dies durch einen Affen, der herumspringt und ständig nach irgendetwas greift, um es an sich heranzuziehen. Bewusstsein bedeutet hier vorwiegend das Bewusstwerden. Es ist hier also der Vorgang des Erfahrens geistiger Zustände unserer Aussen- und Innenwelt gemeint.

- Geist-Körperlichkeit (PS: nāmarūpa)
  Diese Welt ist nach herkömmlicher Sicht eine Welt des Dualismus.

Wir unterscheiden dabei zwischen Materie und Geist. Dies wird durch zwei Männer, die in einem Boot sitzen dargestellt. Das Boot selbst ist im Grunde das Wesen des Seins, die Männer sind zwei scheinbar unterschiedliche Aspekte innerhalb des Bootes, nämlich Formhaftigkeit (Materie) und Geist (Energie).

- 6-fache Sinnentätigkeit (P: salāyatana / S: ṣaḍāyatana)
  Dies sind die fünf Sinnestätigkeiten und Möglichkeiten, nämlich das Sehen, Hören, Riechen, Schmecken und Tasten sowie auch das Denken, welches im Buddhsimus als Sinneserfahrung betrachtet wird. Wir sehen daher hier ein Haus mit sechs Öffnungen, oftmals fünf Fenster und eine Tür.

- Berührung (P: phassa / S: sparśa)
  Diese ist die Reaktion der Sinne auf die Eindrücke, die uns widerfahren. Es ist die Berührung und Verbindung der Sinne mit den Objekten und Phänomenen der äußeren und inneren Welt. Daher wird dies als ein Paar das sich umarmt und näher kommt dargestellt.

- Empfindung (PS: vedanā)
  Wenn die Sinneserfahrung einsetzt, dann entsteht zwangsläufig und automatisch eine damit einhergehende Empfindung. Wir bewerten diese Erfahrung und reihen sie in unser Weltbild dann ein. Wenn wir nämlich diese Einordnung vornehmen, dann filtern wir dadurch die ursprüngliche Erfahrung und passen sie unserem Weltbild an. Dies wird durch einen Mann dargestellt, der von einem Pfeil in ein Auge getroffen wird. Wir werden sozusagen auf einem Auge blind und erkennen die Welt nur mehr eingeschränkt. (SIEHE BZGL. WAHRHEIT, WIRKLICHKEIT UND REALITÄT SEITE 167)

- Begierde (P: taṇhā / S: trṣṇa)
  Schließlich entstehen in uns Wünsche und Vorlieben, wir wollen etwas besitzen. Aber auch der Wunsch etwas zu vermeiden und nicht damit konfrontiert zu werden wird entstehen. Letztlich sind wir dem Durst nach Habenwollen und Nichthabenwollen unterworfen (S:

tṛṣṇa, heftiges Verlangen). So sehen wir hier einen Krug mit einem Getränk.

- Haften (PS: upādāna)
  Wir können, wenn wir in dieser Welt agieren und reagieren, nicht einfach aus diesen Aktivitäten aussteigen. Wir sind und bleiben in und an diese Welt gebunden. Dies wird durch einen Mann symbolisiert, der nicht aufhören kann ständig Früchte zu pflücken.

- Werdevorgang (PS: bhava)
  Solange wir verstrickt bleiben in diese Aktivitäten und den Bedingungen unterliegen, werden wir neue Aktivitäten erzeugen. Wir werden Samen säen und pflanzen, die Früchte ernten und wiederum daraus Samen gewinnen und diese erneut einpflanzen. Wir sind dem Kreislauf des Werdens (S: saṃsāra) unterworfen. Dies zeigt sich im Bild eines Paares im Liebesakt oder auch durch eine schwangere Frau.

- Geburt (PS: jāti)
  Schließlich führt all dies dazu, dass wir als Wesen in einer Welt in Erscheinung treten. Wir werden geboren und wachsen heran. Dies zeigt uns das Bild einer Gebärenden.

- Alter und Tod (PS: jarāmaraṇa)
  Mit dem Zeitpunkt der Geburt ist aber der Verfall und Tod gewiß. Alles was entsteht wird früher oder später wieder vergehen. Dies wird durch einen Leichnam oder durch eine Begräbnisstätte symbolisiert.

Und so schließt sich dieser Kreis, denn durch die Unfähigkeit die Dinge so zu sehen wie sie sind (P: avijjā / S: avidyā, Nichtwissen) bleiben wir in diesem Kreislauf des Entstehens und Vergehens (PS: saṃsāra, das Hindurchgehen, Kreislauf des Lebens) gebunden.

Aus dem Vorhandensein dieser Glieder bzw. Qualitäten oder Aspekte resultieren dann Sorgen und Klagen, Schmerz, Kummer und Verzweiflung. Das sind letztlich die Bedingungen und Ursachen für unsere Unzufriedenheit (P: dukkha / S: duḥkha).

Dieses Entstehen in Abhängigkeiten, das ist es was paṭiccasamuppāda (S: pratītyasamutpāda) wörtlich übersetzt bedeutet. Dies ist nicht als eine kausale Abhängigkeitskette einzelner Glieder aufzufassen. Hier handelt es sich vielmehr um den Versuch alles Geschehen und somit alles in Erscheinung getretene als in Abhängigkeit Bestehendes aufzuzeigen.
Es gibt keine absoluten Einheiten nur kontinuierliche Bezugspunkte. Nur im Zusammenhang und gegenseitigem Zusammenspiel haben Dinge, Ereignisse und Erfahrungen Bedeutung und Existenz.

Wir leben somit in einem gewaltigen alles umspannenden Bezugssystem und können uns selbst und jede Erscheinungsform nur innerhalb dieses Bezugssystems erfahren. Wir selbst zählen daher genauso dazu, wie die Welt in der wir leben.

Diese sogenannten zwölf Glieder des bedingten Entstehens beginnen mit Unwissenheit, denn dies ist eine der drei Wurzelursachen (P: ti mūla / S: trimūla), die uns die wahre Sicht auf die Welt und uns selbst verstellt. Unwissenheit bzw. Verblendung (PS: moha) führt zu Begehren (P: taṇhā / S: tṛṣṇā) und Abneigung (P: dosa / S: doṣa), welche die beiden anderen Faktoren der Wurzelursachen bilden. Wenn Unwissenheit aufgehoben wird, zerbricht auch die Kette der Abhängigkeiten.

Unsere Entscheidungen, unsere Handlungsweise schafft Ursachen, welche sich wiederum auswirken und deren Auswirkung weitere Entscheidungen und Handlungsweisen nach sich zieht. Die zu Grunde liegende Motivation ist jedoch geprägt durch die Unwissenheit und Ignoranz. Durch das Aufheben der Unwissenheit, heben wir die Ursachen der Leiderfahrung auf und damit durchbricht man den Kreislauf des Entstehens und Vergehens und er erlischt (P: nibbāna / S: nirvāṇa, das Verwehen).

Wir müssen die Welt der Phänomene so sehen und verstehen lernen, wie sie sich durch ihr in Erscheinung treten manifestiert (S: yathā bhūtam).

Wir sollten aber bedenken, dass unsere Individualität und schließlich unser Ich nicht als etwas Abgesondertes existiert und daher auch nicht als ein für sich selbst bestehendes Subjekt sozusagen als eigenständiger Teilnehmer diesem abhängigen Entstehen unterworfen ist oder von ihm beeinflusst wird – nein. Unsere Individualität unser Ich ist auch ein Resultat dieses abhängigen Entstehens. (SIEHE BZGL. ÜBER DAS ICH SEITE 163)

Unwissenheit (P: avijjā / S: avidyā) beseitigen wir durch Erkenntnis und wirklichkeitsgemäßes Gewahrwerden. Wenn diese Erkenntnis (P: ñāṇa / S: jñāna) durch rechte Sichtweise (P: sammā diṭṭhi / S: samyak dṛṣṭi) sich zu Weisheit (P: paññā / S: prajñā) entfaltet, ist die Verwirrung (PS: moha) erloschen.

Wir sehen also, dass die Welt in der wir leben und in der wir unsere Erfahrungen sammeln eine Welt der Konditionalität und Korrelationen ist. Konditionalität (lateinisch: conditio, Bedingung) ist gegeben wenn Dinge und Phänomene nicht unabhängig von einander existieren sondern in Abhängigkeit zueinander in Erscheinung treten.
Korrelation (latein: correlatio, Wechselbeziehung) ist gegeben, wenn Dinge und Phänomene nicht eigenständig und unbeeinflusst existieren sondern sich gegenseitig beeinflussen.

Und da wir als Wesen und Individuum Teil dieser Welt sind, können auch wir uns, wir als Individuum, weder als unabhängig noch als unbeeinflusst davon definieren. Tun wir es trotzdem, dann sind wir einer falschen (nicht der Wirklichkeit gemässen) Sichtweise verhaftet und werden Unzufriedenheit erleiden.

Missverständnis

Kausalität im Sinne der buddhistischen Lehren ist ident mit Karma.

Richtigstellung

Das Prinzip von Ursache und Wirkung ist nicht auf Karma beschränkt. Kausalität bedeutet Zusammenhänge in der Wirkung von Bedingungen zu erkennen und Karma ist nur eine Art von solchen Ursache-Wirkung Bedingungen.

Willensfreiheit

Der Buddhismus spricht von der Abhängigkeit aller Phänomene und Erscheinungsformen (Konditionalität). (SIEHE BZGL. ABHÄNGIGES ENTSTEHEN (KONDITIONALITÄT) SEITE 137) Wenn aber alles Geschehen bedingt ist, inwieweit bin auch ich es in meinen Handlungen und den Ereignissen die mir widerfahren?

Die buddhistische Lehre kennt das Prinzip der Ursache und Wirkung (Kausalität), welches sich auch im Karma Gesetz wiederfindet. Bin ich für meinen Lebensablauf selbst verantwortlich; gibt es eine Ursache für jede Situation in der ich mich befinde? Ist mein Leben durch Ursache und Wirkung vorherbestimmt? Gibt es den freien Willen, die freie Möglichkeit etwas zu ändern, zu fördern oder zu vermeiden? Wenn es nach meiner Existenz weitere gibt (SIEHE BZGL. WIEDERGEBURT? SEITE 157) und wenn davor andere waren, welche Möglichkeiten bestehen da? Kann ich außer in diesem Leben auch in anderen Bereichen zum Beispiel nach meinem Tod Zukünftiges beeinflussen? Fragen über Fragen und alle haben es gemeinsam, dass in deren Zusammenhang immer wieder der Karma Begriff auftaucht. Daher setzen wir uns in diesem Kapitel mit diesem Karma Begriff auch etwas näher auseinander.

Auf diese oben angeführten Fragen wird nun versucht einzugehen. Wir werden uns hier mit den Themen der Kausalität und Konditionalität entsprechend der Lehren des Buddhismus vertraut machen.

Versuchen wir nun einigen dieser Fragen im Einzelnen nachzugehen, um am Ende dann ein ganzheitlicheres Bild und Verständnis bezüglich der Frage „Ist alles vorherbestimmt oder gibt es Willensfreiheit" zu erhalten. Wenn alles Geschehen bedingt ist, inwieweit bin auch ich als menschliches Wesen und als Individuum diesen Bedingungen unterworfen? Sind alle meine Handlungen und auch alle Ereignisse, die mir widerfahren, ebenfalls bedingt? Bin ich für den Lauf meines Lebens selbst verantwortlich oder ist alles vorherbestimmt? Gibt es eine Ursache für jede Situation in der ich mich befinde?

Wenn nun Alles mit Allem in irgendeiner Beziehung steht, wie es in der Lehre der bedingten Abhängigkeiten (P: paṭiccasamuppāda / S: pratītyasamutpāda) dargelegt wird, so bin auch ich als Individuum nicht unabhängig davon. Da erhebt sich natürlich die Frage bezüglich meiner mich unmittelbar betreffenden Lebenssituation. Um diese Abhängigkeiten, in denen wir uns befinden, einigermaßen zu ordnen und zu kategorisieren, um sie besser verstehen zu können, klassifizierte man innerhalb der buddhistischen Lehrdarlegungen Abhängigkeiten. Das führte dann in den klassifizierenden Systemen des Buddhismus (P: abhidhamma piṭaka / S: abhidharma piṭaka), welche nach den Aussagen des Buddha gesammelt und letztich aufgeschrieben wurden, zu einer Definition von 24 Bedingungen (P: paccaya / S: pratyaya).

Bedingungen (Konditionalität)

Die Welt ist wie ein großes Netz. Alles ist miteinander verknüpft. Nichts besteht isoliert und eigenständig für sich allein. Und dieser Konditionalität (latein: conditio, Bedingung) ist alles ohne Ausnahme in dieser Welt unterworfen. Von diesen Bedingungen, denen alles Geschehen, das wir erfahren können und in dem wir als Lebewesen uns befinden, denen wir ausgesetzt sind, sind nur zwei Bedingungen durch uns selbst als Individuen selbst gestaltbar und somit beeinflussbar.

Diese zwei sind die Karma schaffende (P: kamma niyāma / S: karma niyāma) und die aus dem jeweiligen Karma heraus resultierende (P: vipāka niyāma / S: vipāka niyāma) Bedingung.

Das heißt einfach gesprochen diese zwei Bedingungen sind die willentliche Entscheidung zu einer Aktivität (in Gedanken, Worten und Handlungen) sowie das Resultat einer solchen, welches uns dann früher oder später in (abhängiger) Art und Weise als Frucht daraus beeinflussen wird. Meistens werden beide mit dem Begriff Karma bezeichnet. Aber genau genommen ist Karma die Ursache und Vipāka das Resultat. Diese Vermischung beider Begriffe resultiert letztlich daraus, dass die westlichen Reisenden und Eroberer Indiens den in Indien gebräuchlichen Begriff übernommen haben. Denn in der Auffassung der nichtbuddhistischen Philosophien Indiens bedeutet Karma sowohl Tat als auch Wirkung. Der Buddha differenzierte allerdings sehr wohl zwischen Ursache und Wirkung.

Nur im Bereich der willentlichen Bedingung, dass heißt wenn wir willentliche Ursachen (P: saṅkhāra / S: saṃskāra) schaffen, werden sich diese Ursachen als Wirkungen, die von uns selbst veranlasst wurden, für uns manifestieren und auf uns zurückwirken. Nur in diesem Bereich können wir unser Leben und die Umstände in denen wir uns befinden beeinflussen. Alles Andere ist jenen übrigen Bedingungen unterworfen, die wir letztlich nicht direkt beeinflussen können. Natürlich ist die Klassifizierung und somit diese Auftrennung in die 24 unterschiedlichen Bedingungen eine Fiktive, da das Leben keine für sich isoliert stehenden Bezugspunkte kennt, sondern aus dem Zusammenhang heraus zu verstehen ist. Und so definieren wir auch hier keine exakten Grenzen sondern ein ineinander und miteinander Wirken mehrerer Bedingungen.

Diese Bedingungen beschreiben die Ursache einer Erscheinungsform oder eines Phänomens, womit hier natürlich nicht nur die physischen sondern auch die breite Palette der psychischen in Erscheinung tretenden

Ereignisse und Ausprägungen gemeint ist. Sie definieren den Grund, die Bedingung, den Nährboden für das „In-Erscheinung-Treten". Die Auflistung in vierundzwanzig ist eine Kategorisierung um gewissermaßen Kernkompetenzen hinsichtlich der Ursache für die Entstehung und das In-Erscheinung-Treten zusammenzufassen und sprachlich greifbar machen zu können.

Die bedingte Natur aller körperlichen und geistigen Vorgänge wird somit durchleuchtet und hinsichtlich ihrer Abhängigkeiten zueinander in diesen 24 Bedingungen beschrieben. Eine umfangreiche Darstellung und Beschreibung dieser Kategorien findet sich im Palikanon, speziell im siebenten Buch des „Korbes der Höheren Lehren" (P: abhidhammapiṭaka) in den umfangreichen Texten über „Bedingte Beziehungen" (P: paṭṭhāna). Aber auch im Visuddhimagga einem Kommentarwerk der buddhistischen Philosophie und Psychologie aus dem 5. Jahrhundert unserer Zeitrechnung (SIEHE BZGL. PALI KANON SEITE 398) finden sich ausführliche Erörterungen zu diesen Bedingungen.

Um ein etwas besseres Verständnis darüber zu erlangen was hier unter Bedingung gemeint ist, bringe ich zwei Beispiele.

Objekt-Bedingung (P: ārammaṇa paccaya / S: ālambana pratyaya)
Jede Sinneswahrnehmung beruht auf dem Wahrnehmen eines physischen Objektes. Das Auge wird durch die von einem Objekt ausgesandten oder reflektierten elektromagnetischen Strahlen angeregt und aktiviert. Daraus entsteht dann in Folge der Wahrnehmungsprozess eines Objektes. In gleicher Weise geschieht dies über Schallwellen, die unsere Ohren erreichen usw.. Aber auch unser bewusstes Wahrnehmen und der Denkvorgang an sich entsteht durch die Bedingungen eines aufkeimenden Geist-Objektes, nämlich eines Gedankens, der Form angenommen hat. Ohne Objekte erfolgt somit keine Aktivität in den Sinnesorganen. Dies ist die Objekt-Bedingung.

Vorherrschafts-Bedingung (P: adhipati paccaya / S: adhipati pratyaya)
Es gibt Geisteszustände die in uns eine Dominanz entwickeln können und

daher unsere Aufmerksamkeit so lenken und ausrichten, dass andere Geisteszustände während dieser Aktivierungsphase unbedeutend werden. Diese vier Geisteszustände sind

    Absicht (PS: chanda)   Willenskraft (P. viriya / S: vīrya)

    Bewusstwerden (PS: citta)   Erwägung (P: vīmāṃsā / S: mīmāṃsā)

Wenn einer dieser Geisteszustände aktiv ist, dann sind die anderen nicht aktiv.

Es ist bei den Bedingungen aber zu beachten, dass auch Kombinationen aus den aufgeführten 24 Bedingungen vorliegen können. So beinhaltet zum Beispiel eine Vorherrschafts-Bedingung (P: adhipatipaccaya / S: adhipatipratyaya) auch eine Zusammenentstehungs-Bedingung (P: sahajātapaccaya / S: sahajātapratyaya) und eine Objekt-Bedingung (P: ārammaṇapaccaya /S: ālambanapratyaya).

Es scheint hier etwas komplex und kompliziert zu werden im Verständnis der Bedingtheiten. Wichtig ist hier jedenfalls zu erkennen, dass wir in einer Welt von Abhängigkeiten und daher Bedingungen leben und existieren. Unter unter all diesen unterschiedlichsten Bedingungen gibt es eine Möglichkeit bewusst zu entscheiden und zu agieren – nämlich die Karma-Bedingung. Dies ist die Kernaussage dieser Darstellungen.

Bedingt aber nicht vorherbestimmt

Dies führt nun zu der Frage: Ist mein ganzes Leben durch Ursache und Wirkung bestimmt und damit vorherbestimmt?

Die buddhistische Sichtweise antwortet darauf in folgender Weise. Das Leben ist bedingt aber nicht gänzlich durch uns selbst vorherbestimmt. Es gibt drei falsche Ansichten (P: titthāyatana) darüber, wie unser Leben im Zusammenspiel mit dem Weltgeschehen aufzufassen sei. Nämlich zu glauben, dass alles durch früheres Karma bedingt sei, dass alles ursachenlos sei oder dass alles durch ein göttliches Wesen geschaffen wurde.

Der Buddha selbst erörterte diese drei Standpunkte wie folgt:

„Es gibt einige Asketen und Priester, die da behaupten und der Ansicht sind, dass, was auch immer der Mensch empfindet, sei es Wohl oder Wehe oder weder Wohl noch Wehe, dass dies alles bedingt sei durch frühere [vorgeburtliche] Tat.
Es gibt einige Asketen und Priester, die da behaupten und der Ansicht sind, dass, was auch immer der Mensch empfindet, sei es Wohl oder Wehe oder weder Wohl noch Wehe, dass dies alles bedingt sei durch Gottes Schöpfung.
Und es gibt einige Asketen und Priester, die da behaupten und der Ansicht sind, dass, was auch immer der Mensch empfindet, sei es Wohl oder Wehe oder weder Wohl noch Wehe, dass dies alles ohne Ursache und Grund geschieht.“

nach einer Übersetzung von Nyānatiloka
(sutta piṭaka, anguttara nikāya, maha vagga, titthāyatanādi sutta
Palikanon, Angereihte Sammlung III,62)

Die Ansicht, dass alles durch unser Karma bedingt sei, ist leider durch eine Sichtweise, wie sie in manchen Strömungen des Hinduismus vorherrscht, hier im Westen auch als die buddhistische Sichtweise übernommen worden. Diese Sichtweise definiert jede Aktivität als Karma und daher jede Wirkung auf uns ist durch unsere früheren Aktivitäten (S: karma niyāma) verursacht. Dies ist nicht die buddhistische Sichtweise.

Dass alles durch einen höheren Plan organisiert und daher vorherbestimmt sei, ist eine religiöse Sichtweise, die glaubt dass alles durch den Plan eines Gottes geschaffen und gesteuert wird. Der Mensch soll ein Gott gefälliges Leben führen und ist daher der Allmacht dieses Gottes in all seinen Aktivitäten untergeordnet. Dies ist nicht die buddhistische Sichtweise.

Schließlich gibt es da noch die extrem materialistische Sicht, die jedwede Auswirkung des eigenen Tuns über die Grenzen des Menschseins hinaus negiert. Sie vertritt die Auffassung das Leben ist einmalig und der Tod ist ein definitives Ende. Der Mensch ist in das Leben hinein geworfen und es gibt dafür weder Ursache noch Begründung. Dies ist nicht die buddhistische Sichtweise.

Karma (Kausalität)

Dies führt uns nun zu einem Zentralbegriff im Buddhismus nämlich Karma
und zu einer genaueren Betrachtung dieses Begriffs.
Kausalität (latein: causalitas / latein: causa, Grund, Ursache) ist der
Zusammenhang basierend auf der durch eine Ursache hervorgerufenen
Wirkung.

Karma ist willentliche Handlung und darunter wird im Buddhismus genau
genommen auch nur die Ursache verstanden nicht die Wirkung. Im
Gegensatz zur weit verbreiteten Ansicht, wie zum Beispiel im Jainismus
und manchen Strömungen des Hinduismus, schaffen nichtwillentliche
Aktionen (P: acetana / S: acaitanya) keine karmischen Wirkungen (P: kamma
vipāka). Das soll aber nicht heißen, dass solche Aktionen überhaupt keine
Wirkungen zeigen. Wir haben einerseits das Gesetz von Ursache (P:
kamma/ S: karma) und Wirkung (PS: vipāka, phala, als die Frucht daraus) und
somit Aktion und Reaktion bezüglich unserer selbst, uns selbst formend
und auf uns selbst rückwirkend – auf uns als Individuum als Person.
Anderseits sind da die Bedingungen, denen wir ständig als Lebewesen
unterworfen sind.

Jede willentlich hervorgerufene Aktion führt zu einer für uns wiederum
erfahrbaren Wirkung. Aber nicht jede Wirkung hat ihre Ursache in einer
durch uns willentlich hervorgerufenen Aktion! Die Karmawirkungs-
Bedingung (P: vipāka paccaya / S: vipāka pratyaya) ist nur eine von 24
Bedingungen. Nicht jede Korrelation (Wechselwirkung) die uns widerfährt
ist auch durch Karma begründet, die meisten davon sind durch andere
Konditionalitäten verursacht. Insofern kann man sagen, dass wir als
Lebewesen einer Unzahl von unterschiedlichsten Bedingungen
unterworfen sind (Konditionalität), dass wir aber durch willentliche
Entscheidungen (Karma) unsere Reaktion auf diesen Umstand verändern
können.

Eine weitere wichtige und hilfreiche Unterscheidung finden wir in der Formulierung der fünf Einschränkungen bzw. Voraussetzungen (P: niyāma / S: niyama), so wie sie in den buddhistischen Kommentarwerken aufgeführt werden. Es werden dort fünf Bereiche der kosmischen Ordnung oder „Zwänge" formuliert, denen alles Geschehen unterworfen ist und dem alles Geschehen zu Grunde liegt.

- Der Zwang des Anorganischen (P: utu-niyāma / S: utuniyama)
  Dies ist das Gesetz der Kausalzusammenhänge und der physikalischen Ordnung. Das sind z.B. das Klima mit dem jeweiligen Wetter, geologische Aktivitäten wie Erdbeben und Vulkane, Kristallbildung, kosmische Aktivitäten wie Sternentstehung und Planetentstehung, etc.. Wir können die Natur zwar manipulieren, wir können die Natur jedoch nicht wirklich beherrschen.
  Eine Aussage wie nach dem verherrenden Erdbeben in Sichuan China (Mai 2008), dass dies durch schlechtes Karma bedingt war durch eine US Filmschauspielerin, die sich auch als Buddhistin bezeichnet (allerdings auch als traditionell gottgläubig), ist völliger Schwachsinn und zeigt deutlich die bestehende falsche Sichtweise des Westens bzgl. Karma.
  Die Kausalität des Anorganischen kann durch willentliche Entscheidungen nicht erzeugt oder verhindert werden. Das was man allerdings berücksichtigen muss, ist unser Umgang mit dieser Kausalität. Wenn man in einem Erdbebengebiet ansiedelt oder durch Raubbau an der Natur Effekte erzeugt, die zum Beispiel Erdrutsche fördern, dann darf man sich nicht wundern, wenn man bei einem Erdbeben betroffen ist. Nicht das Erdbeben oder der Erdrutsch ist durch Karma verursacht. Die willentliche Entscheidung wider besseren Wissens dort zu bauen oder sich anzusiedeln ist allerdings Karma und die Wirkung dieses Karma wird uns treffen, weil wir dort sind.

- Der Zwang des Organischen oder Biologischen (P: bija-niyāma / S: bījaniyama)
  Dies ist das Gesetz des Lebens und Lebendigen. Hier finden wir z.B.

Zellteilung, Fortpflanzung, Wachstum, Krankheiten, Tod etc.. Wir können die Rahmenbedingungen unseres Daseins als Wesen dieser Welt wie Gesundheit und Alter zwar verbessern, wir können sie jedoch nicht eliminieren.

Der 16. Karmapa Rangjung Rigpe Dorje verstarb 1981 an Krebs in einem Spital in den USA. Die Karmapas sind die bedeutendsten Lehrer in der Kagyu Tradition und auch die älteste Tulkulinie im tibetischen Buddhismus (SIEHE BEZGL. TULKU SEITE 337). Viele Buddhisten und auch Nicht-Buddhisten im Westen fragten sich damals, warum ein so hoher spiritueller Lehrer so schwer krank werden kann, sodass er daran stirbt. War das die Auswirkung seines Karma?

Stellen wir klar. Karma war seine willentliche Entscheidung als Mensch geboren zu werden und damit ist er automatisch den Bedingungen des Menschseins unterworfen. Daher kann man als Mensch weder Krankheiten noch dem Tod entrinnen. Das bedeutet schlicht und einfach, auch hohe spirituelle Meister sind Krankheiten unterworfen. Sie leiden aber nicht in der Weise darunter wie wir, sondern ihre Reaktion auf diese Bedingungen ist eine von Achtsamkeit und mitfühlendem Empfinden geprägte Einstellung dazu.
Wir sollten uns aber bewusst sein, dass wir durch falsche Lebensweise die Auswirkungen solcher Bedingungen an uns verstärken und stark fördern können. Falscher Lebenswandel macht uns krank, bedeutet daher genau genommen, dass ein solcher Lebenswandel nur die vorhandene Bedingung wie es Krankheit eine ist fördert.

- Der Zwang des Geistigen (P: mano-niyāma / S: manoniyama)
  Dies ist die Gesetzmäßigkeit aller nichtwillentlichen geistigen und mentalen Ereignisse. Hierunter fallen z.B. unsere Gefühlswelt, unsere Triebe, psychische Eigenschaften wie Aufmerksamkeit oder Trägheit, etc..

Ein Großteil unserer Aktivitäten und Aktionen spielt sich mehr oder minder automatisch, d.h. bedingt durch Konditionierung, ab. Wir können jedoch unsere Reaktion auf diese Aktivitäten verbessern, indem wir achtsamer und bewusster durchs Leben schreiten.

Wozu dient Achtsamkeit eigentlich? Genau hier beim Zwang des Geistigen greift Achtsamkeit regulierend ein. Wir können unsere Triebe und Neigungen nicht einfach abschalten. Wir können unsere Gefühle nicht beiseite legen. Was wir aber tun können, ist sie bewusst und mit Achtsamkeit wahrzunehmen. Wenn wir rechtzeitig zu erkennen beginnen, dass geistige Zwänge uns gefangen nehmen, d.h. wir werden in den Sog dieser geistigen Zwänge hineingezogen und alles ordnet sich dem dann unter, können wir auch unsere Reaktion darauf durch willentliche Entscheidungen beeinflussen.

Das bedeutet also Karma hat mit unserer Reaktion zu tun und nicht mit den Bedingungen die den Zwang des Geistigen ausmachen. Selbsterkenntnis und Selbsterfahrung ist der Schlüssel. Es geht nicht um die Negierung unserer Innenwelt, unserer Gefühlswelt. Wir unterdrücken weder Freude noch Trauer, aber wir lassen uns nicht von ihnen gefangen nehmen und sie sollten nicht unser Leben dominieren. Denn dann verlieren wir die Fähigkeit willentlicher Entscheidungen.

- Der Zwang des Willentlichen (P: kamma-niyāma / S: karma-niyama)
  Dies ist das Gesetz von Ursache und Wirkung in der Verantwortung unserer selbst. Hier treffen wir Entscheidungen. Wir schaffen dann Karma (S: karma), wenn wir bewusst eine Aktion oder eine Reaktion ausführen. Wenn wir also eine willentliche Aktion oder Reaktion durchführen, dann säen wir und werden früher oder später die Früchte (S: vipāka) davon ernten.

Im Netzwerk der Bedingungen (S: jālakarman), die uns die anorganische, organische und geistige Welt auferlegt, haben wir den

Freiraum Entscheidungen treffen zu können, bewusste und willentliche Entscheidungen.

Die Entscheidungswege jedoch, die uns zur Auswahl vorgegeben sind, diese Wege können wir nicht selbst erschaffen, sie sind durch die Bedingungen vorgegeben. Es ist so wie mit einer Wegkreuzung zu verstehen. Wir entscheiden uns bewusst einen Weg zu gehen. An einer Kreuzung angekommen, können wir aber nicht entscheiden welche Wege uns zur Auswahl stehen, sie sind vorgegeben. Wir können uns aber entscheiden welchen Weg wir nehmen werden.

- Der Zwang des Transzendenten (P: dhamma-niyāma / S: dharma-niyama) Dies ist das Weltgeschehen und somit die Gesetzmäßigkeit und die Ordnung jenseits unseres gedanklichen und begrifflichen Ergründens und Begreifens. In diesen Bereich fallen die nicht oder noch nicht erklärbaren Phänomene des Übernatürlichen und der Intuition.

Die Zuordnung eines Ereignisses zu einer dieser Zusammensetzungen oder eines Zwanges ist nicht leicht und es kann sehr wohl sein, dass dabei mehrere dieser Zwänge beteiligt sind. Wir sehen aber daraus, dass nur ein kleiner Teil von dem, was uns widerfährt, unmittelbar durch uns selbst bedingt und beeinflussbar ist. Das zeigt uns aber, dass wir selbst nicht persönlich für alle Ereignisse und Lebensumstände, die uns widerfahren und uns betreffen verantwortlich sind. Nur das erleuchtete Bewusstsein ist in der Lage die einzelnen Zusammenhänge in ihrer Zusammensetzung und Bedingtheit zu durchschauen und daraus ein befriedigendes Gesamtbild zu gewinnen. Wir sehen immer nur einen Ausschnitt.

Als ein Beispiel, wie die unterschiedlichsten Bedingungen als Ursache eines Zustandes gesehen werden können, sei hier auf eine Darstellung von Sangharakshita verwiesen.

„Nehmen wir einmal an ein Mensch leide unter Fieber.
Das Leiden kann durch einen plötzlichen Temperaturwechsel verursacht worden sein (P: utu-niyāma), durch das Vorhandensein von Krankheitserregern (P: bija-niyāma), durch geistige Überanstrengung oder Ärger, oder durch

Kausalität und Konditionalität

Der praktische Bezug dieser Lehre liegt darin, dass wir es hierbei nicht damit zu tun haben, dass alles vorherbestimmt ist, denn nicht alles ist Resultat und daher Wirkung vergangener persönlicher Ursachen (P: kamma vipāka / S: karma vipāka, Kausalität). Sondern wir leben innerhalb eines Beziehungsgeflechtes in welchem wir selbst durch bewusstes Tun (in Worten, Taten und Gedanken) fördernd oder hindernd Zukünftiges beeinflussen können. Wir selbst sind also nur zu einem bestimmten Teil dafür verantwortlich in welcher Situation wir uns befinden und was uns widerfährt. Der Buddhismus beinhaltet somit sowohl Kausalität als auch Korrelation. Das bedeutet es gibt Ursache und Wirkung und daneben gibt es Zusammenhänge, die sich gegenseitig beeinflussen. Diese Abhängigkeiten sind aber nicht Ursache für daraus abzuleitende Wirkungen, die von uns selbst verursacht wurden.

freier Wille ?

Gibt es nun also einen freien Willen, die freie Möglichkeit etwas zu ändern, zu fördern oder zu vermeiden?

Ja, aber nicht in dem Sinne, dass wir völlig frei jeglicher Bindung und isoliert aller Zusammenhänge agieren könnten. Da wir, wie oben bereits erwähnt, in einem Beziehungsgeflecht von Bedingungen leben, so sind wir auch den Gesetzen dieser Beziehungen und Abhängigkeiten unterworfen (Korrelation). Nur innerhalb dieser Grenzen können wir agieren, nur in Abhängigkeit davon können wir schaffen und gestalten, erhalten oder zerstören. Wenn wir dies erkennen, wenn wir dies erfahren und begreifen, dann werden wir im Einklang mit jeder Situation, im Einklang mit der Welt, leben. Dies ist WuWei (C: 无为 wúwéi), oft als Nicht-Handeln übersetzt, wie es in der chinesischen Tradition des Daoismus so trefflich formuliert wird.

„... wörtlich Nicht-Handeln – aber nicht in dem Sinne, den ganzen Tag wie ein toter Baumstumpf oder ein Felsbrocken dazusitzen, sondern vielmehr jegliches nicht-spontane Handeln zu vermeiden, auf jeden Fall mit vollem Einsatz und geschickt agieren, doch stets nur in Übereinstimmung mit der momentanen Notwendigkeit.“

John Blofeld

Es ist jenes Handeln im Einklang mit dem Weltgeschehen und dadurch im Einklang mit uns selbst, das uns der Buddhismus lehrt. Freiheit, willentliche Freiheit, ist die Freiheit vom Zwang etwas zu tun, was nicht möglich ist oder die Harmonie stört.

Als Zusammenfassung sei am Ende dieser Ausführungen ein kurzes Beispiel gegeben.

Wenn wir hungrig sind können wir uns entscheiden zu essen. Der Hunger obliegt nicht unserer freien Willensäußerung (S: bīja-niyāma). Die Entscheidung ob und wie viel wir essen sehr wohl. Wenn wir nichts essen werden wir als unmittelbares Resultat abnehmen und im extremen Fall nach einiger Zeit verhungern (S: karma vipāka). Wenn wir zu viel essen werden wir erbrechen und wenn wir dies regelmässig tun übergewichtig werden (S: karma vipāka). Das heißt unsere Entscheidung auf die Möglichkeiten die zur Auswahl stehen sollte nicht extrem sein sondern ausbalanziert. In gleicher Weise finden wir uns während unseres Lebens ständig in solchen Situationen. Wir müssen erkennen was möglich ist und was sinnvoll ist zu tun. Denn wie gesagt mit jeder bewussten Handlungsweise erschaffen wir eine Ursache (S: karma niyāma) und werden die Frucht dafür (S: karma vipāka) ernten. Die Bedingungen selbst die uns zu diesen Entscheidungen heranführen, diese Bedingungen (S: niyama) können wir durch unser Tun (S: karma) nicht verändern. Wir können mit unserem Tun (S: karma) uns aber in den Einflussbereich neuer und anderer Bedingungen begeben. So wie ein Wanderer an einer Weggabelung sich entscheidet, ob er auf den Berg, ins Tal oder in nächste Dorf zurück geht, so wird er dementsprechend nach einiger Zeit (auf Grund dieser seiner Entscheidung) sich am Berg, im Tal oder im Dorf wiederfinden. Und damit ist er neuen Bedingungen gemäss der vorangegangenen Entscheidung ausgesetzt.

Karma ändert keine bestehenden Bedingungen. Karma führt zu uns gemässen neuen Bedingungen. Daher wird im Buddhismus gesagt:

„Jedes Problem jede Situation die dir begegnet, ist für dich gemacht,
denn du hast dich in der Vergangenheit dafür entschieden."

Missverständnis

Wiedergeburt bedeutet, dass wir als Individuum immer wieder geboren werden. Es bedeutet auch, dass ich als Person dieser oder jener in der Vergangenheit in einem anderen Leben gewesen bin.

Richtigstellung

Man wird als Individuum nicht wiedergeboren. Es gibt daher auch keine Wieder-Geburt einer Person im Buddhismus, dies ist eine falsche Interpretation des abhängigen Entstehens und der Anatta-Lehre im Bezug auf lebende Wesen. Es ist die Kontinuität des Lebens, welches sich als Individuum immer wieder manifestiert. Nur ein tiefes Verständnis der Anatta-Lehre und der Lehre des Abhängigen Entstehens und Vergehens zeigt uns die Bedeutung des Lebens und seiner Kontinuität in verschiedenen Erscheinungsformen.

Anmerkung: Das Thema Wiedergeburt erschließt sich unserem Verständnis nur unvollkommen solange wir nicht mit der sogenannten Anatta-Lehre des Buddhismus vertraut sind. (SIEHE SEITE 163)

Wenn es nach meiner Existenz weitere gibt, wenn es so etwas wie „Wiedergeburt" gibt, dann gäbe es auch vor meiner jetzigen Existenz andere Existenzen von mir. Welche Zusammenhänge und Möglichkeiten bestehen da?

Das Leben des Menschen, sein Leben in dieser Welt, ist kein einmaliges Ereignis so wie dies von den Offenbarungsreligionen dargestellt wird, in denen das Menschsein eine privilegierte Stellung und Einmaligkeit einnimmt.

Die Existenz als Wesen ist eine Manifestation des Stromes geistiger, psychischer und physischer Energien, die als Mensch, als Tier, als Gott, als Titan oder Geistwesen in Erscheinung treten können. Die Bereiche in denen diese Formen des Lebens sich manifestieren sind keine exklusiven und so manifestiert sich diese Energie zum Beispiel einmal als Tier, ein anderes Mal als Geistwesen und manchmal auch als Mensch.

An dieser Stelle sei darauf hingewiesen, dass dies oft irrtümlich in der Weise dargestellt wird, als sei die Geburt in anderen Daseinsbereichen wie zum Beispiel als Tier oder Hungergeist aber auch als Titan bzw. Halbgott usw. ausschließlich psychologisch zu verstehen. Es kann psychologisch gesehen werden, es kann sich aber auch real um andere Daseinsbereiche handeln.

Gemäß buddhistischer Auffassung wird ein Wesen nicht als Individuum wiedergeboren oder wandert von einem Leben zum anderen. Dies wäre nämlich die Lehre des Hinduismus und nicht die Sichtweise des Buddhismus. Der Buddha formulierte nämlich auch die sogenannte Anatta-Lehre, die oft ungenau als Nicht-Ich Lehre bezeichnet wird, und daher ist eine solche Wanderung als Individuum durch die einzelnen Leben nicht möglich. (SIEHE BZGL. ÜBER DAS ICH SEITE 163)

Man wird nicht als Person weder als Mensch, noch als Tier oder in einer anderen Erscheinungsform hineingeboren oder entsprechend dem vorangegangenem Leben wiedergeboren, sondern es ist vielmehr dieses zeitliche Zusammenführen des kontinuierlich veränderlichen Stromes von Energie (P: cittasantāna / S: cittasaṁtāna) zu einer neuen angemessenen Wesensform die eine neue Existenz beginnen lässt. Das jeweilige Wesen entsteht dann mit diesem in Erscheinungtreten. Wenn während der Spanne eines Lebens dieser Strom geprägt durch die Qualität der Energie, die sich aus den unterschiedlichen Bedingungen eingestellt hat, dann schließlich zum Versiegen kommt (ein Wesen stirbt), dann manifestiert er sich eben entsprechend seiner vorhandenen Ausrichtung erneut (ein Wesen tritt wieder in Erscheinung). Die sogenannte Wiedergeburt ist also kein Wiedergeborenwerden sondern sie ist ein kontinuierliches in Erscheinung treten, solange die Bedingungen und Antriebskräfte dafür vorhanden sind.

So wie das Licht einer Kerzenflamme, wenn wir es dazu benutzen eine weitere Kerze zum Leuchten zu bringen nicht erlischt sondern auf der anderen Kerze weiter existiert, so erlischt auch nicht die Gestaltungsenergie eines Wesens mit seinem Tod. Diese Gestaltungsenergie ist der Flamme vergleichbar, die Kerze wäre dann der physische Körper mit all seinen psychischen und mentalen Facetten, es wäre das Individuum im nächsten Leben. Wenn die Kerze verbraucht ist (Alter und Tod) dann setzt sich das Licht fort in einer neuen Flamme auf einer neuen Kerze (neue Lebensform). Sie manifestiert sich als ein neues Wesen. Nicht das Wesen, das Individuum (die Kerze) wandert somit von Leben zu Leben weiter, sondern das momentane Wesen ist Anlass für den Fortbestand einer weiteren Lebensform.

Sowohl der Begriff Wiedergeburt als auch der Begriff Inkarnation (latein: incarnatio, Fleischwerdung) ist ein missverständlicher Begriff und wird der Lehre des Buddhismus nicht gerecht. Denn solche Begriffe suggerieren uns, dass es etwas Ewiges und Unveränderliches gibt, das weiterwandert und dann wieder in einem Leben in Erscheinung tritt. In fast allen Religionen wird dies dann meist als unsterbliche Seele bezeichnet. Der buddhistische Begriff dafür bedeutet aber Wiederverbindung (P: paṭisandhi) und zeigt daher auch unmissverständlich, dass hier über eine Verbindung und nicht über ein Weiterwandern gesprochen wird.
Die Individualität und die Persönlichkeit des momentanen Lebens wird also gemäß buddhistischer Auffassung nicht in ein neues Leben transferiert oder dort wieder geboren. Die Kontinuität des Lebens spielt sich nicht auf der materiellen oder einer idealistisch gedachten höheren und damit ebenfalls formhaften Ebene ab.

Die Kontinuität des Lebens, unseres Lebens, ist ein Phänomen des Bewusstseins (P: viññāṇa / S: vijñāna) sowie jener Bedingungen die wir erzeugen (P: kamma / S: karman) und die dann letztlich uns bindend wieder zu Ursachen (P: vipāka) werden, die neues Leben hervorbringen.
Die Verbindung von einem Leben in ein anderes in diesem ungebrochenen Strom des In-Erscheinung-Tretens ist durch diese erzeugten Ursachen gegeben, die wie Samen (S: bīja, Same, Keim) in einem

Speicher (S: ālayavijñāna, Speicherbewusstsein) eingelagert sind um bei passender Gelegenheit wieder zu spriesen, zu wachsen und Früchte zu tragen.

So wie es innerhalb der menschlichen Wesen eine große Anzahl unterschiedlicher Ausprägungen und Manifestationen gibt, so gibt es aber auch die Möglichkeit die Grenze des Menschseins zu überschreiten, wenn die Bedingungen in ihr nicht mehr effizient zur Reife gebracht werden können. Dann nimmt der Strom des In-Erscheinung-Tretens eine neue Richtung, das Wesen wird in einem anderen Daseinbereich sich wieder finden und dort in Erscheinung treten, also geboren werden. Das dies eigentlich der häufigere Fall ist, darauf hat uns der Buddha mehrfach eindringlich hingewiesen, indem er die Glückhaftigkeit einer menschlichen Geburt betont hat.

Doch obwohl das menschliche Leben keine Einmaligkeit innerhalb der unterschiedlichen Erscheinungsformen hat, besteht doch ein gewisser Vorzug darin, den es in den anderen Daseinsformen nicht gibt. Denn nur als Mensch besitzen wir die Möglichkeit unser Leben in gewissen Bereichen frei zu gestalten, nur als Mensch besitzen wir die Fähigkeit und dadurch die Möglichkeit die ersten Schritte zum Verständnis, zur Erfahrung der Wirklichkeit, letztlich zur Erleuchtung zu tun. Und so ergibt sich für uns durch das Menschsein die Möglichkeit weitere menschliche Geburten zu erlangen, und damit einen Zustand erreichen zu können, indem unsere bewussten Aktionen nicht mehr von unheilsamen Motiven geleitet werden (P: akusala / S: akuśala). So werden wir letztendlich jenen Zustand erlangen können, den man als den Stromeintritt (P: sotapanna / S: srotāpanna) bezeichnet hat oder wo wir jenen Bewusstwerdungsgrad erreichen, den man als Erleuchtungsdenken (PS: bodhicitta) bezeichnet.

Kann ich außer in diesem Leben auch in anderen Bereichen, zum Beispiel nach meinem Tod, Einfluss auf Zukünftiges nehmen und Ursachen schaffen für zukünftige Wirkungen, die mich wiederum treffen werden?

Jede Existenzform beinhaltet in der ihr gemässen Weise die Möglichkeit willentliche Entscheidungen treffen zu können. Und damit erschaffen wir Ursachen (S: karma), die sich wiederum in ihren Auswirkungen (S: vipāka) manfestieren werden. Dies kann unmittelbar erfolgen oder erst in weiteren Existenzformen. Wir können somit den Bedingungen, denen wir unterworfen sind, nicht entfliehen. Doch welche Existenzform auf die bestehende Existenz folgen wird, entscheidet sich letztlich in der individuellen Ausrichtung, die wir während unseres Lebens aufbauen und dann am Ende der bestehenden Existenzform haben. So wie wir unser Leben lebten, so wie wir dem Tod begegnen, so wird unser zukünftiges Leben gefärbt und ausgerichtet sein.

Letztlich geht es auch darum sich von der Illusion des Sterbevorganges und der damit verbundenen Furcht zu befreien.

„Diese Illusion besteht in der Identifizierung des Individuums mit seiner temporären, vergänglichen Form, sei sie körperlich, seelisch oder mental, und führt zu der irrtümlichen Vorstellung einer persönlichen, für sich und in sich selbst bestehenden gesonderten Ichheit und zu der Furcht, sie zu verlieren. Wenn jedoch der Jünger gelernt hat, sich mit dem Ewigen, dem Dharma, dem Unvergänglichen Licht der Buddhaschaft in seinem Inneren zu identifizieren, dann wird seine Todesfurcht wie eine Wolke vor der aufgehenden Sonne verschwinden. Dann weiß er, dass, was immer er sehen, hören oder fühlen mag in der Stunde seines Abscheidens von diesem Leben, nichts anderes ist als eine Spiegelung oder Projektion seines eigenen bewussten oder unterbewussten Geistesinhaltes: und keine geistgeschaffene Illusion kann Macht über ihn gewinnen, wenn er ihren Ursprung kennt und im Stande ist, ihre Natur zu durchschauen.“

Lama Anagarika Govinda

Aber diese Fähigkeit können wir nur im menschlichen Leben erlangen, nur hier und sonst nirgends haben wir die Fähigkeit diese Aufgabe zu beginnen, durchzuführen und zum Erfolg zu bringen, damit wir wenn wir den menschlichen Bereich verlassen haben ihre Früchte ernten können. Dies gilt nicht nur für den nachtodlichen Zustand sondern auch für die anderen Daseinsbereiche.

Abschließend sei hier noch darauf hingewiesen, dass Menschen die von sich behaupten ihre Vorleben zu kennen skeptisch zu betrachten sind. Meist sind das dann Geschichten, die nur eine Überhöhung oder stark egozentrische Behauptng darstellen. Und vor Allem sind es Behauptungen, die an der Idee eines permanenten und ewigen persönlichen Wesenskern, dem eigenen Ego, festhalten.

Missverständnis

Der Buddhismus leugnet ein Ich, denn es gibt die Nicht-Ich Lehre im Buddhismus.

Richtigstellung

Natürlich gibt es ein Ich. Es ist der Angelpunkt und Fokus unseres Seins als individuelles Wesen. Dieses Ich ist aber keine für sich bestehende Entität sondern das Resultat der gegenwärtigen Erscheinungsform. Nicht-Ich Lehre ist ein falsche Übersetzung vom Anatta Begriff und hat daher zu großen Missverständnissen geführt.

Die Übersetzung des ursprünglichen Pali Begriffes anattā (S: anātaman, keine individuelles bestehendes Ich) als Nicht-Ich ist irreführend. Dadurch entsteht eine völlig falsche Interpretation. Der Buddha verneinte ein Ich niemals. Er sprach davon, dass dieses Ich kein permanentes und für die Ewigkeit bestehendes Ich sei. Auch die Psychologie stellte bereits fest, dass unser Ich bzw. Ichbewusstsein (Ego) sich im Laufe des Lebens verändert und anpasst.

Der Buddha lebte in Indien und zu seiner Zeit war der Begriff des Ātman ein allgemein verbreiteter Begriff im Denken der Menschen und er ist es in Indien noch heute. Ātman bezeichnet die in jedem Menschen vorhandene unzerstörbare Seele bzw. das ewig bestehende Ich, welches als Funke ein Abbild des Göttlichen ist. Es ist der Lebenshauch, die unzerstörbare Entität in uns. Gegen diese Sichtweise trat der Buddha auf und formulierte die Lehre des Nicht-Ātman. Ātman daher als Ich zu übersetzen und Anātman als Nicht-Ich ist somit eine Fehlinterpretation, da dies ja bedeuten würde, dass es kein Ich gibt. Und wie eben ausgeführt bedeutet der Begriff Ātman in diesem Zusammenhang nicht Ich, sondern ein jenseits der Veränderungen in der Welt in seinem Kern und Wesen unveränderliches Ich. Genau gegen diese Unveränderlichkeit wandte sich der Buddha.

Natürlich gibt es ein Ich und der Buddhismus leugnet dies auch nicht. Um dieses Ich besser verstehen zu können, ist es notwendig die Konstitution des Menschen aus buddhistischer Sicht zu kennen. Dies ist die sogenannte Lehre von den fünf den Menschen ausmachenden Daseinsgruppen.

die Konstitution des Menschen (P: khandha / S: skandha)

Die generelle Sichtweise der indischen Philosophie definiert den Menschen als eine Zusammensetzung unterschiedlicher Körper (P: kosa / S: kośa), die vom groben physischen immer feiner (Astralkörper, Mentalkörper) bis zum Geistigen reichen. Im Zentrum dieser Körper lebt die unsterbliche Entität, welche auch das Ich bildet (S: ātman).
Im Gegensatz dazu sieht der Buddhismus ein Lebewesen als eine Zusammenwirkung unterschiedlichster Aggregatzustände (P: khandha / S: skandha, Anhäufung) die vom groben Formhaften über die Empfindung, die Wahrnehmung, die willentlichen Tendenzen bis zum Bewusstsein reichen.

Aber in beiden Fällen (P: kosa, khandha) schafft erst das Zusammenwirken dieser unterschiedlichsten Qualitäten bzw. Hüllen und Daseins-formationen dann einen Bezugspunkt und konzentriert sich in der Erschaffung eines Ich. Daher spricht man in diesem Sinne von einem Ich-Macher (S: ahaṅkāra) und nicht von einem beständigen Ich (S: ātman).
Somit ist das Ich zwar der Fokuspunkt des Menschen, es ist aber nicht ein beständiges ewiges Etwas, um das sich grobe und feine Körper manifestieren (S: kośa), wie dies in der indischen Philosophie, speziell der Samkhya Lehre (S: sāṃkhya, saṅkhyā) formuliert wird.

Aus buddhistischer Sicht gründet sich die Existenz auf einen Bewusstseinsstrom (P: bhavaṅgasota) jenseits des Ich und des Denkens und daraus entsteht dann eine Kontinuität. Der Mensch ist geboren, lebt ein Leben und stirbt. Sein Ich vergeht, aber der Bewusstseinsstrom bleibt und führt zwangsläufig zu einer weiteren Existenz. Bei dieser entsteht wiederum ein Ich und damit eine neue Individualität. Nicht ein Ich wird wiedergeboren, sondern die Bewusstseinskeime schaffen die Bedingungen und Ursachen einer neuen Existenz. Es gibt also keine unsterbliche Seele, denn diese würde eine unveränderbare Individualität bedingen, die es aber nicht gibt. Dadurch unterscheidet sich die Lehre des Buddhismus weitgehend von anderen Religionen und Philosophen.

Bei uns im Westen und in den abrahamitischen Religionen sind wir sehr stark auf das Ich fixiert und damit dem Glauben an eine ewige Seele verbunden. Wir klammern uns an diese Wunschvorstellung unserer immerwährenden Individualität fest. Wir sprechen vom Fortbestehen unseres Selbst und die Religionen nähren diesen Wunsch durch Geschichten über himmlische Bereiche und das Zusammentreffen mit liebgewordenen Verstorbenen nach unserem Tode. Aber auch die Esoteriker unserer Zeit konstruieren daraus durch ihre eigene Interpretation des Buddhismus eine Welt der Beständigkeit und des ewigen Fortdauerns in feinstofflichen Sphären und der Unzerstörbarkeit der eigenen Individualität.

das Ich (S: ahaṅkāra, Ichmacher)

Das Ich des Menschen ist zusammen mit der emotionalen und gedanklichen Sphäre ein Wechselspiel der unterschiedlichen Konstituenten des Seins und die Fokussierung auf das Ich erschafft dann letztlich unsere Individualität. Diese Individualität, mit all ihren Komponenten, ist im Laufe des Lebens aber ebenso der Veränderung und Anpassung unterworfen. Sie ist bewusst im täglichen Lebensablauf und schwindet im Schlaf bis zur Nichtexistenz im Tiefschlaf. Sie akzentuiert sich im Lauf eines Lebens von der Kindheit über die Jugend bis ins Alter in unterschiedlicher Weise. Unser Selbstwertgefühl verändert sich und passt sich den Umständen in denen wir leben an. Der Mensch wächst innerlich, ja er verändert sich ständig. Das was Bestand hat und eine gewisse Kontinuität aufrecht erhält ist ein Bewusstseinsstrom jenseits des intellektuellen Gewahrwerdens, jenseits unserer physischen Erscheinungsform des Körpers, jenseits unserer Gefühlswelt, jenseits

unserer Gedanken, des Wissens und der Sichtweise auf die Welt. Das wurde dann im Buddhismus durch die Nur-Bewusstsein Lehre akzentuiert.
(SIEHE BZGL. BEWUSSTSEINS-LEHRE SEITE 187)

Das Ich ist zwar eine fundamentale Größe des Menschseins, es ist aber keine permanente über das Menschsein hinaus gehende andauernde Größe. Es ist eine emergente Eigenschaft des Menschseins. Mit Emergenz meine ich hier die Entstehung neuer Strukturen im Zusammenspiel und in Abhängigkeit von temporär bestehenden Strukturen.

Der Buddha wählte den Begriff anattā (S: anātman), weil er sich auf die Vorstellung bezüglich eines beständigen, ewig andauernden inneren Wesenskern bezog. Atta in Pali bzw. Ātman in Sanskrit bezeichnet den unzerstörbaren göttlichen Wesenskern des Menschen, so wie es in den unterschiedlichsten indischen Philosophien (z.B. Samkhya und Vedānta) sowie in den Upanishaden (S: upaniṣad, das Sichsetzen zu den Füssen eines Andern, die bei dieser Gelegenheit gemachte vertrauliche Mitteilung, Geheimlehre) festgeschrieben wurde. Hier setzte der Buddha dem Ātman-Begriff das Anattā bzw. Anātman entgegen.

Nicht die Leugnung eines Ich als Zentrum des Menschen sondern das Erkennen der wahren Natur dieses Ich ist die Lehre des Buddha. Das Ich ist das Resultat der unterschiedlichsten Bedingungen und dem Zusammenwirken der verschiedenen Aspekte eines Lebewesens. Es ist der sich ständig nährende Kristallisationspunkt der eigenen Existenz. Es scheint stabil und andauernd zu existieren. Es wird aber in der Todesstunde schwinden und ein neues Ich wird sich im davon abhängigen Wesen konstituieren (S: ahaṅkāra, Ichmacher).

Missverständnis

Der Buddhismus lehrt eine objektive Wahrheit.

Richtigstellung

Es gibt in der Sinnenwelt nur subjektive Erfahrung. Objektive Wahrheit ist eine Fiktion, da Wahrheit eine definierte Festlegung ist und immer nur in Bezug auf unser Denken und die damit verbundene Begriffswelt existiert. Daher ist der Begriff und die Idee einer objektiven Wahrheit, wie jeder Begriff, bedingt und kann niemals absolut sein.

Anmerkung: Für ein tieferes Verständnis ist ein Studium des Mittleren Weges (S: madhayamaka) unerlässlich. (SIEHE SEITE 173)

Wahrheitsbegriff, Wirklichkeit und Realität im westlichen Denken.

Die buddhistische Lehre unterscheidet sehr genau zwischen den Begriffen, die im Deutschen für Wahrheit. Wirklichkeit und Realität verwendet werden. Im westlichen Denken werden diese Begriffe leider vermischt und oft auch synonym verwendet.

Betrachten wir nun die abendländische Sichtweise.

- <u>Wahrheit</u> ist die Übereinstimmung zwischen dem Wissen und dem Seienden, das objektiv Vorhandene, das Erkennen der Wirklichkeit, die richtige Erkenntnis an sich.
  Dieser Wahrheitsbegriff hat somit einen Absolutheitsanspruch. Wahrheit wäre damit das Ende des Gedachten und nicht weiter interpretierbar. Über den Wahrheitsbegriff haben die westlichen Philosophen seit zweitausend Jahren diskutiert, sich gestritten und damit auseinandergesetzt. Eine allgemein verbindliche Festlegung dazu wurde allerdings bis heute nicht gefunden. Aus buddhistischer Sicht liegt dass einfach darin begründet, dass der Wahrheitsbegriff so wie alle Begriffe eine subjektive Bezeichnung ist und daher niemals

für etwas Objektives nicht weiter Differenzierbares verwendet werden kann.

- <u>Wirklichkeit</u> ist das was auf uns wirkt, das tatsächlich Wirkende und nicht das Erscheinende, der Zustand der erfahrbar ist, das als Gegebenheit oder Erscheinung Faßbare.
  Wir stellen bei genauerer Betrachtung fest, dass diese Welt eine Welt ist, die durch unsere Wahrnehmung (Sinnesorgane und das Denken) uns so erscheint wie sie sich für uns darstellt. Und gerade diese Beeinflussung der eigenen Möglichkeiten unserer Wahrnehmung ist es, welche die Welt uns so erscheinen lässt. Wir nehmen an, dass die Welt so ist, wie sie uns erscheint. Aber letztlich ist es eine subjektiv gefärbte Welt.

- <u>Realität</u> ist die Gegebenheit des Tatsächlichen, all das wie es uns erscheint und sich als wahr erweist.
  Dieser Begriff wird im Sprachgebrauch fast immer mit Wirklichkeit gleichgesetzt.

Im Englischen werden übrigens die Begriffe reality (Realität) und truth (Wahrheit) synonym für den deutschen Begriff Wirklichkeit verwendet.
Wir sehen also, dass es schon allein auf Grund der unterschiedlichen sprachlichen Begriffe schwierig ist über Wahrheit und Wirklichkeit zu diskutieren.

Die buddhistische Sichtweise.

Wie sieht nun der buddhistische Zugang zu diesen Themen aus?

Im allgemeinen Verständnis ist Wahrheit, das was einen Sachverhalt wirklich begründet, das was die Richtigkeit einer Sache ohne Zweifel festlegt. Das wäre also das objektiv Vorhandene, das tatsächlich Wirkende. Wenn wir darunter die Wirklichkeit an sich, die höchste oder absolute Wahrheit verstehen, dann wäre dies die Welt an sich.

Im Buddhismus sprechen wir darüber, dass es keine objektive sondern nur eine subjektive Wirklichkeit, also eine Realität für uns, eine Wirkung auf uns, geben kann. Denn alles was auf uns wirkt, was wir denken, erfahren und beschreiben können, ist auf uns selbst bezogen, ist unsere subjektive Wahrnehmung. Realität ist das, was auf uns einwirkt. Im allgemeinen Sprachgebrauch wird Realität allerdings als etwas bezeichnet, das frei von Illusion ist und daher allgemein Gültigkeit hat. Im buddhistischen Denken ist Realität immer etwas Subjektives bzw. individuell Gefärbtes.

Daher unterscheidet der Buddhismus zwischen einer absoluten Wirklichkeit (S: śūnyatā, die Große Leere, das Nicht-Denkbare) und der Realität (S: saṁskṛta dharma, die bedingt in Erscheinung tretenden Phänomene) in der wir leben und die wir wahrnehmen und denken. Und diese Realität ist unsere subjektive Wirklichkeit.

Fassen wir zusammen.

<u>Das Nicht-Denkbare, die absolute Wirklichkeit (S: śūnyatā).</u>
Die Welt in der wir leben und in der wir uns sowohl äußerlich als auch innerlich befinden, ist eine Welt des Wandels. Erfassbar ist nur das Relative, das Werden und Vergehen, das momentan Bestehende. Eine Beschreibung einer absoluten Wirklichkeit entzieht sich jeder Definition, denn ein Absolutes ist durch Sprache nicht darstellbar. Jede Sprache ist eine Festlegung auf Zustände und Wandlungsphasen und daher ist etwas jenseits dieser Charakteristika nicht beschreibbar. Religionen schufen aus diesem Dilema heraus ihren jeweiligen Gottesbegriff, da sie das Absolute greifbar und in gewissem Sinne auch erfahrbar machen wollten.

Die den Phänomenen und Objekten der Welt innewohnende Eigennatur können wir nicht wahrnehmen, wir erfassen immer nur eine momentane Erscheinungsform. Daher wurde diese letzte nicht beschreibbare Wirklichkeit, diese objektive Wirklichkeit, im Buddhismus mit unterschiedlichsten Begriffen umschrieben wie Soheit (S: tathā), Bereich aller Phänomene und Erscheinungsformen (S: dharmadhātu) oder Mutterschoß allen Seins (S: tathāgatagarbha), um nur einige zu nennen.

<u>Der Wahrheitsbegriff (S: satya, das Wirkliche; Wirklichkeit, Wahrheit).</u>

Dies ist im Wesentlichen die Erkenntnis (S: jñāna, dṛṣṭi), die man über die Phänomene und das Gedachte erlangen kann. Es ist einerseits ein gedankliches Konstrukt (S: citta) und andererseits eine das ganze Wesen erfassende Einsicht. Da wir aber als Menschen immer nur im Bereich dieser Welt, in einer dem Dualismus, dem Kategorisieren und Benennen zugeordneten Welt existieren, sind auch Benennungen bzw. Beschreibungen jeder Wahrheit, diesen Bedingungen unterworfen.
Zwei Begriffe müssen daher auseinander gehalten werden, nämlich absolute bzw. objektive Wahrheit, das Sein an sich (S: satya, sat) und die Realität (S: tathya, tat) bzw. Wirklichkeit als subjektive Wahrheit, das was auf uns wirkt, was wir erfahren und erkennen können.

Wahrheit ist allgemein betrachtet eine Tatsache, die mit der Erfahrung übereinstimmt. Somit ist diese sogenannte Tatsache, weil sie sich ja auf der Erfahrung gründet, subjektiv und kann daher niemals objektiv sein. Im Buddhismus spricht man daher von zwei Wahrheiten (S: satyadvaya) nämlich der Wahrheit an sich (S: paramārtha satya) und der Realität (S: saṁvṛtti satya). Leider werden diese beiden Begriffe im europäischen und westlichen Denken nicht unterschieden und man spricht dann einfach von Wahrheit. Daraus ergibt sich aber ein massives Problem beim Verständnis der buddhistischen Lehre und deren Aussagen.

<u>Die Realität, die existierende nicht absolute Wahrheit (S: saṁvṛttisatya, die Wahrheit über die Art und Weise zu sein).</u>

Wenn man über Wahrheit spricht oder darüber, dass etwas den Tatsachen entspricht, also wahr ist, dann unterscheidet der Buddhismus sehr wohl worüber man diese Aussage macht. Es werden drei Arten von Realität aufgezeigt.

- die wahre Realität (S. tathya saṁvṛttisatya)

  Das ist die Realität unseres Lebens, das was wir erfahren, das was auf uns einwirkt und all das was uns als „wahr" erscheint. Dies ist unser Wachzustand.

- die unwahre Realität (S: utathya saṁvṛttisatya)

  Das ist eine verdrehte und mißinterpretierte Realität. Das sind Illusionen und Täuschungen. Dies ist ein getrübter Wachzustand oder auch der Traumzustand.

- die verkehrte unrichtige Realität (S: mithyā saṁvṛttisatya)

  Das ist eine verkehrte unrichtige Realität. Es sind die Wahnvorstellungen, die meist keinen oder nur einen sehr geringen Bezug zur wahren Realität aufweisen. Dies ist ein Wahnzustand, der sowohl im Wachsein als auch im Traum stattfinden kann.

All dies ist im buddhistischen Sinne wahr, ist Realität, denn es wirkt auf uns. Wir reagieren auf es und nehmen es als unsere Sinnenserfahrung auf und akzeptieren es als wahr. Dies erfolgt auch im Denken, denn das Denken gehört aus buddhistischer Sicht auch zu den Sinnserfahrungen. Realität ist das was wir erfahren, erkennen und auffassen können. Das ist im Grunde das Bild der Welt, welches wir haben. Es ist unsere Wirklichkeit und wir meinen daher, dass dies die Wirklichkeit einer objektiven Wahrheit an sich ist. Aus buddhistischer Sicht ist aber die Realität eine Extrapolation von auf uns einwirkenden Informationen (Sinneswahrnehmung, Gewahrwerden, Kategorisierung) und Interpretationen (Bewusstwerden, Zuordnung, Verknüpfung mit Wissen) und Zuordnungen von uns bisher Erkanntem. Dies ist dann die entstehende Erfahrung dieser Welt und unserer selbst.

Aller Sinn, den wir der Welt unterstellen, entsteht somit in uns und aus uns selbst heraus.

Realität ist etwas durch unseren Verstand Konstruiertes und somit etwas Subjektives (S: saṁvṛtti, etwas das erfüllt wird / S: sam + vart, in Vereinigung mit + als etwas das entsteht)

Der wahre Sachverhalt (S: paramārtha satya, die Wahrheit über den wahren Sachverhalt und die Wirklichkeit).

Der wahre Sachverhalt ist also etwas, das wir zwar mit unserer Sinneserfahrung nicht unmittebar und direkt wahrnehmen können, es wird also gedacht und beschrieben. Wir geben ihm eine Bezeichnung und reden darüber. Es ist so als ob wir uns über ein exotisches Tier unterhalten, das wir weder gesehen noch jemals angetroffen haben. Wir versuchen an die Grenzen des Erfahrbaren zu gehen und beschreiben dann etwas, was darüber hinaus weist.

Die Beschreibungen werden dann im Kontext der buddhistischen Gedankenwelt vorgenommen und erscheinen Menschen, die zum Beispiel ein westliches durch das Christentum geprägtes Weltbild haben als schwierig zu verstehen. Doch eines sollten wir immer bedenken. Jedwede Beschreibung, jede Formulierung und Erklärung, die über eine absolute Wahrheit spricht, ist eine nicht absolute Formulierung. Es ist und bleibt der Fingerzeig in unserer Welt, der auf etwas zeigt, das nicht beschrieben und dargestellt werden kann.

Können wir also die Welt so erfahren wie sie ist? Nein wir können es nicht, denn jede Erfahrung ist eine Interpretation und Aktivität unserer Sichtweise. Diese Gedanken finden sich auch im westlichen Kulturkreis.

„Die Welt, in der wir zu leben glauben, ist die vermeintliche Welt der Sinneswahrnehmungen; die Welt ist nur Meinung.“

Parmenides

„Es gibt die Dinge der Erscheinungen und die Dinge an sich, wir kennen die Dinge nur so, wie sie auf uns wirken.“

Immanuel Kant

Können wir wenigstens uns selbst so erfahren wie wir sind? Ja, dies ist nach buddhistischer Sichtweise möglich. Doch diese Erfahrung entsteht nicht im täglichen Leben, sie ist das Ergebnis meditativer Schau. Die Wirklichkeit ist wie eine weiße Leinwand. Wir bemalen sie selbst, und das so entstandene Bild ist die Realität, in der wir leben. Wenn dies meditativ erfahren wird, dann ist unsere Sichtweise korrigiert und wir orientieren und bewegen uns in der Welt mit bewusster Achtsamkeit. Wir erkennen dann, dass Realität an sich das was auf uns wirkt ist und das uns als "wahr" erscheint. Wir erkennen, dass es verdrehte missinterpretierte Realität sowie Illusionen und Täuschungen gibt. Und wir erkennen auch verkehrte unrichtige Realität also Wahnvorstellungen.

So kann man festhalten:

Aller Sinn, den wir der Welt unterstellen, entsteht in uns selbst.

Als Anregung hier noch eine Taballe der wesentlichen Begriffe.

das Existierende *Wirklichkeitsbegriff*	*das Erfahrbare* *Realität*	*die Beschreibung* *Wahrheitsbegriff*
objektive bzw. absolute Wirklichkeit *das nicht Denkbare* S: śūnyatā, *die Leerheit* S: tathā, *das Wahre*	objektive bzw. absolute Wahrheit *der wahre Sachverhalt* S: satya, *wirklich, wahr* S: sat, *das Sein*	Wahrheit an sich *eine Beschreibung des Seins an sich* S: paramārthasatya, *der beschriebene (Interpretation) aber nicht unmittelbar erfahrbare Sachverhalt*
subjektive Wirklichkeit *die Welt die wir erfahren* S: saṁskṛta dharma, *die bedingten Eigenschaften und Phänomene des Seins*	subjektive Wahrheit, (Realität, Wirklichkeit) *unsere Erfahrung in dieser Welt, das was auf uns wirkt* S: tathya, *wahr* S: tat, *das Vorhandene*	Realität *die existierende Wirklichkeit, die Realität* S: saṁvṛtti satya, *die Interpretation der Wirkung des Seins auf uns (Wachen, Traum, Wahn)*

Um diese Begriffe besser verstehen zu können ist eine Beschäftigung mit den Lehren des Mittleren Weges (S: madhyamaka) und der Bewusstseinslehre (S: cittamatrā) unerlässlich.

Missverständnis

Im Buddhismus gibt es die Philosophie des Mittleren Weges. Dies ist so wie die Lehre von der Mitte des Aristoteles (mesotes μεσότης), eine Ausgeglichenheit im ethischen Verhalten und das Vermeiden von Extremen.

Richtigstellung

Der Mittlere Weg im Buddhismus ist nicht mesotes (μεσότης), sondern die Lehre von der nicht vorhandenen Eigennatur aller Erscheinungsformen. Dadurch werden die beiden Extreme der ewigen Beständigkeit sowie der absoluten Vernichtung als fehlgeleitete Sichtweisen erkannt.

Nach dem Hinscheiden des Buddha wurde seine Lehre zuerst mündlich und dann schriftlich weitergegeben. Die Menschen die ihm nachfolgten versuchten seine Beschreibungen und Darstellungen, seine gegebenen Anweisungen, praktisch in ihr Leben einzubauen und beschritten damit den Buddhaweg der Übung. Etwa ab dem zweiten Jahrhundert unserer Zeit entstanden dann auf Grund diverser Bestrebungen herausragende Kommentarwerke. Diese bildeten in weiterer Folge die zwei wesentlichen Säulen der buddhistischen Philosophie. Die eine Säule akzentuiert den Bereich unseres Denkens, unsere Begriffsbildung, unsere Interpretation und Sicht auf die Welt der Realität in der wir leben, dies ist die Lehre des Mittleren Weges (S: madhyamaka). Die andere Akzentuierung der buddhistischen Lehre beschäftigt sich intensiv mit den Prozessen der Wahrnehmung, des Erkennens und dem Bewusstsein (S: vijñānavāda).

Die philosophische Schule welche sich mit der Vermeidung extremer Ansichten und einem ausbalancierenden mittleren Weg befasst wird in Sanskrit Madhyamaka genannt, was „Mittlerer Weg" bedeutet. Madhyamaka lehrt uns dass alle Phänomene die in Erscheinung treten, welche bestehen und wiederum vergehen, keine Eigennatur an sich haben. Die Welt unserer Erfahrungen und somit die Welt der Erscheinungen ist eine Ansammlung unterschiedlichster Aspekte der Erfahrung und Interpretation. Die Erscheinungen und Phänomene dieser Welt, sowohl im Erleben der äußeren als auch der inneren Welt, sind lediglich ein Abbild, eine Kategorisierung ihrer wahren Natur. Sie sind unsere Interpretation; sie sind unsere subjektive Wirklichkeit. Eine absolute Wirklichkeit, die Wahrheit per se bezüglich der Welt in der wir uns befinden, ist weder direkt erfahrbar noch der Wahrheit gemäss beschreibbar. (SIEHE BZGL. WAHRHEIT, WIRKLICHKEIT UND REALITÄT SEITE 167)

Diese wahre Natur der Erscheinungsformen und Phänomene bleibt unserem begrifflichen Auffassungsvermögen verborgen. Die Welt die wir erfassen, benennen und begreifen ist die Wirklichkeit in der wir leben. Wirklichkeit weil sie auf uns wirkt und weil dies die Welt unserer Erfahrungen, Sinneswahrnehmungen und Sichtweise auf diese Welt darstellt. Sie ist aber nicht die Wahrheit, bzw. die objektive Wirklichkeit. Sie bleibt immer eine subjektive Interpretation. Die objektive Wirklichkeit wird durch das subjektive Erkennen schließlich zu unserer Realität.

Es geht hier also um unsere Sichtweise auf die Welt und uns selbst. Alles was wir erfahren und erkennen können ist eine Welt der Erscheinungen aus verursachenden Bedingungen und Wechselwirkungen. Nichts besteht unabhängig davon nur für sich selbst (SIEHE BZGL. ABHÄNGIGES ENTSTEHEN (KONDITIONALITÄT) SEITE 137).

Alle Formulierung und alles Erdachte ist eine Differenzierung und Kategorisierung, die wir auf Grund unserer Möglichkeiten ständig vornehmen (SIEHE BZGL. WAHRHEIT, WIRKLICHKEIT UND REALITÄT SEITE 167).

Wir halten an dieser interpretativen Sichtweise fest und gestalten so eine Welt der Phänomene und Objekte. Doch die „wahre" Welt bleibt uns damit verborgen. Sie kann durch das Denken und den Intellekt nicht erfasst werden.

Es gibt hinsichtlich dieser interpretativen Sichtweise zwei Extreme die vermieden werden müssen.

Ein Extrem ist der Ewigkeitsglaube. Wir betrachten die Welt als eine Ansammlung von unabhängigen und in ihrer Essenz unveränderlich bestehenden Objekten oder Phänomenen. Auch wenn uns dann die Naturwissenschaften aufzeigen und darauf hinweisen, dass es unveränderlich existierende Objekte nicht gibt, sondern alles der Veränderung unterworfen ist und die Welt eine Welt der ständig ablaufenden Prozesse ist, halten wir dennoch am Ewigkeitsglauben fest. Wir definieren dann eine ewige Seele oder das ewige Leben in Gott oder ähnliches.

Das andere Extrem ist der Vernichtungsglaube. Er besagt dass alles was Bestand hat letztlich verschwinden wird und sich in Nichts auflöst. Es gibt nur Materie und diese ist einem ständigen Wandlungsprozess unterworfen an deren Ende die totale Auslöschung steht. Auch der Mensch ist nur ein einmalig in der Zeit existierendes Wesen und nach dem Tod gibt es nichts mehr.

Beide Extreme hat der Buddha verworfen und den Mittleren Weg formuliert.

> *„Alles existiert, das ist ein Extrem, nichts existiert, das ist ein anderes Extrem. Keines der beiden anzunehmen, so lehrt der Tathāgata den Mittleren Weg."*
>
> *sutta piṭaka, saṃyutta nikāya, kaccayāna sutta*
> *(Palikanon, Gruppierte Sammlung, 12,15)*

Madhyamaka beschäftigt sich also damit, inwieweit es möglich ist die wahre Natur der Objekte und Phänomene dieser Welt zu erfahren, zu beschreiben und damit die sogenannte ultimative Wahrheit zu erlangen. Die Antwort darauf ist ein klares: „Dies ist nicht möglich".

Alles was wir erfahren und wahrnehmen, ist letztlich gefärbt durch unsere Ansichten, unsere Interpretation und unsere momentanen Möglichkeiten der Wahrnehmung. Wobei wir uns daran erinnern sollten, dass der Buddhismus neben den bekannten fünf Sinnen wie Sehen, Hören, Riechen, Schmecken und Tasten auch das Denken als eine Sinnes-Tätigkeit betrachtet.

Die Welt die wir erleben und erfahren ist die Welt unserer Sinneserfahrung vermischt mit der Interpretation und Kategorisierung unseres Denkens und Empfindens. Aber auch unser Gewahrsein, dass heißt die Beurteilung von Wichtigem und Unwichtigem, ist gefärbt durch unsere Ansichten und Meinungen, unser Wissen und unsere Erinnerungen. Es sind die Filter, die uns durch die Bereiche Sozialisation, Religion, Moral usw. auferlegt sind. Unsere Weltsicht ist die Brille durch die wir die Welt und alles, auch uns selbst, betrachten und erkennen. Jede Wahrnehmung beinhaltet somit eine Art von Differenzierung und Einschränkung, sie blendet den Rest aus.

In unserer Unwissenheit nehmen wir nun die für uns erkennbaren Erscheinungsformen als eine sogenannte objektive Wirklichkeit an. Diese Wirklichkeit ist aber die durch uns gefilterte Projektion in uns. Sie ist unsere Interpretation, unsere ureigenste Sichtweise. Die Bedeutung die wir ihr beimessen gibt ihr erst diesen scheinbar objektiven Charakter. In dieser Illusion liegt die Ursache all unserer Erfahrung begründet. Wir interpretieren ständig und sind enttäuscht, wenn unsere Interpretation nicht der Wirklichkeit entspricht. Sie kann es nie, da diese von uns erfahrbare Wirklichkeit ja eine Interpretation ist und bleibt.

Wir müssen daher das Denken in Subtanzbegriffen durch ein Denken in Bedingtheiten korrigieren. Die Welt per se ist nicht so wie sie uns erscheint, sie findet ständig neu statt, sie wird durch uns bewertet, gefärbt, geordnet, kategorisiert – letztlich ständig neu erschaffen.
Die Objekte und Phänomene dieser Welt sind daher abhängige Entitäten und können somit nicht auf unabhängige Substanzen (per se) zurückgeführt werden. Die Welt und ihre Erscheinungen sind ohne Eigennatur, da sie immer nur aus verursachenden und in sich selbst wesenlosen Bedingungen oder Voraussetzungen hervorgehen (SIEHE BZGL. ABHÄNGIGES ENTSTEHEN (KONDITIONALITÄT) SEITE 137). Folglich tragen sie auch kein eigenständiges Sein in sich. Jede Wahrnehmung bedingt somit eine Differenzierung. Eine Sinneswahrnehmung ohne Objekt ist nicht möglich. Sinneswahrnehmungen entstehen immer nur im Zusammenspiel von

Objekt, Sinnesorgan, Wahrnehmungsprozess und Gewahrwerden. Das Gewahrwerden impliziert dann ein Subjekt, einen Bezug in uns selbst – ein ICH. Das Gewahrwerden selbst hat keine eigenständige Grundlage. Weder ein ICH sieht ein Objekt noch das Auge sieht für sich selbst. Es ist immer das Zusammenspiel aller Komponenten und Aktivitäten welches zum Beispiel ein Seherlebnis schafft. Daher können wir diese Welt nicht in ihre Bestandteile zerlegen und daraus postulieren, dass diese Bestandteile so erscheinen wie sie der Wahrheit entsprechen, d.h. einer objektiven Wirklichkeit gemäss sind.

Auch in der westlichen Philosophie findet sich ein Hinweis auf diese Problematik, wie ein Zitat von Ludwig Wittgenstein zeigt.

„Wie wir uns räumliche Gegenstände überhaupt nicht außerhalb des Raumes, zeitliche nicht außerhalb der Zeit denken können, so können wir uns keinen Gegenstand außerhalb der Möglichkeit seiner Verbindung mit anderen denken. Wenn ich mir den Gegenstand im Verbande des Sachverhalts denken kann, so kann ich ihn nicht außerhalb der Möglichkeit dieses Verbandes denken.“

L. Wittgenstein, Tractatus logico-philosophicus 2.0121

Der buddhistische Meister und Gelehrte Nāgārjuna hat dies klar erkannt und sein Hauptkommentarwerk „Wurzelverse des Mittleren Weges" (S: mūlamadhyamakakārikā) zeigt uns eindrücklich dieses Dilemma auf. Weitere Kommentarwerke von ihm und seinen Schülern schufen damit den Anstoss zu der Lehre innerhalb des Buddhismus, die wir Madhyamaka nennen. Seine Methode besteht daher vor Allem darin Ansichten und Aussagen durch widersprüchliche weitere Ansichten und Aussagen zum selben Thema zu widerlegen, ohne dabei dieses Thema mit einer neuen Aussage zu unterlegen.

Im Laufe der geschichtlichen Entwicklung der Lehre des Mittleren Weges haben sich zwei Richtungen herauskristallisiert. Beide Richtungen sind in Übereinstimmung mit Nāgārjuna, haben aber unterschiedliche Methoden der Herangehensweise hervorgebracht. Diese zwei Richtungen wurden dann in späterer Zeit klassifiziert und voneinander inhaltlich abgegrenzt.

Es sind dies die beiden Sichtweisen des

Prasaṅgika Madhyamaka
(vertritt die Methodik des reductio ad absurdum)
Svātantrika Madhyamaka
(vertritt die Methodik der logischen Schlussfolgerung).

* Prasaṅgika Madhyamaka
Die Methode des reductio ad absurdum (S: prasaṅgika) versucht Aussagen über eine letztgültige Wirklichkeit und damit die Festlegung auf eine Wahrheit durch Fehler in der Logik als widersinnig aufzuzeigen. Alle Begrifflichkeiten sind für eine Annäherung an die wahre Wirklichkeit nutzlos. Begriffe wie „es ist" und „es ist nicht" sind konventionell oder nur eine gängige Bezeichnung. Man kann keine definitiven Aussagen machen, auch nicht über das Ich bzw. über ein Geist-Bewusstsein.

* Svātantrika Madhyamaka
Die Methode der logischen Schlussfolgerung (S: svātantrika) begründet Aussagen über eine letzte Wirklichkeit logisch und unterlegt sie mit Syllogismen. Über die wahre Natur des Ich und der Erscheinungen kann man folgern. Damit wurde die indische Logik (SIEHE BZGL. BUDDHISTISCHE LOGIK SEITE 181) in die Interpretation Nāgārjunas aufgenommen.
Somit verfolgte man zusätzlich einen erkenntnistheoretisch-logischen Ansatz (S: pramāṇa samuccaya). Es ist zweckmässig Begriffe zu verwenden und man kann eigene Argumente zur Beweisführung sehr wohl anführen, wenn diese einem Syllogismus folgen. Man unterscheidet bei der Beschreibung der sogenannten Wirklichkeit, zwischen einer konventionellen Wahrheit (S: saṃvṛtisatya) und der Wirklichkeit selbst (S: paramārthasatya), die nicht beschreibbar bleibt. Für eine Annäherung an die Wahrheit ist eine konventionelle Wahrheit aber sinnvoll und notwendig. (SIEHE BZGL. WAHRHEIT, WIRKLICHKEIT UND REALITÄT SEITE 167)

Beispiel zum Verständnis dieser Sichtweise:
Ein Naturwissenschaftler versucht in einem Experiment die wahre Natur von Licht zu ergründen. Er stellt dabei fest, dass sich Licht wie eine Welle

verhält und ausbreitet und daher eine Wellenfunktion sein muss. Dann modifiziert er sein Experiment etwas und stellt fest, dass sich Licht in Form von Teilchen ausbreitet. Als Ergebnis seiner Untersuchungen postuliert er nun das Licht sowohl Teilchen als auch Wellenstruktur hat. Dies ist das Ergebnis des bekannten Doppelspalt Experiments der Physik aus den 1920er Jahren. Doch auch die später stattgefundene Auflösung dieses Welle-Teilchen-Dualismus durch die Aussagen der Quantenphysik hat das Problem nicht wirklich gelöst sondern nur eine bessere Erklärung beigesteuert. Eine Aussage über die „wahre" Natur des Lichts bleibt bis dato unbeantwortet. Man kann nur Erfahrungen vergleichen und gegenüberstellen, auch wenn sie widersprüchlich erscheinen. Man kann über die wahre Natur nur schlussfolgern.

Die Sichtweise des Madhyamaka, welche dann ab dem zweiten Jahrhundert ihre Blütezeit durch den buddhistischen Meister Nāgārjuna erlangte, gilt als die zentrale Philosophie des Buddhismus. Ohne ein tieferes Verständnis der darin enthaltenen Aussagen und ohne eine Kenntnis der damit formulierten Sichtweise, ist ein Zugang zur Lehre des Buddha schwierig und meist sogar unmöglich. Denn ohne diese Korrektur unserer Sichtweise bleiben die Türen für Spekulation und Missinterpretation weit geöffnet. Dies ist leider allzu oft der Fall hier im westlichen Denken.
Zusätzlich sei noch auf ein weiteres Missverständnis diesbezüglich hingewiesen. Die Sichtweise des Madhyamaka ist nicht ausschließlich eine Sichtweise der späteren Entwicklung des Buddhismus (Mahāyāna) sondern wird auch von den Theravāda Schulen innerhalb des Buddhismus studiert und in hohen Ehren gehalten. (SIEHE BZGL. DREI FAHRZEUGE SEITE 317)

Missverständnis

Einige Lehren des Buddhismus sind nach den Kriterien der Logik falsch.

Richtigstellung

Die westliche Logik ist nicht das einzige Logiksystem der Menschheit. Das indische Logiksystem steht nicht so wie das westliche über den Erfahrungen des Menschen und klammert die Erfahrungswelt daher auch nicht aus. Eine Kenntnis der indischen Logik ist für das begriffliche Erfassen mancher buddhistischer Formulierungen wesentlich, denn im Licht der westlichen Logik erscheinen manche der buddhistischen Lehren absurd oder als Paradoxon.

Die Logik, welche wir hier im Westen kennen und nutzen, ist vorwiegend auf den griechischen Philosophen Aristoteles (384 – 322 v.d.Z.) zurückzuführen. Er steht sozusagen am Beginn einer langen Reihe von Philosophen, Mathematikern und Denkern die sich mit den Gesetzmäßigkeiten bzw. mit einer strukturierten Formulierung von Beweisführung und Argumentation auseinandergesetzt haben.

Dieser Ansatz unterscheidet diese Philosophen nicht wesentlich von den Denkern des Ostens. Es geht hier also um Gesetzmäßigkeiten und Strukturen, denen wir unser Denken unterordnen bzw. in dessen Bahnen wir unser Denken lenken sollten. Logik, ein Wort aus dem Griechischen (λογικὴ τέχνη, Kunst des Denkens) entlehnt, bezeichnet somit eine Art des Denkens sowie die Folgerichtigkeit von Schlussfolgerungen.

Auch in Asien wurden Gesetzmäßigkeiten des Denkens erforscht und festgelegt. Diese unterscheiden sich jedoch in einigen wesentlichen Punkten vom westlich-geprägten Ansatz. Die zwei wesentlichsten Vertreter der buddhistischen Logik sind die indischen Denker und Philosophen Dignāga (ca 480 – ca 540) und sein Schüler Dharmakīrti (ca

600 - 670). Beide haben den Buddhismus in seiner späteren Ausformulierung und die Kommentatoren der buddhistischen Lehre wesentlich geprägt.

Buddhistische Logik bezieht sich auf die eigene Erfahrung als Mensch und damit auf den Wahrnehmungs- als auch den Bewusstwerdungs-Prozess. Die Eckpfeiler der buddhistischen Logik sind somit die Erkenntnislehre sowie ein daraus abgeleitetes System von Schlussfolgerungen. Da die buddhistische Logik ein Teil der Erkenntnistheorie (Epistemologie) ist, kann sie von unseren Wahrnehmungsprozessen und den daraus abgeleiteten Erkenntnissen nicht getrennt betrachtet werden.

Erkenntnis (S: jñāna) kann man entweder direkt oder indirekt durch Schlussfolgerungen erlangen. Erkenntnisse sollten aber in Übereinstimmung mit unserer bereits verifizierten Erfahrung (S: anubhūti) stehen. Erkenntnis führt schließlich zu Wissen. Wissen (S: vidyā) ist aber kein Endzustand des Geistes sondern ein ständig ablaufender Prozess von kognitiven Erkenntnissen (S: pramāṇa). Wissen entsteht, festigt sich, modifiziert sich, verwirft manches und entsteht neu, usw..
Buddhistische Logik ist auch nicht a priori. Im Gegensatz zur westlichen Logik wird ein von Erfahrungen unabhängiges logisches Schlussfolgern daher zurückgewiesen.

Nachfolgende Punkte zeigen die Akzentuierung der buddhistischen Logik im Zusammenspiel mit den kognitiven Wahrnehmungsprozessen und der daraus entstehenden Erkenntnis.

- Wahrnehmung (S: pratyakśāya, sinnlich wahrnehmbar)
  Erfahrungen machen logische Prinzipien nicht ungültig. Die logischen Prinzipien der indischen Logiksysteme (S: nyāya) stehen nicht über der Erfahrung. Im Westen wird Logik als Korrektiv der menschlichen Erfahrung und damit als Beweisführung zur Wahrnehmung verstanden. Das dies an seine Grenzen stösst, zeigt zum Beispiel deutlich der Erkenntnisgewinn aus der Quantenphysik, der sich mit den westlichen klassischen logischen Prinzipien nur schwer oder gar

nicht vereinbaren lässt. Erkenntnis beginnt also mit jeder Art von Wahrnehmung und hat diese als Grundlage. Wobei zu Bedenken ist, dass das Denken im Buddhismus auch den Wahrnehmungsprozessen zugeordnet wird. Denn Denken ist neben den anderen fünf Sinneseindrücken auch eine Form des Gewahrwerdens und damit ein innerer Wahrnehmungsprozess.

- Vergleich (S: apamāna, Einschätzung)
  Die Ansicht, dass logische Prinzipien nicht aus Erfahrungen abgeleitet werden können und dürfen, ist nicht haltbar. Logische Schlußfolgerungen sind gedanklich strukturierte Prozesse.
  Wissen ist zwar das Ergebnis logischer Schlussfolgerungen. Jede Formulierung setzt aber auf bereits vorhandenen Erkenntnissen und damit auf Erfahrungen auf.

- Schlußfolgerung (S: anumāna, das Schliessen, Analogie)
  Theorien benötigen zu deren Entwicklung und Modifikation immer logische Schlussfolgerungen. Logische Prinzipien generieren selbst keine empirischen Daten. Im Gegenteil, sie sind von empirischen Daten also Widerlegungen oder Bestätigungen nicht zu trennen und daher nicht isoliert zu sehen.

- verbale Mitteilung (S: śabda, Ton, Wort, mündliche Mitteilung)
  Als Resultat des Wahrnehmungsprozesses, der Klassifizierung und Bewertung sowie von Schlußfolgerungen entsteht die logische Begründung.

Kognitive Erfahrung erzeugt somit unsere Weltwahrnehmung und schafft damit die Realität in der wir leben und denken. Die Logik (nach buddhistischer Sichtweise) gibt ihr dann die Struktur und den Sinn. Daher kann Logik nicht als eigenständig und vorab bestehend betrachtet werden. Logische Prinzipien und Regeln (S: nyāya) sind daher das Resultat unserer empirischen Erfahrung und damit auch die Schlussfolgerung daraus.

Logik im indischen und auch im buddhistischen Sinn ist kein a priori bestehendes System jenseits unserer Wahrnehmung und Erfahrung. Daher wurde die indische (und somit auch die buddhistische) Logik nicht der Mathematk eingegliedert wie im westlichen Kulturkreis sondern blieb Erkenntnis bezogen und der Wahrnehmung verbunden. Sie wurde daher in Indien sinnvollerweise den Strukturen und Regeln der Grammatik als Ausdruck der erfahrungsbezogenen Weltsicht, und nicht so wie im Westen der Mathematik zugeordnet.

Zusammenfassend kann man also folgende generellen Unterschiede zwischen der Sichtweise der westlichen und der östlichen (im speziellen der buddhistischen) Logik ausmachen.

- Westliche Logik verknüpft fest definierte Identitäten. Buddhistische Logik sieht keine abgegrenzten Identitäten sondern vielmehr Prozesse und deren Eigenschaften. Die Realität ist ein sich stets wandelnder Prozess und keine Ansammlung von bestehenden Objekten und deren Auswirkungen, die unabhängig jeglicher Erfahrung und Wahrnehmung existieren.

- In der westlichen Logik ist auf grund der abgegrenzten Objektsicht Widerspruch nicht möglich. Eine Aussage kann nicht gleichzeitig wahr und auch falsch sein. In der buddhistischen Logik ist Widerspruch möglich, denn Übergänge sind fließend und einzig die Veränderung ist die Basis.

- In der westlichen Logik gibt es keinen Dritten, jede Aussage ist entweder wahr oder falsch (latein: tertium non datur, der Satz vom „zu vermeidenden Widerspruch"). In der Buddhistischen Logik ist sowohl als auch sowie auch dessen Verneinung möglich, da es eine holistische Sichtweise gibt. Nichts besteht für sich; alles ist in Abhängigkeit und Wechselwirkung zueinander.

Hier nochmals kurz zusammengefasst.

Westliche Logik (Sichtweise)

definitive Identität	A ist gleich A und damit einzigartig und absolut.
kein Widerspruch	A ist ungleich Nicht-A. Wenn etwas wahr ist, kann es nicht zugleich falsch sein.
Tertium non datur	Es gibt keine dritte Möglichkeit, entweder nur dies oder nur das.
Dominanz der Logik	Logik ist eine Gesetzmässigkeit, der die Erfahrung unterzuordnen ist.

Östliche Sichtweise

Veränderung	*Alles ist im Wandel, es gibt keine absolute Beständigkeit.*
Widerspruch	Wegen der Veränderung ist Widerspruch in Allem möglich.
Holismus	Nichts besteht unabhängig und für sich selbst. Paradoxien sind Realität.
Dominanz der Wahrnehmung	Die Erfahrung erschafft die Sichtweise und Logik ist eine davon abgeleitete Sichtweise.

Menschen mit westlichem kulturellen und geschichtlichen Hintergrund beziehen sich auf die klassische europäische Logik und Menschen in Asien eben nicht. Daher ist ein Studium der buddhistischen Logik so wichtig, da ansonsten ein möglicher Zugang und ein tieferes Verständnis der Lehre des Buddhismus nicht zielführend sind. Denn das Ergebnis, unser logisches Verständnis, entsteht aus der strukturellen Betrachtung und Schlussfolgerung in unserem Intellekt.

Sowohl das Verständnis der oft als Paradoxon interpretierten Aussagen des Chan Buddhismus (jap. Zen) als auch manche Lehren des Vajrayāna werden im Licht der indischen Logik erst verständlich. Im Licht einer westlichen Logik führt dies leider zu Fehlinterpretationen und einer verdrehten und oft völlig falschen Sichtweise.

Zusätzlich sei hier noch erwähnt, dass sich zum Beispiel bei der Ausbreitung der buddhistischen Lehren in China, was die logisch philosophischen Formulierungen betrifft, diese Schwieirigkeiten im Sinne einer westlichen Logik nicht ergeben haben. Denn auch im chinesischen gibt es eine typische andere logische Grundhaltung, nämlcih den Daoismus bzw. seine Grundlage die Yin-Yang (阴阳) und Bagua (八卦) Lehren. Diese Sichtweise begünstigte das Verständnis buddhistischer Lehrinhalte wesentlich. Wir sollten als westlich geprägte Menschen uns daher wenn möglich auch mit chinesischer Philosophie beschäftigten. Denn dies kann eine wesentliche Bereicherung im tieferen Verständnis des Buddhismus sein, um unsere festgefahrenen Denkmuster zu lockern und aufzubrechen.

Missverständnis

Die buddhistische Bewusstseinslehre gleicht dem Idealismus. Alle Erscheinungsweisen, die Welt selbst ist ausschließlich eine Vorstellung. Außerhalb des Geistes existiert nichts.

Richtigstellung

Die buddhistische Bewusstseinslehre leugnet nicht das Vorhandensein einer Welt außerhalb des eigenen Geistes. Sie weist allerdings darauf hin, dass unsere Wahrnehmung bezüglich der Welt immer nur eine Interpretation bzw. Fabrikation unseres Geistes sein kann.

Anmerkung: Für ein tieferes Verständnis ist ein Studium des Mittleren Weges (S: madhayamaka) unerlässlich, da dort natürlich die Frage nach Wahrheit und Realität eine wesentliche Rolle spielt. (SIEHE SEITE 173)

Neben der Lehre des Mittleren Weges (S: madhyamaka) ist die Lehre über das Bewusstsein, die zweite große philosophische Strömung innerhalb des Buddhismus. Diese setzt die Akzentuierung auf die eigenen Erfahrungsprozesse.

Gewahrwerden ist die Erfahrung und Erkenntnis zwischen unserem Bewusstwerdungs-Vorgängen und den Erfahrungsobjekten bzw. den wahrgenommenen Phänomenen. Dieser Wahrnehmungsprozess muss daher in der Analyse und der Betrachtung mit einbezogen werden. Damit akzentuiert die buddhistische Bewusstseinslehre zusätzlich zu den bestehenden Formulierungen wie sie in den Basislehren (SIEHE BZGL. VIER EDLE WAHRHEITEN SEITE 116) und der Lehre des Mittleren Weges (SIEHE BZGL.

UM DIESE Begriffe besser verstehen zu können ist eine Beschäftigung mit den Lehren des Mittleren Weges (S: madhyamaka) und der Bewusstseinslehre (S: cittamatrā) unerlässlich.

Der Mittlere Weg Seite 173) ausformuliert wurden zusätzlich die Ebenen der Erfahrung aus unserer empirischen, d.h. zuverlässigen authentischen Wahrnehmung (siehe bzgl. Wahrheit, Wirklichkeit und Realität Seite 167).

Die nicht begrifflich fassbare wahre Eigenschaft der Wirklichkeit manifestiert sich durch unsere Wahrnehmung und Sichtweise im Begreifbaren. Wirklichkeit ist hier all das was auf uns einwirkt und dessen wir uns bewusst werden. Und diese Gestaltungsprozesse sind das Erkennen, Erfahren, Empfinden, Denken, etc..
Die Erscheinungen der Phänomene und Objekte dieser Welt sowohl im Erleben der äußeren als auch der inneren Welt sind eine Fabrikation der Prozesse unseres Bewusstseins und somit ein Produkt unserer eigenen Gestaltungsprozesse. Die Welt die wir erfassen, benennen und begreifen ist die Realität in der wir leben, sie ist aber nicht die Wahrheit per se, bzw. eine objektive Wirklichkeit. Sie ist das Ergebnis eines Schaffensprozesses, letztlich eine Kreation unseres Bewusstseins.

Diese Sichtweise wird oft als „alles ist nur durch unser Bewusstsein geschaffen und es gibt keine Außenwelt" falsch interpretiert. Dass unser Bewusstsein diese uns erfahrbare Welt erschafft stimmt nur insofern, dass diese uns erfahrbare Welt eine Interpretation unseres Bewusstseins ist. Das Bewusstsein erschafft nicht die Welt, denn das Bewusstsein ist Teil dieser Welt.

Diese Philosophie der Bewusstseinslehre kann im Buddhismus in verschiedenen Schwerpunkten akzentuiert werden. In der Betonung auf das allen zu Grunde liegende Bewusstsein und den Bewusstwerdungsprozessen, die unseren Sinneserfahrungen und unserem Erkennen zu Grunde liegen, wird diese Lehre unterschiedlich bezeichnet.

- „Nur-Bewusstsein-Lehre" (S: cittamātra).
  Hier liegt der Schwerpunkt auf den Bewusstseinsprozessen und damit bei den sogenannten verschiedenen Ausprägungen dieser Prozesse. Dies ist als die Lehre von den acht Arten des Bewusstseins bekannt geworden (S: aṣṭa vijñāna). Diese Sichtweise betont die

Bedeutung des allen zugrunde liegenden Bewusstseins, von der Sinneserfahrung, zum eigenen Ich-Bewusstsein und darüber hinaus. Die Welt die wir erleben, es ist die Welt unseres Bewusstwerdens und damit existiert sie letztlich in unseren Bewusstseins-Aktivitäten.

- „Lehre der rechten Erkenntnis" (S: vijñānavāda).
  Wenn die Prozesse der Wahrnehmung der Erfahrungsobjekte und die Bewusstwerdung der gedanklichen Phänomene betrachtet werden (Denken, Erinnern, Imagination, Träumen, etc.), dann spricht man vom Vorgang der Erkenntnis. Damit vertieft diese Sichtweise die Lehren des Mittleren Weges (S: madhyamaka) indem sie zwar eine empirische Eigenrealität der Welt verneint, jedoch eine introspektive durch uns selbst geprägte Wahrnehmung akzeptiert. Allerdings wird auch dabei Bewusstsein nicht als letzte Instanz einer absoluten Wirklichkeit angenommen (SIEHE BZGL. WAHRHEIT, WIRKLICHKEIT UND REALITÄT SEITE 167). Die empirische Erfahrung kann in Worten nicht absolut dargestellt werden, daher müssen die Werkzeuge der Beschreibung, nämlich die Bewusstseinsprozesse der empirischen Analyse, in die Betrachtung mit einbezogen werden.

- „Praxis des Yoga" (S: yogācāra).
  Hier geht es schließlich um Methoden und die Praxis des eigenen Bestrebens, um richtige Erkenntnis und damit eine der Wirklichkeit gemäße Erfahrung unserer selbst und der Welt in der man lebt zu erlangen. Dies sind dann die in den Vajrayāna Schulen gelehrten unterschiedlichen Methoden der meditativen Schulung wie zum Beispiel die Sādhanas (SIEHE BZGL. ÜBUNGSSYSTEME SEITE 221).

Es ist eine fehlgeleitete Sichtweise zu meinen, dass die äußere Welt der Sinne unabhängig vom eigenen Bewusstsein in der Art existiert wie wir diese Welt wahrnehmen. Letztlich ist die Vorstellung von Objekten und Phänomenen immer eine Repräsentation unseres eigenen Geistes (S: vijñaptimātra). Aus unserer Unwissenheit heraus entsteht dann zwangsläufig eine falsche Erwartungshaltung, die wiederum zu unserer Unzufriedenheit und letztlich zu einer Leiderfahrung (S: duḥkha) hinführt. Ein Erkennen und Korrigieren dieser Unwissenheit führt zur Befreiung.

Die Lehren dieser Philosophie der Bewusstseinslehre haben bis heute einen wesentlichen Einfluss auf die Schulen des Buddhismus in Tibet und Ostasien.

Abschließend sei noch einmal darauf hingewiesen, dass der Umgang mit den „philosophischen" Lehren des Buddhismus Wissen und Verständnis erfordert. Dieses beschränkt sich jedoch nicht ausschließlich auf die Lehren des Mahāyāna oder hier auf die Cittamātra-Lehre, sondern muss auch ein tiefes Verständnis der Grundlehren beinhalten (wie etwa die Vier Edlen Wahrheiten, Bedingtes Entstehen und Vergehen, die Nicht-Substanzialität und Intrinsische Eigennatur aller Phänomene usw.).
Ein tieferes Verständnis der Mādhyamaka Lehren und der buddhistischen Logik ist ebenfalls sehr hilfreich, um nicht zu sagen essentiell, um Cittamātra intellektuell begreifen zu können.

Aber jedes intellektuelle Wissen bleibt Theorie, wenn es nicht durch praktische Übungen (ethische Lebensweise und Meditation) zum Leben erweckt wird. Speziell was die meditative Übung betrifft muss gesagt werden, dass sich die Lehren der Nur-Bewusstsein Lehre ohne Meditationserfahrung rein intellektuell uns nicht erschließen werden. Die Erfahrung des eigenen Wesens, die Erfahrung unserer Bewusstseinsprozesse und letztlich unserer Ich Position kann nur auf meditativen Wege erfolgen, da sie über der intellektuelle Weise und das rational Denkende hinausgeht.

Oft wird die Nur-Bewusstsein Lehre des Buddhismus auch mit den philosophischen Aussagen des Idealismus oder des Empirismus verglichen und gleichgesetzt. Dazu einige Anmerkungen.

Die westliche **Philosophie des Idealismus** (ιδέα idea, Idee, Urbild) besagt, dass die Existenz aller Phänomene und Objekte der Welt ausschließlich durch das Denken selbst begründet ist. Gewissheit gibt es daher nur durch das eigene Erleben. Alles was wir erkennen und erfahren können sind ausschließlich Abbilder einer Wirklichkeit. Die Art und Weise wie sich die Objekte und Phänomene uns darstellen erfolgt immer nur in unseren gedanklichen Aktivitäten.

„Das Endliche ist kein wahrhaft Seiendes"

G.W.F.Hegel

In diesem Aspekt sind sich die Philosophie des Idealismus und die buddhistische Lehre über unser Bewusstsein sehr ähnlich. Es wird hier alles auf geistige Vorgänge zurückgeführt, was dann eine materielle Welt ebenfalls als rein geistig wahrnehmbar postuliert. Der Geist ist der Stoff aus dem die Wirklichkeit gemacht ist und diese Wirklichkeit ist kein statischer Zustand sondern ein fortschreitender Erfahrungsprozess.
Tiefer geht die philosophische Schule des Idealismus aber in ihrer Betrachtungsweise nicht. Themen wie die Struktur und die Funktionen des Geistes, eine Analyse der Bewusstwerdungs-Prozesse selbst, das Wesen der Ich-Erfahrung etc. werden nicht behandelt. Diese Themen sind aber wesentlicher Bestandteil der buddhistischen Nur-Bewusstsein Lehre. Und der ganze Komplex der meditativen Schulung wird im Idealismus so wie übrigens in allen anderen westlichen Philosophien ebenso sträflich vernachlässigt und gar nicht behandelt.

Wenn man die Philosophie des Idealismus mit der Nur-Bewusstsein Lehre gleichsetzt, dann vielleicht nur mit dem Aspekt der „Lehre der rechten Erkenntnis" (S: vijñānavāda). Denn diese behandelt als Schwerpunkt ja die Wahrnehmung der Erfahrungsobjekte und ihre Bewusstwerdung .
Die anderen Themenbereiche in der Nur-Bewusstsein Lehre wie die Behandlung der Struktur und der Funktionen des Geistes (S: cittamātra) sowie der meditativen Schulung (S: yogācāra) gehen weit über diese westliche Philosophie hinaus. Sie sind aber wesentlicher Bestandteil der buddhistischen Nur-Bewusstsein Lehre.

Auch die oft gehörte Aussage die Philosophie des Idealismus lehrt so wie der Buddhismus, dass die Welt nur geistig sei und keine materielle Grundlage habe ist falsch. Weder der Idealismus noch der Buddhismus behauptet das, denn beide sagen dass die Welt unserer Wahrnehmung eine Welt des eigenen Erlebens in unserem Geist ist. Eine Aussage über die sogenannte äußere (materielle) Welt trifft der Idealismus jedoch nicht. Eine Aussage über die äußere Welt der Erscheinungen und Phänomene wird im Buddhismus allerdings sehr wohl gemacht. Dies findet man dann zum Beispiel in den Lehren über Form-Geist, Sein und Nichtsein (P: paññāpāramī / S: prajñāpāramitā).

Die westliche **Philosophie des Empirismus** (ἐμπειρία empeiría, Erfahrung) besagt, dass die eigene Erfahrung die Quelle aller Erkenntnis und allen Wissens ist.

„Nihil est in intellectu quod non prius fuerit in sensu."
(Nichts ist im Geiste, was nicht zuvor in den Sinnen war.)

R.Descartes

Erfahrung ist die Quelle aller Erkenntnis und allen Wissens über existierende Dinge. Die Objekte und Phänomene üben Wirkungen aus, welche dann die Auslöser der Erfahrung sind.

„Esse est percipi aut percipere".
(Das Sein der Objekte ist wahrgenommen werden,
das Sein der Subjekte ist wahrnehmen).

G.Berkeley

Das Prinzip der menschlichen Erkenntnis ist es, Bewusstseinsinhalte zu erfahren. Darüber hinaus kann eine weitere Existenz von Etwas nicht erkannt werden. Wissen ist ausschließlich Resultat unserer Erfahrung oder der Erfahrung Anderer. Sogenannte Tatsachen sind Wahrscheinlichkeiten aber keine Gewissheiten. Wissen ist eine bloße Assoziation von Ideen, eine psychologische Wirkung und kein Beweis für Tatsachen. Auch unser Ich kann nicht durch uns beobachtet werden, wir erfahren immer nur flüchtige Phänomene wie Gedanken, Erinnerungen, Gefühle, etc..

Auch im Empirismus finden sich also Überlegungen und philosophische Aussagen, die mit der Nur-Bewusstsein Lehre des Buddhismus korrelieren. Allerdings bleibt der Empirismus, so wie übrigens andere westliche Philosophien im Theoretischen stecken. Die Frage nach den Strukturen und dem Wesen der eigenen Erfahrung sowie nach der Position eines Ich-Bewusstseins, wie sie in der Nur-Bewusstsein Lehre des Buddhismus gestellt werden, sind im Empirismus nicht behandelt. Daher ist auch so etwas wie die Lehre von den zwei Wahrheiten (P: saccadvaya / S: satyadvaya), wie sie im Buddhismus formuliert wurde, hier leider nicht vorhanden.

Missverständnis
Der Buddhismus ist eine Religion bzw. Glaubenslehre und daher steht er in manchen Bereichen im Widerspruch zur Wissenschaft.

Richtigstellung
Der Buddhismus steht nicht im Widerspruch zur Wissenschaft. Er ist auch keine Glaubenslehre oder eine Religion im westlichen Sinn, sondern eher eine Weltanschauung die Wissen, Ethik und Lebens-Praxis vereint.

Der Buddhismus, der im Grunde keine Religion im westlichen Sinn ist, steht daher auch nicht im Widerspruch zu den Erkenntnissen der Naturwissenschaften oder den Geisteswissenschaften. Dies kann an drei großen Bereichen festgestellt werden nämlich methodisch, inhaltlich und didaktisch.
Die Lehre des Buddha (P: dhamma / S: dharma) erfüllt somit folgende Anforderungen welche auch in der Wissenschaft bedeutsam sind und Gültigkeit haben.

Methodisch

- Überprüfbarkeit
  Der Buddhismus erhebt keinen übergeordneten Anspruch oder einen Sonderstatus gegenüber den Lehren der Wissenschaft. Er beruft sich auch nicht auf heilige Schriften oder die Unfehlbarkeit eines Religionsstifters oder religiösen Oberhauptes. Die Lehre des Buddhismus gleicht eher einer Landkarte, die vor uns ausgebreitet wurde und wird. So wie eine Landkarte uns das Gelände und die darin vorkommenden Gebäude sowie Straßen aufzeigt, so gibt uns der Buddhismus eine Sicht auf das Leben an sich mit seinen Möglichkeiten aber auch den Fallstricken.
  Diese Landkarte wurde vom Buddha aufgrund seiner Erfahrung und Realisierung gezeichnet und wird daher durch weitere Wanderer

(praktizierende Buddhisten), die den Spuren des Buddha folgten und bis zum heutigen Tag folgen, verfeinert und der Zeit und den Umständen gemäß akzentuiert. Doch es bleibt immer noch der ursprüngliche Zweck erhalten – die Welt und unsere Reaktionen darauf achtsam zu erfassen und damit unsere Unzufriedenheit abzuschwächen und letztlich zu beseitigen.

Doch so wie jede Landkarte nur überprüft werden kann, wenn man sie benutzt, das heißt nach ihren Symbolen und der Darstellung darin auch unterwegs ist, so wird die Lehre des Buddhismus seit jeher durch die praktizierenden Nachfolger des Buddha verifiziert. Deren Erfahrungen mögen manche Darstellungen neu akzentuieren und durch weitere Symbole ergänzen, der ursprüngliche Weg und die Ausrichtung bleiben aber bestehen. So ist es auch leicht einzusehen, dass im Laufe der Zeit unterschiedliche Ausprägungen des Buddhismus und verschiedene Schulen entstanden sind.

Wesentlich dabei ist es aber selbst die Reise anzutreten. Es gibt im Buddhismus verschiedenste Methoden, um diese Reise durchzuführen, das bedeutet die Lehre des Buddhismus an sich selbst erfahrbar und damit verifizierbar zu machen (SIEHE BZGL. ÜBUNG UND MEDITATION SEITE 202). Dies gilt für die Erforschung der Innenwelt als auch deren Wechselspiel mit der Außenwelt.

- Falsifizierung

Der Buddha schwieg zu metaphysischen Fragen. Jede Antwort auf solche Fragen, egal ob zustimmend oder verneinend, würde die Frage selbst, d.h. die zu Grunde liegende These als legitim und damit letztlich als bereits wahr und damit beantwortet einstufen.

Fragen die auf unrealistischen Annahmen beruhen, kann man nicht beantworten. Die Frage, ob die Hörner eines Hasen gerade oder krumm sind, kann nicht beantwortet werden, außer wir bleiben im Bereich der Vermutung und Phantasie, da ein Hase keine Hörner hat. Daher sind Fragen dieser Art, die ja metaphysischen Charakter haben nicht realistisch und beruhen bereits in ihrer Fragestellung auf falschen Annahmen. Sie sind jenseits der Möglichkeit einer erfahrungsgemässen Verifizierung und damit auch nicht falsifizierbar. Dies ist die Sichtweise des Buddhismus auf die Aussagen einer Metaphysik.

Keine Position repräsentiert somit eine endgültige Wahrheit, auch nicht die Formulierungen des Buddhismus selbst (SIEHE BZGL. WAHRHEIT, WIRKLICHKEIT UND REALITÄT SEITE 167). Diese Formulierungen dienen nur dem Zweck, logische Fehler und Irrtümer in unseren Ansichten aufzuzeigen und ihnen zu entgegnen, jedoch nicht um eine definitive Antwort stattdessen zu formulieren. Damit ähnelt diese Herangehensweise stark dem Prinzip des Falsifizierens.

Inhaltlich

- **Abhängigkeit und Wechselwirkung**
  Die wechselseitige Abhängigkeit von Außenwelt und Innenwelt wird berücksichtigt. Es wird erklärt worin diese Abhängigkeit besteht und wie diese Wechselwirkung sich manifestiert. Diese Erklärung lässt keinen Rest für Spekulationen oder Glauben offen. Mentale Prozesse und Wahrnehmungsprozesse werden in Verbindung mit der äußeren Welt gebracht. Jedes Phänomen und jedes Objekt der Welt wird immer im Zusammenhang mit den sie umgebenen und auch beeinflussenden Phänomenen und Objekten betrachtet. Es gibt nicht die absolute Erscheinungsform und auch keine ewig unveränderliche Erscheinungsformen, es gibt nur relative in Beziehung zueinander stehende Erscheinungsformen und Phänomene. (SIEHE BZGL. KONDISIONALITÄT SEITE 137)

- **Korrelation mit den Naturwissenschaften**
  Es gibt keine Diskrepanz zwischen den generellen Lehren des Buddhismus und den Erkenntnissen der modernen Wissenschaften. Gerade in der modernen Physik gibt es Ansätze und Tendenzen eine bessere Sichtweise auf die Welt der Phänomene und Erscheinungen zu erlangen, welche der Sichtweise des Buddhismus speziell in der Formulierung des Mittleren Weges (S: madhyamaka) sehr nahe

kommen. Grundsätzlich fragt Physik nicht nach dem „was" sondern nach dem „wie" der Welt. Sie untersucht Zusammenhänge und leitet daraus Gesetzmäßigkeiten ab. Nun haben die Erkenntnisse der Physik mit der Relativitätstheorie sowie auch mit der Quantenphysik einen Wandel innerhalb unseres naturwissenschaftichen Weltbildes hervorgebracht. Damit rückt die Sichtweise der Physik stark in Richtung einer Sichtweise, wie sie uns bereits durch den „Mittleren Weg" (SIEHE SEITE 173) innerhalb des Buddhismus formuliert wurde. Die moderne Physik hat die Sichtweise auf Objekte und Phänomene durch eine Analyse auf Prozesse, Beziehungen und Ereignisse ersetzt. Und diese Sichtweise entspricht der buddhistischen Sichtweise.

- <u>Korrelation mit den Geisteswissenschaften</u>
  Neben der Schule des „Mittleren Weges" (S: madhyamaka) gibt es die zweite bedeutende philosophische Strömung innerhalb des Buddhismus die Schule der „Bewusstseinslehre" (S: vijñānavāda). Diese Strömung innerhalb des Buddhismus beschäftigt sich mit Bewusstsein, Wahrnehmung, Denkprozessen und unserer daraus abgeleiteten Erkenntnis. Sie wird unter verschiedenen Sanskritnamen bezeichnet (S: cittamātra, vijñānavāda, yogācāra) und diese Begriffe werden meist synonym verwendet. Sie stellen jedoch drei Sichtweisen auf dieses Thema dar. (SIEHE SEITE 185)

Cittamātra   „nur Bewusstsein"
Diese Sichtweise betont die Bedeutung und das Erkennen des allen zugrunde liegenden Bewusstseins. Die Welt die wir erleben ist eine Welt des Bewusstwerdens und damit immer eine Interpretation unserer Wahrnehmungsfähigkeit gepaart mit vorhandenen Erfahrungen und Wissen. Die modernen Neurowissenschaften und im besonderen der experimentelle Aspekt dieser Forschungen steht in vielen Erkenntnissen den Aussagen des Buddhismus sehr nahe. Allerdings beschränkt sich die Lehre des Buddhismus nicht ausschließlich auf die materiellen Aspekte und sieht den „Geist" nicht auschließlich als Produkt des Gehirns.

Vijñānavāda   „Weg der rechten Erkenntnis"
Diese Sichtweise akzentuiert die Prozesse der Wahrnehmung, der Interpretation und Benennung unserer Erfahrungsobjekte. Es ist die Welt der Begriffe und Bezeichnungen, die Welt unseres Denkens und somit die Schaffung einer Welt durch Kategorisierung und Benennung.
Eine sehr ähnliche Sichtweise vertritt auch die moderne Kognitionswissenschaft welche sich ja mit Wahrnehmungs-, Denk- und Entscheidungsprozessen befasst.

Yogācāra   „Praxis des Yoga"
Diese Sichtweise verweist auf die Methoden und die Praxis des eigenen Bestrebens, um richtige Erkenntnis und damit eine der Wirklichkeit gemäße Erfahrung unserer selbst und der Welt in der man lebt zu erlangen.
Diese buddhistische Sichtweise steht der Psychologie, der Neurowissenschaft sowie auch den Sozialwissenschaften sehr nahe.

Didaktisch

- <u>Allgemeingültigkeit</u>
  Die Denkweise und die praktischen Methoden des Buddhismus sind nicht an einen bestimmten Ort oder eine Zeit gebunden. Sie können daher in jeder Zeitepoche und zusammen mit unterschiedlichsten Kulturen bestehen. Dies zeigt sich daran, dass es obwohl unterschiedliche Strömungen und Schulen des Buddhismus existieren, diese jedoch nicht im Widerspruch zueinander stehen oder sich als elitär gegenüber den anderen Strömungen und Schulen betrachten. (SIEHE BZGL. DIFFERENZIERUNG IN SCHULEN SEITE 321) Die Lehre des Buddha ist auf die eigene Erfahrung und der Selbsterkenntnis begründet und kann daher in jeder Kultur und jeder Zeitepoche geübt und nachvollzogen werden.

- <u>Kritikfähigkeit</u>

  Es gibt kein festgeschriebenes Gesetz von sogenannten Glaubensinhalten (Dogmatismus). Es gibt auch keine höchste Instanz, wie etwa einen Religionsstifter, der für alle Zeit Wahrheiten festgelegt hat. Der Buddha war ein Mensch, der aus sich heraus durch Nachdenken und Hinterfragen (Studium), durch seinen Lebenswandel (Moral, Ethik) sowie Erkenntnis und Übung (Meditation) einen Weg gefunden hat, die uns allen innewohnende Unzufriedenheit und falsche sowie fehlgeleitete Sicht auf die Realität der Welt und uns selbst zu durchdringen und zu korrigieren. Er wies einen Weg, den wir nachvollziehen können. Gehen müssen wir diesen Weg aber immer selbst. Darauf wies er uns hin.

  Der Buddha forderte von seinen Anhängern einen kritischen Verstand und war Kritik ihm selbst gegenüber aufgeschlossen. Dadurch konnte seine Lehre nie zu einem Dogmatismus erstarren. Die in allen buddhistischen Ländern hoch geschätzte Lehrrede an die Kālāmer zeigt uns dies in deutlicher Art und Weise. Dort findet sich folgende Passage.

„Geht, Kālāmer, nicht nach Hörensagen, nicht nach Überlieferungen, nicht nach Tagesmeinungen, nicht nach der Autorität heiliger Schriften, nicht nach bloßen Vernunftgründen und logischen Schlüssen, nicht nach erdachten Theorien und bevorzugten Meinungen, nicht nach dem Eindruck persönlicher Vorzüge, nicht nach der Autorität eines Meisters! Wenn ihr aber, Kālāmer, selber erkennt: 'diese Dinge sind unheilsam, sind verwerflich, werden von Verständigen getadelt, und, wenn ausgeführt und unternommen, führen sie zu Unheil und Leiden', dann, o Kâlâmer, möget ihr sie aufgeben."

sutta piṭaka, aṅguttara nikāya, kālāma sutta
(Palikanon, Angereihte Sammlung, 3,66)
nach einer Übersetzung von Nyānatiloka

- <u>Widerspruchsfreiheit</u>

  Es wäre hier unvollständig, wenn man nicht das Thema Widerspruchsfreiheit ansprechen würde. Laut allgemeiner Definition ist Widerspruchsfreiheit gegeben, wenn Aussagen in sich widerspruchsfrei das heißt aus logischer Sicht konsistent sind und sich aus ihnen kein Widerspruch ableitet, z.B. die jeweilige Aussage und zugleich ihr Gegenteil oder ihre Verneinung. Diese Problematik findet sich öfters in den unterschiedlichen Religionen, wo dann als Erklärung und Lösung der Widersprüche auf den Glauben verwiesen wird. Daher werden Religionen zu recht in vielen Punkten nicht im Einklang mit wissenschaftlichen Erkenntnissen gesehen.

Bei der Lehre des Buddha und in manchen Aussagen späterer Kommentarwerke des Buddhismus scheint dieses Problem auch vorzuliegen.

Das führt aber nicht zwangsläufig zu einem Widerspruch mit der Wissenschaft. Die Begründung ergibt sich aus der Tatsache, dass die buddhistische Lehre sich nicht vollständig auf die westliche bzw. abendländische Logik zurückführen lassen kann. Die indische bzw. im Buddhismus benutzte Logik (SIEHE SEITE 181) erlaubt nämlich die scheinbare Widersprüchlichkeit, da sie einerseits auf empirischen Grundlagen aufbaut und andererseits das westliche Prinzip des „tertium non datur" (der Satz vom zu vermeidenden Widerspruch) nicht enthält. Es sei hier angemerkt, dass moderne Strömungen innerhalb der westlichen Logik sich dieser Sichtweise bereits stark annähern, wie dies für die „mehrwertige Logik" der Fall ist. Dies sind Logiksysteme mit mehr als zwei Wahrheitswerten wie zum Beispiel bei Kurt Gödel oder Jan Łukasiewicz. Es können scheinbar widersprüchliche (weil unbestimmte) Aussagen zusammen mit eindeutig bestimmten Aussagen gleichwertig enthalten sein.

Buddhismus und die drei Grundfragen der westlichen Philosophie
In der westlichen Philosophie gibt es drei Grundfragen mit denen sich alle philosophischen Strömungen auseinandergesetzt haben.

- Was kann der Mensch wissen? (epistemologisch)
  (SIEHE BZGL. STUDIUM SEITE 108)
  Das ist der erkenntnistheoretische Ansatz. Hierzu bietet uns der Buddhismus speziell in der Lehre des Mittleren Weges einen Lösungsansatz. (SIEHE BZGL. WAHRHEIT, WIRKLICHKEIT UND REALITÄT SEITE 167 / BZGL. DER

(MITTLERE WEG SEITE 173). Wissen ist immer Interpretation und bedingt gestaltetes und erzeugtes Gedankengut. Eine absolute Wahrheit gibt es nicht, da wir in einer Welt des Wandels und der Relativität leben und agieren.

- **Was ist das Seiende? (ontologisch)**
(SIEHE BZGL. ÜBUNG UND MEDITATION SEITE 202)
Hier geht es vorranging um die Frage inwieweit das Allem zugrunde liegende Seiende mit der Wirklichkeit übereinstimmt. Auch diese Fragestellung ist ein wesentlicher Teil der buddhistischen Lehre. Hier geht es aber im Gegensatz zum westlichen Denken nicht um außerhalb des Menschseins exisitierende Annahmen, sondern primär um Selbsterfahrung und meditative Einsicht. (SIEHE BZGL. MEDITATIVE ÜBUNG SEITE 213). Denn nur Selbsterkenntnis und das Überschreiten unseres Denkens, durch die unmittelbare Erfahrung unseres Seins und Wesens kann diese Frage, obwohl intellektuell nicht beantwortbar, erfahrbar machen.

- **Was ist Gut und Böse? (ethische Fragen)**
(SIEHE BZGL. LEBENSFÜHRUNG SEITE 260 UND BGZL.STUDIUM SEITE 108)
Dazu hat der Buddhismus eine klare Abgrenzung zu den westlichen Philosophien. Gut und Böse sind relative Beilegungen unseres Denkens und unserer Vorstellung, also relativ. Im Buddhismus spricht man daher von heilsam und unheilsam. (SIEHE BZGL. ETHIK UND MORAL SEITE 282)

ÜBUNG UND MEDITATION

PRÄAMBEL

Sprechen wir doch einmal über Übung im Buddhismus. Was ist dies eigentlich? Ist es das Meditieren, was auch immer man darunter verstehen mag oder ist es das Nachvollziehen von Ritualen und exotischen Handlungen im Kontext einer buddhistischen Kultur?

Übung in Sinne des Buddha ist vor allem das Bestreben im täglichen Leben achtsam und bewusst zu sein. Es ist der heilsame Umgang mit uns selbst und natürlich mit allen anderen Lebensformen. (SIEHE BZGL. LEBENSFÜHRUNG SEITE 260) Um jedoch ein solch bewusstes Leben führen zu können, müssen wir uns selbst kennen. Wir sollten uns selbst verstehen, mit all unseren Schwächen aber auch Vorzügen.

Wir sind geprägt durch unsere Erziehung, durch das soziale Umfeld in dem wir leben und wir sind verhaftet an unsere Vorlieben und Aversionen. Wir leben letztlich in unserer eigenen geschaffenen Welt, die wir als unser Weltbild in uns tragen. Um dies klar erkennen und auch wirklich verstehen zu können, ist es notwendig in uns selbst hinein zu schauen, d.h. über uns selbst zu reflektieren.

Beim Kennenlernen von uns selbst geht es somit um diese Innensicht auf uns selbst, nämlich um das was hier im Westen als Meditation bezeichnet wird. Damit verbunden gibt es dann die unterschiedlichsten Ausprägungen von sogenannten meditativen Übungen. Die buddhistische Tradition hat hier verschiedene Akzente gesetzt und die buddhistischen Schulen haben unterschiedliche Übungssysteme priorisiert. Doch allen gemeinsam ist die Basis einer solchen meditativen Übung, nämlich Geistesruhe und analytische Reflektion. Die Ausprägungen und das beigegebene Rahmenwerk dazu unterscheiden sich dann je nach schulspezifischer Ausrichtung.

Es geht aber auch um ein tieferes Verständnis hinsichtlich unserer Beweggründe. Warum wollen wir eigentlich meditieren? Und schließlich geht es natürlich darum, auf welche Art und Weise man dieses Unterfangen durchführen sollte. Jedwede meditative Übung sollte nie als eine technische Übung der Verinnerlichung verstanden werden, sondern als die Möglichkeit der Verinnerlichung getragen vom aufrichtigen Wunsch sich selbst zu erfahren.

Wir sollten aber auch klar erkennen, dass die Methoden der Verinnerlichung im Buddhismus keine Erfindung des Buddhismus sind. Der Buddha steht in der indischen Tradition und hat auf Grund einer tiefen Einsicht und Erkenntnis die Yoga-Methoden der Verinnerlichung gemäss seiner dargestellten Lehre akzentuiert und nicht zielführendes Beiwerk beiseite gelassen. Somit ist Übung und Meditation nicht losgelöst von den Übungstraditionen des Yoga und Tantra.
Aber auch der umgekehrte Weg wurde im Laufe der Ausbreitung des Buddhismus beschritten. So fanden die meditativen Übungen des Buddhismus Einzug in bestehende Methoden des Qigong in China oder modifizierten bestimmte Yogaformen und vertieften bzw. bereicherten diese Übungssysteme.

Missverständnis

Zuflucht nehmen bedeutet einen Text zu rezitieren und damit hat man sich dann dem Buddhismus zugewendet. Oder unter Zuflucht versteht man sich vorbehaltslos einem Lehrer bzw. einer buddhistischen Schule anzuschliessen.

Richtigstellung

Ein Aussprechen einer Zufluchtsformel allein bewirkt noch gar nichts. Nur die innere Einstellung sich den Lehren des Buddha (P: dhamma / S: dharma) zuzuwenden und damit auch den Buddha als ersten Lehrer und auch seine Nachfolger (P: sangha / S: saṃgha) zu respektieren, kann uns die Inspiration geben und das Vertrauen erwecken, die uns auf dem Pfad des Buddhismus hilfreich zur Seite stehen werden.

Als bekennende Buddhisten nehmen wir Zuflucht zum Buddha, zur Lehre und zur Gemeinschaft der praktizierenden Buddhisten. Diese drei, nämlich Buddha, Dharma und Sangha werden als die „Drei Kleinode" oder die „Drei Juwelen" (P: tisaraṇa / S: triśaraṇa) bezeichnet. Sie sind in allen Schulen und Formen des Buddhismus vorhanden und stellen somit die zentrale Richtung unserer spirituellen Zuwendung als praktizierende Buddhisten dar.

Als **Buddha** (PS: buddha) und somit als einen Vollkommen-Voll-Erwachten (P: sammā sambuddha / S: samyak sambuddha) bezeichnet man einen Menschen, der die zur Erlösung und zum Erwachen führende Lehre selbst realisiert und zur vollkommen Reife und Blüte gebracht hat.
Wenn wir uns zum Buddha bekennen, akzeptieren wir ihn als legitimen Wegbereiter und Lehrer, dem wir nachfolgen wollen um auch selbst letztlich zu erwachen und zu einem Buddha zu werden. Hierin unterscheidet sich die Lehre des Buddha fundamental von den Offenbarungsreligionen wie Judentum, Christentum und Islam, denn es ist

möglich dem Buddha nicht nur als Bekenner und Schüler nachzufolgen, sondern es ist auch möglich und im Grunde ja das Ziel selbst, irgendwann einmal ein Erleuchteter d.h. ein Buddha zu werden.

Als **die Lehre** (P: dhamma / S: dharma) wird der uns vom Buddha gewiesene Weg und die vom Buddha überlieferten Unterweisungen gesehen. Auch die Akzentuierung der Lehre, wie sie von späteren Generationen in der Nachfolge des Buddha von buddhistischen Meistern und Schülern in Kommentarwerken hinterlassen wurden zählen zur Lehre.
Aber nicht ein blindes Nachfolgen oder gar ein kritikloses Übernehmen ist gefordert sondern eine bewusste Auseinandersetzung mit dem Dargebotenen. Wir müssen an uns selbst prüfen und nachvollziehen was der Buddha uns als die Praxis auf dem Weg zu Erleuchtung aufgezeigt hat. Somit ist eine Zuflucht zum Dharma, zur Lehre des Buddha, der Entschluss unvoreingenommen und aufrichtig das Dargelegte zu nehmen, zu prüfen und zu versuchen es an sich selbst zur Reife bringen zu können.
Wenn man seine Zuflucht zur Lehre des Buddha nimmt, dann entschließt man sich gewissenhaft diese Lehre verstehen zu wollen (SIEHE BZGL. STUDIUM SEITE 108) und ihre praktischen Anweisungen (SIEHE BZGL. ÜBUNG UND MEDITATION SEITE 202) soweit sie für uns nachvollziehbar erscheinen auch aufzunehmen. Diese Entscheidung ist zwar nicht einfach und für uns als in viele Vorlieben und Ansichten verstrickte Menschen oft sehr schwierig zu treffen. Dazu verhilft uns aber die Hinwendung zu jenen die diesen Weg des Nachvollzugs ebenfalls gingen und gehen. Es ist die Inspiration von anderen praktizierenden Buddhisten, die hilfreich uns zur Seite stehen wird.

Als **die Gemeinde** des Buddha, als den Sangha (P: sangha / S: saṃgha), betrachten wir alle Nachfolger und Menschen, welche sich um die praktische Umsetzung auf dem Pfad des Buddha bemühen. Es geht hier nicht um eine sogenannte Religionszugehörigkeit oder um das Eingebettetsein in eine Gruppe von Gleichgesinnten.
Der Sangha ist die Gemeinschaft all jener, die im Leben ernst gemacht haben und die sich redlich bemühen, die vom Buddha aufgezeigte Lehre

zu befolgen. Das sind zum einen die Mönche und Nonnen aber natürlich auch all jene welche im weltlichen täglichen Leben stehen und als sogenannte Laienanhänger bzw. Laienanhängerinnen, den Weg des Buddha beschreiten. Sie dienen uns als Inspiration und Ansporn, selbst gewissenhaft und ernsthaft die Lehre des Buddha zu ergründen, um sie zu durchdringen und im eigenen Leben zur Reife bringen zu können.

Zuflucht in diese drei Kleinode des Buddhismus ist also weit mehr als eine Bewunderung, ein Wohlfühlen in einer spirituellen Geborgenheit. Es ist das eingebettet sein in die Lehre des Buddha, welche sich durch den Buddha selbst, die Meister und Schüler in der Nachfolge sowie den unterschiedlichen Ausprägungen der Lehre manifestiert. Daher nehmen Nachfolger des Buddha, d.h. Buddhisten und Buddhistinnen, eine Zuflucht zu diesen drei Juwelen.

<u>Verehrung des Buddha</u> und kein blindes Nachfolgen oder Anhimmeln; <u>Ergründen der Lehre</u> und keine philosophische Scholastik sondern Inspiration in die praktische Umsetzung durch das Beispiel seiner Nachfolger; keine passive Geborgenheit in einer Gemeinschaft sondern <u>bewusste Lebensgestaltung</u>, das ist die Zuflucht zu den drei Juwelen des Buddhismus. Wenn eine dieser drei Aspekte vernachlässigt wird oder fehlt, dann ist eine sinnvolle Nachfolge in der Lehre des Buddhismus nicht gegeben.

Wie erfolgt nun diese Zuflucht?
Zuflucht nehmen wird oft mit dem Aufsagen einer sogenannten Zufluchtsformel gleichgesetzt. Dies ist der äußere Rahmen dafür. Das Aussprechen der Zufluchtsformel sollte aber nicht nur ein Rezitieren des Textes sein, jenes Textes der seit über zwei Jahrtausenden in Verwendung ist. Vielmehr ist das Zufluchtnehmen eine Geisteshaltung die innerlich vollzogen wird. Sie sollte auch ständig (innerlich) erneuert werden. Es kann die Zufluchtsformel laut ausgesprochen werden oder nur im Geiste wiederholt werden. Wesentlich dabei ist immer, dass die damit

verbundene Geisteshaltung vergegenwärtigt wird. Es geht nicht um die Form, es geht um deren Inhalt.

Hier sei nun die Zufluchtsformel, die seit Anbeginn gesprochen wird, in ihrer ursprünglichsten Form nämlich in Pali wiedergegeben, so wie sie in allen Schulen des Theravāda im Gebrauch ist. In den Mahāyānaschulen wird der Text oft in Sanskrit, Chinesisch, Tibetisch oder der gebräuchlichen buddhistischen Sprache (z.B. Koreanisch, Japanisch, ...) gesprochen.

buddhaṃ saraṇaṃ gacchāmi
dhammaṃ saraṇaṃ gacchāmi
sanghaṃ saraṇaṃ gacchāmi
dutiyampi buddhaṃ saraṇaṃ gacchāmi
dutiyampi dhammaṃ saraṇaṃ gacchāmi
dutiyampi sanghaṃ saraṇaṃ gacchāmi
tatiyampi buddhaṃ saraṇaṃ gacchāmi
tatiyampi dhammaṃ saraṇaṃ gacchāmi
tatiyampi sanghaṃ saraṇaṃ gacchāmi

Ich nehme meine Zuflucht zum Buddha.
Ich nehme meine Zuflucht zum Dharma.
Ich nehme meine Zuflucht zum Sangha.
Zum zweiten Mal nehme ich Zuflucht zum Buddha
Zum zweiten Mal nehme ich Zuflucht zum Dharma
Zum zweiten Mal nehme ich Zuflucht zum Sangha
Zum dritten Mal nehme ich Zuflucht zum Buddha
Zum dritten Mal nehme ich Zuflucht zum Dharma
Zum dritten Mal nehme ich Zuflucht zum Sangha

Das Bekennen zur Lehre des Buddha und damit das sogenannte Zufluchtnehmen wird oft in Form einer Feierlichkeit bzw. eines Rituals unter Beisein der buddhistischen Gemeinde sowie vor Mönchen oder Nonnen durchgeführt.

Für eine tiefergehende Bedeutung dieser Zufluchtsformel sei auf das Kapitel hinsichtlich der Wortbedeutung hingewiesen (SIEHE SEITE 347).

Missverständnis

Man selbst ist sich Lehrer, denn der Buddha hat ja gesagt, die Lehre ist der Lehrer und außerdem hatte der Buddha keinen direkten Nachfolger bestimmt. Daher ist es nicht notwendig einen Lehrer zu haben, denn wir selbst wissen am Besten was zu tun ist.

Richtigstellung

Es stimmt, die Lehre ist das Wesentliche im Buddhismus. Aber ohne eine Anleitung und das inspirierende Vorbild ernsthaft Praktizierender, bleiben wir in unserer eigenen Gedanken- und Vorstellungswelt gefangen. Erst durch die kompromisslose Umsetzung der Lehre und das Beachten von Anweisungen eines Lehrers gelingt es uns dem Pfad des Buddha folgen zu können.

Vorab sie hier vorausgeschickt, dass wenn hier vom Lehrer gesprochen wird, sowohl männliche als auch weibliche Lehrer gemeint sind. Es gibt und gab im Buddhismus natürlich beides und es gibt keinerlei Anspruch darauf, dass ein Lehrer nur männlich sein kann.

Der Weg des Buddha und damit unser eigener Weg im Nachvollzug der Lehre des Buddha ist immer ein individueller Weg der Praxis. Wir müssen die Anweisungen und Empfehlungen, die uns die Lehre des Dharma gibt, persönlich wichtig nehmen und versuchen sie in unserem Leben in allen Bereichen umzusetzen. Es geht hier nicht um die Festigung unserer bestehenden Sichtweise, sondern um eine Analyse und wenn notwendig um eine Korrektur unserer bestehenden Sichtweise. Daher ist es wichtig sich Ansporn und Inspiration durch jene Menschen zu holen, die uns auf diesem Weg vorangehen. Dies ist die Rolle des Lehrers, der uns anleiten und inspirieren kann.

Nicht blindes Nachfolgen und Glauben an einen Meister ist gefordert sondern Vertrauen (P: saddhā / S: śraddhā) welches uns erahnen lässt, dass der Lehrer die Schwierigkeiten und das Unverständnis bezüglich des Dharma bereits in vielen Bereichen selbst gemeistert hat und dadurch die Fähigkeit besitzt auch uns anleiten zu können. Ein Lehrer sollte daher jemand sein, der für sich selbst die Schwierigkeiten und Fallstricke, die eine Transformation und Verbesserung zu einem heilsameren Leben mit sich bringt, bereits erfahren hat und kennt. Dies zeigt bereits deutlich, dass ein Lehrer ein praktizierender Buddhist sein sollte und nicht ein Theoretiker.

Der Lehrer ist auch kein Therapeut, der uns die Sorgen abnimmt und uns heilt. Er ist vielmehr mit einem Arzt vergleichbar, der uns zuhört und versucht uns als Individuum zu verstehen und daher die für uns notwendige Medizin empfehlen kann. Im Buddhismus wird ein Buddha oft als Arzt bezeichnet (S: bhaiṣajyaguru, Medizinlehrer), der den in Unwissenheit und im eigenen Ichdünkel verstrickten Menschen die helfende Medizin reichen kann. Einnehmen müssen wir aber diese Medizin immer selbst. Nur das Sammeln von Medizin und ihr Aufbewahren in Schränken und Regalen wird die Wirkung niemals entfalten. In gleicher Weise ist das ausschließliche Hören und Sammeln von Unterweisungen, sei es durch Lesen oder der Teilnahme an buddhistischen Seminaren oder Veranstaltungen, ein solches nutzloses Unterfangen. Erst das eigene Bemühen, die Selbstreflektion, die Anwendung im eigenen Leben und somit eine zutiefst persönliche aufrichtige Auseinandersetzung mit der Lehre (S: dharma) ist das wirkliche Einnehmen dieser Medizin. Und nur dann kann diese Medizin ihre Wirkung in uns entfalten.

Wie findet man nun einen richtigen Lehrer und was ist dabei zu beachten?
Wenn wir uns einem Lehrer auf dem buddhistischen Übungsweg zuwenden, so sollten wir dies gewissenhaft prüfen und nicht übereilt oder aus einer momentanen Laune heraus machen. Ob der Lehrer eine Position innehat, wie so oft in asiatischen Ländern, oder ob er viele

Schüler hat und berühmt ist, ist sekundär. Wesentlich ist, ob er oder sie den Dharma, die Lehre des Buddha, lebt und in vielen Bereichen seines eigenen Lebens verwirklicht hat. Kein Lehrer ist perfekt, sowie kein Mensch zu hundert Prozent perfekt und daher völlig fehlerfrei sein kann. Wir sollten also nicht unserer idealistischen Wunschvorstellung nachhängen und den perfekten Lehrer suchen. Wir werden ihn nicht finden.

Wichtig ist es, dass ein Lehrer uns jene Achtsamkeit und den Umgang mit dem eigenen Leben in einer Weise vorleben kann, die wir als Motivation und Beispiel für unser eigenes Leben nehmen können. Die Motivation die hinter den Handlungen und Sichtweisen liegt ist immer das Wesentliche. Lehrer haben auch Fehler. Einerseits sehen wir solche Fehler, weil wir sie aufgrund unserer eigenen Missinterpretation in den Lehrer hinein projezieren. Andererseits sind Fehler auch in jedem Lehrer vorhanden – wie gesagt kein Mensch ist perfekt.

Das Wesentliche daran ist allerdings immer wie mit den Fehlern umgegangen wird. Werden sie vom jeweiligen Lehrer verschleiert oder geleugnet, spielt er uns eine Rolle im Umgang mit seinen Schülern und Schülerinnen vor, gibt er sich anders als er eigentlich ist? Oder steht der Lehrer als Mensch zu seinen Schwächen und Verfehlungen und ist sich dessen bewusst?

Können wir erkennen, dass auch der Lehrer an seinen Schwächen und Fehlern arbeitet, um sie im Geiste der buddhistischen Lehre abzuschwächen und letztich zu eliminieren? Wenn letzteres der Fall ist, dann kann man von solch einem Lehrer inspiriert werden und von ihm lernen. Wenn dies nicht der Fall ist, dann sollte man sich solch einem Lehrer nicht zuwenden oder anschließen.

Man kann unterschiedlichste Lehrer als praktizierender Buddhist haben. Das kann in persönlichen Begegnungen sein, das kann aber auch durch die Inspiration, die wir durch das Lesen und Hören erfahren, geschehen. Immer ist es eine tief empfundene innerer Ergriffenheit und Beziehung, die wir aufbauen und die uns hilft den Weg des Buddha praktisch voran zu schreiten – hier im Leben, hier im Jetzt. Der Lehrer symbolisiert die Richtung die man ausgewählt hat und hilft uns eine weitere Etappe auf unseren persönlichen Weg zu beschreiten und uns weiter zu entwickeln.

Oft werden Lehrer sofort als Guru (S: guru) bezeichnet. Dies ist ein weitverbreitetes Missverständnis. Was ist also der Unterschied zwischen einem Lehrer und einem Guru im buddhistischen Sinne?

Ein Lehrer ist, wie bereits erwähnt, jemand der uns inspiriert und auch Wissen vermitteln kann. Lehrer gibt es für unterschiedliche Wissensgebiete. Dadurch unterscheidet sich diese Bezeichnung nicht wesentlich vom weltlichen Verständnis darüber. Wichtig im buddhistischen Sinne ist allerdings, dass es nicht genügt nur Wissen zu vermitteln, sondern dass es auch der Übermittlung einer gewissen Begeisterung für das Wissensgebiet bedarf. Der Schüler sollte durch den Lehrer inspiriert werden können. Insofern ist ein Lehrer im Dharma eine Person die ein sogenannter wertvoller Lehrer ist.

Im Unterschied dazu steht der Begriff des Guru. Ein Guru ist natürlich auch ein Lehrer, vom dem man Wissen und Inspiration erhalten wird. Darüber hinaus jedoch ist die Bindung zwischen Guru und Schüler wesentlich tiefer.
Ein Guru ist jener wertvolle Lehrer der meistens die Traditionslinie in der er steht weiterträgt und andererseits in innerer Wahlverwandtschaft zum Schüler stehend diesen dabei unterstützen kann den Weg innerhalb dieser Traditionslinie selbst zu beschreiten.
Der Sanskritbegriff Guru bedeutet nach indischer Tradition Vater und Mutter. So wie sich die Eltern um das Kind kümmern, so sollte die Beziehung eines Guru zum Schüler sein. So wie sich das Kind seinem Vater und seiner Mutter zuwendet, so wendet sich ein Schüler seinem Guru zu. Daraus sieht man, dass ein Guru bei weitem mehr ist als ein Lehrer und dass die Beziehung zu ihm eine tiefere ist. Es ist eine Beziehung, die über das momentane Leben hinausgeht, so wie die Familie in die wir hineingeboren wurden ebenfalls eine Beziehung darstellt, die sich über Generationen erstreckt.

Der Guru ist daher speziell in den Schulen des Vajrayāna ein wesentlicher Aspekt in der buddhistischen Praxis. Daher haben Buddhisten in dieser Schulrichtung nicht nur die dreifache Zuflucht (Buddha – Dharma – Sangha) sondern eine vierfache (Guru – Buddha – Dharma – Sangha).
(SIEHE BZGL. ZUFLUCHT NEHMEN SEITE 204)

Man kann mehrere Lehrer haben, man hat aber nur einen Guru. Schwierig ist es einen wahren Lehrer zu finden, aber genauso schwierig ist es einen richtigen Schüler zu finden. Die Lebensumstände in denen sich der Lehrer oder der Guru befindet sind nicht ausschlaggebend. Wesentlich ist es wie der Guru auf diese seine Lebensumstände reagiert und mit ihnen umgeht. Es ist ein Irrtum zu glauben, dass Lehrer bzw. Gurus immer hoch angesehene Menschen sein müssen, die eine große Schülerzahl haben oder einer bedeutenden buddhistischen Organisation vorstehen.

Sie sind vor allem Menschen, die selbst Ernst gemacht haben und durch ihre eigene Verwirklichung den Pfad des Buddha beschreiten und dadurch uns Vorbild und Ansporn sein können, diesen Pfad ebenfalls gewissenhaft zu beschreiten.

„Weder die geistlichen Gewänder, noch der Körper, noch die Worte machen den Guru, sondern das was als Wahrheit, als Wissen und als Licht (S: bodhi) in ihm lebt. Je mehr er hiervon besitzt und in ihm lebendig geworden ist, und je mehr seine äußere Erscheinung und Haltung in Übereinstimmung damit ist, desto leichter ist es für den Schüler, den Buddha in seinem Guru zu sehen. Darum sollte der Schüler ebenso sorgfältig in der Wahl seines Guru sein, wie der Guru in der Annahme eines Schülers.

Tomo Geshe Rinpoche

Missverständnis

Meditation ist ruhig dasitzen, sich wohlfühlen und seinen Gedanken nachhängen.

Richtigstellung

Meditation im Buddhismus ist die Arbeit mit dem Zustand unseres Geistes. Die Methoden dazu verhelfen uns die ständig aktive Gedankenwelt zu beruhigen und eine analytische Reflektion über uns selbst und unsere Sichtweise auf diese Welt, in der wir leben, zu erlangen.

Der Begriff Meditation kommt aus dem westlichen Sprachgebrauch und wird als Sammelbegriff unterschiedlichster östlicher Verfahren, die sich mit den eigenen Bewusstseinszuständen beschäftigen, verwendet. Meditation ist heute bereits eine Bezeichnung, die in aller Munde ist. Leider wird darunter aber oft ein Sammelsurium unterschiedlichster Konzentrations-Techniken, Methoden der Selbstfindung, gedankliche Reflektion und vieles mehr verstanden.

Abgeleitet vom Altgriechischen „medomai" (μέδομαι) und vom Lateinischen „meditatio" bedeutet der Begriff „nachdenken, nachsinnen, die Mitte finden". Im östlich-asiatischen Kulturkreis gibt es allerdings diesen Sammelbegriff in dieser Form nicht, sondern es wird zwischen unterschiedlichsten Gruppen sogenannter meditativer Verfahren unterschieden. Leider werden daher all diese unterschiedlichsten meditativen Verfahren fast immer mit dem Begriff Meditation übersetzt. Sehr häufig werden auch Achtsamkeit, Konzentration, Geistesruhe oder geistige Sammlung einfach nur als Meditation bezeichnet.

Wir erinnern uns daran, dass Śākyamuni bevor er zum Buddha erwachte, den Weg des Yoga beschritt. Daher ist es nicht verwunderlich, dass er basierend auf der indischen spirituellen Tradition und den

Geistesübungen des Yoga zwei Schwerpunkte in seiner Lehre, was die Innenschau betrifft, akzentuiert hat.

Was sind nun diese beiden Akzentuierungen?
Bei den buddhistischen Geistesübungen geht es, wie beim Yoga, darum den eigenen Geist zu ergründen. Das bedeutet wir müssen unsere Aufmerksamkeit erst einmal nach Innen richten und ein Gewahrwerden unserer eigenen Bewusstseinsaktivitäten entwickeln. Daher ist es wichtig die ständig ablaufenden Aktivitäten des eigenen Geistes zur Ruhe kommen zu lassen (P: samatha / S: śamatha) und den Geist selbst zu analysieren (P: vipassanā / S: vipaśyanā).
Um die Ruhe des eigenen Geistes sowie die Fähigkeit der Aufmerksamkeit und der klarbewussten Unterscheidung zu erlangen, ist es notwendig einerseits den eigenen Geist zu kennen und andererseits die eigene Aufmerksamkeit zu verbessern.

Daher beginnt jede Schulung mit der Beobachtung von uns selbst, also mit einer Art von Verinnerlichung. Ein Abwenden von den äußeren Ablenkungen und ein sich zurücknehmen, um in sich selbst zu ruhen. Wir müssen es einmal lernen unseren Körper, unsere Gefühle, unsere Sinneswahrnehmungen und unser Denken bewusst und mit Achtsamkeit wahrzunehmen. Im Grunde sind wir Getriebene unserer eigenen Gewohnheiten und Empfindlichkeiten. Wir handeln aus momentanen Empfindungen heraus oder wir treffen Entscheidungen, die letztlich immer an unser gerade vorhandenes Weltbild angepasst sind. Wir sind uns aber dieser Tatsache nicht wirklich bewusst. Wir erkennen und verstehen meist nicht, dass wir durch unsere festgefahrenen Ansichten und Sichtweisen geprägt sind. Wenn es uns jedoch gelingt unsere Innenwelt zu befrieden und unseren Geist zu beruhigen, erfahren wir uns selbst und die Welt in der wir leben und agieren wesentlich bewusster. Wir sind dann nicht mehr Getriebene unserer eigenen Vorlieben und Abneigungen. Wir sind dann nicht mehr blind auf Grund unserer Unachtsamkeit und Fehlinterpretationen. Wir sind nicht mehr der Sklave unserer Gewohnheiten. Wir werden ein bewussteres Leben führen und heilsamer handeln können. Das vermindert nicht nur unsere eigene Unsicherheit und Unzufriedenheit, sondern auch die Leiderfahrungen aller Wesen mit denen wir Kontakt haben.

warum „Sitzen" notwendig ist

Um aber zu unserem wahren Wesen vordringen zu können, um die inneren Vorgänge, wie Empfindung, Wahrnehmung, Denkprozesse und Bewusstwerden klar erkennen und erfahren zu können, ist es notwendig Distanz zu den ständig vorhandenen Ablenkungen, die diese Vorgänge nähren, zu haben. Daher sitzen wir in einer meditativen Übung und lassen uns nicht ablenken. Das bedeutet unser Körper ruht bewegungslos in sich selbst (S: āsana). Wir legen uns auch nicht hin oder lehnen uns irgendwo an, denn das würde uns nur aus Gewohnheit dazu führen, dass wir die Konzentration nach Innen verlieren und eindösen oder gar einschlafen werden.

Wir schalten somit alles, was von Außen auf uns einströmt aus und gewinnen dadurch eine Erfahrung des Inneren. Wir sind mit uns allein, mit uns selbst. Daher ist es auch nicht sinnvoll Musik während einer solchen Übung zu hören. Meditationsmusik kann man zur Inspiration und Entspannung geniesen, für die Übung eines „nach Innen Wendens" (Meditationsübung) ist sie jedoch störend und verhindert die Beruhigung des eigenen Geistes. Auch sogenannte geführte (vorgesprochene) Meditation, wie sie leider im Westen sehr verbreitet ist, kann zwar als Einsteig für Anfänger kurzfristg sinnvoll sein, um die Art und Weise des Zurücknehmens zu erlernen, aber letztlich verhindert uns das Zuhören und Hinhören, tief in uns selbst zu schauen. Kein äußeres Phänomen, keine Sinneserfahrung der Außenwelt, soll uns ablenken. Erst dann beginnen wir wirklich uns selbst zu erfahren. Unser Körper, unsere Atmung, unsere Gefühlswelt, unser Denken, der endlose Gedankenfluss, wird uns nur in der inneren Stille präsent werden. Und wir werden mit regelmässiger Übung immer tiefer in uns hineinschauen, bis wir letztlich das dahinter Seiende erfahren können.

Es gibt im Buddhismus eine Vielzahl unterschiedlichster Herangehens-
weisen zu dieser Tiefenerfahrung unseres Geistes, unseres Seins und
Wesens. Aber auch wenn man Formen wie Mantras (Sätze mystischer
Bedeutung), im Inneren erzeugte Bilder (Schaubildentfaltung) oder ein
Wachrufen von Gefühlen zur Inspiration verwendet, immer ist dies eine
Aktivität unseres eigenen Bewusstseins. Immer ist es ein Bewusstwerden
der Aktivität unseres Geistes. Damit schaffen wir die Möglichkeit unseren
Geist zu erkennen, zu erfahren, zu befrieden und dahinter zu blicken.

Im eigenen Geist ruhen (P: samatha / S: śamatha)

Das Ruhen im eigenen Geist ist wie das Betrachten des eigenen Geistes.
Nicht der Geist betrachtet etwas, sondern die Wahrnehmung des Geistes
erfährt man als Reflektion seiner selbst in Form von einem
Geistphänomen. Denn solange Wahrnehmung existiert erfährt man
Phänomene und Objekte.

Gestilltsein des Bewusstseins ist die ungebrochene Aufmerksamkeit auf
ein Geistesobjekt, d.h. auf einen Wahrnehmungsprozess und damit auf
ein Objekt oder ein Phänomen. Es ist das Gewahrwerden des zur Ruhe
gekommenen Bewusstseins an sich.

Wahrgenommene Phänomene und Objekte sind Fabrikationen unseres
Bewusstseins. Es ist die Färbung und der Filter, den unser Bewusstwerden
über all unsere Wahrnehmungen legt. Es sind dies die mit jeder
Wahrnehmung unweigerlich verbundenen Gedanken und Gefühle.
Jedewede Wahrnehmung, Erfahrung und Erkenntnis spielt sich in einem
Bewusstwerdungsprozess ab. Wenn die Konzentration sich auf diesen uns
ureigenen Bewusstwerdungsprozess fixiert (S: dharana), dann werden wir
schließlich diesen Prozess selbst erfahren und ein Gestilltsein des Geistes
tritt ein (S: dhyāna / C: 禅 chán / japanisch: Zen). Der eigene Geist soll
befähigt werden, solange in sich selbst präsent zu sein, sodass sein Wesen
und seine Wirkungsweise klar und deutlich erkannt werden können.

Wir müssen eine Erfahrung unserer selbst machen, die uns von unseren
Erfahrungen der Sinneswahrnehmungen trennt. Unsere alltäglichen

Wahrnehmungen und die daraus abgeleiteten Aktivitäten verschwimmen immer im Nebel unseres ständig herumspringenden Geistes. Wir fühlen, wir klassifizieren und ordnen zu, wir erinnern uns und bringen unser Wissen ein, wir erzeugen mit jeder Wahrnehmung eine Mischung aus all diesen unterschiedlichen Bereichen unseres Seins.

Das Nicht-Gewahrsein unseres Geistes an sich, ist eine Gewohnheit die durchbrochen werden sollte und auch kann. Wir beginnen diese Rastlosigkeit unseres Geistes zu beobachten und verlieren uns nicht mehr darin. Der Geist gleicht dann einem Himmel, einem nicht begrifflichen Hintergrund, an dem unterschiedliche mentale Inhalte wie Wolken aufziehen und dahinschwinden.

analytische Aufmerksamkeit (P: vipassanā / S: vipaśyanā)

Durch die Gestilltheit des Geistes (P: samatha / S: śamatha) wird es dann möglich achtsam die Aktivitäten des Geistes selbst zu betrachten.

> *„Um die Malereien im Inneren einer Höhle erkennen zu können,*
> *benötigt man ein klares ruhiges Licht."*

> *Tsongkhapa, lamrim, Stufenweg*

Aufbauend auf der Gestilltheit des Geistes können dann die Geistobjekte, die sogenannten Bewusstseinsprozesse, analysiert und aufmerksam ohne Interpretation erfahren werden. Diese Aufmerksamkeit kann in unterschiedlichen Bereichen erfolgen. Diese Erfahrung wird dann die wahrgenommenen Objekte der Aufmerksamkeit selbst, die Interpretation der Objekte und somit unsere Sichtweise darüber sowie das tiefgründige Erkennen der Natur dieser Objekte durchleuchten und bewusster wahrnehmen.

Die Entwicklung von Einsicht auch Hellblick oder Achtsamkeit genannt (P: sati / S: smṛti.), ist dann das wirklichkeits-gemässe Erkennen der Natur aller Erscheinungen (S: yathā bhūtam).

Diese führt dazu, dass wir auch in all unseren Aktivitäten, im Fühlen, im Denken, klar bewusster durchs Leben schreiten.

Was ist zu üben?

Die meditative Praxis (P: samatha-vipassana / S: śamatha-vipaśyanā) sollte sich auf das Ergründen und Verstehen der Lehre (P: dhamma / S: dharma) begründen und nicht auf Glauben und selbst konstruierten Methoden. Ein Studium der Lehre ist unabdingbar, da damit unsere Sichtweise korrigiert und vertieft wird. Wenn wir jedoch Sutren und Kommentarwerke lesen, hören und aufnehmen, dann müssen wir dieses Wissen nicht nur zueinander in Beziehung bringen, sondern wir müssen dieses Wissen assimilieren. Nicht die Worte und Formulierungen sind das Wesentliche sondern der diesen formulierten Gedanken und Aussagen zu Grunde liegende praktische Nutzen. Das ist es, was uns der Buddha übermitteln wollte. Daher ist es notwendig ein tiefes Verständnis der Lehre zu erlangen.

Beruhigung des Geistes auch Gemütsruhe oder Gewahrsein, ist somit eine Sammlung des Geistes und damit seine Nicht-Zerstreutheit. Die Methode dazu ist die Übung der Beruhigung und Zähmung des Geistes durch Zurruhekommen der Bewusstwerdungsprozesse (S: śamatha).

Daher sind im eigenen Geist ruhen (P: samatha / S: śamatha) und Achtsamkeit sowie analytische Aufmerksamkeit (P: vipassana / S: vipaśyanā) nicht wirklich zu trennen. Andererseits unterscheiden sie sich dadurch, dass die Selbstreflektion und analytische Aufmerksamkeit (S: vipaśyanā) konzeptionelle Objekte (Phänomene, Vorstellungen, Gedanken) analysiert. Die Beruhigung des Geistes, die Erfahrung innerer Stille (S: śamatha) observiert unser Bewusstsein und bezieht sich auf die nicht-konventionellen Phänomene und Bewusstseinsprozesse.

Die Übung von śamatha und vipaśyāna beruht auf heilsamen Lebenswandel (P: śīla / S: śīla), Studium sowie Verständnis (P: panna / S: prajñā) und Meditation (PS: samādhi). Sie befreit den Übenden von den Bindungen an die Begriffe (P: avijjā / S: avidyā, NIchtzweiheit) und den fehlerhaften Tendenzen (P: kilesa / S: kleśa, Trübungen, Anhaftungen).

Solange wir an den Sinneserfahrungen haften, von diesen getrieben werden und diese für die wahre Wirklichkeit halten, werden wir Geistesruhe nicht erlangen. Den eigenen Vorstellungen nachhängen und die buddhistische Lehre nicht zu ergründen und zu verstehen, verhindert das Erlangen der Fähigkeit analytischer Aufmerksamkeit.

Solange wir ständig mit den Attraktionen und Ablenkungen bzw. Faszinationen der äußeren Welt und unseren eigenen Vorlieben und Abneigungen beschäftigt sind, wenn wir der geistigen Zerstreuung und der mentalen Ablenkung nachhängen, dann ist sowohl Geisteruhe (S: śamatha) als auch analytische Selbstreflektion (S: vipaśyanā) nicht zu erlangen. Dies erlangt man aber auch nicht wenn man mit minderwertigen Ergebnissen in der Übung der Meditation zufrieden Ist. Verstrikt zu sein in die Tätigkeiten der Welt führt dazu, dass wir die meditative Übung nicht durchführen. Vorschnelle Zufriedenheit mit Ergebnissen führt dazu, dass wir die Übung nicht zu ihrem Ende bringen.

Alles was dazu dient die ständig ablaufenden Bewusstwerdungsprozesse zu befrieden und zu isolieren kann Ursache für das Erlangen von Geistesruhe (S: śamatha) werden. Daher lenken wir die Aufmerksamkeit auf die buddhistischen Lehren wie Unbeständigkeit (P: anicca / S: anitya), Abhängiges Entstehen (P: paṭiccasamuppāda / S: pratītyasamutpāda) sowie Nicht-Eigennatur (P: anattā / S: anātman). Wenn diese Lehren zu Objekten unserer Betrachtung werden (P: vipassana / S: vipaśyanā), ist eine Befriedung des Geistes möglich.

Nur wenn das Gehörte oder Gelesene inhaltlich ergründet wird, wenn die Bedeutung hinter den Bezeichnungen und Worten aufgenommen wird, nur dann ist es möglich Nutzen aus der Lehre (P: dhamma / S: dharma) zu ziehen. Das Auswendiglernen oder Rezitieren von buddhistischen Texten ohne in den eigentlichen Wesensgehalt einzudringen ist nur ein mentales Wiederholen und hat keinerlei Nutzen die eigene Unwissenheit zu korrigieren.
Denn ausschließlich intellektuelles Reflektieren führt nur dazu, dass die Worte und Bezeichnungen geradewegs den eigenen bereits vorhandenen

Vorstellungen und Interpretationen angepasst werden. Erst die meditative Reflektion und das Stillehalten führen zu einer inhaltlichen Erkenntnis des Gesagten ohne den Trübungen der eigenen Vorstellungen und Interpretationen.

Weisheit und Einsicht über die unterschiedlichsten Lehren des Buddhismus erlangt man durch regelmässige meditative Übungen und nicht durch Studium. Die meditative Erfahrung führt zum Erwachen. Das alleinige Studium der buddhistischen Lehren führt zum Wissen.

Der meditative Übungsweg ist ein Weg der individuellen Anstrengung, der mit Achtsamkeit und wacher Bewusstsheit beginnt. Meditatives Bemühen ist aber kein gesondertes Bestreben, sondern ein alle Bereiche unseres Lebens umfassendes und durchdringendes Bemühen.

Missverständnis

Umfangreiche Übungssysteme im Buddhismus, im besonderen im Vajrayāna, sind exotische Formen von Ritualen und werden ausschließlich im tibetischen Buddhismus gelehrt.

Richtigstellung

Übungssysteme (S: sādhana, bewirkende Mittel) finden sich in allen Schulen des Buddhismus. Es sind abgestimmte Methoden, welche die unterschiedlichsten Bereiche des Menschseins ansprechen und daher wesentlich zur ganzheitlichen Entwicklung auf dem Pfad zur Achtsamkeit und klarer Bewusstheit beitragen.

Es gibt den indischen Ausdruck Sadhana (S: sādhana, zum Ziel führend, hervorbringend, vollführen, Mittel, Werkzeug), der sowohl im Yoga als auch im Buddhismus verwendet wird. Grundsätzlich bedeutet dieser Begriff die Praxis, d.h. das gewissenhafte Durchführen einer Bestrebung (S: sadh, gerade aus zum Ziel kommen, seinen Zweck erreichen). Im Buddhismus ist damit eine Abfolge von in sich abgestimmten Übungen und Methoden gemeint, die den Übenden zu einem klar definierten Ergebnis hinführen soll und kann. Speziell im Vajrayāna werden Sadhanas in großer Zahl geübt. Jeder von ihnen beinhaltet eine Ausrichtung an spezielle Qualitäten des Erwachtsein. Sie beinhalten daher darauf abgestimmte Erfahrungsinhalte, Formen, Symbole und ähnliches. Sadhanas sind somit bewirkende Mittel, die es dem Übenden ermöglichen zielstrebig bestimmte Inhalte der Buddhalehre auf dem praktischen Weg zu erfahren, zu ergründen und realisieren zu können.

Sadhanas dienen dazu auf dem eigenen Übungsweg bestimmter und zielgerichteter voranschreiten zu können. Die Methoden eines Sadhana können dabei unterschiedlichste Bereiche des Menschseins, wie Bilder (visualisierte Buddhas oder Bodhisattvas), Formen (Symbole) sowie

Lautschwingungen (Mantras) umfassen. Die gestalteten Formen werden vom Übenden (S: sādhaka) jenseits der intellektuellen Analyse als Wirklichkeit erlebt und können daher den Übenden wandeln. Diese angestrebte Wandlung von der Unwissenheit und Beschränktheit zu Wissen, Weisheit und letztlich zum Erwachen, ist der Zweck dieser Transformation, die durch eine solche Methodik initiiert und umgesetzt werden kann.

Damit ist auch verständlich, dass solche meditativen Methoden Schritt für Schritt erarbeitet und durchgeführt werden müssen. Das bedingt aber auch, dass es eine individuelle Beziehung zwischen den dargebotenen Formen und Bildern und dem Übenden geben muss. Denn wenn die Inspiration und die Begeisterung fehlt dann bleiben Sadhanas nur leere Techniken oder reine Gefühlswelten, in die der Übende eintaucht ohne Achtsamkeit, Selbsterkenntnis und Wandlung zu erfahren. Wenn die Vorbereitung für das Üben solcher Methoden fehlt, dann werden die Ergebnisse des Übens in falsche Bereiche führen. Weder die gewünschte Wandlung noch die erhoffte Achtsamkeit und Wachheit im Übenden werden dann aktiviert. Daher werden Sadhanas in der lebendigen Tradition des Buddhismus immer nur von einem Lehrer direkt an den Schüler weitergegeben und initiiert. Sadhanas können nicht aus Büchern erlernt oder in Massenveranstaltungen weitergegeben werden auch wenn dies leider heutzutage oft geschieht.

Zur Ausübung von Sadhanas bedarf es der Ermächtigung und Vorbereitung (S: yukti / T: sngon'gro, ngöndro), der Initiation (S: abhiṣeka) und einer ernsthaften Praxis (S: upāya). Das Üben eines Sadhana ist kein momentaner Zeitvertreib oder eine Methode, mit der man schnell Erleuchtung erlangen könnte. Es bedingt regelmässges Üben, um die in uns verborgenen Kräfte und Möglichkeiten auffinden, erkennen und zur Reife bringen zu können. Es bedarf aber auch der Zuversicht und dem Vertrauen in den Weg des Buddhismus. Es benötigt eine innere Wahlverwandltschaft mit den Inhalten des Dargebotenen, das heißt der Bilder und Formenwelt dieser Methode. Und darauf aufbauend kann dann nach Durchlaufen von vorbereitenden Übungen, Schritt für Schritt die Annäherung an die Inhalte des Sadhana vollzogen werden.

Sadhanas müssen sozusagen erarbeitet werden. Mit jedem tieferen Eindringen in die Symbolwelt und Wirkung dieser Übungssysteme, erschließt sich dem Übenden ein besserer Zugang zu sich selbst und eine stärkere Achtsamkeit wird erweckt.
Solche Übungssysteme machen allerdings nur dann Sinn für den Übenden, wenn ihm die damit verbundene Begriffswelt nicht fremd und unverständlich bleibt. Es macht also für einen westlich geprägten Menschen wenig Sinn gewisse Vajrayāna Übungen aufzunehmen ohne sich zuvor mit den Symbolen und deren Bedeutung vertraut gemacht zu haben. Nur das Nachahmen fremder kulturell geprägter Formen ist Unsinn.

Missverständnis

Einweihung ist die Teilnahme an einem Ritual und dadurch die Erlangung eines Wissens über eine okkulte, d.h. verborgene oder geheime Lehre.

Richtigstellung

Initiation im Buddhismus ist der inspirierende Impuls am Ende einer Vorbereitungszeit, um Zweifel an der zuvor geübten spezifischen Methode der Geistesschulung auszuräumen und dadurch gefestigt auf dem eingeschlagenen buddhistischen Weg voranschreiten zu können.

Wenn wir uns den Lehren des Buddhismus zuwenden entsteht früher oder später der natürliche Wunsch diese Lehren auch wirklich erfahren zu können. Wir motivieren uns dabei selbst und versuchen den praktischen Weg, den uns der Buddha übermittelt hat, zu beschreiten. Doch die Grundlage dieser unserer Motivation ist letztlich unsere momentane persönlich gefärbte Sicht hinsichtlich dieses Weges der Praxis. Es ist somit eine Schlußfolgerung, die aus unserem vorhandenen Wissen und Verständnis heraus entsteht. Unsere Motivation ist durch unsere Wünsche und unsere Vorlieben geprägt. Das bedeutet, dass wir eine gewisse Erwartungshaltung entwickeln. Diese Erwartungshaltung wird dann die Richtung vorgeben, wie wir dem Buddhaweg folgen werden.

Leider wird dieser erste Antrieb, diese erwachte Motivation, oft nicht lange anhalten. Wir werden uns bald wieder unseren Vorlieben und Wünschen unterordnen und damit nie ernsthaft zu üben beginnen. Es genügt also nicht nur den Wunsch zu hegen etwas zu tun, wir müssen aus uns selbst heraus auch die Notwendigkeit etwas zu tun erfahren haben. Und genau dieses aus uns selbst heraus Erfahrbare kann eine Initiation, eine Einweihung vermitteln. Denn nur wenn wir von etwas tief ergriffen werden und wenn wir wirklich betroffen sind, nur dann bleibt diese unsere Motivation aufrecht. Dies ist der Einstieg in die Methoden eines Stufenweges im Buddhismus, der mit einer Ermächtigung (S: adhiṣṭhāna, Grundlage, Basis, das Betreten, Segen) beginnt und schließlich zur Initiation (S: abhiṣeka, Weihung durch Besprengung mit Wasser) führt.

Initiationen gibt es und gab es in allen Kulturen. Im Buddhismus ist Initiation ein wesentlicher Schritt auf dem Stufenweg der Praxis und die Einführung in die spirituelle Tradition, der man sich verbunden fühlt und die man nun ernsthaft aufnimmt. Studium und Verständnis führt uns in die Richtung, der wir folgen wollen. Aber erst eine Erweckung der inneren Erlebnisfähigkeit schafft das Vertrauen und die Zuversicht diesen Weg auch wirklich zu beschreiten. In der Initiation übermittelt im allgemeinen der Lehrer seinem Schüler diese Inspiration und Energie, die der Schüler aufnimmt um dann motiviert daraus hervorgehend selbst den Weg zu beschreiten.

Damit dies aber auf fruchtbaren Boden fallen kann ist eine Vorbereitung unabdingbar. Wir können nicht erwarten, dass Samen die wir in einen Boden ohne Nährstoffe säen, aufgehen werden und dann auch noch Früchte tragen. In gleicher Weise ist es nicht sinnvoll an einer Intitation teilzunehmen ohne zuvor den eigenen Boden, das bedeutet letztlich sich selbst, vorbereitet und entsprechend geschult zu haben. Diese Vorbereitung ist eine unabdingbare Voraussetzung für die Teilnahme an jeder buddhistischen Einweihung. Anderenfalls bleibt die Einweihung im Intellekt stecken oder was noch fataler ist, sie erzeugt ein Wohlempfinden bzw. eine gefühlsbetonte Geborgenheit und verbaut uns dadurch die Möglichkeit die Praxis in Zukunft ernsthaft aufnehmen zu können. Intitation die im Westen von buddhistischen Lehrern angeboten werden, sollten diese Kriterien erfüllen und niemals als Masseneinweihung oder Wohlfühlveranstaltung dargeboten werden.

Um diese Vorbereitung auch mit der notwendigen Ernsthaftigkeit durchzuführen, gibt es in den Vajayāna Schulen des Buddhismus die Stufe der Ermächtigung (S: adhiṣṭhāna). Dabei werden dem Übenden und Schüler wesentliche zusätzliche Aspekte seiner Übung erklärt und klar gemacht.

Ein weiterer wichtiger Aspekt betrifft das sogenannte Geheimnis, das sich um diese Einweihungsriten rankt. Warum sollten diese nicht öffentlich zugänglich sein? Warum finden sie meist unter Ausschluß der Öffentlichkeit statt. Das hat eine ganz einfachen Grund.

In einer Weihehandlung wird der vorbereitete Schüler mit sich selbst konfrontiert. Dies geschieht in einer ungeschminkten Form. Der Schüler steht sich unmittelbar selbst gegenüber. Er öffnet sich und sieht in sich selbst hinein – seine Neigungen, Vorlieben und Gewohnheiten. Mit der Initiation wird ihm das anzustrebende Ideal gezeigt und eine Kraft und Inspiration übermittelt, die es ihm ermöglichen soll aus seinem Elfenbeinturm herauszubrechen und sich der ernsthaften Hinwendung zu diesem Ideal hinzugeben. Dies ist ein zutiefst emotionaler Akt und kann intellektull nur ungenügend erfasst geschweige denn beschrieben werden. Um diesen Akt des Vollzuges an sich selbst nicht zu profanieren bleiben diese Vorgänge im persönlichen Bereich und werden weder zerredet noch breit ausgebreitet und daher schon gar nicht öffentlich zur Schau gestellt. Eine gewisse Geheimhaltung verhindert somit diese Profanität.

Die notwendige Spontanität, um sich selbst wirklich öffnen zu können, ist nur möglich, wenn die notwendige Erfahrung unmittelbar erfolgt und nicht zerredet wird und damit nicht in die Ebene des kategorisierenden Intellekts gehoben wird. Das mit einer Einweihung verbundene tiefe innere Erlebnis wird dadurch im Herzen aufbewahrt wie ein Schatz und nicht vor der Menge ausgebreitet. Das zeigt auch deutlich, dass eine solche Hilfestellung und damit verbundene Einweihung nur von einem Lehrer direkt an einen Schüler gegeben werden kann. Der Lehrer muss aber die zu übermittelnde Qualität und den damit verbundenen Bewusstseinszustand selbst erreicht haben.

Wir sehen also, dass Intitation im Buddhismus immer einer Vorbereitung bedarf (P: adhiṭṭhāna / S: adhiṣṭhāna / T: lung, Ermächtigung) und im Stillen sogenannten Verborgenen stattfindet. Sie bleibt zutiefst individuell und wird daher nicht in der Öffentlichkeit ausgebreitet. Denn nur das unmittelbare Erlebnis wirkt und nicht noch weitere intellektuelle Erklärungen sowie zusätzliches Wissen. Die Einweihung ist somit auch der nicht-intellektuelle Abschluß einer bereits erfolgten Erklärung, der dann das Tor zum wirklichen Erleben öffnet.

Abschließend sei ein Beispiel aus dem alltägliche Leben als Erklärung zu diesem hier ausgeführten Thema gestattet.

Wenn man jemanden eine Witz erzählt der sprachlich die Pointe nicht erfassen kann, dann ist der Effekt des Witzes nicht gegeben. Der sprachliche Zugang erfordert natürlich ein Wissen über den kulturellen und sozialen Rahmen indem der Witz angesiedelt ist. Ebenso wäre es völlig falsch die Pointe eines Witzes zu erklären, denn auch dadurch ist die Wirkung nicht gegeben.

In ähnlicher Weise müssen die Rahmenbedingungen für eine Initiation gegeben sein. Wenn man durch die Vorbereitungszeit bereit ist, dann kann das Ritual einer Initiation auf fruchtbaren Boden fallen. Es wäre aber auch falsch das eigene Erlebnis zu diskutieren, zu analysieren und zu zerreden. Damit verschiebt man die Wirkung wieder auf die intellektuelle Ebene und verschließt sich erneut den in einer Initiation geöffneten Erlebniswelten.

So wirkt eine Initiation nur dann, wenn wir dafür vorbereitet sind und wenn sie durch unmittelbares Erleben abseits der Öffentlichkeit stattfindet.

Missverständnis

Retreat bedeutet sich von allem abwenden und mit sich allein sein. Dieses Zurückziehen von der Welt ist eine Voraussetzung um Erleuchtung zu erlangen.

Richtigstellung

In einem Retreat zieht man sich vollständig von allen Ablenkungen zurück und widmet sich ausschließlich den notwendigen Dingen, nämlich der Meditation und dem Studium der Lehre. Doch nach jedem Zurückziehen erfolgt die bewusste Rückkehr, denn nur im Leben selbst können wir unsere Achtsamkeit voll entwickeln und schulen.

Soll man, wenn man ernsthaft den Weg des Buddha geht, sich von der Welt zurückziehen?

Diese Frage wird oft gestellt. Unter einem Retreat, dem englischen Begriff für Entspannung und Rückzug, versteht man im Deutschen eine spirituelle Rückzugsphase, in der man versucht eine Situation fernab der Unbilden des Lebens herbeizuführen. Als Beispiel werden dann die vielen Mönche und Nonnen angeführt, die sich vom täglichen Leben zurückgezogen haben und abseits davon ihren buddhistischen Studien und Übungen nachgehen.

Wir sollten aber verstehen, dass ein Zurückziehen niemals eine Flucht sein soll. Es sollte weder eine Flucht vor den Bedingungen des Lebens denen wir unterworfen sind sein noch eine Flucht vor sich selbst. Nicht die Umstände in denen man lebt sind es die uns formen und Schwierigkeiten bereiten. Nein es ist immer nur unsere eigene Reaktion auf diese Umstände, die uns in eine bestimmte Richtung zwingt. Wir selbst sind es, die unser Leben gestalten. Die Bedingungen der Welt schaffen immer nur die Situationen, denen wir uns stellen müssen. Die Welt ist weder gut noch schlecht, wir selbst sind es die ihr einen Wert oder einen Unwert

geben. (SIEHE BZGL. KAUSALITÄT UND KONDITIONALITÄT SEITE 154)
Aus dieser Sichtweise heraus hat uns der Buddha stets darauf hingewiesen, dass die rechte Sichtweise (P: samma diṭṭhi / S: samyak dṛṣṭi), nämlich das Erkennen der jeweiligen Situation in wacher Achtsamkeit, wesentlich ist.

Wir gehen durch das Leben wie ein Wanderer durch eine teils bereits bekannte und teils unbekannte Landschaft. Und so wie ein Wanderer sich immer wieder entscheiden muss welchen Weg er einschlägt, ob er stehen bleibt und eine Rast benötigt, ob er schnell oder langsam unterwegs ist, ob er Seitenwege nimmt, ob er alleine geht oder zusammen mit Anderen, genauso gestalten wir unser Leben. Deshalb kann die Frage, ob man sich von der Welt zurückziehen soll oder nicht, nicht generell für jeden Menschen eindeutig mit ja oder nein beantwortet werden.

Ein Zurücknehmen aus unheilsamen Situationen ist notwendig, wenn wir erkennen, dass wir uns immer mehr darin verstricken. Wenn wir sehen, dass sie sich negativ auf uns und andere Wesen auswirken. Ein Leben in buddhistischer Praxis erfordert somit eine Flexibiliät, die uns dazu verhilft den momentanen Anforderungen die uns das tägliche Leben beschert klar ins Auge zu sehen. Aus diesen jeweiligen Situationen heraus werden wir dann Entscheidungen treffen müssen. Wir sollten also Bedingungen meiden, wenn sie unsere Reaktionen auf diese Lebensumstände negativ beinflussen. Wir sollten ihnen dann wenn notwendig rechtzeitig ausweichen. Und daher kann es sehr wohl sinnvoll sein, dass man sich für eine bestimmte Zeit zurückzieht.

Eine Zurückziehen bzw. ein Retreat ist dann hilfreich, wenn wir unsere Kraft und Energie auf bestimmte Aspekte der Lehre durch Studium und Meditation fokusieren wollen und dies auf Grund der bestehenden Bedingungen nur sehr schwer oder gar nicht möglich ist. Wenn wir dadurch Ablenkungen minimieren oder ihnen ausweichen können, dann ist ein solches Herausnehmen von uns selbst aus den täglichen Aktivitäten sinnvoll. Es ist dann keine Flucht sondern die bewusste Entscheidung die eigene Position zu verändern, um den vorhandenen Bedingungen temporär auszuweichen. Entfliehen können wir den Bedingungen allerdings nicht, denn sie werden in ähnlicher oder abgewandelter Form uns folgen und solange uns begleiten, bis wir unsere Reaktion auf sie korrigiert und verbessert haben.

„Wahrhaft frei werdet ihr nicht dann sein, wenn eure Tage ohne eine Sorge und eure Nächte ohne ein Bedürfnis oder einen Kummer sind,
sondern vielmehr wenn diese Dinge euer Leben umfassen und ihr euch dennoch nackt und ungebunden über sie erhebt."

Khalil Gibran (aus: Der Prophet, Von der Freiheit)

Im Buddhismus gibt es viele Möglichkeiten sich dieser Aufgabe zu stellen. Es kann sein, dass jemand beschließt alleinstehend zu leben oder er fasst den Entschluß zu heiraten und eine Familie zu gründen. Er lebt dann mit einer Familie und versucht dies als eine wertvolle Bedingung für seine Praxis zu betrachten. Hier seien als Beispiel zwei der bedeutendsten Meister der tibetischen Tradition erwähnt, die ein solches Leben gewählt haben.

Marpa (1012 - 1097) war ein tibetischer buddhistischer Lehrer, Übersetzer und ernsthaft Praktizierender. Auf ihn geht die Sukzession der tibetischen Kagyu Schule zurück. Er war verheiratet und hatte einen Sohn. Obwohl er ein Familienleben führte und daher kein Mönch oder Einsiedler war, gilt er als einer der bedeutendsten buddhistischen Meister der tibetischen Tradition.

Milarepa (1040 - 1123) war ein Schüler von Marpa und ist der bedeutendste tibetische Heilige und Yogi. Er begründete die buddhistische Kagyu Schule und lebte vorwiegend als Einsiedler in der Einsamkeit.

In der tibetischen buddhistischen Tradition gibt es demnach sowohl zölibatäre Schulen als auch nicht zölibatäre Schulen. Ob man alleine wie ein Mönch oder eine Nonne lebt oder ein Familienleben führt, wesentlich ist dabei nicht der äußere Status sondern die innere Einstellung.

Wenn wir getragen von der Zuversicht und dem Vertrauen in die Lehre des Buddha leben, dann können wir in jeder Lebenssituation

Pratizierender sein. Auch zu Zeiten des Buddha gab es nicht nur Mönche und Nonnen sondern auch viele direkt im Leben stehende Menschen, ledig oder verheiratet, mit oder ohne Familie, die zu den unmittelbaren Schülerkreis des Buddha zählten.

In früheren Zeiten als der Mensch viel Zeit auf seinen Lebensunterhalt verwenden musste war es sehr schwierig wenn nicht gar unmöglich sich einer geistigen spirituellen Praxis zu unterwerfen. Dadurch entstand die Tendenz sich von den weltlichen Verpflichtungen zu lösen und Mönchs- bzw. Nonnenorden wurden geschaffen. In der heutigen Zeit, wo wir in einer organisierten Gesellschaft leben, in der es nicht mehr so schwierig ist seinen Lebensunterhalt zu bestreiten, ist dies nicht mehr so wesentlich. Ein Leben der Praxis ist heute wegen der besseren äußeren Lebensumstände im Vergleich zur Vergangenheit leichter möglich.

Ein Zurücknehmen aus den Verpflichtungen und Abhängigkeiten der Welt mag sinnvoll sein, wenn wir dadurch besser und ernsthafter praktizieren können. Aber jedes Üben muss sich letztlich an der Realität, die man durch die Zurückgezogenheit verlassen hat, wieder bewahrheiten und bewähren. Nur wenn uns ein zurückgezogenes Leben und Üben dazu verhilft mit den Bedingungen und Einflüssen des Lebens in rechter Weise umzugehen, nur dann hat eine Übung in Zurückgezogenheit Sinn. Aber letztlich müssen wir aus einer solchen Zurückgezogenheit immer wieder zurückkommen in die Welt, denn nur dort bewahrheitet sich das Resultat unserer Übung.

Wie gesagt wir sollten die Reaktionen unsererseits auf die Bedingungen des Lebens bewusst gestalten und diese Bedingungen klar und achtsam zur Kenntnis nehmen. Wir müssen es aber auch vermeiden diesen Bedingungen zu entfliehen. Die Flucht vor Herausforderungen des Lebens ist eine Flucht vor uns selbst und trägt nicht zur Verbesserug unserer Achtsamkeit bei.
Meditative Übung in Zurückgezogenheit soll uns dazu verhelfen auf Bedingungen besser und achtsamer reagieren zu können. Wenn man dieser Prüfung nicht standhält, dann macht jegliche Übung wenig Sinn.

Daher sollten wir dies als Motivation mit uns nehmen, wenn wir beschliessen uns zurückzuziehen.

Zurückgezogenheit hat also unterschiedliche Formen. Es kann sein, dass man sich für eine Zeitspanne zurückzieht. Es kann sein, dass man eine Woche oder ein Wochenende dazu benutzt sozusagen sich aus dem Trubel heraus zu nehmen. Wesentlich bei all diesen Formen ist es aber, dass man nicht in diesem Zustand verweilt, sondern danach zurückkehrt in die Welt.

Meditation in Abgeschiedenheit ist kein Selbstzweck. Es ist die Möglichkeit abseits des starken Einflusses der weltlichen Zustände uns selbst zu erfahren, unsere Achtsamkeit zu schulen indem wir tief in uns blicken. Wenn wir uns durch meditative Übung selbst ungeschminkt erfahren und akzeptieren lernen, nur dann sind wir auch in der Lage im täglichen Leben diesen achtsamen Geisteszustand aufrechtzuerhalten. Dazu bedarf es aber des täglichen Lebens, um diesen gewonnenen Geisteszustand im Feuer der Turbulenzen sich bewähren zu lassen.

Der spirituell übende Mensch lebt nicht nur in sich selbst, abgekehrt von Allem, sondern er lebt als Mensch in und mit dieser Welt. Ganzsein bedeutet alle Aspekte des Lebens, Innen wie Aussen, klar bewusst wahrzunehmen, um entsprechend heilsam darauf reagieren zu können.

Die tägliche Meditation ist sozusagen die kontinuierliche Aktivität diese Achtsamkeit im Leben weiterzutragen. Ein zeitweiliges Zurückziehen aus der Welt kann dabei unterstützend und förderlich sein.

Missverständnis

Zeremonien und Rituale wirken durch sich selbst, es genügt eine Teilnahme an ihnen.

Richtigstellung

Inspiration und Hilfe erlangen wir durch Rituale und Zeremonien nur dann, wenn wir in ihren Wesensgehalt eingedrungen sind, d.h. wenn wir durch entsprechende Vorbereitung und Wissen eine innere Resonanz erzeugen können, die uns sowohl intellektuell als auch emotional ergreift. Die Form an sich entfaltet nur dann ihre Wirkung wenn der dadurch symbolisierte Inhalt uns im Innersten berührt.

Von den Fesseln (PS: saṃyojana, upādāna, Fessel, Anhaftung) die uns an das Leben ketten, d.h. uns in das Leben verstricken und dadurch Unzufriedenheit, Verlangen und Aversion erzeugen, ist eine das Hängen an Regeln und Riten. Wenn wir an Formen festhalten und den Inhalt vernachlässigen, dann werden rituelle Handlungen zum Selbstzweck und sind daher nutzlos für die eigene Transformation zum Heilsamen. Im Gegenteil sie bergen in sich die Gefahr indem sie eher unser Ego stärken und uns das Gefühl geben, dass wir uns nun bedeutender und wichtiger nehmen als zuvor.

Im Buddhismus gibt es unterschiedlichste Formen von rituellen Handlungen. Wir entzünden Lichter und Räucherstäbchen, wir verneigen uns vor Statuen, wir benutzen Gongs und Klangschalen, wir rezitieren Texte usw.. All dies sind Formen und Riten innerhalb des Buddhismus. Was ist nun der Zweck von all dem und wie lässt es sich mit dem Fernhalten von der Fessel des Anhaftens an Regeln und Riten vereinbaren?

Die Antwort darauf ist relativ einfach. Solange wir Formen und Aktivitäten als äußere Handlung vollziehen ohne uns des darin liegenden

Wesensgehaltes bewusst zu sein, bleiben es ausschließlich Formen. Sie werden dann zur Gewohnheit und letztlich binden wir uns daran. Denn sie können ein gutes Gefühl erzeugen und damit unsere Achtsamkeit trüben. Die Form kontrolliert dann unsere Sichtweise und bindet uns immer stärker an unsere Gewohnheiten, Ansichten und Neigungen.

Daher ist es wesentlich bei all diesen Formem sich diese zu erarbeiten. Wir müssen uns mit dem Sinn und Zweck auseinander setzen und dürfen sie nicht einfach übernehmen und uns zu eigen machen. Speziell gilt dies für Riten aus anderen Kulturkreisen, die eine gewisse Faszination auf den westlichen Menschen ausüben, da sie einen mentalen und gefühlsmässigen Leerraum in uns ausfüllen können. Da sie uns exotisch erscheinen und uns das Gefühl geben können wichtig und bedeutend zu sein, werden sie sehr gerne einfach übernommen ohne dass ihre Dastellungsweise hinterfragt wird. Aber nur wenn wir die Bedeutung, den Grund, die Idee welche sich in den Formen manifestiert erkennen, nur wenn wir in sie eindringen, dann können sie uns dazu verhelfen ihre Wirkung zu entfalten.

Rituelle Handlungen sind wie eine Melodie, die uns vorgespielt wird oder der wir zuhören. Nur wenn in uns etwas mitzuschwingen beginnt, nur dann können wir selbst zu dieser Melodie werden. In gleicher Weise verhelfen uns Rituale in eine Qualität der Erfahrung hineinzusteigen, in eine Tiefe der Erkenntnis, die ohne sie nur schwer zugänglich sein kann. Aber nur wenn wir uns aufschliessen, wenn wir unser ganzes Sein daran teilhaben lassen, ist es wirksam. Mit dem ganzen Sein daran teilhaben bedeutet nicht nur die Form zu zelebrieren, sie nicht nur intellektuell zu begreifen und zu verstehen, sondern sie auch gefühlmässig zu empfinden. Nur das Nachahmen eines Ritus und das Wiederholen allein ist zu wenig und führt in die falsche Richtung. Umso besser wir mit Ritualen und den Symbolen einer Zeremonie vertraut sind, umso tiefer können wir in ihre Bedeutung und ihre Wirkung eindringen. Schließlich erschließt sich dann für uns ein Bereich, der jenseits des intellektuellen Verstehens und

Begreifens ist und der uns die klare Erkenntnis der zugrunde liegenden Prinizipien dieses Rituals offenbart.

Das äußeres Ritual dient uns als Inspiration. Aber erst das innere Ritual führt uns zur Transformation.
Rituelle Handlungen umfassen immer den ganzen Menschen, sein Denken, seine Gefühle, seine Wahrnehmung. Eine Teilnahme an einem Ritual oder das eigene Durchführen eines Rituals ist nur dann Inspiration und Hilfe zur eigenen Transformation, wenn die eigenen Saiten unseres Menschseins in Resonanz mitschwingen können, ansonsten sind es meist nur Streicheleinheiten für unser Ego.

Erst die Verbewusstung schafft den Wert.

„So sind nach buddhistischer Anschauung …. Rituale nur dann heilsam, wenn sie im rechten Geist ausgeführt, dass heißt aus vollem Verstehen und gereifter Einsicht mit klarem Bewußtsein geübt werden.
Denn wenn ein Ritual ledigllich als Routine ausgeübt wird oder weil es durch Tradition oder Konvention vorgeschrieben ist, dann wird es - da es seinen Sinn verloren hat - zu einer unsinnigen Handlung und damit zu einem Hemmnis auf dem Wege des wirklichen Fortschritts.“
Lama Anagarika Govinda

Missverständnis

Am Beginn des Bodhisattva-Weges steht der Wunsch alle Wesen zu erlösen und zur Erleuchtung zu führen.

Richtigstellung

Wir können niemanden erlösen. Der Bodhisattva-Weg weist uns die Richtung in der wir selbst an uns arbeiten sollen und müssen und damit werden wir Vorbild für andere Menschen dasselbe zu tun. Das Wesentliche dabei ist aber, dass ohne ein Mitempfinden, einer tiefen Empathie mit allen anderen Wesen, dieser Weg fehlgeleitet sein wird.

Wir versuchen den Weg, welchen uns der Buddha vorgezeichnet hat, nachzuvollziehen. Das bedeutet, wir studieren die Lehren des Buddhismus, reflektieren über uns selbst indem wir unser eigenes Wesen ergründen und schließlich sollte dies zu einem heilsamen Lebenswandel führen. Wenn wir gewissenhaft und ernsthaft diesem Weg folgen, werden wir in unseren Handlungen, Ansichten und Empfindungen klarer und bewusster unser Leben leben, zum Wohl und Heil all der anderen Wesen. Dies ist dann der Beginn unserer Reise auf dem Weg eines wirklich praktizierenden Schülers des Buddha. Wir wachsen heran zu einem Wesen, das der Erleuchtung näher kommt, einem Erleuchtungwesen (P: bodhisatta / S: bodhisattva). (SIEHE BZGL. BODHISATTVA, ARHAT, LOHAN SEITE 62) Wir beginnen den Bodhisattvaweg (P: bodhisattamagga / S: bodhisattvamarga) zu beschreiten, der uns dann zu einem Bodhisattva heranreifen lässt.

Warum folgen wir eigentlich dem Buddhaweg (P: dhamma / S: dharma)? (SIEHE BZGL. WANN IST MAN BUDDHIST? SEITE 268). Geht es uns darum, dem Leid und der Unzufriedenheit zu entfliehen? Geht es uns darum, in besseren Umständen und unter besseren Bedingungen zu leben? Ist es das Ziel, Erleuchtung zu erlangen und ein Buddha zu werden?

All dies sind nachvollziehbare Gründe. Wenn wir aber die Lehren des Buddha wirklich verinnerlichen, dann werden wir erkennen, dass ein Streben nach individueller Glückseligkeit und ein Entfliehen von dieser Welt nicht die Lehre des Buddha sein kann.

Wir sollten uns daran erinnern, dass zwei der wesentlichsten Aspekte in den Lehren des Buddha sich mit bedingter Abhängigkeit (SIEHE SEITE 137) und mit der sogenannten Anatta-Lehre (SIEHE SEITE 163) befassen.
Wenn nichts für sich isoliert und allein besteht, dann ist auch eine vollkommene Erleuchtung und voll bewusste Klarheit über mich selbst und dem Leben nicht isoliert erlangbar, sondern es schließt alle Wesen mit ein. Ein Streben nach einer individuellen Erlösung ist irrelevant und führt nicht zu jenem Erwachen, von dem uns der Buddha berichtet hat. Die Motivation den Weg des Buddhismus zu beschreiten sollte daher auf einem tiefen Mitempfinden und Verständnis allen lebenden Wesen gegenüber getragen sein.

Frei von Begehren, Neigungen und Abneigungen, mit aufrichtigem Verständnis und liebevollem Empfinden für alle Wesen führt uns die Praxis auf dem Pfad der Bodhisattvas schließlich heraus aus den Anhaftungen im immerwährenden Kreislauf von Geburt und Tod (PS: saṃsāra). In einem Kommentarwerk, dass die Grundlagen der buddhistischen Meditationsübungen im Vajrayāna (SIEHE SEITE 319) beinhaltet, finden wir folgende Passage.

„Ohne dem Großen Mitempfinden (S: mahākaruṇā) ist jedwedes Üben erfolglos. Mit der rechten Geisteshaltung und Motivation, nämlich mit Empathie, dem mitfühlenden Empfinden, öffnen sich alle anderen Qualitäten (S: pāramitā). Es ist nicht notwendig eine Unzahl von unterschiedlichen Übungen aufzunehmen. Daher ist das Große Mitempfinden essentiell und steht am Beginn jeder Übung. Letztlich würde diese Qualität alleine ausreichen, um alle anderen Qualitäten zu entwickeln. Es verhindert auch eine Flucht ins vollkommene Erlöschen (S: nirvāṇa) und ein Abrücken von der Welt. Denn alle Wesen in den sechs Bereichen (S: saṃsāra) sind der Unzufriedenheit und der Leiderfahrung unterworfen.“

Kamalaśīla, bhāvanākrama, das Konzept der Geistesentfaltung

Der Bodhisattva-Weg beginnt somit mit der rechten Motivation. Ohne dem Beweggrund zum Wohle aller Wesen sich zu bemühen, sind alle Bestrebungen nur Wunschvorstellungen und stärken unsere Anhaftung an das eigene Ego. Sie führen ohne diese grundlegende Motivation nicht zu einer klaren Wirklichkeitsschau sondern nur zur Verhärtung unserer bestehenden Ansichten und damit einer Verstärkung der Ich-Zentriertheit. Daher hat der tibetische Meister Chögyam Trungpa diese Gefahr auf dem Weg so trefflich als „spirituellen Materialismus" bezeichnet. Solange wir danach streben selbst Erleuchtung zu erlangen, für uns etwas erreichen zu wollen, um dann das Erreichte wenn erlangt zu besitzen, solange sind wir dieser Gefahr ausgesetzt. Wenn daher die altruistische Motivation und Empathie mit allen Wesen nicht wesentlicher Bestandteil unserer Motivation ist, werden wir auch die so sehr erwünschte und angestrebte Erleuchtung nicht erlangen können.

Der Bodhisattva-Weg ist ein Stufenweg, auf dem wir schrittweise uns dem Ideal der Buddhaschaft annähern können. Er gibt uns eine Struktur und Methoden, um dieses Ziel zu erreichen. Am Beginn dieses Weges steht somit das Bodhisattva Gelübde. Dieses wird in allen Schulen des Buddhismus in Ehren gehalten und rezitiert.

Hier die Version in Pali.

„sīla nekhamma paññadiṃ
pūretva sabba pāramiṃ
pāramī sikkharaṃ patvā
buddho hesam anuttaro"

„Durch die Ausübung aller Vollkommenheiten
wie Sittlichkeit, Weisheit und der anderen
und durch die höchste Verwirklichung all dieser
möge ich die höchste Buddhaschaft erlangen."

Übersetzung nach Anagārika Dharmapāla

Wir sehen also, dass der Bodhisattvapfad ein Stufenweg zu Achtsamkeit und klarer Bewusstheit ist. Es ist ein in allen Traditionen des Mahāyāna und speziell im Vajrayāna Buddhismus wesentlicher Übungsweg für den praktischen Nachvollzug der Lehre des Buddha. Es geht darum, dass wir uns selbst verstehen lernen und uns aufrichtig und unvoreingenommen ins eigene Antlitz schauen können und wollen.

Die Motivation für diesen Weg der Selbsterkenntnis sollte aber von der Einsicht getragen werden, dass es nicht darum geht Erleuchtung zu erlangen unabhängig von Allem was uns umgibt. Es geht darum zu erkennen, dass alle Wesen der Unzufriedenheit und der Leiderfahrung teilhaftig sind. Dass Selbsterkenntnis und Erwachen (PS: bodhi) nur möglich sind, wenn wir die eigene Ich-Zentriertheit hintanstellen, wenn wir mit Empathie und tiefem Mitempfinden diesen Weg gehen. Denn wir haben erkannt, dass wir nicht isoliert in dieser Welt existieren, sondern in Abhängigkeit zu allen anderen Wesen.

„Ein Bodhisattva hat nicht den Ehrgeiz, andere ständig mit Worten zu belehren. Er will vor allem durch sein eigenes Beispiel wirken. So verfolgt er seine geistige Laufbahn, ohne je das Wohl seiner Mitwesen aus den Augen zu verlieren, und reift seinem erhabenen Ziel entgegen andere inspirierend, es ihm gleichzutun ... Denn je mehr wir uns von unserem Ich befreien und die Wände unseres selbstgeschaffenen Kerkers niederreißen, desto größer wird die Klarheit und Leuchtkraft unseres Wesens und mit ihr die Überzeugungskraft unseres vorgelebten Lebens. Allein durch sie können wir anderen helfen ......"

Lama Anagarika Govinda

Missverständnis
Buddhisten beten zum Buddha oder den Bodhisattvas.

Richtigstellung
Gebet ist eine Zuwendung oder Bitte an eine höhere Macht. Der Buddha ist keine höhere Macht, die unsere Geschicke lenkt. Der Buddha ist Vorbild und Inspiration, denn wir selbst können einst ein Buddha bzw. Bodhisattva werden. Daher gibt es Gebet, so wie es in den anderen Religionen praktiziert wird, nicht wirklich im Buddhismus.

„Selber seid Euch Sicherheit und Zuflucht, ohne andere Zuflucht! Die Lehre sollte Euch Sicherheit und Zuflucht sein; unnötig dann jede andere ...“

sutta piṭaka, dīgha nikāya, cakkavatti sihanadasutta
(Pali Kanon, Längere Sammlung, 26)

"Es mag wohl sein, Ananda, dass ihr etwa gedächtet: Dahin ist die Unterweisung des Meisters, wir haben keinen Meister mehr. Doch man darf das, Ananda, nicht also sehen. Was ich euch, Ananda, als Lehre und als Zucht gewiesen und angegeben habe, das ist nach meinem Verscheiden euer Meister ...“

sutta piṭaka, dīgha nikāya, mahāparinibbāṇa sutta
(Pali Kanon, Längere Sammlung, 16)

Mit diesen Worten wies der Buddha darauf hin, dass nach seinem HInscheiden nicht er als Person sondern vielmehr die von ihm gewiesene und dargelegte Lehre, die er in unermüdlicher Tätigkeit über vierzig Jahre lang dargelegt hatte, uns und allen weiteren Generationen Lehrer und Vorbild sein sollte.

Trotzdem verblasst die Gestalt des Buddha, sein Wesen nicht, obwohl inzwischen über 2500 Jahre vergangen sind. Was uns blieb ist mehr als nur die Erinnerung an sein Leben, mehr als wiedergegebene Beschreibung und Interpretation. Es ist vielmehr die Faszination und Ehrfurcht vor der

Gewissheit, dass hier ein Wesen, ein Mensch, die Unwissenheit durchbrochen hat und das Leiden überwunden wurde, dass Erleuchtung möglich und nachvollziehbar ist, auch heute noch!

„Der Buddha ist weder ein Gott, noch eines Gottes Prophet oder Inkarnation. Er ist jenes höchste menschliche Wesen, das, ‚durch sich selbst belehrt‘ , aus eigener Anstrengung die endgültige Erlösung vom Leiden und höchste Weisheit gewann und zum unvergleichlichen Menschheitslehrer und großem Vorbild wurde. Er wird zum ‚Erlöser‘ nur für diejenigen, die den von ihm gegangenen und gewiesenen Erlösungsweg selber bis zum Ende gehen. In der vollkommenen Harmonie seiner Weisheit und Allgüte verkörpert der Buddha das universelle und für alle Zeiten gültige Ideal des vollkommenen Menschen."

Mahāthera Nyānatiloka

Somit sei uns das Leben des Buddha Ansporn und Wegweiser, damit auch wir einst voll erwachen und damit selbst zur Hilfe für andere Wesen werden können.

Es sind also nicht nur die äußeren Fakten seines Lebens, nicht die historischen Umstände, obwohl diese zum Verstehen und Begreifen des Buddhismus Wesentliches beitragen. Es ist vielmehr die uns hier bewusst gemachte Möglichkeit ein Leben führen zu können, welches uns zur Gesamtschau und ganzheitlichen Erkenntnis der Welt hinführt.

Es ist jedoch schwierig ein Gesamtbild des Menschen Siddhartha Gautama, der zum Buddha erwachte, zu erhalten. Bei gewöhnlichen Menschen ist es schon schwer, ja beinahe unmöglich, das Wesen, die Persönlichkeit, durch Beschreibung und Darstellung zu ergründen. Wie viel schwieriger ist dies erst bei einem zur vollkommen Reife gewandelten Wesen. Äußere Fakten und Begebenheiten sind bald erkannt, aber das Wesentliche eines Menschen, jenes unbegreifbare Fluidum das jeden Menschen mehr oder minder umgibt, dies kann nicht durch Berichte und Aufzeichnungen auch nur bruchstückhaft wiedergegeben werden. Verstehen, volles Begreifen, wird uns erst dann zuteil werden, wenn wir selbst erwacht sind und selbst in die unendlichen Weiten einer Ganzheitsschau eingedrungen sind.

Das Leben eines Menschen beinhaltet somit eine Komplexität, die nur durch unmittelbares Erleben und da nur, wenn wir uns ganz öffnen, erfasst werden kann. Die Tiefe eines anderen Menschen kann nur erahnt, niemals jedoch voll erfasst werden. Es sei denn, wir selbst sind nicht mehr Person, wir selbst haben die Erfahrung einer alles umfassenden Ganzheitsschau.

Was also vom Leben eines Menschen bleibt, sind seine biographischen Stationen und die Wirkung seines Lebens, die Resonanz, die Spur, die er in der Geschichte hinterlassen hat. Hier kommt es uns zugute, dass wir über das Leben des Buddha auf drei unterschiedliche Bereiche der Überlieferung zurückgreifen können.

<u>historisch</u>

Hier haben wir eine Anzahl von geschichtlichen Fakten und Quellen, in denen die Zeit und die Lebensumstände des Buddha, sowie sein Leben geschildert werden.

<u>äußerer und innerer Wandel</u>

Den Großteil der Lebensbeschreibung des Buddha entnehmen wir den buddhistischen kanonischen Texten, Erzählungen und Lehrreden. Hierin finden sich Beschreibungen von seinem Ringen um Erleuchtung, dem Auffinden des Mittleren Weges, sowie seiner unermüdlichen Tätigkeit zum Darlegen des gefundenen Weges.

<u>mythologisch</u>

Ein Verständnis ganz anderer Art wird uns durch mythologische Darstellungen erschlossen. Jenseits der beschriebenen Äußerlichkeiten eröffnen uns Bilder und Symbole eine neue Perspektive und damit einen weiteren Zugang zum Verständnis des Lebens des Buddha und seines Wesens. In symbolischen Formen vermitteln uns solche Darstellungen etwas, das über unser intellektuelles Verstehen hinausgeht und uns zu neuer Erkenntnisfähigkeit führen kann.

Somit sind alle drei Bereiche – Historie, Selbstdarstellung und Mythos – notwendig, um das Wesen des Buddha uns nahe zu bringen. So wie der Mensch selbst ein vielschichtiges Wesen ist, so müssen auch die Anstöße zur Erfahrung auf einem spirituellen Weg vielschichtig sein. Unter diesen Voraussetzungen sei uns das Studium des Lebens des Buddha, Inspiration und Ansporn zu eigenem Bemühen.

Die Größe seines Lebens bestand auch darin, dass er uns eine Methode hinterlassen hat, diesen von ihm wieder entdeckten Weg zur Erleuchtung, selbst nachvollziehen zu können. Mögen wir uns bewusst sein, dass das Leben und die Lehrdarlegungen des Buddha die Fackel sind, die uns in der Dunkelheit der gegenwärtigen Zeit leuchtet und den Weg weisen, bis wiederum der strahlende Stern eines vollkommen Erwachten aufgeht, um die Dunkelheit des Nichtwissens erneut zu überstrahlen und uns den Weg zu weisen.

Buddhastatuen

Wenn wir uns nun vor Buddha-Darstellungen oder Bildnissen und Statuen verneigen, dann tun wir dies als Referenz und eingedenk dessen, dass hier vor etwa 2500 Jahren ein Mensch den Durchbruch zur Erleuchtung vollzogen hat und uns seine Erfahrungen und seine Methodik des Bemühens als Wegweiser und Lehre zurückgelassen hat. Wir verehren den Buddha und verneigen uns daher vor seinen Bildnissen als Akt der Zuwendung, als Bezeigung des Respekts und der Verehrung.

Ein Bekenner des Buddhismus betet keine Statuen an; er betet auch nicht zum Buddha. Er verneigt sich vor ihnen, denn sie symbolisieren für ihn die noch immer gegenwärtige Wirkung der Lehre des Buddha und sie sind Symbol für den Buddha selbst, der als Prinzip und Vorbild des Erwachens verehrt wird.

Ein einfaches Beispiel illustriert uns, wie dies zu verstehen ist und wie sich dies im alltäglichen Leben auswirkt. Ein Bekenner der Lehre des Buddha „kauft" keine Buddhastatuen. Wenn man sich ein Bild oder eine Statue anschafft, dann „lädt man den Buddha zu sich nach Hause ein" und gibt somit Geld aus um ein Symbol, ein Bildnis, eine formhafte Inspiration zu erhalten. Man sammelt auch nicht Buddhas, denn niemand würde sich zum Beispiel Bilder seiner Eltern ausschließlich als Kunstobjekt in die Wohnung stellen. Es ist immer die Beziehung zum Menschen, zur Person, die das Bildnis repräsentiert, die uns, wenn wir Bilder oder Statuen aufstellen, inspirieren soll. Somit sind all diese Darstellungen Stellvertreter einer durch sie ausgedrückten Lebendigkeit und Wirklichkeit.

Devotionalien

Und so wie das Bildnis des Buddha uns Inspiration ist, so können auch andere Symbole und Darstellungen, die in unmittelbarem Zusammenhang mit der Lehre und dem Leben des Buddha stehen, für uns Inspiration sein. Bestimmte Symbole, wie etwa das Rad der Lehre (P: dhammacakka, S: dharmacakra), drücken dann ebenfalls verschiedene Aspekte des Buddha oder seiner Lehre aus. (SIEHE BZGL. BUDDHASTATUEN SEITE 106 UND BZGL. IKONOGRAPHIE SEITE 374)

Da der Buddha aber nicht nur als Mensch, sondern auch als überweltliche Wirklichkeit der Erleuchtung erfahren und gesehen werden kann, sind natürlich Hinterlassenschaften seines Menschseins oder persönliche Gegenstände aus seiner Lebenszeit Kraftzentren seiner Vollendung. In diesem Sinne werden sie als Reliquien verehrt. (SIEHE BZGL. RELIQUIEN SEITE 82 UND BZGL. PILGERSTÄTTEN SEITE 371)

Missverständnis

Yoga ist eine Methoder für körperliche und geistige Fitness und hat nur am Rande mit Buddhismus etwas zu tun.

Richtigstellung

Yogamethoden sind wichtiger und essentieller Bestandteil der buddhistischen Lehre. Daher sollte man als Buddhist ein Basiswissen darüber haben, denn der Buddha praktizierte selbst Yoga. Yogamethoden sind auch primärer Bestandteil des Übungsweges im Vajrayāna.

Was ist Yoga und was hat das mit dem Buddhismus zu tun? Gibt es Yogaübungen im Buddhismus?

Yoga ist jene seit Jahrtausenden bestehende Methode, die in Indien bis heute den Menschen Methoden zur Selbstfindung anbietet. Die ältesten Hinweise darauf entstammen der Mohenjo-Daro und der Harappa Kultur (2600 - 1800 v.d.Z.) welche im Industal existierte. Das Wort Yoga (S: yoga, Anschirren, Mittel, Vereinigung) bedeutet die Verbindung mit uns selbst wieder herzustellen.

Dazu muss man die dem Yoga zugrunde liegende Philosophie kennen, nämlich Samkhya (S: saṃkhyā, aufzählende philosophische Methode). Diese Denkweise ist die älteste philosophische Schule Indiens und kann seit dem 5. Jahrhundert v.d.Z. schriftlich nachgewiesen werden. Diese philosophische Strömung liefert den theroretischen Unterbau des indischen Yoga, wobei die jeweiligen darauf aufbauenden Yoga Methoden deren praktische Umsetzung darstellen.

Es ist uns überliefert, dass der erste der beiden Yogalehrer von Siddhartha Gautama, dem historischen Buddha, ein Samkhya Meister gewesen sein soll. (SIEHE BZGL. DER HISTORISCHE BUDDHA SEITE 25) Die Samkhya Philosophie basiert jedoch auf einem dualistischen Weltbild, in dem das Leben (S: puruṣa, Wesen, Seele, Geist) mit der Natur (S: prakṛti, Natur, Grundform) wechselwirkt, also Geist bzw. Bewusstsein im Wechselspiel mit Materie bzw. Objekten und Phänomenen der Welt.

Die Samkhya Philosophie so wie auch Yoga, beschäftigen sich mit der Konstitution des Menschen. Es werden die den Menschen ausmachenden Aspekte versucht zu erklären sowie die Stellung des Menschen im Bezug auf die Welt in der er lebt. Hierbei geht es um die Analyse der bestimmenden Elemente die ein Lebewesen ausmachen und um deren Wirkungen. Dieses Samkhya Wissen führt dann schließlich durch praktische Erfahrung und Innenschau überprüft (Yoga) zur Erkenntnis und Weisheit. Eine Befreiung aus der eigenen Unwissenheit durch die Erkenntnis der unserer Wirklichkeitserfahrung bestimmenden Elemente und Phänomene ist daher möglich.

So findet sich also in der Lebensbeschreibung des Buddha, bevor er die Erleuchtung erlangte, eine Periode in der er Yoga praktizierte. Die Praxis des Yoga blieb in den Lehren des Buddhismus erhalten. Die Philosophie des Samkhya, als eine dualistische Weltsicht, wurde allerdings durch die Lehren der Nichtdualität innerhalb des Buddhismus (S: advayajñāna) überwunden.

Dies gilt auch für manche Upanishaden, die ebenfalls dem Gedankengut des Buddhismus sehr nahe stehen. Die Upanishaden (S: upaniṣad, wörtlich: das Sichsetzen zu den Füssen eines Andern, eine Klasse von Schriften welche die Auffindung des geheimen Sinns des Veda zur Aufgabe haben) sind eine indische Sammlung unterschiedlichster philosophischer Lehren, welche zwischen dem 8. und dem 2. Jahrhundert v.d.Z. entstanden sind.

Im 4. Jahrhundert n.d.Z. entstanden schließlich als das bedeutendste Lehrwerk über Yoga die Yogasutren des Patanjali und manche Sichtweise des Buddhismus fand Einzug in das Yogasystem und überlagerte damit die ursprünglich vorhandenen Ideen der Samkhya Lehren. Somit sind die Yogasutren des Patanjali in vielen Bereichen der meditativen Schulung und der Bewusstseinslehre dem Buddhismus näher als dem dualistischen Samkhya-System.

Die Yogasutren beginnen mit folgender Definition und der eindrücklichen
Aussage:

„atha yogānuśāsanam |1|
yogaścittavṛttinirodhaḥ |2|
tada draṣṭuḥ svarūpe'vasthānam |3|
vṛttisārūpyamitaratra |4|"

„Jetzt wird Yoga erklärt. 1
Yoga ist das Zurruhekommen der Aktivitäten der Bewusstseinsprozesse. 2
Dann ruht man in sich selbst. 3
Ansonsten ist man mit den Aktivitäten verbunden. 4"

Yogasutras des Patañjali, I, 1-4

Damit ist die grundlegende Motivation Yoga zu üben definiert. Wir sollten
nicht vergessen, dass auch Siddhartha Gautama bevor er zum Buddha
erwachte auf dieser methodischen Basis seine Suche nach Erleuchtung
begann indem er sich dem Yoga zuwandte.

Selbstverständlich gibt es basierend auf dieser ursprünglichen Basis eine
Vielzahl von unterschiedlichen Akzentuierungen des Yoga. Hier seien nun
einige auch im Westen stärker bekannte Formen des Yoga kurz erwähnt.

* Hatha Yoga
(S: haṭha, gewaltsam, sich nicht beirren lassen).
Der Schwerpunkt liegt dabei auf dem eigenen Körper. Es ist eine Arbeit
mit dem Körper durch Körperpositionen, Reinigung und
Atemkontrolle. Der Körper als Tempel des Geistes. Leider dient diese
Yogaform im Westen meist dazu ein indisch gefärbtes Fitnesstraining
zu propagieren und hat mit dem ursprünglichen Hatha Yoga wenig
gemeinsam.

* Bhakti Yoga
(S: bhakti, Zuneigung, Ergebenheit, Treue).
Hier ist die Hingabe an ein Ideal und damit das Zurechtrücken der
eigenen Egozentrizität das angestrebte Ziel. Dies ist dann oft eine

Yogaform die durch typisch indische Religionsformen im Westen bekannt wurde, wie zum Beispiel die Hare Krishna Bewegung.

* Kundalini Yoga
(S: kuṇḍala, gewunden / S: kuṇḍalinī śakti, Schangenkraft).
Das Arbeiten mit der Inneren Energie und der sogenannten inneren Schlangenkraft wird in dieser Yogaform primär gelehrt. Fragmente dieser Yogaform werden gerne von sogenannten esoterischen Lehrern benutzt, um die Idee einer inneren Energie als Kraft zur Erweckung bzw. Selbsterleuchtung zu postulieren. Auch die darin enthaltene Lehre hinsichtlich der Energiezentren im menschlichen Körper (S: cakra) wird in allen möglichen Abwandlungen in esoterischen Kreisen benutzt. Wobei hier der eigenen Kreativität leider kaum Grenzen gesetzt sind.

* Karma Yoga
(S: karman, Handlung, Tätigkeit, Verrichtung).
Dies erfordert ein aktives Leben zu führen, ein bewusstes Handeln nach der diesem Yoga zugrunde liegenden Philosophie. Von dieser Yogaform wird haupsächlich der Karma Begriff im Westen übernommen und der Rest bleibt unbeachtet.

* Jnana yoga
(S: jñāna, Erkennen, Verstehen, Wissen, Bewusstsein).
Dies verlangt die Erlangung von Wissen und Erkenntnis. Diese Yogaform ist im Westen nur sehr selten vertreten, denn den Intellektuellen welche indische Philosophie studieren bleiben die Methoden dieses Yoga aufgrund mangelnder Praxis verschlossen.

Letztlich sind all diese Varianten nur spezifische Akzentuierungen der Basislehren des Yoga. Wir sehen hier auch, dass diese Akzentuierungen eines gemeinsam haben. Obwohl unterschiedlich in ihrer Ausprägung, betonen sie alle das gemeinsame Ziel, die Befriedung des eigenen Geistes und die Selbsterkenntnis. Die im Westen verbreiteten Formen sind dann aber meist unvollständige oder teilweise stark abweichende Eigenkreationen der ursprünglichen Yogapraxis.

Der Buddha-Dharma, die Lehren des Buddha, gründet sich in seinem meditativen Übungsweg auf ähnliche Methoden wie der Yogaweg. Im Grunde ist es ein Yogaweg.
Der theoretische Unterbau der Praxis, die Theorie dazu, ist allerdings eine in manchen Bereichen dem Samkhya-System gegensätzliche Richtung. Hier seien als Beispiele für die Buddha-Lehre das Fehlen jeglicher Eigennatur der Objekte und Phänomene (S: śūnya), die gegenseitige Abhängigkeit aller Erscheinungsformen (S: pratītyasamutpāda), Konditionalität und Kausalität (S: karma vipāka) sowie die Akzentuierung auf das Wesentliche der eigenen Erfahrung und Selbstreflektion genannt. Die Lehren des Buddhismus gründen sich auf die selbst gewonnenen Erfahrungen ohne sich in philosophischen Annahmen oder Spekulationen zu verlieren wie dies leider bei sehr vielen philosophischen Systemen der Fall ist.

Mit der stärkeren Rückbesinnung auf Yogatechniken entstand dann schließlich die Strömung des Vajrayāna Buddhismus in Indien, der sowohl die Basislehren als auch den Altruismus des Bodhisattva Ideals in sich vereinte und als gelebte Praxis viele Methoden des Yoga wieder innerhalb des Buddhismus stärker betonte.
Als bestes Beispiel dafür seien die Sechs Lehren des Naropa erwähnt. Diese befassen sich mit so wichtigen Themen wie Traumerfahrung, Vorbereitung auf den eigenen Todesmoment sowie Wirklichkeits-erfahrung. Naropa (1016 - 1100) war ein indischer Yogameister und der Guru von Marpa (1012 - 1097). Marpa war der Guru von Milarepa (1040 - 1123) dem tibetischen Yogi der die tibetische buddhistische Schule der Kagyüpa initiierte.

Yoga ist somit innerhalb der Lehren des Buddhismus ein wesentlicher Bestandteil. Speziell im Vajrayāna werden die Methoden des Yoga in hohen Ehren gehalten und bilden einen wichtigen Teil der praktischen Ausrichtung.

Doch um Yogaübungen richtig durchführen zu können ist es unabdinglich dies unter der persönlichen Anleitung eines Lehrers zu erlernen. Eigenexperimente und autotidaktisches Herangehen an die Yogamethoden kann durch deren starke Wirksamkeit sowohl auf den Körper als auch auf die Psyche mehr Schaden als Nutzen hervorbringen. Dies gilt im besonderen für fortgeschrittenere Übungssysteme. Daher wurden und werden im Vajrayāna solche Methoden nur nach längerer Vorbereitungszeit dem Schüler bekannt gegeben. Dies erfolgt dann meist als Ermächtigung und ist der erste Schritt auf dem praktischen Yoga- bzw. Tantrapfad des Vajrayāna. (SIEHE BZGL. EINWEIHUNG - INITIATION SEITE 224)

Missverständnis
Tantra ist sexuelle Praxis aus Indien.

Richtigstellung
Tantra ist eine jahrtausende Jahre alte Methode der Philosophie und Praxis aus Indien. Es gibt eine hinduistische und eine buddhistische Ausprägung dieser Methode und Philosophie. Buddhistisches Tantra ist wesentlich für das Verständnis und die Übungen innerhalb des Vajrayāna Buddhismus und beinhaltet keine Anweisungen zur sexuellen körperlichen Praxis. Anweisungen die sich auf Sexualität beziehen sind symbolisch zu verstehen und in einer sogenannten „Zwielicht-Sprache" formuliert.

Tantra ist wahrscheinlich der am häufigsten missinterpretierte Begriff im Bezug auf den Buddhismus.

Tantra (S: tantra), ein Sanskritwort, bedeutet soviel wie das Sichhindurchziehende, das Durchlaufende, immer wieder zur Geltung Kommende. Es ist auch eine Bezeichnung für Webstuhl. Hiermit wird schon deutich warum es geht. Tantra wird in der indischen Philosophie dazu verwendet, die Gesamtsicht, das ineinander Verwobensein, das Alles Umfassende nichts Ausschließende zu akzentuieren. Damit richtet sich das Tantra an alle Eigenschaften und Möglichkeiten, die einen Menschen ausmachen. Dies umfasst also nicht nur den Intellekt, sondern auch die Gefühlswelt, die Triebe und Neigungen. Und hier ergibt sich allerdings der wesentliche Unterschied zwischen den Formen des buddhistischen und des hinduistischen Tantra oder gar der Eigenkreation eines Tantra im Westen.

Das Universum wird als Ganzheit, als Einheit betrachtet. Jedes noch so kleine oder unbedeutend erscheinende Teilchen hat Bedeutung und trägt zum Ganzsein bei. Die Wirkung jedes einzelnen Phänomens oder Objektes zieht sich wie ein Faden durch das Ganze, so wie sich die Fäden beim Weben des Teppichs durch den ganzen Teppich ziehen und diesen gestalten (S: tantra, Webstuhl, die Grundform an welche Anderes sich anreiht).

Tantrische Übungen sind sozusagen ein psycho-experimenteller Weg gegenüber dem Spekulativen. Befreiung aus der eigenen Unwissenheit und den Verstrickungen in die eigenen Gewohnheiten wird durch das Arbeiten mit diesen Verstrickungen und Gewohnheiten erreicht.

Nachfolgend seien diese Unterschiede kurz aus buddhistischer Sicht dargestellt.

Buddhistisches Tantra

„Tantra deutet hin auf das Verwobensein aller Dinge und Handlungen, die gegenseitige Abhängigkeit alles Bestehenden, die Kontinuität in der Wechselwirkung von Ursache und Folge sowohl wie die Kontinuität in geistiger und traditioneller Entwicklung, die sich wie ein Faden durch das Gewebe geschichtlicher Ereignisse und individueller Leben zieht, …"

Lama Anagarika Govinda

In der ganzheitlichen buddhistischen Praxis sollte kein Lebensbereich ausgeschlossen werden. Alle Aspekte können als Hilfmittel zur Erkenntnis und Weisheit führen, wenn sie als heilsame Mittel und nicht zur Stärkung des eigenen Ego eingesetzt werden. Wir beziehen uns selbst, den Körper, seine Funktionen in den Wandlungsprozess mit ein. Klar bewusstes Agieren in Taten, Worten und im Denken, verhilft uns immer tiefer in uns einzudringen. Dies ist aber nur erfolgreich, wenn wir keinen Winkel unser selbst auslassen, missachten oder verstecken. So müssen wir uns auf dem praktischen Weg der Selbstfindung nicht nur mit den uns lieb gewordenen und vertrauten Eigenschaften und Qualitäten unserer selbst auseinander setzen, sondern auch mit den störenden, ignorierten und versteckten Bereichen unseres Seins. Dies sollte aber immer aus der Maxime heraus geschehen andere Wesen und sich selbst nicht zu verletzten oder in Abhängigkeit zu führen. Die Welt wird bejaht, so wie sie ist; man lehnt sie weder ab (Askese) noch will man sie verbessern (Weltverbesserer).

Weil diese Bejahung des Lebens in seiner Ganzheit und die Einbeziehung aller Bereiche des Lebens für die praktische Übung auf dem Pfad zur Achtsamkeit und zum Erwachen wurde, nennt man das Vajrayāna auch Tantrayāna oder tantrischen Buddhismus. Dies hat aber gar nichts damit zu tun, sich eines ausschweifenden Lebenstils hinzugeben oder seine Triebe auszuleben. Buddhistisches Tantrayāna gründet sich auf heilsame Lebensführung, auf Mitgefühl und Mitempfinden zu allen Wesen sowie auf der klaren Erkenntnis, dass unsere Gewohnheiten ungeschminkt erkannt werden müssen, um sie zu akzeptieren. Erst mit dem Verständnis und der Erfahrung, wer wir im Grunde sind, ist es möglich unsere unheilsamen Tendenzen an die Oberfläche zu bringen, damit sie im klaren Licht der Selbsterkenntnis in Heilsames transformiert werden können. Nicht Verleugnung unseres Wesens, sondern das tiefe Verständnis unserer selbst, führt letztlich zu Einsicht und Veränderung.

Um diesem ganzheitlichen Ansatz gerecht zu werden entstanden in Indien Übungen und Methoden, die viele Bereiche des Menschseins mit einbezogen. Diese Methoden und Übungen wurden dann in den entsprechenden Aufzeichnungen für die Nachwelt festgehalten. Da der Inhalt dieser Texte aber in die Tiefen unserer Psyche eindringt, wurden sie in einer stark symbolisierten Sprache verfasst (SIEHE BZGL.

VERSCHLÜSSELTE SYMBOLSPRACHE IM **Buddhismus** SEITE 356). Diese Symbolik wird aber meist missverstanden, wenn sie nicht durch die Unterweisung eines Lehrers erklärt wird und wenn diese Übungen nicht durch eine entsprechende Vorbereitung behutsam an uns herangeführt werden. Durch das Übernehmen dieser Anweisungen als direkte Praxis ohne deren Symbolik und Verschlüsselung zu berücksichtigen, entstehen dann die vor allem im Westen stark verbreiteten Missverständnisse und Fehlinterpretationen.

Hinduistisches Tantra

*"Wenn jemand zu Boden fällt,
dann muß er mit Hilfe des Bodens wieder aufstehen."*

Kularnava Tantra (Tantratext des Shivaismus aus Kashmir)

Das Kularnava Tantra ist ein hinduistischer Text aus Kashmir und beinhaltet Anweisungen hinsichtlich Lebensführung. Wie alle Tantratexte bedient er sich einer symbolhaften Ausdrucksweise (Doppeldeutigkeit).

Ziel des hinduistischen Tantra ist es, alle Bereiche des menschlichen Seins als Mittel zur Hinwendung zum Göttlichen zu nutzen. Dadurch werden manche moralischen Vorstellungen über Bord geworfen, wenn sie dem Ziel der Vereinigung mit dem Göttlichen dienen. Das Heil liegt in dieser Vereinigung des Menschlichen mit dem Göttlichen und daher bleibt eine dualistische Weltsicht aufrecht. Die Mittel zur Reinigung und Hinwendung zum Göttlichen umfassen somit alle Eigenschaften, Neigungen und Möglichkeiten des Menschseins. Eine Betonung der Individualität bleibt aufrecht und es wird eine Vereinigung dieser Individualität mit dem Göttlichen, Allumfassenden angestrebt.

Westliches Tantra?

Gibt es so etwas wie ein westliches Tantra? Ja, leider. Basierend auf dem westlichen Verständnis, welches durch das christliche Weltbild geprägt ist, wurde beim Kontakt mit den Tantralehren des Hinduismus und auch des Buddhismus eine Neugier und Faszination erzeugt.

Da der Zugang zu buddhistischen Tantralehren, erst mit der Öffnung von Tibet für westliche Reisende erfolgt ist, wurde davor zwischen hinduistischen und buddhistischen Tantra nicht wirklich unterschieden. Außerdem wurde die Freizügigkeit und Offenheit der indischen Kultur in Bezug auf Sexualität als willkommener Anlass gesehen, sich gegen den damals stark verbreitenden Puritanismus des Westens aufzulehnen. So wurde Tantra im Westen primär als sexuell geprägte Übungsform gesehen und dahingehend interpretiert. Wenn wir heute den Begriff Tantra im Internet suchen, dann finden wir vorwiegend esoterische Formen des Wohlfühlens, der genussvollen Freude und Sexualität. All dies hat jedoch nichts mit dem buddhistischen Tantra und in dieser Akzentuierung auch nicht mit der hinduistischen Sichtweise bezüglich Tantra zu tun. Es sind und bleiben westliche Interpretationen, eingebettet und geprägt durch ein christlich-abendländisches Weltbild.

Männliches - Weibliches als Polarität

Ein Punkt hinsichtlich Verständnisses des Tantrismus sei hier angesprochen, da dieser eine weitverbreitete Missinterpretation des Buddhismus darstellt. Sowohl im Hinduismus als auch im Buddhismus finden wir Darstellungen von Buddhas, die sich in sexueller Vereinigung mit weiblichen Formen eines Buddha oder Bodhisattva befinden. Diese Darstellung drücken im Buddhismus etwas anderes aus als im Hinduismus.

Im Hinduismus haben wir den Aspekt der Vereiningung von Shiva und Shakti. Shiva ist das männlich belegte Symbol und Shakti ist das weiblich belegte Symbol. Das Männliche steht für den Geist, das Bewusstsein an sich, für die erhaltende Kraft allen Lebens (S: puruṣa). Das Weibliche steht für die Natur in all ihren Erscheinungsformen, für die Materie (S: prakṛti). Die Vereinigung dieser beiden Prinzipien führt zu höchster Glückseligkeit (S: ānanda) und damit Befreiung (S: mokṣa). Diese Sichtweise spiegelt die dualistische Sichweise wieder, in der der Mensch nach Höherem strebt und sich schließlich mit seiner eigenen ihm innewohnenden höheren Wesensnatur vereint.

Im Buddhismus haben wird den Aspekt der Vereinigung von Praxis auf dem Bodhisattvaweg (S: upāya, Mittel, wodurch man zu seinem Ziel gelangt) und Realisierung auf dem Bodhisattvaweg (S: prajñā, Einsicht, Weisheit). Upaya ist das männlich belegte Symbol und Prajna ist das weiblich belegte Symbol. Das Männliche steht für die Aktivität, die Handlungen in der

Welt, die aktive Kraft (S: upāya, Mittel, Methode, Art und Weise). Das Weibliche steht für das in sich Ruhende, die Weisheit (S: prajñā, Einsicht, Verstand, Weisheit). Die Vereinigung dieser beiden Prinzipien führt zur klar bewussten Achtsamkeit und zum Erwachen aus der Illusion und den Verstrickungen in falsche Sichtweisen, zur Aufhebung der Gegensätze und damit zur Befreiung. Im Tibetischen werden diese Darstellungen als Yab-Yum bezeichnet (T: yab, Vater / T: yum, Mutter)

Man sieht also, dass diese Art der Darstellung weder im Buddhismus noch im Hinduismus primär mit dem profanen geschlechtlichen Akt der Vereinigung zu tun hat. Sie sind immer auf die menschliche Ebene gebrachte Symbole einer spirituellen Vereinigung. Sie als Sexualität abzutun, ist ein dummes Unterfangen und zeigt nur das völlige Unverständnis hinsichtlich anderer Kulturen und Gedankenwelten.

Missverständnis

Die typisch chinesischen Übungssysteme wie Qigong oder Taiji haben nichts mit Buddhismus zu tun außer Shaolin Kungfu.

Richtigstellung

Qigong und Wushu sind fester Bestandteil des Buddhismus im chinesischen Kulturraum.

Wenn man im Westen über Buddhismus spricht werden sehr oft auch Begriffe wie Qi Gong, Shaolin Kungfu oder Taiji genannt. Was hat es damit auf sich? Was haben diese Begriffe mit dem Buddhismus zu tun?

Zuerst einmal wollen wir diese Begriffe klären.

<u>Kungfu</u> (C: 功夫 gōngfu / gōng - anerkennenswerter Erfolg / fu - Mann Arbeiter) ist eine Bezeichnung für eine Fähigkeit, die man kultiviert hat und ausüben kann. Es ist somit ein Begriff, der die Sachkenntnis bezeichnet etwas durchführen zu können. Daher kann dieser Begriff mit unterschiedlichsten Tätigkeiten verbunden werden. Wenn zum Beispiel jemand sehr begabt ist im Musizieren und ein Instrument beherrscht, dann hat er Kungfu. Fast immer wird diese Bezeichnung im Westen jedoch mit der chinesischen Kampfkunst gleichgesetzt. das stimmt natürlich, denn Wushu ist natürlich auch Kungfu.

<u>Wushu</u> (C: 武术 wǔshù / wǔ - kriegerisch, shù - Fertigkeit Methode) bezeichnet die chinesische Kampfkunst. Dies ist die Bezeichnung jedweder Art von Kampf- und Verteidigungstechniken in China, unabhängig davon ob sie mit oder ohne Waffen erfolgen.

<u>Qigong</u> (C: 气功 qìgōng Arbeiten mit der Lebenskraft / qì - Lebenskraft / gōng - anerkennenswerter Erfolg) ist die Bezeichnung für die Übungen und Methoden, die den inneren und äußeren Fluss der subtilen Lebenskraft (C: 气 qì) lenken, aktivieren und stärken. Im indischen Kulturraum wird diese

Energie als Prana (S: prāṇa, Hauch, Atem, Seele) und auch als Lebenskraft bezeichnet. Die Methoden des Qigong sind auch Bestandteil jeder Wushu Ausbildung.

Taiji (C: 太极拳 tàijíquán / tài - höchst, sehr / jí - außerordentlich, extrem / quán - Faust, das Boxen). Dies bezeichnet die Gruppe all jener Übungen, die sich auf Selbstverteidigung mit oder ohne Waffen konzentriert. Die harte Form dieser Übungen gehört zum Bereich des Wushu. Eine weiche Form von Taiji ist ähnlich dem Qigong, beinhaltet aber wesentlich mehr Formen der Bewegung. Taiji dient aber auch als eine spirituelle das Körperempfinden vertiefende Übungsform ähnlich dem Qigong.

Der Bezug zum Buddhismus besteht nun darin, dass Formen des Qigong innerhalb des Buddhismus geübt und gelehrt werden. Aber auch Wushu hat seinen Platz innerhalb des Buddhismus erhalten, wie wir im Falle des Shaolin Kungfu sehen. Die Kampfkunst der Shaolin Mönche entwickelte sich aus den Qigong Übungen heraus und der Notwendigkeit sich gegen Räuberbanden, die das Kloster und seine Umgebung unsicher machten, zu verteidigen. Shaolin Kungfu ist aber keine eigene buddhistische Schule. Sie beruht auf dem chinesischen Chan Buddhismus (C: 禅 chán, Meditation / S: dhyāna, Nachsinnen, Vertiefung / japanisch: Zen).
Dass die Leistungen dieser Mönche so erstaunliche Fähigkeiten haben, liegt daran, dass sie Formen des buddhistischen Qigong praktizieren. Dies liegt nicht an den Wushu Techniken selbst, diese werden durch die Einbeziehung des Qigong Trainings erst so effektiv.

Wir sehen also, dass Qigong jene Form ist, die in den Buddhismus Eingang gefunden hat. Sie ähnelt in vielen Bereichen stark den Yogaübungen. Was im Yoga als Prana (S: prāṇa, Lebenshauch) bezeichnet wird, ist im Qigong als Qi (C: 气 qì) bekannt.

Im Qigong gibt es drei große Bereiche auf die sich der theoretische Unterbau begründet, TCM (Traditionelle Chinesische Medizin), Daoismus und Buddhismus. Alle Formen des Qigong sind einem dieser drei Bereiche zuordenbar.

TCM Qigong hat seinen Schwerpunkt in der Aufrechterhaltung der Gesundheit, in der medizinischen Prävention und in der Heilung von Krankheiten.

Daoistisches Qigong hat seinen Schwerpunkt in der Lebensverlängerung und Erlangung außergewöhnlicher Fähigkeiten.

Buddhistisches Qigong ist eine Methode zur Harmonisierung von Geist und Körper, um Achtsamkeit und klare Bewusstheit im Leben zu erlangen.

LEBENSFÜHRUNG

PRÄAMBEL

Wesentlich für das „Buddhist Sein" ist eine harmonische und heilsame Lebensführung. Wenn es uns nicht gelingt unser eigenes Leben achtsam und zum Heil und Wohl anderer Wesen zu leben, dann haben wir die Lehren des Buddhismus weder wirklich verstanden noch uns selbst. Studium und meditative Übungen sind die beiden Flügel, die uns aus den Gefilden der Unwissenheit und Ignoranz herausheben können. Sie sind die beiden unabdingbaren praktischen Bereiche ohne die eine Lebensführung im Sinne des Buddhismus nicht möglich ist. Der Körper aber, der sich in die Lüfte erheben will, ist die Lebensführung.

Es ist daher essentiell die drei Säulen, auf denen der Buddhismus ruht, zu beachten, nämlich

- Wissen (P: paññā / S: prajñā, Erkennen, Einsicht, Wissen, Weisheit)
- Lebensführung (P. sīla / S: śīla, Sittlichkeit, Zucht)
- Meditation (PS: samādhi, Sammlung, Konzentration, Versenkung).

Studium bzw, Wissen ohne praktische Anwendung im täglichen Leben bleibt hohle Theorie. Meditative Übung ohne direkte Auswirkung auf das tägliche Leben bleibt Wohlfühl-Therapie oder verstärkt nur unsere Arroganz und unsere eigene Überheblichkeit. Erst die praktische Umsetzung meditativer Erfahrungen unter Berücksichtigung unseres Wissens und Verständnisses der buddhistischen Lehre bewirkt eine Veränderung unsere Gewohnheiten und die Korrektur unserer falschen Ansichten. Alle drei Säulen bilden dann das sichere Fundament und lassen uns den Weg des Buddha beschreiten.

Das eigene Leben ist der Bereich unserer Übung. Die eigene Lebensführung ist die Basis aller buddhistischen Bestrebungen.

*"Es gibt nur zwei Tage im Jahr, an denen man nichts tun kann.
Der eine ist Gestern, der andere Morgen.
Dies bedeutet, dass heute der richtige Tag zum Lieben, Glauben und in erster Linie
zum Leben ist."*

Tenzin Gyatso, 14. Dalai Lama

*„Die Lehre des Buddha kannte von Anfang an nur eine Zielsetzung: das Leid von
allen fühlenden Wesen zu nehmen und sie glücklich, freudig und frei zu machen.
Daher ist alles, was Menschen in Angst versetzt, was sie in Fesseln legt,
sie Furcht empfinden läßt und sie an das Leiden bindet, im Widerspruch zum
Dharma des Erhabenen. .....
So hat Religion – wie auch das Leben – ihren Sinn in sich selbst. Sie ist eine
geistige Lebensform, eine individuelle Bewusstseinsintensivierung auf
überindividueller oder gar kosmischer Grundlage, denn es gehört zu ihrem Wesen,
das Individuum aus seiner Vereinzelung herauszuheben und es zum
Gemeinschaftswesen und schließlich zum kosmischen Wesen zu machen. In
diesem Reifungs- und Entwicklungsprozeß entfaltet sich der Mensch zu einer
Individualität, deren sittliches Handeln natürlicher Audruck ihres Fühlens und
Denkens ist, frei von irgendwelchen Zwängen."*

Lama Anagarika Govinda

Missverständnis
Buddhismus ist ein Religion.

Richtigstellung
Das westlich geprägte Verständnis hinsichtlich Religion trifft auf den Buddhismus nicht zu. Buddhismus ist eher eine Philosophie, eine Psychologie und in manchen Bereichen der Volksfrömmigkeit religiös.

Stellen wir uns die Frage nach dem, was uns der Buddha als seine Lehre, sein Vermächtnis hinterlassen hat. Was ist nun diese seine formulierte Lehre? Es sind seine Erkenntnisse und Erfahrungen auf dem Weg zur Erleuchtung.

Religion ?

Die Bezeichnung buddhistische Religion ist in Asien unüblich, da dort der Begriff der Religion nach westlichem Verständnis nicht gebräuchlich ist. Deshalb wird der Buddhismus in den asiatischen Ländern nicht als Religion sondern richtigerweise eher als eine Lehre oder die Formulierung einer Lehre (P: dhamma / S: dharma) bezeichnet.

Das Wort dharma, mit dem in Asien nicht nur der Buddhismus bezeichnet wird sondern auch Formen des Hinduismus, bedeutet aber nicht nur Lehre sondern hat ein wesentlich breiteres Bedeutungsfeld. Es steht auch für Weltgeschehen und für Handlungsweise.
Dharma kommt von dem Sanskrit Wortstamm dhar, was so viel wie „das Tragende" oder „tragen" bedeutet. Schlagen wir in einem Pali oder Sanskrit Wörterbuch nach, jenen Sprachen die mit dem Buddhismus eng verbunden sind, so finden wir dort unter dem Begriff „dhamma" bzw. "dharma" Übersetzungen wie: Gesetz, Ordnung, Recht, Wahrheit, Buddhalehre, Ding. Die Bedeutung umfasst also sowohl die Natur mit

ihren Gesetzmässigkeiten, den Weltenlauf als auch die dargelegte Lehre des Buddha.

Der Begriff Dharma wird somit in unterschiedlicher Art und Weise verwendet.

- die der Welt zugrunde liegende Gesetzmässigkeit, das Tragende sozusagen, welches die Welt in Gang hält
z.B.: Titel indischer Großkönige (S: dharma-rāja, König des Gesetzes)

- alle Phänomene und Sachverhalte innerhalb der Welt sowohl in materieller als auch in geistiger Sicht bzw. die Daseinsfaktoren aus der jede Art von Erscheinungsform sich gestaltet
z.B. alle Erscheinungsformen und Phänomene sind ohne intrinsische Eigennatur (P: sabbe dhammā anattā'ti)

- die Lehre und Methode, die sich mit der vertieften Erkenntnis sowohl dieser Gesetzmässigkeit als auch der Phänomene und Sachverhalte auseinandersetzt
z.B. die Lehre des Buddha (S: buddha dharma)
das buddhistische Rad der Lehre (S: dharma-cakra)

Im Buddhismus wurde der Begriff dann vorwiegend für die Lehre und Methode des Buddha sowie auch für die Daseinsfaktoren verwendet.

Daraus ersehen wir bereits klar, dass der Dharma, auch wenn er nur in seiner Bedeutung als Lehre verwendet wird, gleichzeitig aber immer darüber hinaus weist. Er ist mehr als Religion, er ist Lehre im Einklang mit dem Weltgeschehen und gleichzeitig praktische Betätigung.

Der westliche Begriff Religion trägt in sich die Bedeutung von Gottesverehrung, da er sich ursprünglich aus dem lateinischen Verbum relegere ableitet, was soviel wie achtgeben, beachten, bedenken bedeutet. Damit wurde das Christentum als festgeschriebene Art der Frömmigkeit im Gegensatz zu der damals in der Bevölkerung vorhandenen Spiritualität bzw. magisch oder pantheistisch geprägter

Glaubensformen abgegrenzt. Später wandelte sich der Begriff zu lateinisch religare, was dann anbinden, festhalten an etwas bedeutet. Dies war dann die ausschließliche Hinwendung an einen zentralen Gottesbegriff und die Erlösung durch diese Lehre (also durch Religion). In diesem Sinne ist der Begriff Religion genau genommen für die Lehre des Buddha unzutreffend.

Wenn wir als Religion jedoch die Art der Gemeinschaft derjenigen bezeichnen, die durch eine Lehre, ein Bekenntnis und die Hinwendung an diese Lehre sich zusammenfinden, dann ist der Buddhismus in gewissem Sinne religiös. Allerdings nur in gewissen Sinn, nämlich als Weg der Praxis und des eigenen inneren Erlebens, einer gläubigen Anerkennung von etwas Erhabenem, über das Begreifen und gedankliche Erkennen Hinausweisenden.

Philosophie , Psychologie ?

Philosophie ist der Dharma als gedankliche Formulierung dieses Erlebens, als der Versuch, Erlebtes zu klassifizieren und zu beschreiben und Psychologie ist er als ein Weg systematischer Selbstbeobachtung. Somit kann man die Buddhistische Lehre, den Buddhismus als eine Gemeinsamkeit von Religion, Philosophie und auch als eine Form der Psychologie bezeichnen.

„Nur das Erlebte nicht das Erdachte hat Wirklichkeitswert!"

Lama Anagarika Govinda

Der Buddha selbst und seine Nachfolger vermieden es, Spekulationen über die Lehrdarlegung und deren Interpretation sowie metaphysische Erläuterungen in den Dharma aufzunehmen. Die Lehre wurde zwar systematisiert und gedanklich bis an die Grenzen des Denkens ausgelotet (P: abhidamma / S: abhidharma), auf die Gefahr der spekulativen Ergründung letzter Geheimnisse (Metaphysik), die ohne jedweden praktischen Bezug zum Menschen, seinem Leben und Verhalten stehen, wurde und wird jedoch innerhalb des Buddhismus stets hingewiesen, da sie nicht zu Erlebtem sondern nur zu Erdachtem führen! Wir sollten daher stets bedenken, Philosophen sind Denker, Buddhisten sollten Praktizierende sein. Praxis schließt Denken mit ein, Denken kann auch ohne Praxis erfolgen.

Dharma

Die Formulierungen des Dharma berufen sich auf keine Dogmen sondern sind Anweisungen zum Nachvollzug des Erlebten. Sie sind wie eine gewaltige Landkarte, die uns der Buddha in die Bereiche innerer Schau und Erfahrungen hinterlassen hat. Und so wie Landkarten dazu da sind, benutzt zu werden und die darin verzeichneten Wege, obwohl unterschiedlich, doch alle ans Ziel führen können, so ist der Buddhismus ein Weg der Praxis. Er bietet verschiedenste aus den Bedürfnissen der Menschen in ihrer Kultur und jeweiligen Zeit entwickelte Methoden, die jedoch alle auf einem vom Buddha hinterlassenen gemeinsamen Fundament beruhen.
Jeder Mensch muss diesen Weg selbst gehen; jeder für sich, nach seinen Möglichkeiten und seiner Motivation. Daher ist die buddhistische Lehre, der Dharma eine Richtschnur und Stütze; er ist Anweisung und Leitfaden. Die Umsetzung jedoch, seine Anwendung obliegt uns selbst. Gehen und nachvollziehen müssen wir diesen Weg somit selbst, der Dharma diene uns dabei als wertvolle Landkarte zur Orientierung!

Im Gegensatz zu Offenbarungsreligionen, in denen ein Abgesandter Gottes oder der Prophet eines Gottes erscheint, und den Menschen den Weg aufzeigt (offenbart) und gleichzeitig Mittler ist zum Höheren, steht am Beginn des Buddhismus ein Mensch. Die Erfahrungen, die der Buddha vermittelte, sind keine göttlichen Offenbarungen, sondern beziehen sich primär auf den Menschen, das Erkennen seiner eigenen Situation, das Erwachen aus den vielen menschlichen Illusionen die wir uns selbst schaffen und ständig nähren. Und der Dharma ist eine Anleitung zum Aufheben einer falschen Weltsicht, einer zu stark auf unser Ich zentrierten und somit ausgrenzenden Sichtweise, die uns den Blick für das Notwendige und Sehenswerte verschleiert und trübt.

Daher sollte man den Buddhismus nicht so sehr als Religion betrachten und verstehen, sondern vielmehr als eine Möglichkeit des eigenen Bestrebens auf dem Weg zur Erkenntnis und umfassenderen Weltsicht.

„Die Welt, die wir erleben, schließt die Welt unseres Denkens ein, nicht aber umgekehrt; denn wir leben in verschiedenen Dimensionen, von denen die des Intellektes, der Fähigkeit diskursiven Denkens, nur eine ist."

Lama Anagarika Govinda

Alle Erklärungen und Darstellungen sind Modelle, sind Vereinfachungen, die obwohl notwendig und nützlich, dennoch aber nie endgültig sein werden. Der Buddha formulierte den Dharma seiner Zeit gemäß und angepasst an das Verständnis seiner Zuhörerschaft. Andere nach ihm taten dasselbe und so entstand im Laufe der Zeiten das was wir heute Buddhismus nennen. Und obwohl Modell und Vereinfachung, sind diese durch die Zeit geprägten Formulierungen etwas das universelle Gültigkeit haben kann. Nicht durch ihre Formulierung, sondern durch die Ideen und Anweisungen, die durch diese Formulierungen transportiert werden, entsteht ihr Wert. Sie sind über die Zeit hinaus gültig und wenn wir sie selbst in uns entdecken, mit ihnen arbeiten und sie umzusetzen versuchen, wenn wir ihre Bedeutung in uns zur Reife bringen und beleben, wenn wir das intellektuell Aufgenommene verarbeiten, dann wird sich ihr Wert erweisen. Denn der Buddha wies uns einen Weg, eine Methode und nicht ein fertiges Ziel. Wir selbst müssen uns auf den Weg machen und den Nachvollzug, die Umsetzung, an uns selbst beginnen und durchführen. An uns selbst muss es sich erweisen, ob wir eine Welterklärung annehmen oder ob sie für uns unbefriedigend bleibt. Was wir lesen und was wir gedanklich verarbeiten, sollte uns Hilfsmittel und Sicherheit sein, um uns in dieser Welt, hier und jetzt, besser zurechtfinden zu können.

Somit ist der Buddhismus streng genommen weder eine Religion noch eine Philosophie, sondern beides, denn er beinhaltet sowohl religiöse Elemente als auch grandiose philosophische Formulierungen. Vor allem aber ist der Buddhismus eine das Leben umfassende Lehre, die jeden von uns zur Korrektur der eigenen fehlgeleitenden Sichtweise verhelfen kann und damit zur Befreiung von Verwirrung, Verhaftungen und Verstrickungen hinführt.

„Nur eine Religion, die imstande ist, unserem Leben und der Welt, die uns umgibt, Sinn zu geben, hat Wert und Daseinsberechtigung. Eine solche Sinngebung besteht nicht in einer leichtfertigen Rechtfertigung alles Bestehenden, sondern weist stets über das sinnfällig Gegebene und die Beschränktheit des Individuums hinaus und schafft so das allem Lebendigen notwendige dynamische Element, den Ansporn zum eigenen Bemühen."

Lama Anagarika Govinda

WANN IST MAN BUDDHIST?

Missverständnis
Buddhist wird man durch Bekenntnis zum Buddhismus.

Richtigstellung
Nicht das Lippenbekenntnis zum Buddhismus oder ein Zertifikat einer sogenannten Religionsgemeinschaft macht einem zum Buddhisten. Nur das aufrichtige Bemühen in den Bereichen Studium, Meditation und Lebensführung im Sinne der buddhistischen Lehre macht einem zum Buddhisten.

Buddhist wird man nicht durch Geburt. Man wird es auch nicht, weil einem die Eltern in diese Religion als Kind einführen und die Zugehörigkeit bestimmen. Buddhist wird man einzig durch eigenen Entschluss und entsprechender Hinwendung seines eigenen Lebens an die Prinzipien und Lehrdarlegungen des Buddha. Dadurch wird klar, dass man sich zum Buddhismus nur selbst und im Einklang mit seiner eigenen Entscheidung bekennen kann.

Der Weg des Buddha ist ein Weg der freien Entscheidung und der eigenen geistigen Entwicklung. Wenn wir dies innerlich voll akzeptieren, wenn mir uns bemühen unser Leben in unserer Motivation und unseren Handlungen auf diesen geistigen Reifeprozess einzustimmen und wenn dies im Einklang mit dem von Buddha gelehrten Weg steht, dann sind wir zum Buddhisten, zum Anhänger und Nachfolger des Buddha, geworden. Ob wir dann noch offiziell unser Bekenntnis bekräftigen, sei es in Form einer rituellen Feierlichkeit oder sei es im Zuge einer spirituellen Schülerschaft, sei uns unbenommen. Wesentlich dabei ist unsere eigene Einstellung und unser eigenes Bemühen, diesen Pfad des Dharma zu folgen.

Buddhisten auf der ganzen Welt bekennen sich zur Lehre des Buddha, indem sie ein Versprechen sich selbst gegenüber geben, das auch als die dreifache Zuflucht (P: tisaraṇa / S: triśaraṇa) bekannt ist. Dies kann in einem feierlichen Rahmen geschehen, aber auch das aufrichtige Eingeständnis sich selbst gegenüber führt zu dieser Zuflucht. Wichtig ist, wie aufrichtig und ehrlich wir uns diesem Eingeständnis zuwenden. Denn nur durch diese tief innerliche Aufrichtigkeit werden wir zu Buddhisten und nicht durch Rituale und Feierlichkeiten. Es geht hier nicht um die Zugehörigkeit zu einer Religion, das Eintreten in eine Gemeinschaft von Gläubigen, sondern um ein Ausrichten als Mensch in Worten, Taten und Gedanken, ein Ausrichten gemäß dem vom Buddha vorgezeichneten und gewiesenen Weg. Eine Zugehörigkeit zur Gemeinde des Buddhismus ergibt sich dann von selbst unabhängig davon ob wir ein Zertifikat bzw. eine Urkunde haben oder in einem Verein als Mitglied eingetragen sind.

Die Dreifache Zuflucht (P: tisaraṇa / S: triśaraṇa)

Die Zuflucht, dieses Ausrichten bezieht sich auf drei Aspekte des Buddhismus: Buddha, Dharma und Sangha. Diese Formel ist so alt wie der Buddhismus selbst und wird heute noch in den meisten Ländern in der Sprache gesprochen, die dem Buddhismus seit alters her verbundenen ist - in Pali. Die dabei verwendete Zufluchtsformel lautet:

Ich nehme meine Zuflucht zum Buddha.
Ich nehme meine Zuflucht zur vom Buddha dargelegten Lehre.
Ich nehme meine Zuflucht zur Gemeinschaft derjenigen, die diese Lehre des
Buddha leben.

Mit dem Aussprechen dieser dreifachen Zuflucht und deren dreimaliger Wiederholung, bekennen sich Buddhisten weltweit zur Lehre des Buddha.

In Pali lautet diese Zufluchtsformel:

Buddhaṃ saraṇaṃ gacchāmi
Dhammaṃ saraṇaṃ gacchāmi
Saṅghaṃ saraṇaṃ gacchāmi

Sie ist somit ein Höhepunkt des inneren Reifeprozesses und drückt den eigenen Entschluss aus, sich den vom Buddha gewählten und durch ihn vorgelebten Weg mit ganzer Kraft und innerer Aufrichtigkeit zu widmen.

Der Erleuchtete (PS: buddha)

Als Erleuchteten, speziell hier der Vollkommen Voll Erleuchtete (P: sammā sambuddha; S: samyak sambuddha), bezeichnet man jenen Menschen, der die zur Erlösung und zum Erwachen führende Lehre, nach dem sie den Menschen verloren gegangen war, aus sich selbst heraus wieder entdeckt hat und an sich selbst zur vollkommen Reife und Blüte entwickelte. Wenn wir uns zum Buddha bekennen, akzeptieren wir ihn als legitimen Wegbereiter und Lehrer, dem wir nachfolgen wollen, um auch selbst letztlich zu erwachen und zu einem Buddha zu werden. (SIEHE BZGL. DER HISTORISCHE BUDDHA SEITE 25)

Die Lehre (P: dhamma / S: dharma)

Dies ist die vom Buddha formulierte Lehre, die uns den Weg aus der Unwissenheit aufzeigt. Sie kann zusammengefasst werden in:

- Die Edle Wahrheit von der Unzufriedenheit und Leiderfahrung. (P: dukkhaṃ ariya saccaṃ)
- Die Edle Wahrheit von den Ursachen der Unzufriedenheit und Leiderfahrung. (P: dukkha samudayaṃ ariya saccaṃ)
- Die Edle Wahrheit von der Aufhebung der Unzufriedenheit und Leiderfahrung. (P: dukkha nirodhaṃ ariya saccaṃ)
- Die Edle Wahrheit vom Weg zur Aufhebung der Unzufriedenheit und Leiderfahrung. (P: dukkha nirodhaṃ gāminī paṭipadā ariya saccaṃ)

(SIEHE BZGL. VIER EDLE WAHRHEITEN SEITE 116)

Wenn wir uns zur Lehre bekennen, dann bedeutet dies, dass wir uns aufrichtig bemühen, den vom Buddha gewiesenen Weg an uns nachzuvollziehen und umzusetzen.

Die Gemeinde (P: saṅgha / S: saṃgha)

Dies ist die Gemeinschaft derjenigen, die dem Buddha nachfolgen und die Lehre des Buddha umzusetzen versuchen. Der Saṅgha besteht aus der Gemeinschaft der Mönche und Nonnen, sowie der Laienanhänger und Laienanhängerinnen. Wenn wir uns zum Saṅgha bekennen, dann sind wir selbst Teil dieses Saṅgha, dieser Gemeinschaft, und akzeptieren ihn als die spirituelle Familie (S: buddhakula, Buddhafamilie) in die wir nun eingebettet sind. Wir fühlen uns all unseren Mitbrüdern und Mitschwestern im Dharma verbunden und zugehörig. (SIEHE BZGL. DIFFERENZIERUNG IN SCHULEN SEITE 321)

Drei Kleinode (P: ti ratana, S: tri ratna)

Buddha, Dharma und Saṅgha werden auch als die Drei Kleinode bzw. Juwelen (P: ti ratana, S: tri ratna) des Buddhismus bezeichnet. Und gerade diese Hinwendung an die Drei Kleinode ist es, die den Menschen in die Tradition, Sukzession und inhaltliche Wahlverwandtschaft mit dem Buddhismus bringt. Inwieweit der Einzelne nun alle Aspekte des Dharma zum Motor und Leitfaden seines Lebens macht, liegt bei ihm selbst. So gibt es Menschen, die Teile des Buddhismus, wie zum Beispiel die intellektuellen Lehren des Mittleren Weges (S: madhyamaka mārga) sich zu eigen machen, aber keine Meditationstechniken der Vajrayana Yogapraxis üben. Andere wiederum meditieren fleißig und mit Eifer, befassen sich jedoch wenig oder gar nicht mit den intellektuellen Formulierungen des Dharma, wie sie zum Beispiel im Abhidharma oder den Prajñāpāramitā Texten hinterlegt sind. Der Buddhismus schreibt niemanden vor, wie er den Dharma umzusetzen hat, er ist offen für alle möglichen individuellen Ausprägungen. Solange diese den Grundprinzipien der Lehre entsprechen ist es gut und förderlich.

Einseitigkeit sollte jedoch vermieden werden und entspricht nicht der Lehre des Buddha. Daher sollte man zum Beispiel auch wenn man seinen Schwerpunkt auf das intellektuelle Verstehen gelenkt hat, die meditative Schulung nicht vernachlässigen. Nur zu meditieren ohne Grundkenntnisse der buddhistischen Lehre zu haben, ist aber ebenfalls nicht zielführend. Und schließlich ist aber Wissen als auch Meditation sinnlos ohne praktische Umsetzung im täglichen Leben.

知人者智，自知者明。
zhī rén zhě zhì, zì zhì zhě míng
勝人者有力，自勝者強。
shèngrén zhě yǒulì, zì shèng zhě qiáng

*Derjenige der die Menschen kennt ist weise und klug,
derjenige der sich selbst kennt ist offen und einsichtig.
Derjenige der einen Menschen besiegt ist stark,
derjenige der sich selbst besiegt ist mächtig.*

Lǎozi, dào dé jīng 33

Missverständnis
Praxis bedeutet in Meditation sitzen.

Richtigstellung
Die Praxis erfordert eine Ausgewogenheit zwischen Studium, meditativen Übungen und Lebensführung. Nur wenn diese in Balance gehalten werden, kann man zurecht von buddhistischer Praxis sprechen.

Buddhismus ist keine Religion, ist keine Philosophie im herkömmlichen Sinn. Buddhismus ist die Formulierung eines praktischen Weges, der uns dazu verhelfen soll den Weg, den der Buddha selbst beschritten hat, nachvollziehen zu können. Der durch die Zeiten formulierte Dharma, die Lehre des Buddhismus, gleicht ist eine Anweisung, um uns Wege aufzuzeigen. Daher sind drei Bereiche im Nachvollzug der Lehre des Buddha wesentlich, Studium, Lebensgestaltung und Meditative Übung.

Die Lehre des Buddha ist in ihrer Formulierung weitgehend eine intellektuelle Herausforderung, weil sie festgefahrene Meinungen und Ansichten, die wir in uns haben, in Frage stellt und umstürzt. Daher ist Studium und intellektuelles Verstehen ein wichtiges Korrektiv und eine Stütze für uns auf dem Weg der Selbstfindung. Der Intellekt ist neben der Welt unserer Emotionen, der Intuition und der meditativen Erfahrung ein wesentlicher Faktor für unsere Handlungsweise und beeinflusst unsere Entscheidungen. Verstehen und Wissen formt unsere Sichtweisen und bestimmt uns daher in unseren Handlungen und Bewertungen, in unseren Entscheidungen. Wissen wird zur Anschauung und Gesinnung und schafft somit jenen Teil der Welt, den wir erfahren und in dem wir leben.

Nicht das Entfliehen aus den Bedingungen und Umständen unseres Lebens ist das Ziel, sondern das wirklichkeitsgemäße Erkennen der Welt in der wir leben und somit unserer selbst. Dazu ist es jedoch unabdingbar eine heilsame Lebensführung zu gestalten, damit sich Verstrickungen und

Hemmnisse nicht vermehren sondern verringern. Bedingungen denen wir momentan unterworfen sind, können wir nicht aufheben, wir können sie manchmal lindern oder ihnen ausweichen. Wesentlich aber ist es sie von Angesicht zu Angesicht zu erkennen und lernen mit ihnen umzugehen. Unsere Reaktion auf das Leben und seine Ereignisse, die uns ständig betreffen, muss in Achtsamkeit erfolgen und wir sollten klar bewusst durchs Leben schreiten.

Jedes intellektuelle Studium bleibt jedoch fahle Theorie, wenn es nicht verinnerlicht wird. Nahrung, die wir aufnehmen, muss letztlich verdaut werden, damit sie ihre Wirkstoffe an unseren Körper abgibt. Deshalb benötigen wir neben jedwedem Studium buddhistischer Texte, eine Methode der „Verdauung" und „Assimilierung in unseren Körper". In gleicher Weise kann eine geänderte und klar bewusstere Lebensführung nur erreicht werden, wenn wir aus uns heraus, aus unserer Motivation und Sichtweise heraus, unsere bestehenden Neigungen und Gewohnheiten erkennen und korrigieren. Die Methode dazu ist die Schulung der Achtsamkeit, die Konzentration und die regelmässige Übung der Meditation.

Stellen wir uns nun die Frage wie wir mit diesen drei Bereichen im Sinne des Buddha umgehen sollen.

Studium

Wenn wir etwas studieren, wenn wir etwas lernen, dann liegt dahinter ein Zweck verborgen. Wir wollen etwas erreichen. Was wollen wir mit Wissen über den Buddhismus eigentlich erreichen? Diese Frage sollten wir uns stellen. Warum lesen wir zum Beispiel dieses Buch?

Die Antwort darauf liegt in unserer Motivation dazu begründet. Welche Motivation haben wir dieses oder jenes zu studieren? Dafür gäbe es viele Antworten. Wir könnten sagen, dass wir dadurch gescheiter werden, oder wir fühlen uns wichtiger, weil wir etwas kennen und darüber reden können, usw.. Die Motivation Buddhismus zu studieren sollte jedoch darin begründet sein, wirklich zu verstehen was der Buddha uns mitteilen wollte. Es sollte unser vorrangiges Bestreben sein in die Lehre einzudringen und sie dazu zu nutzen unsere eigenen Ansichten und Beweggründe, unser Weltbild, unsere Sichtweise zu hinterfragen und kennen zu lernen. Wir wollen die Darstellungen, die Beschreibungen, die Lehre des Buddha ergründen, um daraus den praktischen Bezug für uns in diesem Leben zu erhalten.

Ein Studium des Buddhismus ist kein akademisches Studium bei dem wir dann einen Abschluss machen und ein Zertifikat erhalten. Ein Studium des Buddhismus ist auch kein Zeitvertreib oder Hobby. Es dient einzig dem Zweck Mittel und Wege kennenzulernen, um den vom Buddha gewiesenen Weg gehen zu können. Das daraus gewonnene Wissen ist sozusagen das Gerüst an dem wir uns beim Beschreiten dieses Weges orientieren und festhalten können, wenn wir unsicher werden. Wissen ist die Ausrüstung, es sind die Gegenstände die wir auf unserer Wanderung in den Gefilden des Buddhismus mitzunehmen haben, um uns bei wichtigen Entscheidungen und bei Notwendigkeiten zu helfen, den Weg zu finden und fortzusetzen.

Aus diesem Blickwinkel heraus ist es dann selbstverständlich, dass wir die Themen und Darstellungen der buddhistischen Lehre nicht ungeprüft übernehmen werden. Wir sollten sie an unserem eigenen Leben reflektieren und versuchen ihren Sinn und ihren Nutzen für den eigenen praktischen Weg in den Vordergrund zu rücken.

Die Aufgabe ist es vorrangig nicht ein buddhistischer Gelehrter zu werden, sondern ein Praktizierender, der seine Übung der buddhistischen Praxis durch Wissen und Einsicht festigen kann.

Lebensgestaltung

Was nun die Lebensgestaltung betrifft, so leben wir in einer Welt unzähliger Bedingungen und Beeinflussungen. Unser Denken und Handeln sollte daher Extreme vermeiden und wir sollten heilsame Gewohnheiten entwickeln, heilsam für alle Wesen und für uns selbst. Wir sprechen hier nicht von Gut und Böse, sondern von Heilsam und Unheilsam. Es geht hier nicht um Vorschriften, um Regeln, die uns sagen was wir tun müssen.

Es geht um die Sichtweise, die uns hilft Heilsames von Unheilsamen zu unterscheiden. Es geht darum, dass wir unsere unheilsamen Gewohnheiten, unsere Neigungen und Gedankenmuster sowie unsere Handlungsweise durch klar bewusste Gedankenmuster und Aktionen, durch heilsame Gewohnheiten und Tendenzen, ersetzen bzw. in diese umformen.

„Hinzufallen ist nicht das Problem sondern liegenbleiben", ist eine alte Weisheit der Yogalehre. Wir können uns nicht plötzlich in einen neuen Menschen verwandeln. Dies ist auch nicht durch strenge Disziplin und Askese möglich, die meist zu zwanghaftem Festhalten an Regeln und Vorschriften führt. Nur durch bewusste Selbsterkenntnis werden wir unsere eingefahrenen Wege verlassen können um neue einzuschlagen. Klar bewusst im natürlichen Fluss des Lebens zu sein, gestützt auf die Lehre des Buddha, das ist es was wir anstreben sollten.

Meditation

Doch wie können wir klar bewusst durchs Leben schreiten? Wie können wir die richtige Motivation für das Studium der buddhistischen Lehre erlangen?
Nur wenn wir uns selbst kennenlernen, wenn wir über uns selbst vorurteilsfrei die uns eigenen Schwächen und Vorzüge erfahren, dann stellt sich eine Achtsamkeit ein. Dies verhilft uns dann langsam, neue heilsame Gewohnheiten heranreifen zu lassen und damit das Leben bewusster und klarer zu leben. Dies erlangt man nicht durch Anhäufung von Wissen oder Vorschriften hinsichtlich der eigenen Lebensführung sondern nur durch meditative Übung.

Die Versenkung sowie Fixierung der Geistestätigkeit beinhaltet unterschiedliche Stufen der Praxis. Einerseits geht es um die Beruhigung des Geistes (P: samatha / S: śamatha) und andererseits um die Entwicklung von Einsicht und analytischer Reflektion (P: vipassana / S: vipaśyanā). Beides sind unerlässliche Methoden, um angehäuftes Wissen zu verinnerlichen, damit es sich in unserer Lebensführung auswirken kann.

Meditation ist immer individuell, es gibt kein generelles Rezept, welches für jeden Menschen Gültigkeit hat. Es gibt jedoch Prinzipien und Richtlinien, die diese Gültigkeit haben. Denn diese wurden vom Buddha, der selbst diesen Weg beschritt, uns mitgeteilt. Im Laufe der Zeit haben dann seine Schüler ähnliche Erfahrungen gemacht und gewisse Aspekte dieser Prinzipien und Richtlinien verfeinert oder stärker akzentuiert. Daher gibt es unterschiedlichste Wege der meditativen Schulung innerhalb des Buddhismus. Allen gemeinsam ist jedoch, dass sie sich auf die Grundlagen der buddhistischen Lehre beziehen und davon im Grunde nicht abweichen. (SIEHE BZGL. MEDITATIVE ÜBUNG SEITE 213)

Wir sollten daher mit Hilfe eines Lehrers diesen Grundlagen folgen. Wir werden dabei aber immer unseren eigenen individuellen Weg gehen müssen. Der Lehrer kann uns inspirieren, er kann uns etwas erklären, er kann uns Hilfestellung in schwierigen Situationen geben, er kann aber den Weg nicht für uns gehen. Wir selbst müssen diese Reise in uns selbst unternehmen, die uns dann in die Welt zurück führt und schließlich diese Dualität von uns und einer fremden Welt in der wir leben, aufhebt. Wir selbst sind diese Welt, in der wir leben.

Balance und Ausgewogenheit

So wie der Körper eines Vogels zwei Flügel hat, um sich in die Lüfte erheben zu können, so müssen wir Studium und Meditation zusammen entwickeln und gewissenhaft praktizieren. Welche der beiden Flügel und ob beide zugleich aktiviert werden, hängt davon ab wie ausbalanciert unser Flug sein wird. Der Körper des Vogels, um bei diesem Beispiel zu bleiben, sind wir, wir selbst in diesem Leben, in der Gestaltung dieses Lebens, also unsere Lebensführung.
Wenn man zum Beispiel bemerkt, dass man zu kopflastig geworden ist und sich hauptsächlich nur mehr mit dem Studium der buddhistischen Lehre beschäftigt, dann muss man die meditative Übung verstärken, ansonsten kann die Lebensgestaltung nicht heilsam entwickelt werden. Ähnliches gilt dafür, dass wir unser Verständnis vertiefen müssen, wenn wir im Bereich der meditativen Übung in Schwärmerei oder Wohlgefühl

und verschlossene Geborgenheit abgleiten.

Aber auch nur ein gerechtes und hilfsbereites Leben zu führen, bleibt ebenso in unseren Vorlieben und Ansichten gefangen. Wir bleiben auf unser Ich zentriert und meinen dann die Welt retten und verbessern zu können, den dies entbehrt leider der Einsicht durch Meditation sowie auch des notwendigen Wissens um aus Verständnis heraus die rechten Entscheidungen treffen zu können.

Nur den Körper (Lebengestaltung) zu gestalten ohne die Flügel (Wissen, Meditation) zu stärken und zu trainieren, wird uns nie in die Lüfte erheben.

Daher sollten wir immer dann, wenn wir zu stark in einen der drei Bereiche aktiv sind die anderen nicht vernachlässigen. Ein gutes Korrektiv, um Feststellen zu können inwieweit wir in der buddhistischen Praxis bereits gefestigt sind, ist es sich den Umgang mit unseren eigenen Problemen anzusehen. Wie reagiere ich darauf und was tue ich als Kompensation? Suche ich, wenn ich Probleme habe, nach weiteren Ablenkungen oder versuche ich eine Hinwendung zur buddhistischen Lehre, indem ich Studium oder meditative Übungen verstärke. Die Erfahrung zeigt uns, dass wir vorwiegend aus Fehlern lernen. Daher ist es wesentlich unsere Fehler auch zu akzeptieren; sie nicht wegzuschieben oder zu ignorieren.

Wir sehen also, dass die Praxis des Buddhismus einen ganzheitlichen Ansatz verfolgt, denn das Leben selbst ist nicht getrennt in Bedeutendes und Unbedeutendes.

Missverständnis
Vertrauen und Glaube sind im Buddhismus das selbe.

Richtigstellung
Vertrauen ist die Akzeptanz des Praktizierenden in die Lehre, obwohl er diese noch nicht voll erfasst und verstanden hat. Glaube im religiösen Sinn gibt es eigentlich nicht im Buddhismus. Religiöser Glaube bedeutet etwas anzunehmen und sich dem unterzuordnen, obwohl es keinerlei Möglichkeit gibt es mit dem Intellekt in Einklang zu bringen. Blindes Annehmen von Lehrinhalten ist nicht das Wesen des Buddhismus.

Wenn wir beginnen den buddhistischen Weg ernsthaft in die Praxis umzusetzen, dann werden wir feststellen, dass es einige Ansichten und Themen in der buddhistischen Lehre gibt, mit denen wir wenig vertraut sind oder die wir vorerst nicht verstehen können oder wollen. Das ist ganz normal und liegt daran, dass uns der Buddha einen Weg aufgezeigt hat, der unsere festgefahrenen Ansichten und liebgewonnenen Verhaltensweisen radikal hinterfragt. In den Lehrreden welche im Pali Kanon aufgezeichnet und gesammelt wurden, finden wir sehr oft folgende Worte als Ausdruck der Zuversicht zum gerade Gehörten.

„Gleichwie etwa, o Gotamo, als ob einer Umgestürztes aufstellte, oder Verdecktes enthüllte, oder Verirrten den Weg wiese, oder Licht in die Finsternis brächte: Wer Augen hat wird die Dinge sehen: ebenso auch hat Herr Gotamo die Lehre gar vielfach gezeigt…"

sutta piṭaka, dīgha nikāya, kūṭanda suttam
(Palikanon, Längere Sammlung, 1, 5)

Daraus sehen wir wie beim Erfassen der buddhistischen Lehrinhalte sich unser bestehendes Weltbild meist radikal verändert, da Irrtümer beseitigt werden und rechte Einsicht gewonnen werden kann. Solange wir uns ernsthaft bemühen und aus einer richtigen Motivation heraus den

Entschluß gefasst haben den buddhistischen Weg zu gehen (SIEHE BZGL. WANN IST MAN BUDDHIST? SEITE 268), werden wir vieles am Beginn unseres Strebens auf diesem Weg nicht sofort verstehen und klar wahrnehmen können. Hierzu ist Vertrauen in die Lehre erforderlich.

Vertrauen (P: srāddha / S: śrāddha) ist aber nicht Glaube. Der Buddha wies immer darauf hin, dass wir nicht einfach etwas glauben sollen (SIEHE DAZU *KĀLĀMA SUTTA* SEITE 20) sondern in rechter Achtsamkeit die Sache überprüfen und selbst erfahren müssen. Der buddhistische Weg ist kein Weg des blinden Gehorsams und einfachen Nachfolgens sondern ein bewusster Weg der eigenen Selbsterkenntnis.

Vertrauen ist daher oft ein notwendiges Unterfangen für dieses Bestreben. Wir vertrauen einer Lehre oder einem Lehrer, weil wir zu erkennen beginnen, dass das Dargelegte einen Wert für uns hat. Wir nutzen diese Eigenschaft des Vertrauens, so wie Kinder sich oft auf ihre Eltern verlassen und im tiefsten Inneren davon überzeugt sind, dass die Eltern nur das Beste für die Kinder wollen. In gleicher Weise vertrauen wir im Buddhismus. Dies kann aber nur sinnvoll geschehen, wenn wir Schritt für Schritt an die Lehre herangeführt werden (SIEHE BZGL. BODHISATTVA-WEG. SEITE 236). Somit wird auch unser Vertrauen wachsen, bis es schließlich zum Erkennen und Verstehen in Achtsamkeit hinführt.
Vertrauen ist eine Stufe auf dem Weg zur Achtsamkeit und Erkenntnis und sollte niemals Mittel dazu sein einem blinden Glauben zu folgen.

Glaube wird oft damit begründet, dass er für eine feste religiöse Überzeugung unabdingbar sei. Man meint dadurch eine gewisse Unerschütterlichkeit zu erlangen, die dann hilft das Leben besser bewältigen zu können. Der Buddhismus lehrt uns aber, dass eine solche Unerschütterlichkeit nur durch eigenes Bemühen entstehen kann. Nur dann wenn wir uns selbst darüber im Klaren sind, was wir tun, wie wir denken und fühlen. Erst wenn wir uns selbst in Achtsamkeit ins eigene Angesicht blicken können, dann beginnen wir uns selbst zu sehen wie wir wirklich sind. Dann enden unsere Illusionen über uns selbst. Wir erfahren unsere Motivationen, unsere Beweggründe und Neigungen. Mit dieser Akzeptanz unserer selbst sind wir dann den Bedingungen des Lebens nicht mehr hilflos ausgeliefert. Wir hängen nicht mehr unseren ständigen Wunschvorstellungen nach, sondern erfahren die Welt und uns selbst so wie sie für uns sind. Die Welt in der wir leben und die wir erfahren ist dann unsere tiefeigene Realität und Wirklichkeit. Wir erkennen klar und deutlich unsere Position darin und geben es auf unmögliche Veränderungen herbeizusehnen.

Daher ist blinder Glaube imgrunde etwas, dass gerade diesem Erwachungsprozess zur eigenen Achtsamkeit konträr gegenüber steht. Eine feste Überzeugung an einer Sache gewinnt man nur durch eigene Erfahrung nicht durch den Glauben an etwas. Alles andere führt uns nur tiefer in die Verstrickungen unserer eigenen Vorlieben und Abneigungen.

Glaube in religiöser und auch in philosophischer Sicht gründet sich leider nicht auf Einsicht sondern auf das ‚blinde' Vertrauen in eine Lehre oder in eine Person, ohne dass dies durch eigene Erkenntnis (Wissen, Logik) oder Erfahrung (Wahrnehmung) begründet werden kann.
Vertrauen im Buddhismus ist jedoch das Resultat der eigenen Überprüfung der buddhistischen Lehre und damit die Hinwendung an diese Lehre. Es ist der Entschluss, dass man so unvollständig es auch sein mag der Lehre des Buddha einen Wert zumisst weil man erkannt hat, dass diese Lehre heilsam und sinnvoll für das eigene Leben sein kann.
Somit ist der Begriff „Glaube" in unserem Sprachgebrauch sehr undifferenziert und führt durch seine religiöse Belegung durch die abrahamitischen Religionen zu groben Missverständnissen hinsichtlich des Buddhismus. Man sollte daher im Buddhismus in diesem Fall besser von Vertrauen und nicht vom Glauben sprechen.

Missverständnis
Es gibt Gebote und Vorschriften, die man als Buddhist befolgen muss.

Richtigstellung
Es gibt keine Gebote im Buddhismus; es gibt Richtlinien denen wir unsere Aufmerksamkeit widmen sollen. Moralisches und ethisches Handeln ist Resultat der Praxis und nicht das Befolgen von Regeln.

Zu Beginn wollen wir zuerst einmal die Begriffe, die wir hier verwenden klarstellen nämlich Ethik und Moral.

Ethik befasst sich mit dem sittlichen Verhalten und ist eine innere Ausrichtung unseres Tuns und Denkens auf der Basis von Heilsam und Unheilsam.

Moral ist die Richtlinie, die uns Heilsam und Unheilsam definiert. Moral ist immer kulturbezogen und individuell gestaltet.

Immanuel Kant (1724–1804), der deutsche Philosoph, bezeichnet das Gewissen als ein moralisches Selbstbewusstsein. Doch diese Definition beruht auf moralischen Vorstellungen und diese Vorstellungen sind im jeweils vorherrschenden kulturellen und soziologischen Umfeld anzusiedeln. Das bedeutet, dass Moral heute sowie Moral in der Vergangenheit und in Zukunft sehr wahrscheinlich von der aktuell gültigen Festlegung abweichen wird. Dies haben wir in Laufe der Geschichte schon des öftern erlebt. Denken wir nur daran wie Vergnügungen mit Knaben im alten Griechenland gesehen wurden oder wie das Züchtigen von Kindern noch vor nicht allzu langer Zeit hierzulande üblich war. Beides war zu diesem Zeitpunkt in der Vergangenheit nicht als moralisch verwerflich eingestuft.

Moral im Buddhismus ist jedoch nicht als etwas Gefordertes sondern vielmehr als etwas sich von selbst Ergebendes, gestützt durch meditative Schulung und Studium, zu sehen. Es ist das Resultat eines menschlichen

Reifens zum Ganzsein, das Resultat buddhistischer Ethik. Moral im Buddhismus ist somit die Auswirkung jener ethischen Richtlinie im Hier und Jetzt, welche uns in unserer inneren harmonischen Haltung leitet. Es ist das Resultat einer ungeschminkten Selbstreflektion und Selbsterkenntnis, geleitet und gestützt auf die Erkenntnis der buddhistischen Lehrinhalte.

In dieser Weise müssen wir die Verhaltensanweisungen (S: śīla) des Buddhismus betrachten, die leider fälschlich als „moralische Vorschriften" im Westen bekannt wurden.

Es handelt sich hierbei nicht um Vorschriften oder Gebote sondern um eine Charakterschulung, die unsere Gewohnheit durchleuchtet, unser Verhalten korrigieren hilft und somit einen heilsamen Wandel in unserer Motivation des Handelns schafft. Es ist somit nicht etwas Gefordertes sondern etwas Erwünschtes. Nicht Vorschriften oder Gebote schaffen eine moralische Basis sondern diese Basis entsteht als Auswirkung unserer geistigen Haltung.

Für alle Buddhisten, ob Laienanhänger oder Mönche bzw. Nonnen gelten folgende fünf Richtlinien (P: pañcasīla / S: pañcaśīla). Dass dies keine Gebote sind, zeigt sich deutlich auch an der traditionell überlieferten Formel dieser Versprechen sich selbst gegenüber. Leider werden diese Textstellen oft verkürzt oder falsch übersetzt, was dann zu vielerlei Missverständnissen führt.

„Ich nehme es auf mich, von folgender Gewohnheit abzustehen:
des Verletzens sowie des Attakierens oder Tötens."
(P: pāṇâtipātā veramaṇī sikkhāpadaṃ samādiyāmi)

Hier geht es nicht nur um Gewaltlosigkeit sondern um die Entwicklung und Entfaltung eines mitfühlenden Empfindens allen Wesen gegenüber (SIEHE SEITE 289). Das dies dann zu einem gewaltfreien Umgang mit allen Wesen führt, ist eine naheliegende Auswirkung einer solchen Grundhaltung.

„Ich nehme es auf mich, von folgender Gewohnheit abzustehen:
des Aneignens von nicht Gegebenen.“
(P: adinnādānā veramani sikkhāpadaṃ samādiyāmi)

Man könnte hier annehmen es geht hier prinzipiell darum nicht zu stehlen, so wie es in den Geboten anderer Religionen formuliert wird. Das Aneignen von Nicht-Gegebenen bezieht sich hier aber nicht nur auf materielle Güter sondern auch darauf, dass wir sogenannte geistige Güter nicht übernehmen und sie als die unseren ausgeben sollten. Es geht auch darum sich nicht mit etwas zu brüsten oder als jemand zu erscheinen der wir nicht sind. Grundsätzlich sollten wird nichts als unser alleiniges Eigentum ausgeben und wir sollten uns auch nicht in einer Weise selbst präsentieren und darstellen die uns nicht entspricht. Letztlich sollten wir uns nichts aneigenen was nicht wirklich zu uns gehört oder uns darstellt.

„Ich nehme es auf mich, von folgender Gewohnheit abzustehen:
in falscher Weise durch Lust getrieben zu handeln.“
(P: kāmesu micchācāra veramani sikkhāpadaṃ samādiyāmi)

Hier geht es nicht ausschließlich um fehlgeleitete Sexualität, denn dies wäre ja ein moralisches Ansinnen. Es geht um jedwede Art der Gier, die uns zu Handlungen und Gedanken hinführt. Abstehen vom ständigen Wünschen und Wollen in allen Bereichen und das als notwendig Erkannte anzustreben und nicht ständig seinen Vorlieben und Gewohnheiten nachgeben um etwas zu erlangen. Hier geht es um Wünsche, Begehren und Verlangen (PS: kāma) in allen Bereichen unseres menschlichen Daseins. Wie Sokrates schon trefflich sagte als er dem Entladen der Schiffe im Hafen von Piräus zusah: „Wie zahlreich sind doch die Dinge, deren ich nicht bedarf".

„Ich nehme es auf mich, von folgender Gewohnheit abzustehen:
die Unwahrheit zu sagen.“
(P: musāvādā veramani sikkhāpadaṃ samādiyāmi)

Nicht ein Gebot gegen das Lügen ist hier gemeint, sondern eine Grundhaltung von Wahrhaftigkeit. Wir sollen uns so geben, wie wir wirklich sind. Wir sollen uns mit unseren positiven als auch negativen

Seiten akzeptieren. Denn nur wenn wir etwas annehmen und akzeptieren, können wir lernen damit umzugehen und es wenn sinnvoll und notwendig erscheint auch ändern. Wir sollten aufrichtig uns selbst gegenüber sein und uns so geben, wie wir sind und nicht vorgeben anders zu sein.

„Ich nehme es auf mich, von folgender Gewohnheit abzustehen:
durch Achtlosigkeit befallen in meiner Position festgefahren zu sein."
(P: surā meraya majja pamādatthānā veramani sikkhāpadaṃ samādiyāmi)

Dies wird oft als ein Abstehen von Rauschzuständen interpretiert, letztlich als ein Vermeiden von Alkohol und Drogen. Das ist zwar in gewisser Hinsicht richtig, ist aber zu kurz gegriffen. Hier geht es darum, dass wir durch Trainung von Achtsamkeit und Vermeiden von gewohnheits-mässigen Verstrickungen in unsere Vorlieben und Abneigungen, unsere klar bewusste Achtsamkeit nicht verlieren. Wenn wir diese verlieren oder nicht an ihr ständig arbeiten, werden wir unsere eigenen Positionen letztlich festigen und als Wahrheit titulieren. Wir werden starrer werden und eigene Gewohnheiten nicht mehr reflektieren und hinterfragen.

Letztlich führt das Vernachlässigen der hier genannten Richtlinien (P: pañcasīla / S: pañcaśīla) zu diesem Festfahren in der eigenen Position und den Verstrickungen in die unheilsame Welt unserer Neigungen und Gewohnheiten. Daher ist die klarbewusste Achtsamkeit eine wesentliche Übung in der Praxis des Buddhismus. (SIEHE BZGL. MEDITATIVE ÜBUNG SEITE 213)

Wir sehen also, dass hier Richtlinien formuliert wurden, die ein Einhalten und Versprechen uns selbst gegenüber erfordern. Ethik und moralisches Verhalten ist somit innerer Ausdruck unseres Bemühens, es ist kein Gebot oder eine Vorschrift die befolgt werden muss. Jeder muß ständig an sich arbeiten und selbst immer wieder entscheiden welche Richtung er einschlägt. Diese fünf Richtlinien im Buddhismus geben nur die Richtung vor. Erst ein Studium der buddhistischen Lehre führt dann zu einem tieferen Verständnis und meditative Übung ermöglicht die damit verbundenen direkten Erfahrungen. Und damit erst wird die Lehre des Buddhismus gelebte Wirklichkeit.

Missverständnis
Bereuen heißt sich schuldig fühlen und sich bessern wollen.

Richtigstellung
Es geht nicht um Schuld und Sühne, sondern um klare Erkenntnis dass wir Gefangene unserer eigenen Vorlieben und Gewohnheiten sind. Nur das klare Bewusstwerden unserer Vorlieben und Gewohnheiten, unabhängig davon ob heilsam oder unheilsam, schafft die Möglichkeit sich aus diesem selbst auferlegten Gefängnis zu befreien.

Das was wir hier als Reuebekenntnis bezeichnen bedeutet in seiner ursprünglichen Bedeutung Befreiung und Erlösung (P: paṭimokkhā / S: pratimokṣa), eigentlich „in die Richtung der Befreiung sich entwickeln". Es geht hier also nicht um ein Sündenbekennen, das Eingestehen der Übertretung eines göttliche Gebotes oder um Beichte. Es geht auch nicht um die Freisprechung von unserem Fehlverhalten und das Verzeihen durch eine höhere Instanz zum Beispiel Gott, wie in den Offenbarungsreligionen (Judentum, Christentum, Islam).

Reuebekenntnis im Buddhismus ist vor allem ein Bekenntnis uns selbst gegenüber. Es ist das bewusste Wahrnehmen und Eingestehen unserer Schwächen und unheilsamen Handlungsweise in Worten, Taten und Gedanken. Nichts und Niemand kann uns von unserem eigenen Fehlverhalten freisprechen, nur wir selbst können uns durch Einsicht und Achtsamkeit in unserem Tun davon freimachen. Es ist ein ungeschminktes Reflektieren unserer selbst. Nur wenn wir unparteiisch auf uns selbst blicken, nicht getrieben durch Vorlieben oder Abneigungen, sondern geleitet durch die Ethik der buddhistischen Lehre (P: sīla / S: śīla), nur dann begreifen wir uns selbst und sehen uns klar und deutlich. (SIEHE BZGL. ETHIK UND MORAL SEITE 282). Wir erkennen dadurch welche Person wir sind mit all unseren Fehlern und Schwächen. Daraus entsteht dann der Entschluss achtsamer zu werden, um diese Fehler und Schwächen in Zukunft zu vermeiden.

Vergangenes kann man nicht mehr rückgängig machen; Zukünftiges kann man allerdings gestalten. Daher macht es keinen Sinn über Vergangenes zu klagen und zu jammern und sich dadurch schlecht zu fühlen. Reue im Buddhismus ist nicht ein Festhalten an der Vergangenheit, sondern das bewusste Erkennen dieser Vergangenheit und daraus entwickelt sich dann der aufrichtige Wunsch und die eigene Zuversicht, es zukünftig besser zu machen. Das soll aber keinesfalls bedeuten, dass wir vergangene Fehler gutheisen sollten und nicht davon berührt werden. Die Selbsterkenntnis muss alles, alles was wir in Taten, Worten und Gedanken getan haben akzeptieren. Akzeptanz in der Weise, dass wir nichts verstecken oder verneinen. Alles muss ins klare Licht der eigenen Sicht gehoben werden. Denn dann erkennen wir uns so wie wir wirklich sind. Und darüber sind wir in vielen Bereichen sicherlich beschämt. Und diese Scham (S: hrī) gibt uns dann die Motivation Unheilsames zukünftig zu vermeiden und Heilsameres anzustreben.

Es geht hier primär also nicht darum Fehler auszumerzen oder zu bekämpfen, sondern uns selbst zu erkennen und zu akzeptieren. So sind wir, so handeln wir, so denken wir, so sind meine Beweggründe, das sind meine Motivationen. Und mit dieser Selbsterkenntnis werden wir uns selbst nicht mehr etwas vorspielen. Wir werden nicht mehr unseren Neigungen und Gewohnheiten einfach nachgeben, sondern klar bewusst versuchen unser Leben in heilsamer Weise in den Griff zu bekommen. Gewohnheiten können nur durch meditative Einsicht und ständige Anpassung im täglichen Leben geändert werden, man kann sie nicht einfach aufgeben.

Solange wir etwas wichtig nehmen schaffen wir eine Abhängigkeit. Festhalten an unseren Fehlern durch ständige Erinnerung daran und Beschäftigung mit ihnen, ist so eine Abhängigkeit. Diese Abhängigkeit lässt unsere Schwächen und Fehler immer bedeutender und wichtiger für uns erscheinen. Sie werden dadurch besonders wichtig und letztlich gefestigt. Wenn wir zu sehr an unserem Fehlverhalten festhalten, dann berauben wir uns der Möglichkeit dieses Fehlverhalten hinter uns lassen zu können. Daher ist die Akzeptanz uns selbst gegenüber, so wie wir in der Vergangenheit waren und so wie wir jetzt sind, wesentlich. Denn nur dadurch können wir uns zukünftig verbessern. Studium der Lehre und meditative Übung sind die zwei wesentlichen Methoden, um diese Akzeptanz zu erlangen. Rechte Lebensweise ist dann das Resultat daraus.

Im den Schulen des Theravāda (SIEHE SEITE 317) werden Reuebekenntnisse an den bestimmten nach dem Mondkalender errechneten Tagen (P: uposatha, fasten) in der Versammlung der Mönche und Nonnen von den einzelnen Personen ausgesprochen, indem sie ihr Fehlverhalten klar kommunizieren. Dies ist eine Methode, die eigene Sichtweise auf sich selbst klar und deutlich, ungeschminkt darzustellen.
In den Mahāyāna Schulen (SIEHE SEITE 317) werden solche Tage nicht in dieser Art praktiziert. Es gibt aber selbstverständlich auch diese Methode des Reuebekenntnisses. Man reflektiert über sich selbst indem man sich der Gegenwart von Bodhisattvas bewusst wird. Mit diesem Bewusstwerden versucht man die Qualität dieser Bodhisattvas lebendig werden zu lassen und schafft damit ein Gegengewicht zu den Geistestrübungen der eigenen Verworrenheit und falschen Sichtweise. Damit beginnt man sich selbst so zu sehen wie man wirklich ist, mit all seinen Schwächen und Fehlern.

„Alles Leid in dieser Welt entsteht aus einer falschen Einstellung. Die Welt ist weder gut noch böse. Erst das Verhältnis unseres Ich zu ihr läßt sie uns als das eine oder als das andere erscheinen. …… Für ihn (den Buddha) lag der Wert des menschlichen Handelns nicht in der erzielten äußeren Wirkung, sondern allein in dem Beweggrund der Tat, das heißt in der Gerichtetheit und Haltung des Bewußtseins, aus dem der entsprechende Impuls entsprang."

Lama Anagarika Govinda

Missverständnis

Die himmlischen Verweilungszustände (PS: brahmavihāra) die auch als die vier Unermesslichen (P: appamaññā / S: apramāṇa) bezeichnet werden, sind meditative Zustände und nur eine der vielen Lehren innerhalb des Buddhismus.

Richtigstellung

Die himmlischen Verweilungszustände (PS: brahmavihāra) sind nicht nur eine Lehre unter vielen, sondern eine der wichtigsten Lehren des Buddhismus. Sie sind zwar durch meditative Schulung zu entwickeln, es handelt sich dabei aber um erstrebenswerte und letztlich notwendige Geisteshaltungen im täglichen Leben. Sie sind nicht nur der Schlüssel zum Verstehen der buddhistischen Lehre sondern essentiell wenn man ernsthaft dem Pfad des Buddha folgt.

Motivation ist die richtungweisende Energie, die uns auf dem Weg des Buddhismus antreibt und letzlich leitet. Daher sind bei allem was wir studieren, praktizieren und reflektieren die Beweggründe zu beachten. Es erscheint uns so als ob ausschließlich nur unser Wissen und unsere Erfahrungen die Richtung in unserem Leben bestimmen würden. Dies ist leider nur oberflächlich betrachtet wirklich der Fall. Ob wir ein heilsames oder ein unheilsames Leben führen, ob wir zufrieden oder unzufrieden sind, all dies hängt von unseren Gewohnheiten und somit von unserer Abhängigkeit diesen Gewohnheiten gegenüber ab. Was nützt es uns, wenn wir wissentlich Vorsätze haben etwas zu tun oder zu unterlassen und dennoch unseren Gewohnheiten folgen, die das konterkarieren. Unsere Gewohnheiten veranlassen uns meist durch Ausschaltung von Wissen und unseren vorhandenen Erfahrungen zu reagieren. Wir handeln und denken automatisch in die Richtung dieser tief verwurzelten in uns liegenden Eigenschaften.

Im Buddhismus folgen wir den drei Eckpfeilern, die den praktischen Weg vorgeben, nämlich Studium (SIEHE SEITE 108), meditative Übung (SIEHE SEITE 202) und achtsame Lebensführung (SIEHE SEITE 260). Sie verhelfen uns dazu, wenn sie zueinander in Einklang gehalten werden, unsere Beweggründe einerseits bewusst zu erkennen und andererseits sie wenn notwendig auch zu korrigieren. Um jedoch diesen Einklang erreichen zu können ist es wichtig heilsame Gewohnheiten zu schaffen und unheilsame Gewohnheiten zu erkennen, um sie hintanhalten zu können.

Daher nannte der Buddha vier sogenannte Qualitäten, die uns zur Gewohnheit werden sollten und nicht auf Wissen und Vorsätzen allein begründet sein sollten. Diese werden als die himmlischen Verweilungszustände (PS: brahmavihāra) oder auch als die Unermesslichen (P: appamaññā / S: apramāṇa) bezeichnet. Es sind also vier Aspekte des heilsamen Menschseins, vier Bereiche die uns inspirieren und motivieren sollen. Es sind Qualitäten unseres Lebens, die wir entwickeln und uns zur Gewohnheit machen sollten. Es ist eine Geisteshaltung die nicht beurteilt, nicht abwegt und nicht einteilt. Es ist eine Geisteshaltung die frei ist von Fixierung auf etwas. Diese innere Geisteshaltung, die uns dazu verhilft die bestehenden unheilsamen Gewohnheiten in heilsame zu transformieren wird daher auch als grenzenlose Qualität (P. appammaññā / S: apramāṇa, ohne Maß, ohne Gewicht, ohne Bedeutung) bezeichnet, da sie das automatische Zuordnen, Bewerten und Vorteil-Gewinnen hintanstellt.

Was sind nun diese vier Qualitäten der Geisteshaltung?
Sie beruhen auf der inneren Erkenntnis, dass die Verschiedenheit und Getrenntheit der Lebewesen eine Illusion ist, die durch unsere starke Ich-Zentiertheit aufrecht erhalten und genährt wird. Die Überwindung dieser Ilusion führt dann zu einer tiefen Anteilnahme mit allen Lebewesen, die sich in den vier genannten Qualitäten zeigt.

- Allgüte, liebendes Wohlwollen (P: mettā / S: maitrī)
  Nächstenliebe, Empathie
- Mitleid, mitfühlendes Wohlwollen (PS: karuṇā)
  tiefe Anteilnahme an den Leiden Anderer

- MItfreude, freudiges Wohlwollen (PS: muditā)
  tiefe Anteilnahme an den Freuden Anderer
- Gleichmut, unparteiisches Wohlwollen (P: upekkhā / S: upekṣā)
  Gleichmut gegenüber dem eigenen Wohl und Wehe, Gleichmut ist
  nicht eine Gleichgültigkeit Anderen gegenüber.

Im Chinesischen werden Allgüte und Mitleid (C: 慈悲 cíbēi) als das elementare Mitgefühl bzw. die wahre Barmherzigkeit zusammengefasst.

Im Mahāyāna Buddhismus wird darauf hingewiesen, dass meditative Übung ohne rechte Einstellung und Motivation nicht nur sinnlos ist sondern auch zu fehlgeleiteten Ergebnissen führen wird. Daher sind diese vier Qualitäten unverzichtbare Eigenschaften, die wir auf dem praktischen Pfad des Buddhismus nicht nur entwickeln müssen, sondern es sind auch jene Eigenschaften, die uns auf diesem Pfad leiten.

„Erkennend dass mitfühlendes Wohlwollen (S: mahākaruṇā) die einzige Ursache und Grundlage (S: hetu-mūlam) zur Buddhaschaft ist, sollte diese auf jeden Fall zu Beginn kultiviert werden.“

bhāvanākrama von Kamalaśīla
das Konzept der Geistesentfaltung

Das Bhāvanākrama „das Konzept der Geistesentfaltung“ von Kamalaśīla ca. 740 - 795, bestehend aus drei Abhandlungen, ist der Basistext innerhalb des tibetischen Buddhismus, der sich mit der Meditation beschäftigt.

Daher sind diese Vier Verweilungszustände (PS: brahmavihāra) nicht nur Leitfaden auf unserem Weg, sondern sollten die ständigen Begleiter in unserem täglichen Leben sein. Denn nur dadurch ist es uns möglich in der Welt der Bedingungen und Beeinflussungen den Weg des Buddha in unserem Herzen aufrecht zu erhalten; als Korrektiv gegen unsere eigene festgefahrenen Sichtweisen. Nur dadurch haben wir ein Mittel (PS: upāya), um unseren Egoismus hinan zu halten und die Möglichkeit die altruistischen Höhen des Erwachens zu erklimmen.

VEGETARISMUS

Missverständnis
Alle Buddhisten sind Vegetarier.

Richtigstellung
Es wird als heilsam angesehen auf den Fleischgenuss zu verzichten. Es gibt im frühen Buddhismus keine direkte Vorschrift sich dem Fleischkonsum völlig zu enthalten. Allerdings gibt es vom Buddha Aussagen dazu, wie wir uns diesem Problem gegenüber verhalten sollen.

Eines der Hauptprinzipien in der Lebensführung ist es sich in Gewaltlosigkeit zu üben und dies zu beachten. Was ist nun hierunter zu verstehen?
Es bedeutet schlicht und einfach niemanden etwas zuleide tun (PS: ahimsā). Es ist also eine friedliche Grundhaltung. Eine Haltung allen Situationen und Ereignissen gegenüber. Dies schließt nicht nur unser Handeln sondern auch unser Denken mit ein und das bezieht sich auf all unsere Beweggründe und unsere Beurteilungen den Lebensumständen gegenüber. Und aus einer solchen Grundhaltung heraus, entsteht natürlich auch die Frage, ob es daher vertretbar ist, sich auf Grund des Leidens anderer Lebewesen zu ernähren. Wir sehen also es geht hier vorrangig nicht um gesundheitliche oder moralische Aspekte, also darum ob etwas gerade in der Gesellschaft in der wir leben als richtig oder als falsch beurteilt wird. Es geht um unsere geistige Einstellung und die Motivation unseres Handelns. Wenn im Buddhismus das mitfühlende Empfinden (S: karuṇā) als eine wesentliche Qualität auf dem praktischen Weg der Übung bezeichnet wird, dann sollte sich dieses Mitempfinden auf all unsere Beweggründe erstrecken und unsere Motivationen leiten.

Vegatarisch zu leben ist also eine Frage der inneren Ausrichtung und Motivation und nicht so sehr der Handlungen und Aktivitäten. Handlungen und Aktivitäten sind immer bedingt; bedingt durch die

Umstände und die Situationen in denen sie auftreten werden. Denn wir leben in einer Welt der Abhängigkeiten und der Konditionierung (SIEHE BZGL. ABHÄNGIGES ENTSTEHEN (KONDITIONALITÄT) SEITE 137).

Daher gab es im frühen Buddhismus kein Gebot hinsichtlich Fleischgenuss. In den späteren Ausprägungen der Lehre im Mahāyāna tritt diese Empfehlung allerdings auf. Es gibt eine Lehrrede des Buddha, in der er gefragt wurde ob ein Mönch Fleisch zu sich nehmen soll. Und seine Antwort darauf war, dass man auf den Genuss von Fleisch verzichten soll, wenn man Kenntnis darüber hat, dass das Tier für einen getötet wurde um die Mahlzeit zu bereiten. Das heißt wenn man dies sieht, hört oder vermutet.

> *„Ich sage vielmehr, dass man unter drei Umständen Fleisch nicht essen soll:*
> *gesehen, gehört, vermutet.“*

> *sutta piṭaka, majjhima nikāya, jivāka sutta*
> *(Palikanon, Mittlere Sammlung, 55)*

Hier geht es also darum, ob wir willentlich dazu beitragen das Leid (P: dukkha / S: duḥkha) anderer Lebewesen zu vergrößern oder herbei zu führen. Wenn ein Tier extra für uns getötet wird, um daraus die Mahlzeit zu bereiten, dann sollte man auf jeden Fall davon abstehen. Wenn man allerdings zu einem Essen eingeladen wird und daran teilnimmt, bei dem bereits Fleisch aufgetragen wurde, dann ist diese Entscheidung nicht so klar und absolut. Es liegt dann in unserem eigenen Ermessen inwieweit wir das Essen ablehnen, es nur telweise essen oder einfach nicht wichtig nehmen und alles aufessen. Hier spielt natürlich auch die Wirkung d.h. unserer Reaktion auf den Gastgeber eine Rolle. Verletzten wir seine Gefühle durch Ignorieren der Gastfreundschaft, verursachen wir eine Leiderfahrung dadurch, etc.. Wir sehen also, dass dies nicht generell beantwortet werden kann, es ist und bleibt unsere persönliche Entscheidung. Eine Entscheidung die von den gegebenen Bedingungen und der Situation abhängen wird. Mit klarer Bewusstheit und heilsamer Motivation werden wir aber in der Lage sein eine entsprechend heilsame Entscheidung treffen zu können.

Letztlich ist die Entscheidung vegetarisch zu leben eine individuelle Entscheidung und nicht das Befolgen einer Vorschrift. Wenn wir mit Mitempfinden (S: karuṇā) und Liebe (S: maitri) uns anderen gegenüber verhalten, dann werden wir Verletzten und Töten vermeiden (S: śīla).

Als Mahatma Gandhi einmal gefragt wurde, woraus er die Kraft für seine konsequente Gewaltlosigkeit schöpft, antwortete er „Wahrhaftigkeit" (P: sacca / S: satya). Mohandas Karamchand Gandhi (1869-1948) war, wie die meisten Inder Vegetarier und der geistige und politische Anführer der indischen Unabhängigkeitsbewegung und gilt durch seine gelebte Gewaltlosigkeit als herausragendes Beispiel für die Macht des Pazifismus.

Es ist unsere gelebte Achtsamkeit, die uns die Leitlinie im Verhalten gibt und dann zum Vegetarismus führt. Es sind nicht die Gesetze oder Verbote. Daher sehen wir in unterschiedlichen buddhistischen Ländern auch unterschiedliche Formen der Ernährung.
Nicht alle Tibeter sind Vegetarier, nicht alle japanischen Buddhisten verzichten auf Fisch. Es hängt also immer von den entsprechenden Lebensumständen ab, inwieweit man auf Fleisch als Nahrung verzichtet. In der heutigen Zeit allerdings, im Westen, ist es kein Problem sich ohne Fleischgenuss zu ernähren.

Missverständnis

Nur als Mönch oder Nonne kann man den Buddhismus ernsthaft praktizieren.

Richtigstellung

Das Leben als Mönch oder Nonne wird nicht als höherwertiger bewertet als ein Leben im Laienstand.

Wenn man sich auf dem Weg des Buddhismus begibt, dann sollte dies nicht ein Hobby oder ein sinnvoller Zeitvertreib sein. Es erfordert unsere ganze Aufmerksamkeit und Energie, denn es umfasst alle Aspekte unseres Lebens. Daher ist es notwendig sich durch die Lebensumstände und Bedingungen, in denen wir leben, nicht so sehr gefangen nehmen zu lassen. Wir müssen uns einen Freiraum schaffen, der uns von den Ablenkungen und dem Verwobensein in den alltäglichen Lebenstrott zurücknimmt. Wir brauchen diesen Freiraum, um die buddhistische Lehre zu studieren und um meditativen Übungen nachgehen zu können. Es stellt sich somit die Frage, ob dies möglich ist, wenn man stark in seine Umwelt eingebunden ist, wenn man eine Familie hat, wenn man einem Beruf nachgeht.

In der Vergangenheit und da spreche ich von den Generationen, die vor uns lebten, war es schwierig sich aus dem alltäglichen Leben etwas zurück zu nehmen. Der Mensch war primär damit beschäftigt, seinen Lebenunterhalt zu bestreiten und aufrecht zu erhalten. Heute sieht das etwas anders aus; natürlich nur in jenen Ländern, die einen gewissen Wohlstand erlangt haben und wo es möglich ist Freizeit zu geniesen. Daher haben wir heute die Möglichkeit diese gewonnene Freizeit zu nutzen und sinnvoll im Geiste des Dharma zu gestalten. Es ist somit nicht mehr unabdingbar, sich aus der Welt zurück zu ziehen und in ein Kloster oder in die Einsiedelei zu gehen, um Buddhismus praktizieren zu können.

Jene Bedingungen, die das Praktizieren des buddhistischen Weges ermöglichen, sind daher in unserer Zeit leichter zu finden als zuvor. Es geht auch wenn man eine Familie hat, einem Job nachgeht und in der Gesellschaft lebt. Es ist heutzutage vorrangig die Frage, wie wir unsere freie Zeit nutzen.

Allerdings ist eine Zurückziehen aus den Turbulenzen der Welt damit nicht ausgeschlossen und kann manchesmal sinnvoll sein. Beides hat also Platz, Sich Zurücknehmen aus der Welt als Mönch (P: bikkhu / S: bhikṣu) oder Nonne (P: bukkhuni / S: bhikṣuṇī) als auch ein Praktizieren in der Welt als Laienanhänger (PS: upāsaka) bzw. als Laienanhängerin (PS: upāsikā). Das Eine ist nicht besser als das Andere, es ist abhängig von den Bedingungen und Umständen in denen wir leben und inwieweit wir den notwendigen Freiraum haben uns zurückzunehmen. Denn auch ein buddhistisches Kloster oder ein Tempel sind nicht frei von Turbulenzen, die unserer Praxis abträglich sein können. Daher ist die Frage was besser ist nicht relevant. Es hat beides Vor- und Nachteile. Es ist aber immer unsere klar bewusste Entscheidung und Reaktion auf die Lebensumstände, in denen wir uns gerade befinden. Daher gilt unser Respekt allen aufrichtig Praktizierenden der Lehre gegenüber unabhängig davon ob sie Mönche oder Nonnen sind oder sich im Laienstand befinden.

Selbst zu Zeiten des Buddha war eine Bevorzugung nicht gegeben. In der Lehrrede der „Spitzen der Schülerschaft" (sutta piṭaka , anguttara-nikāya, etadagga vagga 24, Palikanon, Einerbuch XIV 1-7) werden nicht nur Mönche bzw. Nonnen sondern auch Laienanhänger gleichermassen genannt. Und eines der bedeutendsten Mahāyāna Sutren (S: vimalakīrti nirdeśa sūtra) erzählt uns davon, dass sogar Mönche und Bodhisattvas auf Empfehlung des Buddha von einem Laienanhänger, nämlich von Vimalakīrti, hinsichtlich der buddhistischen Lehre unterwiesen wurden.

Missverständnis
Bezüglich beruflicher Tätigkeiten gibt es im Buddhismus weder Aussagen noch Empfehlungen.

Richtigstellung
Es gibt sehr wohl Arten von Tätigkeiten, die der Buddha als nicht heilsam bezeichnet hat. Es wird im Buddhismus auch dargelegt, warum dies der Fall ist.

Buddhismus ist eine Lehre, die uns dazu verhelfen soll, unser Leben achtsamer und heilsamer zu gestalten. Daher gibt es im Buddhismus Richtlinien die einen achtsamen Umgang mit uns selbst und allen Situationen, denen wir ausgeliefert sind, ermöglichen können. Diese Richtlinien beinhalten Aspekte der Gewaltlosigkeit, Bescheidenheit, Gierlosigkeit, Aufrichtigkeit und Achtsamkeit.

Daraus abgeleitet ist es natürlich ratsam alle Tätigkeiten, die sich nicht im Einklang mit solchen Richtlinen befinden, zu vermeiden. Daher hat der Buddha beispielhaft folgende Berufe genannt, die wir als ernsthafte Buddhisten vermeiden sollten. Diese findet man in der Lehrrede von den „fünf verwerflichen Berufen" (sutta piṭaka, anguttara nikāya, vaṇijjā sutta, Palikanon, Fünferbuch 177).

Hier nun die fünf Arten von beruflicher Betätigung (P: vaṇijjā / S: vaṇija, Kaufmann, Händler), die der Buddha als unheilsam genannt hat. Wir werden sehen, dass solche Tätigkeiten unsere innere Einstellung und Sichtweise in einer Weise beeinflussen werden, die uns im Gegensatz zur buddhistischen Lebenshaltung immer tiefer in unsere Gewohnheiten und Vorlieben als auch Abneigungen verstricken wird. Unsere Achtsamkeit wird schwinden und unsere Ego-Zentriertheit wird wachsen.

- Handel mit Waffen

  Waffen und Kriegsgeräte wurden zu dem Zweck entwickelt zu verletzen und Leid zu verursachen. Wenn man mit solchen Geräten Handel treibt, dann wird man nicht umhin kommen, sich mit den Vorzügen und dem Verwendungszweck solcher Produkte zu beschäftigen um sie anzupreisen, um sie zu einen guten Preis verkaufen zu können. Man wird auch den Käufer beraten und damit richtet sich unsere Aufmerksamkeit und unser Interesse auf das Töten und Verletzen von Lebewesen. Dies ist sehr kontraproduktiv und steht klar im Widerspruch zur Praxis des Buddhismus.

- Handel mit Lebewesen

  Tiere als fühlende Wesen leiden darunter, wenn sie wie Ware gefangen, eingesperrt oder abgerichtet werden. Wenn wir an Profit denken und dabei die Bedürfnisse anderer Wesen in den Hintergrund stellen, dann verlieren wir schlußendlich jedwede Form von Empathie mit anderen Wesen. Tiere werden aus ihrem natürlichen Lebensraum heraus genommen und wie Gebrauchsgegenstände in für sie fremden Bedingungen gehalten, einzig und allein zur Befriedigung des menschlichen Bedürfnisses nach Ablenkung oder auch Geltungsbewusstsein. Alle Wesen meiden Leid und sind im Grunde der Leiderfahrung fähig und daher vergrößert ein Handel mit Lebewesen diese Leiderfahrung.

- Handel mit Fleisch

  Wir sollten es soweit es für uns möglich ist vermeiden, auf Kosten anderer Lebewesen zu leben. (SIEHE BZGL. VEGETARISMUS SEITE 292) Schlimm ist es die eigene Gier auf Kosten anderer Lebewesen zu befriedigen. Handel mit Fleisch verursacht, dass Tiere getötet werden. Durch den Handel mit Fleisch werden tote Tiere als Sache betrachtet und damit Profit gemacht. Dass diese Tiere in teilweise katastrophalen Bedingungen aufwachsen, dass sie empathielos zur Schlachtbank getrieben werden, all dies verdrängen wir dabei. Die Wurst, der

Schinken, das Kotlett und die Hühnerkeule sind ja bereits aufbereitet, gesäubert und für den Verkauf portioniert. Da stellt sich natürlich die Frage: Wo bleibt da unsere Achtsamkeit? Wie ist es mit dem bewussten Umgang mit Leben? Wir sehen also, dass auch dies im Gegensatz zur Praxis des Buddhismus steht.

- Handel mit Rauschmitteln
Jede Art von Rauschmittel trübt unsere Achtsamkeit und wird aus Genuss konsumiert. Berauschung führt dazu, dass wir unsere Achtsamkeit hintanstellen und den Bedürfnissen, d.h. unseren Trieben und unserer Begierde nachgeben. Wir verstärken auch unsere Unwissenheit, indem wir in eine Welt der Phantasiegebilde und des Irrationalen entfliehen. Der Handel mit Rauschmitteln fördert beim Käufer diesen Wunsch, verstärkt letztlich die Sucht und lässt ihn schließlich davon abhängig werden. Mit dem Verkauf dieser Mittel beeinflussen wir in extrem unheilsamer Weise das Leben anderer Menschen.

- Handel mit Giften
Jedes Gift hat den Zweck Leben auszulöschen oder zu verletzen. Wenn wir Mäuse nicht mit einer Lebendfalle einfangen sondern Giftköder auslegen, wenn wir Chemikalien verkaufen, die die Natur schädigen und langsam zerstören, dann haben wir weder die Lehren des Buddhismus bezügliche Moral und Ethik (SIEHE SEITE 282) noch hinsichtlich des Abhängigen Entstehens (SIEHE SEITE 137) verstanden, geschweige denn verinnerlicht.

Es geht hier also um unsere innere Einstellung im Einklang mit unserer Praxis gemäss den Lehren des Buddhismus. (SIEHE BZGL. WORIN BESTEHT DIE PRAXIS? SEITE 273)

Missverständnis

Der Buddhismus muss sich, so wie alle anderen Religionen, sozial engagieren.

Richtigstellung

Es gibt kein spezifisch buddhistisches soziales Engagement. Alle Menschen sollten sich um ein heilsames Zusammenleben bemühen, unabhängig von ihrer religiösen oder philosophischen Zugehörigkeit. Soziales Engagement ist daher nichts Besonderes im Buddhismus und auch keine spezielle Forderung.

Es geht nicht vorrangig darum als Buddhist soziales Engagement zu entwickeln. Soziales Engagement ist unabhängig von einer sogenannten Religionszugehörigkeit zu sehen und auch unabhängig davon ob man sich einer bestimmten Philosophie zugehörig empfindet. Dafür ist schlichtweg Menschsein gefordert und keine besondere Notwendigkeit dieses durch eine bestimmte Zugehörigkeit zu einer Religion oder Philosophie einzuschränken oder dies als etwas Besonderes hervor zu heben. Helfen wo es notwendig erscheint, sollte Ausdruck dieses Menschseins sein.

Die Lehre des Buddhismus verlangt ein Streben nach Selbsterkenntnis und Einsicht in die eigenen Stärken und Schwächen. Die Motivation dafür ist die Erfahrung, dass wir uns niemals als isoliert in dieser Welt betrachten können. Wir sind Teil dieser Welt, Teil der Natur, die uns umgibt und Teil der menschlichen Gemeinschaft, der Menschheitsfamilie. Daraus ergibt sich automatisch, dass wir die Beziehungen zu den Mitmenschen, den Tieren und zur Natur nicht vernachlässigen oder missachten sollten.

Wenn wir uns selbst als isoliert betrachten und als das Wichtigste und Bedeutendste im Leben sehen, dann werden wir unheilsam handeln. Wir werden letztlich in Unzufriedenheit enden und wir werden andere Wesen verletzten und diese Unzufriedenheit auf andere übertragen. Daher ist sogenanntes soziales Engagement nicht etwas Gefordertes sondern der natürliche Ausdruck unseres Menschsein im Geiste des Buddhismus. Egal in welcher Position wir im Leben und in der Gesellschaft stehen, wir sollten getragen durch diese Einstellung unser Bestes tun und geben. Daher macht es viel mehr Sinn vorrangig die eigenen Qualitäten zu fördern und zu verbessern, bevor wir uns in caritative oder soziale Experimente einlassen. Denn nur wenn wir selbst mit der rechten Motivation unser Leben leben, dann können wir auch sehend anderen hilfreich zur Seite stehen.

Im Mahāyāna Buddhismus gibt es den Bodhisattva Avalokitesvara (SIEHE SEITE 66). Er wird meist als stehend dargestellt und hat eine Vielzahl von Armen, die er wie einen Strahlenkranz dem Betrachter entgegen streckt. Die tausend Hände symbolisieren die Bereitschaft allen Wesen hilfreich zur Seite zu stehen. Wenn wir jedoch genauer hinblicken, erkennen wir, dass sich in jeder Handfläche ein geöffnetes Auge befindet. Denn nur das achtsame und sehende Helfen ist nicht blind. Aufrichtige und rechte Hilfe ist nicht die Barmherzigkeit, welche getragen vom eigenen Wünschen oder durch das Befolgen von Geboten oder Anweisungen sich selbstgefällig ausbreitet. Richtige Hilfe ist das tiefe Verstehen des Anderen aus der Notwendigkeit heraus, dass der Andere ebenso den Bedingungen und Verstrickungen unterworfen ist sowie auch wir selbst es sind. Richtige Hilfe will weder bekehren noch den Menschen verändern, denn verändern kann der Mensch sich ausschließlich nur selbst. Diese rechte Erkenntnis und Einsicht führt zur helfenden Unterstützung und alles andere ist blinder Eifer oder versteckte Selbstgefälligkeit.

Daher sollten Buddhisten sich auf diese Praxis der rechten Erkenntnis und Einsicht stützen und ihre Energie darauf verwenden sich selbst kennen zu lernen und die eigenen Schwächen und Fehler zu ergründen, denn dies ist der Weg der Praxis im Buddhismus. Die Gründung von Hilfsorganisationen und caritativer Einrichtungen ist dann folgerichtig eine Auswirkung dieser Praxis, sie ist aber nicht die primäre Aufgabe. Mit der rechten Achtsamkeit und Motivation kann man in allen Lebenslagen soziales

Engagement entwickeln. Denn damit tragen wir den Geist und die Inspiration, die uns persönlich auf dem buddhistischen Weg führt auch in andere Bereiche des Lebens hinein. Wenn wir selbst an uns ernsthaft arbeiten, dann sind wir auch in den banalsten Situationen eine hilfreiche Hand für Andere, wenn dies erwünscht und verlangt wird. Soziales Engagement sollte eine Auswirkung buddhistischer Praxis sein aber nicht das Hauptbetätigungsfeld buddhistischer Praxis.

„Denn wenn du studierst, lernst du den Dharma und kannst ihn lehren. Wenn du meditierst, dann fängst du an, es in deinem Geist zu integrieren. Wenn du dich sozial engagierst, dann setzt du das auch im Leben um ….“

„Eigentlich denke ich, dass ein spiritueller Mensch zu sein bedeutet, ein echter Mensch zu werden. …. Mit anderen Worten, ein freundlicher Mensch zu werden, ist wahrscheinlich das größte Wunder, das wir vollbringen können.“

Thubten Chodron

Der Weg der Praxis im Buddhismus ist ein Weg nach Innen, der Weg zur Selbsterkenntnis und zur Achtsamkeit. Dies ist die Voraussetzung jedweder anderen Aktivität in dieser Welt. Ohne diese Praxis (SIEHE BZGL. WANN IST MAN BUDDHIST? SEITE 268) bleibt soziales Engagement individuelles Wunschdenken und bindet uns letztlich immer noch an unser Ego, d.h. unsere Unwissenheit. Dies steht aber im Gegensatz zur Lehre des Buddha, die uns ja dazu verhelfen soll, diese Bindungen und die damit verbundene Unwissenheit zu beseitigen.

GESCHICHTLICHE ENTWICKLUNG

PRÄAMBEL

Die buddhistische Lehre wurde vor über 2500 Jahren formuliert. Im Laufe der Zeit entstanden dann unterschiedlichste Ausprägungen der Lehre. Es wurden Schwerpunkte gesetzt und kommentiert, aber die Aussagen blieben immer der ursprünglichen Lehre verbunden. Obwohl es heute drei große Strömungen (S: yāna, Fahrzeug) des Buddhismus gibt und innerhalb dieser Strömungen verschiedene Schulen entstanden sind, so blieb die Lehre des Buddha dennoch in ihren wesentlichen Aussagen erhalten und wird über Generationen weitergetragen. Wir sollten dabei aber bedenken, dass die Formulierung der Lehre sich immer den Bedürfnissen und dem Verständnis der jeweiligen Zuhörerschaft zugewandt hat.

So sind die Begriffe und Beispiele der buddhistischen Lehrdarlegungen, die Eingang in ihre Fomulierungen gefunden haben, geprägt durch die Zeit und den Ort an dem sie erstmals in Erscheinung traten. Das erklärt zum Beispiel viele Geschichten und Symbole, die aus der indischen Kultur entnommen sind. In gleicher Weise finden wir in chinesischen oder tibetischen Formulierungen des Buddhismus, so wie sie uns in den Kommentarwerken der verschiedenen Schulen vorliegen, Bezüge zum chinesischen bzw. tibetischen Gedankengut. Das selbe gilt natürlich auch für buddhistische Kulturräume in ganz Südost-Asien bis hin nach Japan. Daher ist es vorteilhaft und manchesmal sogar unumgänglich sich mit der entsprechenden Kultur auseinanderzusetzen. Und in die Gedankenwelt einer Kultur dringt man am besten ein, wenn man sich mit ihrer geschichtlichen Entwicklung befasst. Nur wer die Geschichte kennt, versteht die philosophische und religiöse Gedankenwelt dieser Kultur.

Um die Formulierungen im Buddhismus zu verstehen, ist es daher unumgänglich auch die geschichtliche Entwicklung des Buddhismus zu kennen. Andererseits fallen wir oft in die Falle von Fehlinterpretationen, weil manches aus der vergangenen Gedankenwelt und deren Formulierungen ungeprüft aus unserer heutigen und natürlich auch westlichen Sichtweise heraus interpretiert und klassifiziert wird. Die getönte Sonnenbrille der eigenen Kultur und der Zeit in der wir leben, ist meist sehr schwer abzusetzen, um ungehindert schauen zu können, um die Farben und Schattierungen einer anderen Kultur und Zeitepoche deutlich wahrzunehmen.

Jede Zeit hat ihren eigenen Charakter, jeder Ort hat sein eigenes Flair. So hat der Buddhismus zeit- und ortsgebunden unterschiedlichste Ausprägungen erfahren. Zum Beispiel scheint der Buddhismus in Sri Lanka unterschiedlich zum Buddhismus in Tibet oder Japan zu sein. Und dennoch, diese Unterschiede sind aus der Geschichte heraus zu verstehen. Denn die Lehre, so unterschiedlich sie manchesmal auch in ihrer Darstellung erscheinen mag, ist im Grunde nur eine gemeinsame Lehre. Daher ist eine Beschäftigung mit der geschichtlichen Entwicklung sinnvoll und empfehlenswert.

Wir werden uns in den nachfolgenden Kapiteln dieses Abschnittes nun mit der Ausbreitung des Buddhismus und der Aufteilung in die unterschiedlichen Strömungen der Lehrdarlegung befassen. Speziell die Symbole und die Ikonographie buddhistischer Darstellungen kann niemals von ihren geschichtlichen und damit kulturellen Hintergrund getrennt werden.

Es ist aber auch für uns im Westen wichtig, sich mit der Tradition der Überlieferung buddhistischer Schriften etwas näher zu befassen, um ein besseres Verständnis hinsichtlich dieser Texte zu gewinnen. Aus diesem Grunde werden hier auch die großen buddhistischen Textsammlungen aufgeführt. Denn es ist vorteilhaft einen Überblick über diese Textsammlungen zu haben. Ansonsten gehen wir im Dickicht der Fülle buddhistischer Schriften verloren.

Missverständnis
Wann der Buddha gelebt hat ist unbekannt.

Richtigstellung
Es gibt mehrfache Hinweise auf die Zeit, in welcher der historische Buddha gelebt hat.

Ausgrabungen der Industal Zivilisation (3300 - 1300 v.d.Z.) zeigen, dass im Gebiet des alten Indien bereits eine hochstehende und friedliche Kultur etabliert war. Dies sind die Hochkulturen von Harrapa und Mohenjo Daro, welche sich am Unterlauf des Indus im Gebiet des heutigen Pakistan befanden. Diese ursprüngliche drawidische Kultur wurde dann etwa ab 1200 v.d.Z. durch die Einwanderung arischer Stämme verdrängt und teilweise assimiliert. Es wird vielfach angenommen, dass der Familien-Klan des Buddha, der Śākya-Stamm (P: sākiya / S: śākya, nordindisches Volk einer herrschenden Kaste welches am Südrand des Himalaya sich ansiedelte) dieser Gruppe der arischen Völker zugehörig war.

Die indische Kultur ordnet die auf ihrem Gebiet seit vielen Generationen lebenden Menschen vier unterschiedlichen Bereichen zu welche wir als Kasten (S: varṇa, das Ansehen, die Art, die Kaste) bezeichnen. Diese vier in der indischen Gesellschaft bis heute fest verankerten Gruppen sind:

1. Brahmana (S: brahmana, Andächtiger, Kenner des heilgen Wissen), dies sind die Priester und Gelehrten
2. Kṣatriya (S: kṣatriya, herrschend, Angehöriger des fürstlichen Standes, Würde), dies sind die Herrscher und Krieger
3. Vaiśya (S: vaiśya, Person des Volkes, Untertan, Abhängiger), das sind die Bauern und Kaufleute
4. Śūdra (S: śūdra, Dienender), das sind die Arbeiter und Diener

Der Buddha wurde also in eine Familie der sogenannten Herrscherkaste hinein geboren. Dies wird dann oft als adelig bezeichnet.

Der Buddha lebte soweit wir dies aus Texten und archeologischen Artefakten wissen in der Achsenzeit. Die sogenannte Achsenzeit ist jene Epoche der Menschheitsgeschichte am Ende der Eisenzeit und am Beginn der Antike (600 – 300 v.d.Z.) in der so bedeutende Personen wie der Buddha, Laotse (C: 老子 lǎozǐ), Konfuzius (C: 孔子 kǒngzǐ), Sokrates und Platon lebten.

Die Hauptquelle der archeologischen Evidenz über das Leben des Buddha bezieht sich auf die Inschriften, welche sich auf den Säulen des indischen Herrschers Aśoka befinden und den Buddha als den Weisen aus dem Geschlecht der Śākya (S: śākyamuni) bezeichnen. Diese Inschriften wurden etwa zweihundert Jahre nach dem Hinscheiden des Buddha verfasst. Andere textliche Quellen über die Lebenszeit des Buddha finden sich dann vorwiegend im Pali Kanon und im chinesischen Kanon.

Die in Asien heute gebräuchliche buddhistische Zeitrechnung gibt als Lebenszeit des Buddha die Jahre 624 – 544 v.d.Z. an. Nach ihr wird auch die in den asiatischen Ländern übliche buddhistische Zeitzählung berechnet. Diese kam jedoch erst im 11. Jahrhundert in Gebrauch und weist einige Inkonsistenzen und Fehler auf. Bezieht man sich auf die Ceylon Chroniken (altsinghalesische Chronik von Dīpavaṃsa ca. 3. – 4. Jahrhundert), auf Daten aus den Aśoka Edikten (ca. 304 – 232 v.d.Z., indischer Herrscher der Maurya Dynastie) und auf die Chroniken chinesischer Pilger und Reisender in Indien (5. – 12. Jahrhundert), so errechnet sich als Lebensspanne des Buddha der Zeitraum von 563 – 483 v.d.Z.. Diese Zahlen werden auch heute von den Indologen und Buddhismus-Forschern als die relevanten und durch Vergleiche am gesichertsten angesehen.

Grundsätzlich kann man also die Lebens- und Wirkungszeit Siddhartha Gautamas, des Buddha, um das 6. Jahrhundert v.d.Z. ansetzen.

Missverständnis
Der Buddhismus missionierte die übrigen asiatischen Länder. Tibet ist nach Indien, dem Ursprungsland des Buddhismus, das älteste buddhistische Land.

Richtigstellung
Es gibt durch den Buddhismus keine religiöse Missionierung, so wie in den Offenbarungsreligionen. Tibet wurde im Vergleich zu Süd-Ost-Asien und zu China erst relativ spät mit dem Buddhismus vertraut.

Wie breitet sich eine Religion und wie breitet sich eine Philosophie aus?

Religionen haben ein Sendungsbewusstsein. Das bedeutet, dass die Anhänger einer Religion meist darauf bedacht sind, ihre Lehre und ihren Glauben sowie das Wissen darüber auch anderen Menschen zugänglich zu machen. Das wird nicht ohne Eifer gemacht und bezieht sich darauf, dass die Anhänger einer Religion, im speziellen das Christentum und der Islam, meinen sie seien im Besitz der absoluten von Gott gegebenen Wahrheit. Und diese Wahrheit muss, ja sie soll, anderen zugänglich gemacht werden. Andere Menschen sollen daher ebenfalls an dieser allein gültigen Wahrheit teilhaben können. Sie müssen sozusagen aus ihren Sünden und ihrem Fernsein vom Heil gerettet werden. Daraus entstand der Gedanke der Mission. Mit dem 16. Jahrhundert wurde dieser Begriff im Christentum üblich. Er kommt aus dem Lateinischen und bedeutet Entsendung, das Ausschicken (latein: missio).

Philosophische Strömungen haben hier eine andere Vorgehensweise. Sie missionieren im Grunde nicht, sondern sie verbreiten sich eher als ein neues Gedankengut unter den Menschen. Die Ideen und die spezielle Betrachtungsweise einer Philosophie über die Welt und den Menschen lebt meist im Gedankengut und der Handlungsweise ihrer Anhänger.

Dadurch sind sie Beispiel und oft Inspiration für andere Menschen, sich mit diesem Gedankengut auch vertraut machen zu wollen. In diesem Sinne kann man vom Buddhismus eher als einer Philosophie und nicht als eine Religion sprechen. (siehe bzgl. Religion oder Philosophie Seite 262)

Der Buddhismus kennt den Missionsgedanken einer Offenbarungsreligion daher nicht. Die Vertreter und Anhänger des Buddhismus haben im Laufe seiner über zweitausendjährigen Geschichte auch keine religiös motivierten Kriege oder gewaltsame Bekehrungen angezettelt oder durchgeführt. Es gibt aber aus der Vergangenheit Fälle in denen buddhistische Mönche das militärische Vorgehen einer Regierung unterstützten und sogar tatkräftig mithalfen. Als Beispiel seien hier die Kämpfe des chinesischen Kaiserreichs gegen japanische Piraten im 16. Jahrhundert genannt, in denen Shaolin Mönche das Kaiserhaus in den Kämpfen unterstützten. Als ein anderes Beispiel kann man die Kriegsmönche in Japan (jap.: 僧兵 sōhei) anführen, die vom 10. bis 16. Jahrhundert in unzählige Kämpfe verwickelt waren. Leider gibt es auch in der neueren Zeit negative Beispiele, da prominente japanische buddhistische Gelehrte und Mönche den Nationalismus in Japan stark unterstützten und im 2. Weltkrieg das Vorgehen der japanischen Armee in den von Japan eroberten Gebieten tolerierten. In neuer Zeit sei auch die B.B.S. (singhalesisch: bodu bala sena, buddhistische Streitmacht) in Sri Lanka erwähnt, die gewaltsam gegen Hindus, Moslems und andere Buddhisten vorgeht. Inwieweit B.B.S. wirklich noch buddhistisch ist sei dahingestellt, denn sie wird von den singalesischen Buddhisten großteils als rein nationalistische Bewegung eingestuft.

Wir sehen also, dass dort wo Menschen durch Gemeinschaften gestärkt zusätzlich auch eine gewisse Macht erhalten, sich egoistisches Streben nach dieser Macht breitmacht. Dabei kommt es leider auch zu gewalttätigem Vorgehen und die Lehren des Buddhismus werden ignoriert. Man muss hier aber klar sehen, dass solches Fehlverhalten Aussnahmen in der Geschichte des Buddhismus darstellen. Sie treten dann auf, wenn man den Boden der Lehre verlässt und sich in die Welt seiner eigenen buddhistischen Interpretationen begibt. Gebahrt mit Wunschdenken und fehlgeleitener Ansicht, führt dies dann leider zu solchen Fehlentwicklungen. Die ernsthaften Lehrer des Dharma und die überwiegende Mehrheit der buddhistischen Gemeinde lehnen ein solches Verhalten jedoch kategorisch ab. Religiöse Kriege, wie zum Beispiel die Kreuzzüge oder der 30-jährige Krieg, die nicht nur politisch sondern auch religiös motiviert waren, gab und gibt es im Buddhismus im Grunde genommen so also nicht. Aggression im Sinne der buddhistischen Lehre, Aufdrängen der buddhistischen Sichtweise, diese Art der Mission, ist dem Buddhismus fremd.

Die Lehre des Buddha verbreitete sich als ein neues Gedankengut friedlich meist durch die Handelsrouten der damaligen Zeit und ebenso durch den engeren Kontakt zwischen den einzelnen Völkern und geographischen Gebieten. Auch in den Westen gelangte der Buddhismus durch Reisende aus Europa, die aus Asien zurückkamen und davon berichteten. Es gab seitens des Buddhismus keine Mission, um anders Denkende zu bekehren, zu unterdrücken oder gar zu zwingen sich der buddhistischen Lehre zu unterwerfen.
In ähnlicher Weise wurden auch nicht buddhistische Lehren nicht bekämpft oder ausgerottet, wie wir dies leider in der Geschichte des Christentums und des Islams vorfinden. Der Buddhismus hat überall dort wo er Fuss fassen konnte, die bestehenden Lehren und die religiöse Sichtweise der Bevölkerung akzeptiert. Dadurch ist auch verständlich, dass viele Elemente ursprünglicher Glaubenvorstellungen und philosophischer Ansichten Eingang in die kulturspezifische Ausprägung des Buddhismus in den asiatischen Ländern Eingang fanden. Als Beispiele seien hierzu der tibetische Buddhismus erwähnt als auch das nebeneinander Bestehen von Shintoismus und Buddhismus in Japan.

Um eine Religion oder Philosophie zu verstehen, ist es also notwendig ihre geschichtliche Entwicklung zu kennen. Um den Buddhismus zu verstehen und die unterschiedlichen Strömungen und schulspezifischen Ausprägungen der Lehre richtig einordnen zu können, ist es daher nicht nur hilfreich sondern oft unumgänglich die historische Ausbreitung des Buddhismus zu kennen.

Seinen Ursprung hat der Buddhismus in Nordindien. Der Buddha wurde ganz im Norden Indiens im heutigen Nepal und an der Grenze zum heutigen Indien geboren. Sein Wirkungsbereich war somit das nördliche Indien. Das sind die heutigen indischen Bundesstaaten Uttar Pradesh und Bihar. Dort befinden sich auch bis auf den Geburtsort, der jetzt im heutigen Nepal liegt, alle historischen Gedenkstätten aus der Zeit des historischen Buddha. Durch die Wanderungen des Buddha in diesen Gebieten breitete sich die Lehre des Buddha immer weiter aus und fand viele Anhänger (SIEHE SEITE 34). Doch die Lehre des Buddha blieb nicht auf den indischen Subkontinent beschänkt. Kurze Zeit nach dem Verlöschen des Buddha begann sich seine Lehre über die Grenzen des indischen Subkontinents hinaus auszubreiten.

Nachfolgende Tabelle gibt einen groben Überblick über die zeitliche Ausbreitung der buddhistischen Lehre. Die einzelnen Zeitangaben beziehen sich dabei auf das erste Auftreten des Buddhismus in den jeweiligen Gebieten, welches durch Chroniken oder historische Fakten belegt ist. Davon ausgehend erfolgte die Ausbreitung der Lehre in diesen Gebieten, erlebte ihre Höhepunkte und dauert in manchen Ländern bis heute an.

Wann kam der Buddhismus in welchen Kulturraum .....

vor der Zeitenwende (v.Chr.)

6.Jhd.	Indischer Subkontinent (Lebenszeit des Buddha)
4.Jhd.	Zentralasien (Afghanistan, Iran, Turkmenistan, Usbekistan, Tadschikistan, Kirgisistan)
3.Jhd.	Sri Lanka, Thailand, Vietnam, Myanmar

nach der Zeitenwende (n.Chr.)

1. Jhd.	China
2.Jhd.	Indonesien
4.Jhd:	Korea
6.Jhd.	Japan
7.Jhd.	Laos, kurzfristig Tibet
9.Jhd.	Kambodscha, Philippinen
11.Jhd.	Tibet
16.Jhd.	Mongolei
17.Jhd.	Osteuropa
19.Jhd.	Europa
20.Jhd.	der Westen und weltweit

Indien und Zentral-Asien

Nach dem Hinscheiden des Buddha (P: parinirvāṇa) begann sich seine Lehre sowohl über Indien, Pakistan und Bangladesh, auszubreiten als auch in die zentralasiatischen Gebiete, heute vorwiegend Afghanistan, Iran sowie Turkmenistan.

In der Regierungszeit des Herrschers Aśoka (304 – 232 v.d.Z.) war Indien das bedeutendste buddhistische Land. Doch mit dem Eindringen des Islam durch die Umayyaden im achten Jahrhundert Richtung Nordindien kamen die buddhistischen Gemeinschaften in Bedrängnis. Die Umayyaden waren ein arabischer Familienklan der im sechsten und siebten Jahrhundert das islamische Imperium begründeten und vom Kalifat in Damaskus aus herrschten. In den durch dieses Eindringen folgenden politischen und sozialen Umwälzungen, wurde der Buddhismus immer mehr verdrängt und schließlich so weit geschwächt, dass er im 13. Jahrhundert der starken islamischen Eroberung Indiens durch Muhammad bin Bakhtiyar Khalji (1160 - 1206) nicht mehr Stand halten konnte. Im Zuge dieser Eroberung, die einem Dschihad (Kampf im Namen des einen Gottes) glich, wurden die großen buddhistischen Universitäten zerstört sowie die Orden und buddhistischen Gemeinschaften aufgelöst.

In diesem Eroberungsfeldzug wurde auch die bedeutendste und älteste Universität der Welt in Nalanda nach einer über 1000 Jahre währenden Lehrtätigkeit vollkommen zerstört. Diese Stätte des Studiums und der Gelehrsamkeit des Buddhismus wurde nie wieder aufgebaut. Nach dieser Katastrophe für die Lehre hat der Buddhismus bis heute keine wesentliche Rolle mehr im religiösen Leben Indiens gespielt.

Süd-Ost-Asien

Sri Lanka wurde vom Sohn Aśokas besucht und wandte sich auch dem Buddhismus zu. Von dort ausgehend wurden die Länder in Südost-Asien (heute Kamdodscha, Laos, Myanmar, Thailand, Vietnam, Indonesien) ebenfalls mit der Lehre vertraut. Die südöstlich von Indien gelegenen Länder waren dann ebenfalls buddhistisch geworden.

In Sri Lanka allerdings kam der Buddhismus im 11. / 12. Jahrhundert durch eine längere Hungersnot zum Erliegen und die Mönchs- als auch die Nonnenorden verschwanden. Da Sri Lanka (alter Name Ceylon) in der Zwischenzeit als britische Kolonie christlich missioniert wurde, konnte erst gegen Ende des 19. Jahrhunderts die Lehre des Buddha durch das Engagement und Einwirken buddhistischer Mönche, die sich in Debatten den christlichen Missionaren stellten, wieder erstarken.

China, Korea, Japan

Etwa zur Zeit kurz nach der Zeitenwende kam der Buddhismus nach China und fasste dort Fuss. Bis heute sind alle drei großen Strömungen des Buddhismus (S: hīnayāna mahāyāna vajrayāna /C: 小乘 xiǎo chéng 大乘 dà chéng 金刚乘 jīngāng chéng) in China lebendig geblieben. Von dort ausgehend wurden dann Korea und Japan ebenfalls buddhistisch.

Tibet

Tibet wurde im 7. und 8. Jahrhundert mit dem Buddhismus bekannt. Die Lehre konnte aber nicht dauerhaft Fuss fassen und wurde aus dem Land wieder vertrieben. Erst im 11. Jahrhundert kam der Buddhismus erneut nach Tibet zurück und konnte sich dauerhaft durchsetzen.

der Westen

In den Westen kam der Buddhismus im 17. Jahrhundert erstmals durch asiatische Einwanderung (Kalmücken), vorwiegend im heutigen Osteuropa. Erst im 19. Jahrhundert begannen sich dann Philosophen näher mit der buddhistischen Lehre, abseits einer christlichen Interpretation, zu beschäftigen, zum Beispiel Gottfried Wilhelm Leibniz (1646 – 1716) und Arthur Schopenhauer (1788 – 1860). Aber erst im 19. Jahrhundert erweckte die buddhistische Lehre Interesse in breiteren Bevölkerungsschichten.

Heute gibt es in den meisten westlichen Ländern (vorwiegend Europa, USA, Canada) buddhistische Gruppen und Gemeinschaften.
Als erstes Land in Europa wurde der Buddhismus 1983 in Österreich als gesetzlich anerkannte Religionsgemeinschaft anerkannt und hat damit den Status einer Körperschaft des öffentlichen Rechts.
In Deutschland ist der Buddhismus als Körperschaft des öffentlichen Rechts, also als Religionsgemeinschaft staatlich nicht anerkannt, allerdings garantiert Artikel 4 des Grundgesetzes das Recht der freien Religionsausübung.
In der Schweiz ist der Buddhismus als Religionsform nicht staatlich anerkannt sondern als ein privat-rechtlicher Verein organisiert. Im Artikel 15 der Bundesverfassung ist jedoch das Grundrecht auf Religionsfreiheit. garaniert.
In Frankreich zum Beispiel ist die staatliche Anerkennung von Religionsgemeinschaften durch das Gesetz zur Trennung von Kirche und Staat verboten (Loi relative à la séparation des Eglises et de l'Etat, Article 2).
In Russland wiederrum ist der Buddhismus staatlich als Religionsgemeinschaft anerkannt. Ein neues Gesetz erlaubt in Russland allerdings keine Anerkennung, wenn die Religionsform nicht bereits historisch verbürgt auf dem Staatsgebiet vorhanden ist. Da der Vajrayāna Buddhismus bereits seit Jahrhunderten auf russischem Staatsgebiet präsent ist (z.b. Altai Gebiet, Burjatien, Kalmückien, Oblast Irkutsk) wurde er anerkannt.

Grundsätzlich bedingt eine solche Anerkennung durch den Staat zweierlei. Einerseits sind damit Auflagen wie Organisationsform, einheitliche bzw. zentrale Repräsentanz nach Außen, Koordination der unterschiedlichen Gruppen, etc. verbunden. Anderseits hat man durch eine Anerkennung den Schutz und das Wohlwollen des Staates, wie zum Beispiel Unterrricht in Schulen ist erlaubt, Gefangenenbetreuung ist möglich, Baurecht wird erteilt (z.B. Genehmigung von buddhistischen Zentren und Stupas), politische Akzeptanz, etc..

Wie sehen also, die Einbettung des Buddhismus im Westen speziell in Europa, ist sehr unterschiedlich und kann keinesfalls mit der Situation in asiatischen Ländern verglichen werden. In Südost-Asien ist der Buddhismus in manchen Ländern (Sri Lanka, Burma, Kambodscha, Thailand und Laos) sogar Staatsreligion.
Weltweit ist der Buddhsimus derzeit in über 120 Ländern vertreten (Stand 2023) und als Mehrheit in Bhutan, Japan, Kambodscha, Laos, Myanmar, Sri Lanka, Thailand sowie Vietnam.

Abschließend noch einige Worte zu einigen asiatischen Ländern, da es hier oft zu Fehleinschätzungen und Missinterpretationen kommt. Hier im Westen gibt es die Klischeevorstellung Nepal, Süd-Korea und Japan sind buddhistische Länder, in Tibet wurde der Buddhismus gezielt zerstört und China ist rein atheistisch und dort gibt es keine praktizierenden Buddhisten. Dem ein bißchen entgegen zu wirken gebe ich hier ein paar Fakten, die zu eigenem Nachforschen dienlich sind, um diese Fehlinterpretationen zu vermeiden.

<u>Nepal</u>
Nepal ist kein buddhistisches Land. Es war bis zum Jahr 2008 eine hinduistische Monarchie und ist heute eine parlamentarische Republik. Der Hinduismus ist Staatsreligion und über 80% der Bevölkerung sind bekennende Hindus. Nur etwa 9% der Bevölkerung sind Buddhisten, vorwiegend in den dünn besiedelten Randgebieten des Himalaya.

Tibet

Tibet ist mehrheitlich buddhistisch. Seit das Gebiet unter chinesischer Verwaltung steht ist jedoch die enge historische Verflechtung zwischen Buddhismus und Staatswesen aufgehoben. Der Buddhismus wird als eine Religions- und Kulturform von China anerkannt, hat aber die Privilegien der Vergangenheit nicht mehr. Die chinesische Kulturrevolution (1966 - 1976) richtete sich nicht primär gegen den Buddhismus in Tibet. Sie war eine fehlgeleitete ideologisch begründete Tragödie und erfasste alle religiösen und auch kultuerellen Bereiche in China. In ganz China wurden damals buddhistische aber auch daoistische Tempel sowie Gedenkstätten des Konfuzius und Institutionen zerstört.

China

Es wird im Westen meist negiert, dass China ein Land mit buddhistischer Tradition bis in unsere Zeit gebleiben ist. Neben dem Daoismus (C: 道家 dàojiā) und den Lehren des Konfuzius (C; 儒家 rújiā) ist der Buddhismus (C: 佛教 fójiào) eine der drei philosophisch-religiösen Strömungen, welche die Kultur und die Denkweise der Chinesen bis heute stark geprägt haben. Die aktuelle Regierungsform eines Landes beeinflusst zwar die Denkweise der Menschen, sie prägt diese aber nicht, denn eine Prägung der Denkweise erfolgt durch die jeweilige Kultur und erstreckt sich immer über einen längeren Zeitraum. China ist das einzige Land in dem alle drei Fahrzeuge des Buddhismus (S: hinayāna, mahāyāna, vajrayāna) über die Jahrhunderte bis heute in gelebter Tradition erhalten geblieben sind. Etwa 20% der Bevölkerung bekennen sich offiziell zum Buddhismus, das sind etwa 250 Millionen Buddhisten. In Taiwan sieht es ähnlich aus dort sind es etwa 22% der Bevölkerung. Doch trotz diesem vielleicht geringen Prozentanteil ist das Land im Denken und vielen Verhaltensweisen der Bevölkerung durch den Buddhismus stark geprägt. Der Buddhismus ist in China ein 2000 Jahre währender Kulturträger.

Nach den fehlgeleiteten Massnahmen und den bedauerlichen Auswirkungen der Kulturrevolution begann man ab dem Jahr 1979 wieder mit der Restaurierung und dem Aufbau der Tempel sowie der Wiederbelebung und Errichtung von buddhistischen Bildungsstätten. Des weiteren wurden auch der Aufbau und das bereits historisch vorhandene Freundschaftsverhältnis zu anderen buddhistischen Ländern in Südostasien wiederbelebt und kulturelle internationale Beziehungen gefördert. Heute erleben die Klostergemeinschaften eine Phase der Konsolidierung, da sich viele Klöster wieder selbst erhalten können. Auch eine im Zuge der letzten Landreformen mögliche Bewirtschaftung eigenen Landbesitzes ist erneut möglich geworden. Die Klöster, welche als historische und kulturelle Stätten von Bedeutung sind, werden auch mittels Regierungsgelder renoviert, in Stand gehalten und finden durch diese staatlichen Zuwendungen Beachtung. Das heisst Buddhismus existiert in China, nicht nur im autonomen Gebiet Tibets.

Süd-Korea

Historisch betrachtet war der Buddhismus, der aus China eingeführt wurde, in der späten Silla Zeit (koreanisch: 통일 신라 tong-il silla) im 4. Jahrhundert auch Staatsreligion. Heute bekennen sich etwa 15% der Bevölkerung zum Buddhismus. Die Mehrheit mit etwa einem Drittel bilden jedoch christliche Kirchen. Süd-Korea ist somit historisch gesehen ein buddhistisches Land, in der heutigen Zeit jedoch christlich oder atheistisch geprägt.

Japan

Ein bis zwei Drittel der Japaner praktizieren Buddhismus. Aber auch zwei Drittel der Japaner bekennen sich zum Shintoismus. Kulturbedingt wird kein allzu großer Unterschied zwischen Buddhismus und Shintoismus gemacht und man bekennt sich zu beiden Welten. Daher ist es schwierig eine genauere Zuordnung zu machen.
Im modernen Japan wenden sich derzeit aber immer mehr Jugendliche vom Buddhismus ab, den sie als zu mystisch, nicht genug technik-affin und daher als nicht zeitgemäss betrachten. Viele buddhistische Gelehrte berichten von einem langsamen Niedergang des Buddhismus im modernen Japan.

Missverständnis

Der Buddhismus ist keine einheitliche Lehre, denn die unterschiedlichen Strömungen des Buddhismus vertreten zum Teil gegensätzliche Standpunkte und haben widersprüchliche Ansichten.

Richtigstellung

Obwohl es unterschiedlichste Akzentuierungen innerhalb des Buddhismus gibt, beruhen alle seriösen (historischen) Strömungen auf den selben Grundlagen. Sie widersprechen sich daher nicht.

Den Buddhismus teilt man sowohl inhaltlich als auch seiner geschichtlichen Entwicklung nach in drei große Bereiche ein. Das wäre der frühe Buddhismus (P: hīnayāna, das kleine Fahrzeug / P: theravāda, der Weg der Älteren), der Buddhismus des Bodhisattva Ideals und der großen philosophischen Strömungen (S: mahāyāna, das große Fahrzeug) und der Buddhismus des Diamantfahrzeuges (S: vajrayāna, das diamantene Fahrzeug). Diese drei großen Strömungen werden auch als die Drei Fahrzeuge (S: yāna, Fahrzeug) bezeichnet.

Hinayāna – das Kleine Fahrzeug

Die Bezeichnung als „Kleines Fahrzeug" (S: hīnayāna) wurde mit dem Aufkommen des Mahāyāna von den Anhängern dieser Strömung des Buddhismus für die damalige buddhistische „Schule der Zuhörer" (S: śrāvakayāna) verwendet. Das ist die Tradition jener Buddhisten, welche sich der durch das Mahāyāna aufkommenden Akzentuierung des Bodhisattva-Ideals nicht so stark zuwandten und daher wurden sie als eingeschränkter (S: hīna, unvollständig / S: yāna, Fahrzeug) in ihrem Streben nach Erleuchtung betrachtet. Im Unterschied dazu bekannten sich die Anhänger der Mahāyāna Lehren sehr stark zum Bodhisattva Ideal und betrachteten dieses als wesentlich. (SIEHE BZGL. BODHISATTVA-WEG. SEITE 236)

Diese Aufteilung in zwei große Ströme des Buddhismus, nämlich Hīnayāna und Mahāyāna, war das Resultat des zweiten buddhistischen Konzils im Jahr 383 v.d.Z. in Vesali (heute indischer Bundesstaat Bihar). Außerdem suggeriert der Begriff des Kleinen Fahrzeuges eine unbewusste Geringschätzung. Daher ist es eigentlich korrekter diese Strömung des Buddhismus als Śrāvakayāna „die Schule der Zuhörer" zu bezeichnen.

Von den damals in Indien bestehenden 18 traditionellen Schulen des Hīnayāna ist bis heute nur eine erhalten geblieben. Es ist die Schule des Theravāda (P: thera, die Älteren / P: vada, der Weg), was soviel heißt wie die „Schule der Älteren". Den Theravāda Buddhismus findet man heute neben Sri Lanka in den Ländern Südost-Asiens und im südlichen China. Die Texte des Theravāda finden sich in der Sammlung des Palikanons (SIEHE SEITE 359) und werden von den Anhängern des Theravāda als authentisch, d.h. als Buddhawort (PS: buddhavacana) angesehen.

Mahāyāna – das Große Fahrzeug

Eine bedeutende Akzentuierung erfuhr der Buddhismus schießlich im Laufe der Zeit. Dies sind jedoch keine Neuerungen oder Abweichungen von den Basislehren. Sie sind vielmehr getragen von der Einsicht, dass eine Betonung auf das Wesentliche im Lauf der Zeit notwendig geworden war. Die beiden Aspekte, welche wir in den Schulen des „umfassenden Fahrzeuges" (S: mahāyāna, großes und umfassendes Fahrzeug / S: mahā, groß, umfassend / S: yāna, Fahrzeug) nun wiederfinden sind das Bodhisattva-Ideal sowie die Lehre von der Eigennatur allen Seins (S: prajñāpāramitā). Diese Ausformulierungen begannen mit dem zweiten Jahrhundert v.d.Z. mit den Weisheits-Texten (S: prajñāpāramitā sūtra), wurden ab dem 2. Jahrhundert dann ausformuliert und im Mittleren Weg (S: madhyamaka) sowie in der Bewusstseinslehre (S: vijñānavāda) niedergelegt. Sie fanden ihren vorläufigen Abschluß im 8. Jahrhundert n.d.Z. mit den letzten traditionellen Kommentarwerken. Das Mahāyāna steht nicht im Widerspruch zu den Lehren des Theravāda, es ist vielmehr eine Vertiefung und umfangreichere Erklärung dieser Lehren.

Heute findet sich der Mahāyāna-Buddhismus vorwiegend in China, Korea, Japan und im nördlichen Vietnam. Die Texte des Mahāyāna finden sich in den Sammlungen des Sanskrit Kanons (SIEHE SEITE 360) und im Chinesischen Kanon (SIEHE SEITE 364).

Vajrayāna – das Diamantfahrzeug

Vajrayāna (S: vajra, Diamant, unzerstörbar / S: yāna, Fahrzeug), auch Diamantfahrzeug genannt, ist jene Form des Buddhismus, die aufbauend auf den Mahāyānalehren die Methoden des Yoga (SIEHE SEITE 245) und der Praxis stark in den Vordergrund stellt. Das Vajrayāna entstand in Indien und war seit der Zeit des historischen Buddha in Ansätzen bereits präsent. Es ist also keine neue Entwicklung innerhalb des Buddhismus.
Der Buddha selbst übte Yoga und war mit den Methoden des Yoga vertraut. Mit dem Aufkommen großer Ordensgemeinschaften wurde jedoch das persönliche Praktizieren dieser Methoden immer mehr in den Hintergrund gestellt. Es entstanden mit dem Mahāyāna die bedeutenden Gelehrtenschulen innerhalb des Buddhismus und damit war der Schwerpunkt stark auf das Studium und die gedankliche Beschäftigung mit der Lehre gelegt. Die Yogatechniken, die sich mit den inneren psychologischen und auch energetischen Vorgängen im Menschen befassten, wurden nur mehr in Abgeschiedenheit von einigen Wenigen geübt. Diese Tradition trat jedoch in Indien im 8. Jahrhundert durch die Siddha Bewegung (S: sidh, zum Ziel kommen, in Erfüllung gehen) wieder stark in Erscheinung. Leider wurde sie durch die dann erfolgte islamische Eroberung Indiens ausgelöscht, so wie übrigens auch der Buddhismus in Indien. Beides existierte dann nur mehr in wenigen südlichen und östlichen Randbereichen Indiens. Allerdings waren die Lehren als auch die lebendige Lehrer Schüler Tradition des Vajrayāna zu dieser Zeit bereits in China und den Himalayagebieten präsent.

Vajrayāna hat selbstverständlich die Basislehren als auch die Lehren des Mahāyāna als Grundlage. Es steht also nicht im Gegensatz zum Hīnayāna und Mahāyāna. Allerdings betrachtet man im Vajrayāna den Menschen vorwiegend als Ganzheit und Gesamtheit all seiner Eigenschaften.

Dadurch werden auch diese Eigenschaften als Mittel der Praxis genutzt (SIEHE BZGL. BUDDHISTISCHES TANTRA SEITE 252). Vajrayāna ist auch stark an die persönliche Unterweisung eines Lehrers (SIEHE SEITE 208) gebunden. Nur durch persönliche Führung und Unterweisung durch einen qualifizierten Lehrer können die Fallstricke und Probleme der eigenen Interpretation und das Hineinfallen in die eigenen Vorlieben und Abneigungen aufgezeigt, erkannt und auf dem praktischen Weg genutzt sowie korrigiert werden. Die Texte des Vajrayāna finden sich in den Sammlungen des Sanskrit Kanons (SIEHE SEITE 360), im Chinesischen Kanon (SIEHE SEITE 364) und im Tibetischen Kanon (SIEHE SEITE 365).

Diese drei großen Strömungen des Buddhismus sind also Facetten ein und derselben Lehre und in ihrem Kern nicht unterschiedlich. Alle buddhistischen Strömungen (SIEHE BZGL. DIFFERENZIERUNG IN SCHULEN SEITE 321), wenn sie seriös sind, nehmen Bezug zu einer dieser drei großen Traditionen. Sie setzen zwar unterschiedliche Schwerpunkte, bevorzugen lokale, kulturelle Ausprägungen, bleiben aber immer über eine der drei traditionellen Fahrzeuge (S: yāna) den Basislehren des Buddha verbunden.

Missverständnis

Die verschiedenen buddhistischen Schulen unterscheiden sich inhaltlich sehr voneinander. Sie stehen sich oft misstrauisch gegenüber, denn jede behauptet von sich im Besitz der wahren Lehrinterpretation zu sein.

Richtigstellung

Es gibt nicht die einzig wahre Lehre innerhalb des Buddhismus. Jede buddhistische Schule beinhaltet die Basislehren, akzentuiert aber die Lehre in ihrer schulspezifischen Ausprägung. Daher stehen alle Schulen in Verbundenheit und Freundschaft zueinander.

Entsprechend des zeitlichen Auftretens (SIEHE SEITE 307) und der Einteilung in die drei Fahrzeuge Hīnayāna, Mahāyāna und Vajrayāna des Buddhismus (SIEHE SEITE 317) existieren unterschiedliche Schulen.

Allen Schulen gemeinsam ist es, dass sie die drei Bereiche der Lehre nämlich Studium (SIEHE SEITE 108), Übung und Meditation (SIEHE SEITE 202) sowie Lebensführung (SIEHE SEITE 260) beinhalten und als wesentlich erachten. Es werden aber zusätzlich zu den immer vorhandenen Basislehren Schwerpunkte gesetzt und hervorgehoben. So erscheinen die Lehrdarlegungen und die meditative Praxis oberflächlich betrachtet als sehr unterschiedlich. Bei näherer Betrachtung ist dies jedoch nicht der Fall, denn die einzelnen Schulen und Strömungen innerhalb des Buddhismus unterschieden sich nur in der Darstellung der Lehre (P: dhamma / S: dharma) nicht aber in ihren zugrunde liegenden Inhalten.

frühe Schulen in Indien

Wir haben davon Kenntnis, dass es in den Jahrzehnten und den ersten Jahrhunderten nach dem Hinscheiden des Buddha zur Formung von achtzehn unterschiedlichen Lehrinterpretationen kam.

Aus den elf historisch bekannten Schulen der Hörer der Lehre (S: sthaviravāda) entwickelte sich im Laufe der Zeit das Hīnayāna heraus, welches dann im Theravāda Buddhismus bis heute fortbesteht.
Aus den sieben Unterschulen der Großen Gemeinschaft (S: mahāsāṃghika) entstanden dann im Laufe der Zeit die Mahāyāna Schulen.

Um also etwas Klarheit in die unterschiedlichen Strukturen und schulspezifischen Ausprägungen des Buddhismus zu bekommen, ist es hilfreich die drei großen Strömungen Hīnayāna, Mahāyāna und Vajrayāna zu beachten. (SIEHE BZGL. DREI FAHRZEUGE SEITE 317)
Um nun die Vielfalt aber auch die inhaltliche Verbundenheit und Einheit der buddhistischen Schulen zueinander zu zeigen, sind hier als Beispiel die Hauptschulen des Buddhismus in China, Tibet und Japan erwähnt.

China

China kam bereits um die Zeitenwende mit dem Buddhismus in Berührung und sehr früh bildeten sich buddhistische Gemeinschaften, die dann zu Mönchs- und Nonnenorden im Land führten. China ist das einzige Land in dem alle drei Strömungen des Buddhismus (Hīnayāna, Mahāyāna, Vajrayāna) bis heute ohne Unterbrechung lebendig geblieben sind.
In den Gebieten des Autonomen Bezirks Xishuangbanna (C: 西双板纳 xī shuāng bǎn nà) im Süden der Provinz Yunnan sowie in den Grenzregionen zu Vietnam und Myanmar gibt es Theravāda Schulen. In den von Tibetern und Mongolen besiedelten Provinzen und autonomen Gebieten existiert das Vajrayāna. Im chinesischen Kernland unterscheidet man acht große Hauptströmungen bzw. Schulen des Han-Buddhismus (C: hàn yǔ xì fó jiào 汉语系佛教). Davon haben sechs ihren Ursprung im Mahāyāna und eine jeweils im Hīnayāna sowie im Vajrayāna. Die meisten Buddhisten in China bekennen sich zu den Mahāyāna-Schulen.

- Reine Land Schule (C: 净土宗 jìng tǔ zōng / 净宗 jìng zōng)

Ursprünglich aus Indien kam diese Bewegung im 3. Jahrhundert nach China und etablierte sich Anfang des 4. Jahrhunderts als eigene Schule.
Die Reine Land Schule machte den Weg des ständigen Vergegenwärtigens

in die Qualität des Buddha Amitabha zum Hauptweg. Die für die Menschen schwierigen Wege des philosophischen und intellektuellen Studiums sowie der unterschiedlichen Yogaübungen sind nicht einfach zu praktizieren. Daher unterweist uns die Reine Land Schule in der einfachen Übung der immerwährenden Vergegenwärtigung des Buddha in unserem Herzen und Geist durch Rezitierens des Buddhanamens (C: 南无阿弥陀佛 ná mō ā mí tuó fó). Durch diese Rezitation ist es für jedermann möglich, unabhängig von den momentanen Lebensumständen in denen er sich befindet, den Weg zur Buddhaschaft zu beschreiten. Dies macht auch die Besonderheit dieser Methode aus, denn im Gegensatz zu den anderen buddhistischen Schulen, bedarf es keiner vorbereitenden Übungen oder langwieriger Unterweisungen in die Praxis. Dieser Weg führt zu einem Erwachen, zu einem Wiedergeborenwerden im Westlichen Paradies, im Reinen Land des Buddha Amitabha. Ein Reines Buddhaland ist einerseits ein Bewußtseinszustand frei von den Trübungen des Geistes und andererseits eine Art überweltlicher Bereich jenseits unseres durch Egoismus und Unwissenheit getrübten Auffassungsvermögens.

- Schule der Drei Lehren (C: 三论宗 sān lùn zōng / 性宗 xìng zōng)

Die Lehren des Mitteren Weges (S: madhyamaka) (SIEHE BZGL. DER MITTLERE WEG SEITE 173) kamen bereits im 3. Jahrhundert nach China und im 6. Jahrhundert etablierte sich daraus eine eigenständige Schule.
Die Grundlehren beziehen sich auf die Feststellung, dass alles Existierende nur in Abhängigkeit und im Zusammenwirken von Bedingungen existiert. Diese Lehre besagt, dass wir unser Denken in Kategorien und Substanzbegriffen, einem Denken also, welches den Dingen und Erscheinungsformen eine Eigennatur zubilligt, zurechtrücken müssen. Der Ansatz liegt in der Mitte, nicht in den Extremen des Seins und des Nichtseins, sondern in einem Mittleren Weg. Wir sollten in Bedingtheiten und in abhängigen Erscheinungsformen denken und begreifen. Die Welt ist dynamisch, ein Prozess des Werdens und Vergehens, und die Dinge haben keine inhärente Eigennatur an sich sondern erscheinen und existieren nur in diesem Zusammenspiel. Keine Philosophie, keine

Aussage über diese Welt und uns selbst ist in sich widerspruchsfrei, schließlich kann man jede logische Begründung über Sachverhalte in weiteren elementaren Schritten hinterfragen und wird feststellen, dass sie niemals absolut begründbar sein werden).

- Meditations Schule (C:禅宗 chán zōng)

Diese Schule entstand im 5. Jahrhundert und setzte die indische Tradition der meditativen Praxis als Hauptrichtung im Buddhismus fort.

Dies ist die Schule der Meditation und der chinesische Begriff chán 禅 bzw. chánna 禅那 ist die Übersetzung des Sanskritwortes dhyāna. Dhyāna steht für Nachdenken, Versenkung sowie Andacht und bezeichnet das was wir im Westen als Meditation bezeichnen.

Erleuchtung entsteht aus sich heraus, aus unserem eigenen inneren Erleben. Schriften und philosophische Lehrdarlegungen sind nur Beiwerk. Intellektuelles Studium, Rituale und religiöse Zeremonien erweisen sich weitgehend meist als nutzlos, denn nur das eigene Erleben und die Einsgerichtetheit unseres Geistes können das Tor zum Erwachen öffnen. Es gibt keine bindende schriftliche Überlieferung, keine Abhängigkeit an Lehrreden und Meister – nur der unbefleckte, neu geborene Geist zählt. Die Sukzession und Lehrnachfolge erfolgt durch direkte Unterweisung ohne die Verwendung von Aufzeichnungen und Schriften (C: 教外别传 jiào wài bié chuán). Da wir jedoch als unerleuchtete Wesen eine Stütze und somit etwaiger Hilfsmittel bedürfen, werden einige Texte und Sutren des Mahāyāna auch im Chan gelehrt und benutzt.

Die Lehre des Chan etablierte sich in seiner japanischen Form des Zen sehr erfolgreich im Westen.

- Schule vom Berg Tiantai (C: 天台宗 tiān tái zōng / 台宗 tái zōng)

Diese Schule entstand im 6. Jahrhundert in China und war über Jahrhunderte die bedeutendste Schule des chinesischen Buddhismus. Die Lehre dieser Schule begründet sich auf die Inhalte von drei bedeutenden und wesentlichen Mahāyānatexten. An erster Stelle steht dabei das Lotossutra (S: saddharmapuṇḍarīkasūtra / C: 妙法莲华经 miào fǎ lián huā jīng).

Das Lotossutra ist einer der bedeutendsten Texte des Buddhismus und steht in der Lehrinterpretation der Tian Tai Schule somit an zentraler Stelle. Die anderen beiden Werke sind das Große Lehrwerk über die Allumfassende Weisheit (S: mahāprajñāpāramitāśastra / C: 大智度论 dà zhì dù lùn) und das Kommentarwerk von Nāgārjuna über den Mittleren Weg (S: mūlamadhyamakakārikā / C: 中论 zhōng lùn). Ausgehend von den in diesen Texten formulierten Lehren entwickelt sich eine systematische Lehre die alle Aspekte des Buddhismus umfasst.

Die Schule hat heute nicht mehr jene große Anzahl an Anhängern, die sie in der Vergangenheit hatte als sie die bedeutendste Schule in China war. Es gibt aber heutzutage immer mehr Chinesen, die sich mit den Lehren dieser Schule auseinandersetzen und diese studieren, sich jedoch nicht offiziell als Anhänger der Schule deklarieren.

Von China aus hat sich diese Strömung des Buddhismus in der Vergangenheit stark nach Korea und Japan hin ausgebreitet und geniest dort heute noch hohes Ansehen. Im achten Jahrhundert wurde sie in Japan zu einer der bedeutendsten buddhistischen Schulen (Tendai), die bis in unsere Zeit hinein lebendig geblieben ist.

- Schule der Bewußtseinslehre (C: 慈恩宗 cí ēn zōng /相宗 xiàng zōng)

Diese Schule entstand ebenfalls im 5. Jahrhundert. Sie bezieht sich auf die Bewusstseinslehre (S: vijñānavāda).

Diese Schule geht auf den vielleicht größten und bedeutendsten chinesischen Pilger und Übersetzer zurück auf Xuán Zàng (玄奘 xuán zàng, 602 – 664). Dieser besuchte auf seiner über siebzehn jährigen Pilgerreise nach Indien nicht nur die buddhistischen historischen Stätten, sondern verbrachte auch viele Monate des Studiums in Nalanda in der damals bedeutendsten buddhistischen Universität. Er reiste durch 138 Länder und Staatsgebilde seiner Zeit und legte dabei an die 20.000 Kilometer zurück. Dabei kam er auch mit den Lehren der buddhistisch indischen Bewußtseinslehre und den Lehren des praktischen Yoga Übungsweges in Kontakt, die er unter seinem indischen Meister erklärt und übermittelt bekam.

Diese Schule basiert auf den Lehren der Bewußtseinslehre (S: vijñānavāda / C: 唯识 wéi shí) und der Lehre der Praxis (S: yogācāra / C: 瑜枷师 yú jiā shī) wie sie sich im 4. und 5. Jahrhundert in Indien etabliert hatten. Deshalb wird diese Schule auch „Schule der Bewußtseinslehre über die Merkmale der Erscheinungen" (S: dharmalakṣaṇa vijñānavāda / C: 珐相唯识宗 fǎ xiàng wéi shí zōng) genannt. Die bedeutendsten indischen Meister dieser Schulrichtung sind die beiden Brüder Vasubandhu (C: 世亲 shì qīn) und Asaṅga (C: 无著 wú zhù) die im 4. Jahrhundert lebten. Auf ihren Kommentarwerken und Abhandlungen aufbauend entwickelte und formulierte Xuán Zàng dann die chinesische Ausprägung der Lehre des Bewußtseins.

- Schule der Disziplin (C: 律宗 lǜ zōng)

Diese Schule bezieht sich vorwiegend auf die Basislehren der Disziplin, wie sie bereits im Hīnayāna (speziell der Dharmaguptaka-Schule) formuliert wurden.
Der indische Mönch Dharmagupta 3. Jahrhundert v.d.Z. (C: 四分 sì fēn) erstellte auf Grund seiner eigenen Erfahrungen und seinem tiefgründigen Verständnis über die Lehre des Buddha eine Sammlung der Ordensdisziplin aus den vom Buddha seinerzeit gegebenen Anweisungen zusammen. Diese Sammlung wird als die buddhistische Disziplin bezeichnet (S: vinaya, Erziehung, Anstand, Bescheidenheit / C: 律 lǜ). Da es sich dabei um eine Grundhaltung zu unserem Verhalten handelt, wurde dieser Begriff dafür verwendet, die für buddhistische Laien und Ordensangehörigen empfohlenen und verbindlichen Verhaltensregeln zu bezeichnen.
In der Anfangsphase des Buddhismus gab es nur lose Gemeinschaften von Anhängern dieser für China neuen Religionsform. Als dann im ersten Jahrhundert Mönche aus Indien nach China kamen, bildeten sich die ersten Ordensgemeinschaften. Aber erst mit dem Jahr 250 n.d.Z. kam es durch den indischen Mönch Dharmakāla zur offiziellen Ordination von chinesischen Mönchen innerhalb Chinas.
Bezugnehmend auf die Schriften des Dharmaguptaka-Vinaya entstanden

chinesische Kommentare. Die Sammlung dieser Verhaltensvorschriften wurde im Jahr 405 ins Chinesische übersetzt und bildet damit die Grundlage und das Hauptwerk der Vinaya Schule (S: caturvarga vinayapiṭaka / C:四分律藏 sì fēn lǜ zàng). Dadurch wird ein Verhaltenskodex für Mönche und Nonnen definiert, damit bei Problemen im Zusammenleben in den einzelnen Gemeinschaften ein Korrektiv zu Rate gezogen werden kann. Schließlich gründete der Mönch Dào Xuān (道宣 dào xuān, 596 – 667) die Schule der Disziplin (C: 律宗 lǜ zōng).

- Avatamsaka Schule (C: 华严宗 huá yán zōng / 贤宗 xián zōng)

Dies ist eine typisch chinesische Entwicklung und die Schule entstand im 5. bzw. 6. Jahrhundert in China.

Sie handelt von der Totalität aller Erscheinungsformen, ihren Verflechtungen zueinander, ihrer gegenseitigen Durchdringung und vernetzten Identität, sowie über die Begrenztheit und Unbegrenztheit unserer Erfahrungspotentialität. Nicht zu unrecht werden manche der Lehrinhalte dieser Schule, wie das Sūtra der Blumengirlande des Buddha (S: avataṃsaka-sūtra / C: 华严经 huá yán jīng), als die Essenz der Lehren des Buddha betrachtet. Alle Erscheinungsformen (S: dharma / C: 法 fǎ) entstehen in Gleichzeitigkeit, aus sich selbst heraus – das Universum erschafft sich selbst. Alle Erscheinungsformen sind ohne jegliche Eigennatur und ihre Realität entsteht aus ihren Beziehungen zu anderen Erscheinungsformen sowie auch zum Bewußtwerdungsvorgang der Wesen.

- Einweihungs- oder Esoterische Schule (密宗 mì zōng)

Dies ist die Vajrayāna Schule (S: vajrayāna / C: 金刚乘 jīn gāng chéng) des chinesischen Han Buddhismus, welche während der Tang Dynastie (618 – 907) in China Fuß fasste und dort ihre Verbreitung fand. Da, wie in der Tradition des Vajrayāna üblich, die Lehrtradition durch mündliche Überlieferung und durch Initiation vom Lehrer an die Schüler übertragen wird, wurde diese Schule in China auch als Schule des Unverfälschtes Wortes bezeichnet (S: mantrayāna / C: 真言乘 zhēn yán chéng).

Diese Esoterische Schule ist nicht mit dem Tibetischen Buddhismus (C: 藏语系佛教 zàng yǔ xì fó jiào) zu verwechseln, denn obwohl von den indischen Ursprüngen her gleich, entstand der tibetische Buddhismus einige Jahrhunderte später und nahm auch Elemente der bestehenden Volksreligion und des Schamanismus (Bön) in sich auf und assimilierte diese, so das er seine typisch tibetische Prägung erfuhr.

Die Esoterische Schule des Han-Buddhismus basiert auf der Erkenntnis, dass nur ein ganzheitlicher Übungsweg, der alle Aspekte unseres Seins umfasst, ein effektiver Übungsweg sein kann. Daher wird neben den geforderten sittlichen und moralischen Anforderungen an den Übenden und dem intellektuellen Studium der Schwerpunkt auf das Praktizieren unterschiedlicher Yogatechniken gelegt. Dazu ist es notwendig alle Elemente unserer eigenen Psyche in die Übungsmethodik miteinzubeziehen. Diese Schule kennt so wie die indische Vajrayāna Schule aus der sie hervorgegangen ist den dreifachen Weg des Yoga (C: 三密瑜伽 sān mì yú jiā), der dort als der Innere Weg Vajrasattvas bezeichnet wird. Hierbei werden alle Elemente unseres physischen, psychischen und mentalen Wesens in einen stufenweisen Transformationsprozess miteinbezogen, der im Erlebnis des Erwachens endet. Da die unmittelbare persönliche Unterweisung Grundvoraussetzung zum Üben der notwendigen Praktiken darstellt, wird dem Lehrer Schüler Verhältnis (S: guru yoga / C: 本尊法 běn zūn fǎ) ein besonderer Stellenwert zugeschrieben. Auch das Üben mit Symbolen und lautlichen Grundelementen unseres Bewußtwerdens (S: mantra / C: 真言 zhēn yán) stellt einen wesentlichen Übungsweg dar.

Die Lehrauffassungen dieser chinesischen Schulen haben sich im Laufe der Jahrhunderte in den Praktiken und Auffassungen der Menschen vermischt. So finden wir heutzutage in der Bevölkerung und unter den meisten Anhängern Mischformen vor. Die Mehrheit der Buddhisten in China fühlt sich der Schule des Reinen Landes und der Schule der Meditation verbunden.

Im Autonomen Gebiet Tibets herrscht im Grunde ausschließlich die Vajrayāna Schule in ihrer tibetischen Ausprägung (C: zàng yǔ xì fó jiào 藏语系佛教) vor.

Tibet

Im Autonomen Gebiet Tibets ist ausschließlich die Vajrayāna Schule in ihrer tibetischen Ausprägung (C: zàng yǔ xì fó jiào 藏语系佛教) vertreten, die im 7. Jahrhundert von Indien nach Tibet gelangte. Die Lehre hielt sich jedoch nur einige Jahrzehnte und wurde dann durch den tibetischen König Langdarma reg. ca. 836 – 842 (T: glang dar ma) ausgelöscht. Erst im 11. Jahrhundert gelang es der buddhistischen Lehre in einem zweiten Anlauf in Tibet wiederum Fuss zu fassen und auch wieder lebendig zu werden. Dieses Mal war es erfolgreicher und bis heute ist der Buddhismus in Tibet als Religionsform in unterschiedlichen Schulen etabliert. Somit war das tibetische Siedlungsgebiet der letzte Bereich, der sich entsprechend der heutigen Staatsgrenzen der Volksrepublik China, zum Buddhismus bekannte.

Erwähnenswert ist auch, dass die ursprüngliche Religion Tibets, Bon genannt, die sich aus dem Schamanismus heraus entwickelt hatte, sich mit dem Bekanntwerden des Buddhismus wandelte. Das Bon von heute beinhaltet auch Elemente des Vajrayāna und ähnelt in manchen äußeren Erscheinungsformen der Praxis dem tibetischen Buddhismus. Seit 1979 wird Bon vom Dalai Lama auch als offizielle tibetische Religionsform anerkannt.

Im Laufe der Zeit entstanden in Tibet folgende buddhistische Haupt-Schulen, die bis heute existieren.

- Nyingma (T: snga ,gyur rnying ma, die Alten)
  Dies ist die früheste Form des Vajrayāna in Tibet und geht auf Padmasambhava (8. - 9. Jahrhundert) zurück, der im 8. Jahrhundert nach Tibet kam.

- Kadam (T: bka' gdams pa, bka – der Meister, gdams – Lehrdarlegung)
  Diese Schule wurde im 11. Jahrhundert von Atiśa (980 – 1054) ins Leben gerufen. Dieses Schule und ihre Tradition wurde jedoch später durch die Gelug Tradition assimiliert und übernommen.

- Kagyu (T: bka´ brgyud. ka - Wort, gyu - Überlieferung)
  Diese Schule gründet sich auf die indische Sukzession der Siddhas und setzte sich in Tibet durch den berühmtesten Yogi des Landes Milarepa (1040 - 1123) durch. Heute gibt es vier Hauptschulen und acht Unterschulen in dieser Tradition.

- Gelug (T: dge-lugs-pa, tugendhaft)
  Diese Schule geht auf Tsongkhapa (1357 - 1419) zurück, der den Buddhismus im 14. Jahrhundert reformierte. Die Gelugpa übernahmen dann auch mit den Dalai Lamas die weltliche Herrschaft über Tibet.

- Sakya (T: sa skya, graue Erde)
  Diese Schule entstand im 14. Jahrhundert und geht auf eine Familientradition zurück. Von 1264 bis 1354 regierten die Oberhäupter dieser Schule auch Tibet.

- Jonang (T: jo nang, Jomonang Tal)
  Dies war eine Unterschule der Sakya-Tradition, wurde aber durch den 5. Dalai Lama aufgelöst und in die Gelug Tradition integriert. In den westlichen Randgebieten Tibets hat diese Tradition jedoch als eigenständige Schule weiter existiert. Sie wurde schließlich vom 14. Dalai wieder als eigenständige Schule anerkannt.

- Rime Bewegung (T: ris med, ohne Unterschied)
  Dies ist eine alle Schulen übergreifende Bewegung innerhalb des tibetischen Buddhismus, die im 19. Jahrhundert durch buddhistische Meister unterschiedlicher Schulen ins Leben gerufen wurde.

Tiefergehende Information zu den einzelnen Schulen und ihren Lehrinhalten bzw. ihrer spezifischen Ausprägung habe ich hier nicht angeführt, da diese Information durch die Verbreitung des tibetischen Buddhismus im Westen, leicht auffindbar ist.

Japan

Der Buddhismus kam von China nach Japan. Daher finden sich in Japan einerseits die traditionellen chinesischen Schulen aber auch Eigenentwicklungen beziehungsweise lokale Ausprägungen der buddhistischen Lehre.

Die Hauptschulen in Japan sind folgende.

- Schule der Disziplin (jap.: 律宗 risshū, ritsu shū)
  Dies ist die Schule der Disziplin (C: 律宗 lǜ zōng / S: vinaya yāna) die im Jahr 753 durch den chinesischen Meister Jiànzhēn (C: 鑒真 jiàn zhēn, jap.: ganjin) nach Japan kam.

- Bewusstseins-Schule (jap.: 法相宗 hossō shū)
  Dies ist die chinesische Vijñānavāda-Schule (S: dharma lakṣaṇa) und kam im 7. Jahrhundert nach Japan.
    - Kusha Shu (jap.: 倶舎宗 kusha shu / S: abhidharmakosa sastra yāna)
      Diese Schule ging Ende des 8. Jahrhunderts in der Hosso Schule auf.

- Schule der Drei Lehren (jap.: 三論宗 san ron shu)
  Kam Anfang des 7. Jahrhunderts nach Japan und ist ein Ableger der chinesischen Madhyamaka-Schule (C: 三论宗 sān lùn zōng).
    - Schule der Realisierung der Wahrheit (jap.: 成実宗 jō jitsu shū, sejitsu)
      Kam im 7. Jahrhundert nach Japan und hielt sich etwa ein Jahrhundert als eigenständige Schulrichtung, bis sie in die Sanron Schule integriert wurde.

- Kegon Schule (jap.: 華厳宗, kegon shū)

  Kam über Korea im 8. Jahrhundert nach Japan und ist ein Ableger der chinesischen Avatamsaka Schule (C: 华严宗 huá yán zōng).

- Tendai Schule (jap.: 天台宗 tendai shū)

  Kam im 6. Jahrhundert nach Japan und ist ein Ableger der chinesischen Tendai Schule (C: 天台宗 tiān tái zōng).

- Schule des Wahren Wortes (jap.: 真言宗 shingon shū)

  Kam im 9. Jahrhundert nach Japan und ist eine Vajrayāna Schule basierend auf der chinesischen Esoterischen Schule (C: 密宗 mì zōng).

- Schule des Reinen Landes (jap.: 浄土宗 jōdo-shū)

  Kam im 12. Jahrhundert nach Japan und ist ein Ableger der chinesischen Reinen Land Schule (C: 浄土宗 jìng tǔ zōng).

- Wahre Schule des Reinen Landes (jap.: 浄土真宗 jōdo shin shū)

  Ist eine Weiterentwicklung der Schule des Reinen Landes (jap.: 浄土宗 jōdo-shū). Sie entstand im 15. Jahrhundert in Japan.

- Zen (jap.: 禅 zen)

  Kam im 12. Jahrhundert nach Japan und ist eine Ausprägung der chinesischen Meditationsschule (C: 禅宗 chán zōng). Diese Schule gliederte sich dann im Laufe der Zeit in unterschiedlich ausgeprägte Strömungen (Sōtō, Rinzai, Obaku, Fuge) auf.

- Schulen des Nichiren (jap.: 日蓮系諸宗派 nichiren kei sho shūha)

  Diese Schulen etablierten sich ab dem 13. Jahrhundert und sind eine japanische Entwicklung.

moderne Entwicklungen ?

Es stellt sich nun die Frage, ob es so wie in der Vergangenheit auch in der heutigen Zeit Strömungen gibt, die zu neuen buddhistischen Schulen führen?
Grundsätzlich kann man dies bejahen, da es diese Tendenz gibt. Hierzu seien zwei Richtungen auszumachen. Einerseits gibt es Neuentwicklungen, die aus einer oder mehreren traditionellen Schulen hervorgehen und anderseits gibt es Entwicklungen, die unabhängig von einer bestehenden Tradition neue Formen schaffen.

<u>traditionsgebunden</u>
Hierbei handelt es sich um eine Strömung innerhalb des Buddhismus, die meist durch einen bedeutenden Lehrer entsteht. Als Beispiel mögen hier zwei moderne Schulen, die auf einer Tradition beruhen, angeführt sein.

Order of Interbeing (deutsch: Intersein Sangha)
Eine Gemeinschaft von praktizierenden Buddhisten in den 1960er Jahren durch Thich Nhat Hanh gegründet.
Dies ist eine aus der Mahāyāna Tradition hervorgegangene Bewegung, die durch den vietnamesischen Mönch und Meister Thich Nhat Hanh ins Leben gerufen wurde. Sie bezieht sich im Wesentlichen auf die Tradition des Achtsamkeitstrainings, entsprechend der chinesischen Meditationsschule (C: 禅宗 chán zōng) und betont dabei stark das Abhängige Entstehen und die Verwobenheit aller Wesen zueinander (S: pratityasamudpada)

Fo Guang Shan (C: 佛光山 fó guāng shān, Buddhas Berg des Lichts)
Dies ist ein chinesischer Mahāyāna Orden, der einen humanistisch geprägten Buddhismus vertritt. Die Gemeinschaft wurde im Jahr 1967 in Taiwan durch den Mönch Hsing Yun (C: 星雲 xīng yún) gegründet.

<u>neu geschaffen</u>
Dies sind Entwicklungen innerhalb des Buddhismus, die nicht aus der Tradition heraus entstanden sind, sondern eine Synthese verschiedenster Lehrinhalte des Buddhismus zusammengefasst haben. Dies birgt aber in

sich das Risiko, dass dadurch auch nicht buddhistische Interpretationen Einfluss finden, da bei solchen nichtbuddhistischen Interpretationen der direkte Bezug zu den Basisthemen des Dharma fehlt. Leider gibt es solche Bestrebungen, die unter dem Namen des Buddhismus firmieren, jedoch eine Mischung aus buddhistischen und zusätzlichen esoterischen Inhalten darstellen.

Der Westen ist sehr empfänglich für solche Neuschöpfungen, da es hier an der über Jahrhunderte gelebten buddhistischen Tradition mangelt. Beispiele dafür sind etwa manche Kungfu bzw. Shaolin Schulen, die sich auf buddhistische Lehrinhalte berufen, aber in keinster Weise buddhistisch sind.

Zu erwähnen ist auch, dass es christlich buddhistische Meditationsgruppen gibt, die man leider auch als problematisch hinsichtlich der Buddha Lehre einstufen muss. Denn das christliche Weltbild steht in manchen Kernaussagen (Gottesbegriff, Seele, ewiges Leben, Sünde, Erlösung durch Jesus, etc.) konträr zu Basislehren des Buddhismus. Daher kann in solchen Gruppen meditative Schulung und Übung nicht im Sinne des Buddha Dharma geübt werden.

Schließlich sind esoterische Gruppen und New Age Bewegung, die sich als buddhistisch bezeichnen, aus ähnlichen Gründen bedenklich. Aber auch andere Religionen (z.B. Baha'i) nehmen teilweise buddhistische Lehrinhalte und Methoden auf, interpretieren sie um und meinen damit in diesen Bereichen buddhistisch zu sein. Die Übernahme von buddhistischen Inhalten stellt kein Problem dar. Problematisch wird es aber, wenn damit der Buddhismus als solcher uminterpretiert und dies als buddhistisch dargestellt wird.

Missverständnis
Der Dalai Lama ist das Oberhaupt der Buddhisten.

Richtigstellung
Es gibt kein zentrales Oberhaupt des Buddhismus. Jede große Strömung und Schule des Buddhismus erkennt bedeutende Meister als Wegbereiter an, diese werden dann oft als sogenanntes Oberhaupt einer Schule bezeichnet.

Es wird sehr oft so dargestellt, dass der Dalai Lama das Oberhaupt der Buddhisten sei. Dies ist aber falsch. Der Buddhismus kennt kein zentrales Oberhaupt. Es gibt zwar gewisse Autoriäten aber es gibt kein Oberhaupt, dass für alle buddhistischen Schulen verbindlich ist.

Jede buddhistische Schule hat ihre eigene traditionelle Ausprägung und damit auch ihre spezifischen organisatorischen Strukturen. (SIEHE BGZL. DIFFERENZIERUNG IN SCHULEN SEITE 321) Im Theravāda gibt es die Ordensältesten, im Mahāyāna gibt es die respektvoll anerkannten Lehrer und Meister und im Vajrayāna gibt es ebenfalls die Meister und Gurus. Grundsätzlich sollte man auch zwischen organisatorischen Positionen und spirituellen Positionen unterscheiden. Der Leiter bzw. die Leiterin einer buddhistischen Gemeinde, der Vorsteher eines Tempels oder Klosters muss nicht zwangsläufig der spirituelle Meister dieser Gemeinschaft sein.

Hīnayāna bzw. Theravāda

Im Theravāda gibt es unterschidiche Bezeichnungen für Männer und Frauen die sich der buddhistischen Gemeinde angeschlossen haben. Diese Bezeichnungen sind abhängig von der Anzahl der Jahre ihrer Zugehörigkeit zur Gemeinde. Ein Novize (P: sāmaṇera) oder eine Novizin (P: sāmaṇeri) ist noch kein voll ordinierter Mönch oder eine vollordinierte Nonne, sondern jemand vor der Ordination. Ein Mönch (P: bikkhu) oder eine Nonne (P: bhikkhunī) sind voll ordiniert.

Mönche bzw. Nonnen, die bereits vor mehr als zehn Jahren die Ordensweihe erhalten haben werden als Ehrwürdige oder Ältere (P: thera / S: sthavira) bezeichnet, unabhängig von deren Lebensalter. Bei einer Zugehörigkeit von mindestens zwanzig Jahren spricht man dann von Großen Älteren (P: mahathera / S: mahāstavira).

Darüber hinaus gibt es keine weiteren wesentlichen Titel oder Bezeichnungen und auch kein zentrales Schuloberhaupt. Die Führung der Gemeinde, wenn notwendig, erfolgt durch die „Älteren".

Wir sehen also, dass hierarchische Strukturen und Titel dem frühen Buddhismus fremd waren. Der Wert des Menschen besteht im eigenen Bemühen und nicht in der Erlangung einer Position oder eines Titels.

Mahāyāna

In den Mahāyāna Schulen hat es sich eingebürgert, dass jene die fundiertes Wissen über die buddhistische Lehre haben, als Meister angesehen und respektiert werden. Sie sind daher auch oft Leiter eines Tempels oder einer Gruppe. In China werden sie Meister (C: 师父 shīfu) genannt und in Tibet als Lamas (T: bla ma) bezeichnet.

Ein Oberhaupt in den Mahāyānaschulen gibt es, dieses ist aber dann immer nur für die entsprechende Schule oder Untergruppe einer Schule zuständig und wird daher auch dort akzeptiert. Meist werden die Äbte der Haupttempel als ein solches Oberhaupt gesehen, da sie die Tradition der spezifischen Schule repräsentieren.

Vajrayāna

Im Vajrayāna, welches sich ja auf die Tradition des Yoga beruft, ist die Lehrer Schüler Sukzession wesentlich. Daher werden die Lehrer und Wissenshalter der jeweiligen Schulen als Gurus (S: guru / C: 师 shī, 本尊 běnzūn / T: bla ma) bezeichnet. Ihre bedeutendsten Meister sind dann auch meist das Oberhaupt der entsprechenden Schule.

Gelehrte im tibetischen Buddhismus haben den Titel eines Khenpo (T: mkhen po) in der Nyingma, Kagyu und Sakya Tradition oder den Titel Geshe (T: dge bshes) in der Gelug Tradition, da sie diesen durch ihre mehrjährige Ausbildung und ihr Studium der Mahāyāna-Lehren erworben haben. Aber dieser Titel bedeutet nicht automatisch, dass der Träger dieses Titels ein wahrer Meister und verehrungswürdiger Praktizierender ist.

Die tiefe Verehrung als Meister erfahren nur praktizierende Meister, die sich ernsthaft bemühen und durch ihren Lebenswandel, ihre Weisheit und ihr Wissen als solche die entsprechende Wirkung auf die Gemeinde ausüben. Diese Meister werden im tibetischen Vajrayāna als Rinpoche (T: rin po che) bezeichnet. Dies ist aber kein erwerbbarer Titel sondern eine Ehrbezeichnung. Ein Rinpoche muss kein Geshe oder Khenpo sein, denn nur die eigene Verwirklichung allein zählt und nicht das Wissen.

Ein Besonderheit weist das tibetische Vajrayāna noch auf. Jene Gurus, die auf Grund ihrer intensiven Praxis und dem mitfühlenden Empfinden zu allen Wesen über ihren Tod hinaus wirken, werden als Halter des Transformationskörpers (S: nirmāṇakāya, Umwandlungskörper / T: sprul sku, tulku / C: 活佛 huófó, lebendiger Buddha) bezeichnet (SIEHE BZGL. DREI-KÖRPER LEHRE SEITE 94). Leider wird dieser Begriff des Tulku oft dazu verwendet, die Wiedergeburt eines verstorbenen Meisters zu bezeichnen. Hierin impliziert man allerdings fälschlicherweise, dass es so etwas wie eine Seele gibt, die sich neu reinkarniert (SIEHE BZGL. WIEDERGEBURT? SEITE 157)

Es gibt somit ein Schuloberhaupt in den Traditionslinien des tibetischen Buddhismus, sowohl für die Hauptlinien als auch die Unterschulen (SIEHE SEITE 321). Da der Buddhismus in Tibet jedoch auch den Staat lenkte, so war auch das jeweilige Schuloberhaupt der damit beauftragten Schule, das Staatsoberhaupt. Aus dieser Tatsache heraus wurde und wird der Dalai Lama als das Oberhaupt des tibetischen Buddhismus betrachtet. Der Dalai Lama ist aber nicht das Oberhaupt der Gelug Schule dies ist Gaden Tripa (T: Dga'-ldan Khri-pa) der auch der Großapt des Klosters Ganden sein kann, wobei diese Rolle manchesmal in der Vergangenheit auch der Panchen Lama kurzfristig übernommen hat.

Der Dalai Lama stand weltlich gesehen zwar an der Spitze der tibetischen politischen Hierarchie, geistig gesehen ist er nur einer der Hauptlehrer der Gelug Schule. Er ist auch nicht das spirituelle Oberhaupt der tibetischen

Buddhisten, wie dies fälschlicherweise im Westen häufig dargestellt wird. Durch seine politische und nicht durch seine religiöse Funktion wird er aber von fast allen Tibetern als Integrationsfigur und Leitperson des tibetischen Volkes, speziell im Exil, angesehen. Dass er aber auch einen so hohen spirituellen Stellenwert innerhalb des Buddhismus im Westen geniest, ist hauptsächlich auf die politische Situation und die westlich geprägte Sichtweise auf Tibet zurück zu führen.

„Es gibt im Sangha keine wirkliche Hierarchie wie etwa in der katholischen Kirche. Kein Gehorsamsgelübde wird abgelegt und selbst der Abt eines Klosters ist nur ein Primus inter pares, ein Erster unter Gleichen. Kein Abt und kein Meister kann einem Mönch oder einem anderen Buddhisten die persönliche Entscheidung in religiösen oder Lebensfragen vorschreiben oder abnehmen. In den einzelnen Ordensgemeinschaften gibt es allerdings verschiedene Funktionen, denen spezielle Verehrung erwiesen wird, wie etwa einem Abt, einem religiösen Meister oder einem weisen älteren Mönch."

Walter Karwath

Missverständnis

Pali ist die Sprache des Buddha.

Richtigstellung

Pali ist die Schriftsprache der buddhistischen Texte, welche damals in Sri Lanka niedergeschrieben wurden. Der Buddha sprach einen indischen Dialekt namens Magadhi und die buddhistische Lehre wurde in den damals üblichen Dialekten und Landessprachen vermittelt. Durch weitere Sammlungen buddhistischer Texte etablierten sich in zeitlicher Abfolge zusätzlich zu Pali die Sprachen Sanskrit, Chinesisch und Tibetisch als sogenannte traditionelle buddhistische Sprachen.

Gibt es die buddhistische Sprache überhaupt? Es wird oft behauptet Pali sei die originale Sprache des Buddhismus. Das stimmt so leider nicht. Betrachten wir diese Thematik einmal umfassender und sowohl historisch als auch aus dem Inhalt der buddhistischen Lehren heraus. Daraus ergeben sich folgende Fragestellungen.

- Welche Sprache sprach der Buddha und beschränkte er seine Lehrdarlegungen auf eine bestimmte Sprache?
- Warum bezeichnet man Pali häufig als die originale buddhistische Sprache?
- Welchen Stellenwert haben die Sprachen Sanskrit, Chinesisch und Tibetisch im Buddhismus?
- Sollte man eine der Sprachen der überlieferten buddhistischen Texte erlernen?
- Gibt es auch eine verschlüsselte Symbolsprache im Buddhismus?

Die Sprache des Buddha

Welche Sprache benutzte der Buddha und beschränkte er seine Lehrdarlegungen auf eine bestimmte Sprache?

Der historische Buddha (SIEHE SEITE 25) lebte in einem Gebiet im heutigen Nordindien an der Grenze zu Nepal. So viel wir wissen war die dort gesprochene lokale Sprache eine Form des altindischen Prakrit. Prakrit ist eine Sammelbezeichnung jener indoarischen Sprachen, welche vom 6. Jahrhundert v.d.Z. bis zum 11. Jahrhundert n.d.Z. in diesem Bereich gesprochen wurden. Im Gegensatz zur vorherrschenden Gelehrtensprache Sanskrit, war dies die Sprache der Bevölkerung und bestand aus einer Vielzahl etwas unterschiedlicher Dialekte. Man könnte das mit der deutschen Schriftsprache und den in verschiedenen Landesteilen gesprochenen Dialekten vergleichen, die ja auch alle der deutschen Sprache zugehörig sind.

Wir wissen auch aus der Überlieferung, dass der Buddha gefragt wurde, ob man seine Lehre in der üblichen Gelehrtensprache, nämlich in Sanskrit vortragen und verbreiten sollte. Der Buddha selbst sprach ja als seine Umgangssprache Magadhi eine Form des Prakrit.
Eine seiner Antworten darauf finden wir im Pali Kanon (SIEHE SEITE 359).

"Die Lehre sollte nicht, ..., in der Verssprache der Veden (Anm.: Sanskrit als Gelehrtensprache) wiedergegeben werden; dies wäre nicht richtig und heilsam. Lehrt und gebt sie in eurer Sprache weiter."

vinaya piṭaka, *cullavagga 5.33*
buddhistische Ordensregeln, kleine Gruppe

Die buddhistische Lehre sollte somit so gelehrt und weitergegeben werden, dass sie von den Menschen inhaltlich verstanden wird. Eine Gelehrtensprache hat den Nachteil, das man meist auf Grund komplizierter Formulierungen den Inhalt nicht erfassen kann und sie ist daher nicht geeignet beim Zuhörer ein wirkliches Nachdenken und Reflektieren des Gehörten auszulösen, im Besonderen wenn das Formulierte mit dem täglichen Leben und der Gedankenwelt der Zuhörer wenig gemeinsam hat. Dies trifft umso mehr zu, da der Buddha ja nicht ausschließlich mit Gelehrten seiner Zeit (z.b. Brahmanen) sondern mit Menschen jeder Gesellschaftsschicht über seine Lehre sprach.

Solange die buddhistische Lehre mündlich vermittelt und gelehrt wurde, erfolgte dies somit immer in der jeweiligen Landessprache bzw. dem lokalen Dialekt. Dies änderte sich später allerdings als die Lehren dann schriftlich festgehalten wurden (SIEHE BZGL. TEXT-SAMMLUNGEN SEITE 358).

Ist Pali die heilige bzw. die wahre buddhistische Sprache?

Aśoka (304 – 232 v.d.Z.) war der dritte Herrscher der indischen Maurya Dynastie. Nachdem er durch die Greuel seiner kriegerischen Feldzüge geschockt und davon tief betroffen war, wandte er sich dem Buddhismus zu und lebte fortan friedlich. Seine Politik war ab dann von ethischen und verständnisvollen Prinzipien geleitet. Er gilt in der indischen Geschichte als der bedeutendste Herrscher Indiens und war ein großer Förderer der buddhistischen Lehre am indischen Subkontinent.

Die buddhistische Lehre kam durch seinen Sohn Mahinda nach Sri Lanka (2 Jahrhundert). Zu jener Zeit sprach man in Sri Lanka eine Form des Prakrit (singhalesisches Prakrit). Der Sohn Aśokas und die ihn begleitenden Mönche brachten die Lehren des Buddha natürlich in ihrer Umgangssprache bzw. Muttersprache mit und dies war ein etwas anderer Dialekt des Prakrit als jener in Sri Lanka.

Die Mönche des beginnenden Buddhismus in Sri Lanka bewahrten nun diese Lehren in der ihnen übermittelten Sprache auf, da sie ja für die Menschen in Sri Lanka grundsätzlich verständlich erschienen. Als dann mit dem 1. Jahrhundert v.d.Z. die schriftliche Fixierung dieser buddhistischen Texte einsetzte (SIEHE BZGL. PALI KANON SEITE 398), wurden die Lehren in jener bereits übermittelten Sprache aufgeschrieben. Übersetzungen wurden nicht vorgenommen, da man sich der Gefahr einer Verfälschung der Lehrinhalte bewusst war. Dadurch wurden die Lehren des Buddhismus in einer Schriftsprache fixiert die wir nun Pali nennen und diese Sprachform wurde dann in alle weiteren Länder des Hīnayāna (SIEHE BZGL. HĪNAYĀNA – DAS KLEINE FAHRZEUG SEITE 317) weitergegeben. Pali ist sozusagen eine aus dem Prakrit heraus modifizierte Schriftsprache. Bis heute sind daher die Texte des Hīnayāna Buddhismus in Pali verfasst und werden unabhängig davon in welchen südostasiatischen Land sie gelehrt werden in Pali wiedergegeben.

Im 12. Jahrhundert entwickelte sich dann in Sri Lanka aus den vorangegangenen Dialekten heraus das moderne Singhalesisch, das heute die Amtssprache dort ist. Die buddhistischen Lehren werden allerdings nach wie vor in Pali weitergegeben.

Pali gilt zwar als eine der buddhistischen Sprachen, ist aber gemäss Sprachforschung keine eigenständige gesprochene Sprache. Es ist jene Variante des Prakrit als Schriftsprache, die durch die Übermittlung der buddhistischen Lehren sich gefestigt hat. Pali wird somit auch für die buddhistischen Texte in Ländern wie Thailand, Kambodscha, Laos und Vietnam verwendet. Allerdings werden die Palitexte dort jeweils immer in der gebräuchlichen Schrift des Landes wiedergegeben.

Abschließend kann man sagen, dass es keine dezitierte buddhistische Sprache gibt. Es gibt jedoch Sprachen die sowohl historisch als auch inhaltlich, durch ein spezifisches Vokabular, dem Buddhismus sehr nahe stehen. Dies führt uns zur Betrachtung von Sanskrit, Chinesisch und Tibetisch.

Sanskrit, Chinesisch und Tibetisch im Buddhismus

<u>Sanskrit</u>

Wir haben bereits gesehen, dass der Buddha empfohlen hat jene Sprache für die Weitergabe der buddhistischen Lehre zu verwenden, die von der Zuhörerschaft verstanden und benutzt wurde. Dies waren im Grunde in den ersten Jahrhunderten die unterschiedlichsten Dialekte der Prakrit Sprachfamilie. Daneben gab es aber in dieser Zeit natürlich auch die

Sprache der indischen Priesterkaste und Gelehrten (Brahmanen). Diese benutzen die überlieferte traditionelle Sprache der Phliosophie und der Wissenschaften jener Zeit, nämlich vedisches bzw. klassisches Sanskrit. Deshalb wurden dann ab dem 2. Jahrhundert v.d.Z. buddhistische Texte nicht nur in indischen Lokalsprachen sondern auch in Sanskrit verfasst. Daraus entstanden dann die großen Textsammlungen des Mahāyāna Buddhismus (SIEHE SEITE 318).

Sowohl die Lehrdarlegungen als auch die buddhistischen Kommentarwerke (SIEHE SEITE 358) wurden somit in Sanskrit verfasst. Dieses Sanskrit war aber nicht das vedische Sanskrit der Zeit der Jahrtausende alten indischen Texte der Veden und Upanishaden, sondern eine an die Gegebenheit etwas angepasste Version, die auch neue Wortschöpfungen und eine in manchen Bereichen modifizierte grammatische Struktur beinhaltete. Daher wird diese Form heute als (buddhistisches) hyprides Sanskrit bezeichnet.

Sanskrit war also jene Sprache die am besten dazu geeignet war, buddhistische Begriffe abzubilden, da sie ja bereits ähnliche oder gleiche Begriffe der indischen Philosophie beinhaltete. Sanskrit repräsentiert daher die Gedankenwelt und die Bedeutung der buddhistischen Begriffswelt am genauesten. So wurde Sanskrit in der weiteren Verbreitung des Buddhismus über die Grenzen des indischen Kulturraumes hinaus wesentlich und daher wegweisend für die Übersetzungen ins Chinesische und Tibetische. Abgesehen davon ist Sanskrit nach Auffassung der (nicht nur indischen) Gelehrten die am besten strukturierte und genaueste Sprache, die wir kennen.

Hier noch eine Anmerkung zu Sanskrit. Sanskrit wird oft als tote Sprache ähnlich dem Latein bezeichnet. Dies ist nicht ganz richtig, denn Sanskrit ist nicht nur eine Sprache der indischen Brahmanen wie Latein im Vatikan sondern auch die Muttersprache einiger Bevölkerungsgruppen in Indien und Nepal. Sanskrit ist eine der zweiundzwanzig offiziell anerkannten Sprachen in Indien. In den indischen Bundesstaaten Uttarakhand und in Himachal Pradesh ist Sanskrit sogar offiziell die zweite Amtssprache.

<u>Chinesisch</u>

Als die buddhistischen Lehren im 2. Jahrhundert v.d.Z. begannen sich in den chinesischen Kulturraum hinein auszubreiten, wurde es schließlich notwendig, diese auch in der eigenen Sprache verwenden zu können. Somit entstanden Übersetzungen aus dem Sanskrit in das Chinesische. Viele Wörter konnten aus dem in China vorhandenen Wortschatz des Daoismus übernommen werden. Man war sich aber der Problematik solcher Gleichsetzungen mit daoistischen Begriffen bewusst und versuchte daher einerseits eigene Wortschöpfungen zu gestalten und andererseits wurden buddhistische Texte mehrfach in leicht unterschiedlichen Übersetzungsvarianten in die Textsammlungen aufgenommen.

Chinesisch ist somit eine der Sprachen, die auf Grund der frühen Übersetzungen und dem direkten Bezug zu den Originalquellen (Sanskrit) die buddhistischen Lehrinhalte im Wesentlichen unverfälscht wiedergibt. Wobei hier anzumerken ist, dass sich dieser Reichtum oft nur durch das Lesen der alten nicht reformierten Schriftzeichen erschließt. (SIEHE SEITE 395)

Inwieweit die chinesischen buddhistischen Schriftzeichen, auf Grund ihrer Darstellung, das buddhistische Gedankengut repräsentieren, sei hier an einem Beispiel gezeigt.
Der Begriff Chan (C: 禅 chán), der uns im Westen besser als Zen (japanische Aussprache) vertraut ist, ist eine lautliche Wiedergabe des Sanskritwortes für Meditation (S: dhyāna). Das Schriftzeichen, welches in China dafür verwendet wurde hat aber neben der lautlichen eine viel tiefer gehende Bedeutung.
禪 chán (禅 reformiertes Zeichen) setzt sich aus zwei Zeichen zusammen.
礻 (Vereinfachung von 示 shì)
   Dieses Schriftzeichen entwickelte sich aus dem prähistorischen Zeichen für Opferaltar. Es wurde später dann dazu benutzt, um das Verb ´zeigen´ bzw. ´etwas zur Schau tragen´ abzubilden. Es bedeutet also etwas herzeigen und zur Schau stellen, das man selbst besitzt oder repräsentiert.

單 dān (单 reformiertes Zeichen)

Dieses Schriftzeichen entwickelte sich aus einem prähistorischen Zeichen, welches ein Netz zum Fangen von Vögeln darstellte. Da diese Waffe immer nur einen Vogel einfangen konnte, wurde das Zeichen später für das Adjektiv ´einzeln´ bzw. ´allein´ verwendet.

Warum wurden nun gerade diese beiden Schriftzeichen für die lautliche Nachbildung des Sanskritbegriffes verwendet. Chán bzw. Zen (禪) assoziiert durch die Herkunft des Schriftzeichens das zur Schau stellen (礻) unserer Individualität, des Einzeln-Seins (單), also des Ego – und das ist letztlich Meditation.

Wir sehen also, dass die einzelnen Bestandteile eines Schriftzeichens im Leser eine Information anbieten, welche die Bedeutung des Wortes zusätzlich zur Kenntnis der lautlichen Komponente offenbart.

Als der Buddhismus sich dann schließlich von China ausgehend ab dem 3. Jahrhundert n.d.Z. nach Korea hin und etwas später nach Japan (ab dem 6. Jahrhundert) ausbreitete, wurden die chinesischen Textübersetzungen dort übernommen. Die Texte wurden in Korea und Japan also nicht in die landesüblichen Schriftsysteme übertragen sondern in ihrer chinesischen Schreibform bis heute weitergegeben.

Dazu sollte man wissen, dass auch im heutigen Korea chinesische Schriftzeichen neben der koreanischen Schrift (Hangul) verwendet werden.

In Japan ist es ähnlich. Die Texte wurden in chinesischen Schriftzeichen wiedergegeben. Zur Aussprache des Japanischen für die lautliche Bedeutung der chinesischen buddhistischen Texte wurde aus dem Chinesischen eine eigene Schrift (jap.: 万葉仮名 man'yōgana) heraus entwickelt. Diese war dann die Grundlage für die beiden japanischen Silbenalphabete. Die japanische Schrift besteht somit aus zwei Silbenalphabeten (Hiragana und Katakana) sowie chinesischen Schriftzeichen (Kanji).

<u>Tibetisch</u>

Die tibetische Schrift wurde in Anlehnung an die indische Brahmi Schrift geschaffen (traditionell geschehen im Jahr 632 n.d.Z.) und ist eng mit der Einführung des Buddhismus im tibetischen Kulturraum verknüpft. Die buddhistischen Texte wurden vorwiegend aus den indischen Quellen (Sanskrit) übersetzt und die Begriffe und Vokabel der tibetischen Sprache wurden dem indischen Original in ihrer Bedeutung stark angepasst. Dies war möglich, da Tibet zu jener Zeit keine eigene Hochkultur entwickelt hatte und die buddhistische Denkweise mit der Einführung des Buddhismus im 6. Jahrhundert und dann wieder im 10. Jahrhundert übernahm. Dadurch entstand über die nachfolgenden Jahrhunderte die typische tibetische Kultur.
Tibetisch ist somit eine durch die buddhistische Begriffswelt stark geprägte Sprache. Dies führte dazu, dass buddhistische Begriffe in ihrem Wesensgehalt und ihrer Bedeutung in dieser Sprache erhalten geblieben sind.

Fazit

Neben Pali gibt es also drei weitere Sprachen die der buddhistischen Gedankenwelt in ihrem Vokabular eng verwandt sind. Daher können Texte und vorwiegend Übersetzungen aus Originalquellen in einer dieser Sprachen zu recht als autorisiert und mehr oder minder unverfälscht betrachtet werden.

Es erhebt sich noch die Frage inwieweit es sinnvoll und notwendig erscheint eine dieser Sprachen zu erlernen.

Soll man eine der Sprachen der überlieferten buddhistischen Texte erlernen?

Wir haben bisher gesehen, dass es offensichtlich einige Sprachen gibt, die das buddhistische Gedankengut mehr oder minder unverfälscht und wenig interpretativ weiter vermitteln können. Welche Anstrengungen die damaligen Übersetzer unternahmen, zeigt sich sehr eindrucksvoll in den Kategorien, welche zwei der bedeutendsten chinesischen buddhistischen Übersetzer aufgestellt haben.

Dao An (道安 312 - 385) war ein buddhistischer Mönch und Übersetzer. Von ihm sind „die fünf Verluste" einer Übersetzung aus dem Sanskrit ins Chinesische erhalten geblieben. Ich gebe hier als Beispiel und zu einem tieferen Verständnis dieser Probelmatik im ersten Punkt dieser fünf Verluste eine detailliertere Analyse.

1. <u>Wortbedeutung und Wortreihenfolge ist unterschiedlich und daher verändert sich auch die Akzentuierung.</u>

Hierzu als Beispiel der Beginn der buddhistischen Zufluchtsformel.

S: buddham śaraṇam gacchamī
„Zum Buddha als die Zuflucht gehe ich."

śaraṇa, schirmend, schützend, Schirm, Schutzdach, leichter Schutzbau, Hütte
gam (gacchami. ich gehe, ich gelange), gehen, sich bewegen; hingehen, gelangen nach, sich in einen Zustand hineinmachen, in eine Lage begeben, in ein Verhältnis kommen, geraten, teilhaft werden, erlangen

Es beginnt mit dem Buddha („buddham", zum Buddha). Und der Buddha ist schirmend und das Schutzdach, welches uns vor Unbilden schützen kann („śaraṇam", als die Zuflucht). Weil der Buddha als Schutz dienen kann, wenn ich mich dorthin zurückziehe („gacchamī" , ich gehe), dann bin ich auch dadurch geschützt. Aber nicht nur das, denn es geht nicht nur um ein dorthin gehen, sondern auch um selbst einen geschützten Zustand zu erlangen.

347

Das Sanskritwort gam bedeutet ja nicht nur gehen, kommen sondern auch teilhaftig werden oder in einen Zustand gelangen. Hier ist also sehr klar ausgedrückt, dass es nicht nur darum geht einen Schutz zu erhalten, sondern dass die Hinwendung zum Buddha als schützender Schirm uns transformieren und wandeln sollte. Deshalb wollen wir dorthin gelangen.

C: 我皈依佛 wǒ guīyī fó

„Ich nehme Zuflucht zum Buddha.“

我 wǒ, ich

皈依 guīyī, sich hinwenden zu

    皈 -> 归 heimkehren, zustreben, neigen zu, (sich) konzentrieren, gehören (zu), jmds. Sache sein, einordnen

    依 sich anlehnen, stützen auf, sich verlassen auf, einwilligen

佛 fó, Buddha

Es beginnt damit, dass ich mein Leben ausrichte („我皈依"). Ich wende mich zu und konzentriere mich auf Grund dieser Entscheidung auf den Buddha („佛") und seine Lehre. Wörtlich übersetzt wäre die chinesische Zufluchtsformel „Ich wende mich konzentriert dem Buddha zu und stütze mich auf den Buddha".

Damit wird ausgedrückt, dass man sein ganzes Leben neu ausrichtet und achtsam in allen Handlungen und Entscheidungen sich der Lehre des Buddha hingibt. Der Buddha ist damit die Inspiration und innere Gegenwart jener vollen Achtsamkeit, die wir anstreben.

In beiden Fällen (Sanskrit und Chinesisch) ist die Zuflucht etwas, dass man ständig anstrebt, da man sich dorthin wendet und dorthin geht. Zuflucht nehmen bedeutet hier also sich immer dessen bewusst zu sein, in allen Lebenslagen. Man geht wohin, um dort zu sein und zu bleiben. Es ist ein Entschluss, der dann ständig präsent sein sollte, so wie man eine Entscheidung trifft, sich auf eine Reise zu begeben und wohin zu gehen. Gehen müssen wir jedoch immer selbst, der Entschluss alleine führt nicht zum Ziel.

Wir sehen also, dass es hier zwei zwar nicht wesentliche aber dennoch in Nuancen unterschiedliche Aussagen gibt. Denn jede Formulierung und Aussage trägt in sich die Gedankenwelt der Kultur und Zeit, in der sie formuliert wurde.

Im Indischen (Sanskrit) schwingt somit die Transformation des eigenen Selbst, ähnlich der Yogalehren, mit. Im Chinesischen ist es die Hinwendung und das Fuss fassen in der angestrebten Position.

Diese Problematik haben wir aber verstärkt und teilweise extrem bei Übersetzungen in westliche Sprachen. Der kulturelle Unterschied im westlichen und östlichen Denken ist viel größer, als solche Unterschiede in den asiatischen Ländern, in diesem Fall Indien und China.

In Deutsch übersetzt man „ Ich nehme meine Zuflucht zum Buddha". Das impliziert unbewusst zwei Denkweisen.

„Ich nehme … meine …"   Ich als Individuum bin bedeutend und nehme mir etwas, dass letztlich dann mir gehört. Nehmen ist nicht geben. Nehmen ist sich etwas aneignen.

„Zuflucht"   Zuflucht ist ein Ort oder eine Person, die mir Schutz gibt und die ich aufsuche und von der ich Hilfe bekomme und letztlich auch erwarte. Hiermit wird also auch der Gedanke einer Erlösung oder Rettung mit verbunden. Das eigene Bestreben, welches ein wesentlicher Antrieb in der Praxis des Buddhismus sein sollte wird hier nicht impliziert angesprochen. In der westlichen Denkweise haben wir die tiefsitzende Gewohnheit alles was wir unternehmen für uns selbst zu erlangen, um es dann zu besitzen. Zuflucht zum Buddha bedeutet dann, wir sind geschützt, geborgen und können uns letztlich in dieser Geborgenheit wohlfühlen. Der Buddha, kein Lehrer, kein Guru kann uns aber das Erwachen, die Erleuchtung geben - nur wir selbst können durch ständiges Bemühen uns dem annähern. Der Weg (die Lehre des Buddha) ist ausgebreitet, gehen müssen wir ihn selbst, niemand kann ihn für uns gehen. Fremderlösung wie in den anderen Religionen gibt es im Buddhismus nicht.

Vielleicht hilft diese Beispiel und Aufzeigen des scheinbar geringen Unterschieds in der Formulierung zu verstehen, warum es im Westen so schwierig ist in die Gedankenwelt des Buddhismus einzudringen. In Asien sind viele Formulierungen selbstverständlich und bedürfen keiner weiteren Erklärung. Im Westen bewegt sich unsere Gedankenwelt (geprägt durch die Formulierungen) in eine etwas andere Richtung und wir benötigen daher Erklärungen und Richtigstellungen.

2. Chinesische Übersetzungen bedienen sich oft <u>einer poetischen und ausgeschmückten Sprache.</u> Dadurch werden <u>zusätzliche Bedeutungsebenen assoziiert.</u>

Das zeigt sich ganz deutlich, wenn Gedichte und einzelne Verse in eine andere Sprache übersetzt werden. Das formulierte Wort transportiert nur einen geringen Teil der Aussage. Ein wesentlicher Teil der Aussage ergibt sich erst durch den Rythmus, den Reim und die Anordnung der Wörter. Zusätzlich werden in Versen sehr oft Bezeichnungen verwendet, die nicht die profane Bedeutung haben, so wie sie im allgemeinen Sprachgebrauch auftritt: Die Bedeutung der Wörter erschließt sich erst im Kontext der Dichtung. Erst im Gesamtzusammenhang offenbaren diese Wörter ihre tiefere und vielschichtigere Bedeutung.

3. Die indischen Texte beinhalten <u>zahlreiche Wiederholungen,</u> da sie auswendg gelernt und über lange Zeit mündlich weitergegeben wurden.

Diese Wiederholungen hatten in Sanskrtitexten aber auch den <u>Zweck, die Bedeutung</u> einzelner Abschnitte besonders <u>hervor zu heben</u>. In den frühen chinesischen Übersetzungen wurden diese Wiederholungen jedoch weggelassen. Das vermittelt einen etwas anderen Gesamteindruck des Textes und der Wichtigkeit mancher Passagen.

4. Sanskrit hat <u>komplexe Satzschachtelungen</u>. Diese wurden zur <u>erklärenden Vertiefung</u> des Inhaltes genutzt.

Chinesisch ist jedoch in einfachen Sätzen strukturiert und daher gingen manche dieser Vertiefungen verloren. Dieses Manko wurde jedoch durch die Verwendung der Schriftzeichen und deren Bedeutung (als Zeichen) zum größten Teil ausgeglichen.

5. In Sanskrittexten wurden oft <u>zusätzliche Erklärungen in eigenen Absätzen</u> nach dem entsprechenden Text beigegeben.

Diese Erklärungen wurden in den frühen chinesischen Übersetzungen weggelassen. Daher wurden später viele Sutren nochmals übesetzt.

Wir sehen also, wie schwierig es ist einen philosophischen bzw. einen buddhistischen Text in eine andere Sprache zu übertragen. Daher wurden im Chinesischen die Sanskrittexte manches Mal mehrfach übersetzt und sind auch in verschiedenen Übersetzungsvarianten in die Textsammlungen (chinesischer buddhistischer Kanon) aufgenommen worden, da jeder Übersetzer gewisse Nuancen und Akzentuierungen hervorgehoben hat. Aber erst durch ein vertieftes Studium der Wortbedeutungen und ein Eindringen in den Wesensgehalt der buddhistischen Lehre durch Reflektieren und meditative Erfahrung, erschließen sich uns diese Texte wirklich. Und wir sollten klar erkennen, dass ohne Praxis der Buddhismus eine intellektuelle Betätigung bleibt. Das ausschließliche Studium und Lesen und führt nicht zur Achtsamkeit und letztlich auch nicht zur Verminderung unserer Unzufriedenheit mit vielen Situationen in unserem Leben.

Zusätzlich sind uns von Dao An „drei Schwierigkeiten" der Übersetzung überliefert. Diese sind im Grunde auch für uns **die wichtigen Kriterien,** denen wir **bei allen Übersetzungen in eine westliche Sprache**

Aufmerksamkeit zuwenden sollten, (SIEHE BZGL. KRITERIEN FÜR LESENSWERTE BÜCHER. SEITE 387).

1. Sanskrit ist eine äußerst komplexe und extrem reiche Sprache, sowohl was die Grammatik, die Wortbildung als auch die Syntax betrifft. Daher ist jede Übersetzung in eine andere Sprache sehr schwierig, da die Zielsprachen viel einfacher strukturiert sind.

2. Der Originaltext nimmt in vielen Bereichen Bezug auf die Denkweise der Zeit und des Ortes, wo er entstanden ist. Ohne eine Kenntnis der ursprünglichen Denkweise und Kultur bleiben viele Formulierungen und natürlich im Text eingebettete Beispiele und Symbole unverständlich. Daher ist bei jeder Übersetzung der kulturelle und geschichtliche Hintergrund zu kennen und zu beachten. (SIEHE SEITE 303)

3. Schließlich müssen Übersetzer ernsthaft praktizierende Buddhisten sein, da ansonsten die Übersetzungen aus vorgenannten Gründen viele Fehler durch die Interpretation auf Grund der Sichtweise des Übersetzers enthalten werden.

Der zweite buddhistische Meister, der uns Kriterien zur Übersetzungstätigkeit hinterlies war Xuán Zàng (玄奘 602 - 664). Er war der bedeutendste chinesische Pilgermönch (SIEHE SEITE 318) und brachte eine Unzahl von Originaltexten aus Indien nach China. Von ihm ist die Liste der „fünf unübersetzbaren Begriffe" jeder Übersetzung aus dem Sanskrit ins Chinesische erhalten geblieben.

1. Viele <u>Sanskritbegriffe haben eine hohe Komplexität</u> und es gab dafür keine wirkliche Entsprechung in der Begriffswelt des Chinesischen.

 Als Beispiel sei hier eine Vokabel, ein Sanskritbegriff, angeführt, der keine Entsprechung im Chinesischen hat – nämlich dhāraṇī. Eine Entsprechung hat dieser Begriff allerdings auch nicht in den westlichen Sprachen und bleibt daher auch dort unübersetzt.

Was ist nun eine dhāraṇī? Der Begriff steht für einen bedeutungsvollen Text, welcher in konzentrierter Form spezifische Lehren des Buddhismus in Versform enthält. Diese Texte beinhalten sowohl Merksätze als auch sogenannte mantrische Formeln und dienten zur Fixierung und Aufrechterhaltung der Konzentration auf diese Lehren. Sie sind Hilfsmittel der meditativen Übung und daher in Versform verfasst, damit man sie sich leichter merken kann. Im allgemeinen Sprachgebrauch des Sanskrit bezeichnet eine dhāraṇī etwas wodurch etwas aufrechterhalten wird. Im Chinesischen erfolgte daher eine rein lautliche Übersetzung (C: 陀罗尼 tuóluóní).

2. Zu <u>manigfaltige Bedeutung des Sanskritbegriffes</u> und daher nur eingeschränkte Übersetzung ins Chinesische.

Ein Beispiel dafür ist der Sanskritbegriff prajñā. Seine Bedeutung ist vielfältig, nämlich: „das Sichzurechtfinden, die Unterscheidung, die Urteilskraft, die Einsicht, der Verstand, der Vorsatz, der Entschluss, die Weisheit". Alle Aspekte dieser Übersetzung zusammen geben einen Eindruck davon, was gemeint sein könnte, wenn man im Buddhismus von prajñā spricht. Mit diesem Ausdruck wird im Buddhismus oft Weisheit gemeint. Da stellt sich allerdings die Frage was Weisheit denn sei. Und wieder benötigen wir in der Übersetzung eine zusätzliche Erklärung dieses Begriffes. Für den Inder, der Sanskrit beherrschte, war diese Erklärung nicht notwendig, denn er kannte alle Facetten dieses Begriffes. Diese Facetten werden aber in einer anderen Sprache nicht wiedergegeben oder sie sind durch andere Vokabel bereits belegt.
So wurde dieser Begriff als Weisheit, speziell für den Buddhismus, übersetzt - nämlich als 般若 bōrě. Dies ist aber letztlich eine lautliche Übersetzung bestehend aus 般 bān und 若 ruò. Diese zwei Schriftzeichen haben aber nur eine Bedeutung als buddhistischer Term. In der profanen chinesischen Sprache steht nämlich 智慧 zhìhuì für Weisheit.

3. Es gibt <u>kein Äquivalent in der chinesischen Sprache</u> für manche Sanskrit Begriffe.

Das trifft zum Beispiel auf Tier- und Pflanzennamen sowie Orte zu. Am indischen Subkontinent wachsen zum Beispiel Pflanzen, die in China nicht heimisch sind und dort somit auch nicht vorkommen. Dieses Problem haben wir auch hier im Westen. Da gibt es zum Beispiel den chinesischen Schnittlauch (C: 韭菜 jiǔcài), der zwar in etwa so aussieht wie unser Schnittlauch aber nicht so schmeckt. Er erinnert geschmacklich an einen sehr milden Knoblauch mit einem Schnittlauch Aroma. Was das wirklich ist, kann man nur beurteilen wenn man es gegessen hat. Der Name aus der Übersetzung drückt nur eine entfernte Ähnlichkeit aus.

Es ist aber auch zu beachten, dass in manchen Beschreibungen Tätigkeiten und Symbole genannt werden, die in der Begriffswelt der übersetzten Sprache gar nicht vorkommen. Als Beispiel sei hier der Begriff der mythologisch-indischen Schlangenwesen (S: nāga) genannt. Im Chinesischen kennt man diese mythologischen Wesen in dieser Form nicht und so wurde der Begriff als Drache (C: 龙 lóng) übersetzt. Der Drache in der chinesischen Mythologie hat aber eine andere Bedeutung als die Nagas in der indischen Mythologie, obwohl sie in manchen Bereichen sich sehr ähnlich sind. Aber ohne Kenntnis indischer Mythologie und auch der Kenntnis chinesischer Mythologie, geht der Bedeutungsgehalt leider verloren und ist nicht deckungsgleich.

4. <u>Komplexe Fachausdrücke bzw. Wortkombinationen</u> können nicht direkt übersetzt werden sondern oft nur lautlich.

Ein klares Beispiel ist hier ein Sanskrit Begriff, der den höchsten Zustand der buddhistischen Erleuchtung bezeichnet (S: anuttara-samyak-saṃbodhi). anuttara bedeutet „fest, ohne Höheres, worauf man nichts mehr erwidern kann", samyag (hier samyak wegen der Sandhi Regel im Sanskrit) bedeutet „richtig, genau, gut" und sambodhi bedeutet „höchste Erleuchtung eines Buddha". Dies ist ein Sanskrit Komposita und wurde daher ins Chinesische rein lautlich übersetzt (C: 阿耨多罗三藐三菩提 ā nòu duō luó sān miǎo sān pútí).

5.   Bei der Übersetzung entsteht ein <u>Bedeutungsverlust</u>.

Oft wurden Begriffe so übersetzt, dass sie den Inhalt <u>im gerade gegebenen Zusammenhang abbilden</u>. Ein Beispiel dafür ist der Begriff dhāraṇā, der dann als Konzentration wiedergegeben wird. Aber der Sanskritbegriff bedeutet viel mehr als Konzentration, nämlich „tragend, aufrechterhaltend, bewahrend, das Bewahren im Gedächtnis, Sammlung des Geistes, die unverwandte Richtung des Geistes auf einen bestimmten Gegenstand, Bestimmung, Einsicht". Im Chinesischen wurde der Begriff „mit voller Aufmerksamkeit, Konzentration" gewählt (C: 凝神 níng shén). Erst wenn wir mit dem indischen Begriff der Konzentration vertraut sind, der aus dem Yoga stammt, erst dann erschließt sich für uns die wahre Bedeutung dieses Wortes. Der Begriff der Konzentration im Deutschen bezeichnet nämlich nur ein Fokusieren auf ein Objekt oder Phänomen und ist ein Abschotten von anderen Wahrnehmungen. Achtsamkeit im Deutschen bezeichnet eine Sensibilität gegenüber äußeren Wahrnehmungen. Der Begriff dhāraṇā beinhaltet aber eine Synthese aus beidem.

Wir sehen daraus sehr klar die Problematik von Übersetzungen buddhistischer Texte in eine Sprache eines anderen Kulturkreises. Im Wesentlichen stellen wir nun fest, dass es unumgänglich ist in manchen Bedeutungen sich dem indischen Originaltext zuzuwenden, um den Begriff oder die Sätze richtig zu verstehen.

Empfehlenswert sind daher folgende Dinge beim Studium von buddhistischen Texten zu beachten.

- Je nach Urprung des Textes ist ein Grundwissen zum indischen, chinesischen oder tibetischen Kulturraum wichtig, da uns damit die Begriffswelt der Texte besser erschlossen werden kann. Ansonsten bleiben wir Gefangene unserer eigenen Ansichten und

Interpretationen (SIEHE SEITE 126 ÜBER WISSEN UND ERKENNTNIS).

- Basiskenntnisse in einer der sogenannten buddhistischen Sprachen (Pali, Sanskrit, Chinesisch, Tibetisch) sind wichtig, da damit Begriffe klarer und verständlicher werden. Das bedeutet jetzt aber nicht, dass man eine dieser Sprachen vollständig bis zur Perfektion erlernen muss. Die buddhistische Terminologie und deren Fachbegriffe sollte man aber inhaltlich, sowohl ihrer Herkunft nach als auch ihre ursprüngliche Bedeutung, kennen und nicht ausschließlich deren inhaltliche Bedeutung in einer westlichen Übersetzung.

- Dies vier genannten Sprachen Pali, Sanskrit, Chinesisch und Tibetisch haben einen philosophischen Wortschatz, der entweder aus dem Buddhismus selbst stammt oder aus einer dem Buddhismus sehr verwandten Philosophie. Somit können Übersetzungen in eine dieser Sprachen als im Grunde authentisch angesehen werden.

- Unumgänglich ist es aber, sich im Zweifelsfall immer auf die Originalquellen zu beziehen.

„Es ist tatsächlich gefährlich, anzunehmen, man wisse genau, was ein Wort bedeute, nur weil es starke Gefühle in einem auslöst. ….
Die Menschen passen Wortbedeutungen ihren persönlichen Wünschen an"

Paul Brunton

Verschlüsselte Symbolsprache im Buddhismus

Ein Thema muss hier noch erwähnt werden, da dieses im Westen zu den gröbsten Missverständnissen bezüglich Buddhismus geführt hat, es ist die Sprache der Tantratexte. (SIEHE BZGL. TANTRA SEITE 251)

Um innere Erlebniswelten auszudrücken, bediente sich der Buddhismus im Laufe der Zeit einer sehr symbolhaften und in gewisser Weise einer verschlüsselten Sprache. Es gibt daher Texte, die diese zweifache Sprache (S: sandhyābhāṣā , Zwielichtsprache) beinhalten. Besondern stark ausgeprägt ist dies in den Yogatexten des Vajrayāna (siehe Seite 319) und speziell im buddhistischen Tantra (siehe Seite 251). Den einzelnen Begriffen und Worten ist somit ein doppelter Sinn hinterlegt. Einerseits die profane alltägliche Bedeutung und andererseits eine mystische Bedeutung, um innere Erlebnisse greifbar und beschreibbar zu machen.

Wenn dort zum Beispiel von Blut trinkenden Dämonen oder sexueller Vereinigung gesprochen wird, so sind dies kraftvolle Darstellungen eines inneren Wandlungsprozesses und eine wörtliche Auslegung solcher Anweisungen oder Berichte wäre ein krasses Missverständnis. Es ist auch zu bedenken, dass eine Einführung in solch stark emotional geprägte Darstellungen immer nur unter der persönlichen Anleitung eines Lehrers geschah und auch eine Vorbereitung beinhaltete, die dazu diente den Schüler auf solche Darstellungen hinzuführen.

Die Übersetzung solcher Texte in eine andere Sprache ohne begleitende Einführung und ohne das Wissen bezüglich der Zwielichtsprache ist daher sinnlos und führt nur zu Missinterpretationen – der Inhalt geht dadurch verloren.
Eine ähnliche Problematik findet sich auch in den Chan und Zen Texten (siehe Seite 307) des Buddhismus, da dort Paradoxa erwähnt werden, die ebenfalls nur dem Erlebenden, das heißt dem Praktizierenden, zugänglich sind. Ansonsten bleiben diese Geschichten reine Gehirnakrobatik.

Missverständnis

Buddhistische Texte sind die Bibel der Buddhisten. Es gibt viele unterschiedliche Texte des Buddhismus die alle als heilig gelten.

Richtigstellung

Buddhistische Texte sind keine heiligen Bücher. Sie sind Aufzeichnungen über die Lehre und das Leben des Buddha. Sie erheben keinen Absolutheitsanspruch, sondern sie sollten als Richtlinie zum eigenen Nachdenken sowie Üben genutzt werden. Es gibt zwei große ursprüngliche Textsammlungen buddhistischer Texte, die aus der frühesten Zeit des Buddhismus stammen und daher die Basislehren enthalten. Dies sind die Sammlungen in den Sprachen Pali und Sanskrit. Im Laufe der Zeit wurden diese Sammlungen ins Chinesische und Tibetische übertragen. Somit haben wir heute vier große buddhistische Kanons, die sich in den Basistexten nicht unterscheiden aber unterschiedliche Erweiterungen und Kommentarwerke aufweisen. Es gibt auch noch die japanischen und koreanischen buddhistischen Textsammlungen (Kanons), welche im Wesentlichen mit dem Chinesischen Kanon ident sind. Diese beinhalten auch einige Erweiterungen oder Texte die im chinesischen Kanon im Laufe der langen Geschichte verloren gegangen sind.

Wenn man sich dem Buddhismus zuwendet, erhebt sich natürlich die Frage welche Texte man lesen sollte. Wichtig dabei ist es, nicht nur Kommentare und buddhistische Bücher von anderen Buddhisten und Lehrern zu studieren, sondern sich auch den traditionellen Originaltexten zuzuwenden (SIEHE SEITE 381). Denn nur eine Kenntnis der ursprünglichen Texte schafft ein stabiles Fundament auf dem wir sowohl Studium als auch meditative Schulung und Lebensführung aufbauen können (SIEHE SEITE 273).

Im Laufe der Zeit entstanden unterschiedliche Sammlungen buddhistischer Schriften, die man folgendermassen klassifizieren kann. (SIEHE BEZGL. TEXTSAMMLUNGEN DER BUDDHISTISCHEN TRADITION SEITE 398).

Da sind die sogenannten Pali Texte, welche in der Pali Sprache (SIEHE SEITE 339) weitergegeben wurden und werden und die ältesten Formulierungen der Lehre beinhalten. Es gibt aber auch in Fragmenten erhaltene Sanskritsammlungen, die sowohl inhaltlich als auch in ihrer Struktur und Bezeichnung mit den Palitexten übereinstimmen. Darüber hinaus existieren als weitere ursprüngliche Textsammlung eine große Anzahl von Sanskrittexten, die vorwiegend die Gedankenwelt und Akzentuierung der Mahāyāna Lehren beinhalten. Und schließlich gibt es historische Textsammlungen, die aus Übersetzungen heraus entstanden sind. Dies sind der Chinesische Kanon und die tibetischen Sammlungen.

Pali Texte und Kommentarwerke

Mit dem 1. Jahrhundert v.d.Z. begann man in Sri Lanka die Aussagen Buddhas sowie Erzählungen und Beschreibungen zur Lehre und zum Leben des Buddha niederzuschreiben. Diese Schriftensammlung steht in der Tradition des Theravāda (SIEHE HINAYĀNA – DAS KLEINE FAHRZEUG SEITE 317) und wird vorwiegend in den südostasiatischen Ländern als alleinig authentisch angesehen, d.h. als direktes Buddhawort (PS: buddhavacana).

Der Palikanon gliedert sich in drei Gruppen (P: ti piṭaka, Dreikorb) nämlich den Korb der Disziplin (P: vinayapiṭaka), den Korb der Lehrreden (P: suttapiṭaka) und den Korb der systematischen Lehren (P: abhidhammapiṭaka). Zusätzlich gibt es traditionelle frühe Kommentarwerke in Pali wie das Milindapañhā (die Fragen des Milinda), das Visuddhimagga (den Weg der Reinheit) und das Abhidhammatthasangaha (Kompendium des Abhidhamma). (SIEHE SEITE 398)

Sanskrit Kanon (sūtra)

Die im Pali Kanon gesammelten Texte gibt es zu einem großen Teil auch in Sanskrit Sammlungen. Diese wurden von den frühen buddhistischen Schulen angelegt und in Nordindien verbreitet. Sie dienten später dann als Grundlage für viele Übersetzungen ins Chinesische.

Den größten Anteil an Sanskrittexten nehmen allerdings nicht diese Texte, die es auch in Pali gibt ein sondern Lehrreden und Kommentarwerke des Mahāyāna.

Mit dem Aufkommen des Mahāyāna (SIEHE SEITE 318) entstand die Literatur der Weisheitstexte (S: prajñāpāramitā) und der Mahāyāna Sutren.

Weisheitstexte (S: prajñāpāramitā) (SIEHE SEITE 402)

Die sogenannten Weisheitstexte sind ebenso als Lehrreden des Buddha oder eines Bodhisattva abgefasst (S: sutra) und behandeln das Thema der Frage nach Wirklichkeit im Einklang mit unserer Erfahrung. Sie sprechen davon, dass die Wahrheit per se und somit die Erfahrung einer Welt, die wir ja ständig wahrnehmen und in der wir leben, nicht als absolut und eigenständig an sich erfahren werden kann. Alle Erscheinungsformen sind leer von einer Eigennatur und dennoch existent, Bedingtes (S: saṁskrita dharma) und Unbedingtes (S: asaṁskrita dharma) sind Leere. Diese Leere (S: śūnyatā) entzieht sich jeder Definition, denn es ist eine durch Zustände und Wandlungsphasen nicht beschreibbare Wirklichkeit. Erfassbar ist nur das Relative, das Werden, das Seiende und das Vergehende.

Diese zu den ältesten Mahāyānasutren zählende Textsammlung diente dann als wesentliche Grundlage für die weiteren Mahāyānasutren und war auch Ausgangspunkt der zwei Strömungen der buddhistischen Philosophie – dem Mittleren Weg (S: madhyamaka) (SIEHE SEITE 173) und der Bewusstseinslehre (S: vijñānavāda) (SIEHE SEITE 185).

<u>Mahāyāna Sutras</u> (SIEHE SEITE 404)

So wie es die Sammlungen der Lehrreden aus der Zeit des historischen Buddha gibt (P: tipiṭaka, S: āgama), so entstanden in den ersten Jahrhunderten nach dem Buddha weitere Texte, welche die Lehren des Buddha eingebettet in Lehrgesprächen wiedergeben. Aber auch Schüler des Buddha und Bodhisattvas kommen als Vortragende oder Fragensteller in diesen Texten (S: sūtra) vor. Dies sind die Mahāyāna Sūtren, welche in Sanskrit erhalten geblieben sind und dann auch ins Chinesische und Tibetische übersetzt wurden. Die Niederschrift dieser Texte begann mit dem 1. Jahrhundert v.d.Z. und dauerte bis in das 6. Jahrhundert n.d.Z. an. Die Weisheitstexte (S: prajñāpāramitā sūtra) werden ebenfalls zu den Mahāyānasutren gezählt.

Alle diese Texte werden als das gesprochene Wort des Buddha (PS: buddhavacana) aufgefasst und daher in den Schulen des Mahāyāna und Vajrayāna als authentisch angesehen. Die Hīnayāna Schule betrachtet diese Sutren allerdings nicht als direktes Buddhawort sondern als spätere Aufzeichnungen. Die Theravādins, als heutige Repräsentanten des Hīnayāna, sehen nur die in Pali überlieferten und aufgezeichneten Texte als authentisch an. Die späteren Schulen betrachten jedoch alle Texte, die den Geist und die Lehre des Buddha unverfälscht wiedergeben als authentisch.

In den Mahāyānasutren werden die Gespräche und Darlegungen nicht immer vom Buddha selbst gegeben sondern auch von einigen seiner Schüler. Denn auch Bodhisattvas (SIEHE SEITE 62) können dort als Sprechende in Erscheinung treten. Im Grunde zeigt dies, dass die Lehre des Buddha in unterschiedlichster Art und Weise dargelegt werden kann und es nicht so sehr auf den Sprecher sondern auf den Inhalt der Lehre ankommt. Die Authorität des Buddhismus gründet sich auf die formulierte Lehre und nicht auf einzelne Personen.

Im Westen allgemein bekannt geworden, weil durch oftmalige Übersetzung in einer europäische Sprache publiziert, sind das Lotussutra

(S: saddharma-puṇḍarīka-sūtra), das Herzsutra (S: prajñāpāramitā hṛdaya-sūtra) und das Diamantsutra (S: vajracchedikā-prajñāpāramitā-sūtra), um nur einige allgemein bekannte Texte zu nennen.

Kommentarwerke buddhistischer Meister (śastra)

Es gibt aber in den unterschiedlichsten Textsammlungen nicht nur Sutren, d.h. das Buddha-Wort, sondern es fanden auch viele Kommentarwerke (S: śastra) bedeutender Lehrer und Schüler des Buddha in diesen Sammlungen ihre Aufnahme. Hier nun einige Beispiele dazu.

Pali (SIEHE SEITE 401)

Innerhalb des Pali Kanon finden sich keine gesonderten Kommentarwerke. Es gibt aber sehr wohl bedeutende Kommentare aus der Frühzeit des Buddhismus, die in Palisprache archiviert und bis heute erhalten geblieben sind. Diese beschäftigen sich hauptsächlich mit einer vertiefenden Erklärung von zentralen Begriffen der Lehre (P: abhidhamma).

Sanskrit

Da mit dem Mahāyāna auch die zwei wesentlichen philosophischen Strömungen der buddhistischen Philosophie (S: madhyamaka, vijñānavāda) in Erscheinung traten, existieren demgemäß auch Werke von Meistern und deren Schülern, welche diese Philosophie formuliert und vertreten haben.
Das sind einerseits die Werke des Mittleren Weges (SIEHE BZGL.

UM DIESE Begriffe besser verstehen zu können ist eine Beschäftigung mit den Lehren des Mittleren Weges (S: madhyamaka) und der Bewusstseinslehre (S: cittamatrā) unerlässlich.

Der Mittlere Weg SEITE 173) die auf Nāgārjuna (2. Jahrhundert n.d.Z.) zurück gehen und andererseits die Werke über die Bewusstseinslehre (siehe bzgl. Bewusstseins-Lehre Seite 187) die von Asanga (290 - 360) und Vasubandhu (316 - 396) formuliert worden sind.

In Sanskrit gibt es aber auch eine Sammlung von Texten, die sich detailliert mit der praktischen Lehre und den Übungssystemen auseinander setzt. Dies ist die Sammlung der Tantratexte (SIEHE SEITE 252).

<u>Chinesisch</u> (SIEHE SEITE 407)

Auch im chinesischen Kanon gibt es eine große Anzahl von Werken chinesischer Meister und deren Schüler. Exemplarisch seien hier nun drei solcher Werke genannt.

- „Die vollendete Analyse der Nur-Bewusstsein Lehre" (C: 成唯识论 chéng wéishí lùn)
  Dieses umfangreiche Werk ist eine Zusammenstellung von Xuán Zàng (602 - 664). Es existieren daher keine indischen (Sanskrit) oder tibetischen Übersetzungen. Der Text ist eine Zusammenfassung und ein tiefgreifender Kommentar zu Vasubandhus Triṃśikā, denn dies war das Basiswerk nach welchem Xuán Zàng in Nālandā unter Śīlabhadra die Lehren des Yogācāra (siehe bzgl. Bewusstseins-Lehre Seite 187) studiert hat. Bis heute ist daher das Chéng Wéishí Lùn zusammen mit dem Yogācārabhūmi-Śāstra das wichtigste Werk aller Yogācāra Schulen in Asien.

- „Das Plattform-Sūtra des sechsten Patriarchen" (C: 六祖坛经 lìu zù tán jīng).
  Dies sind Lehraufzeichnungen sowie die Lebensbeschreibung von Hui Neng 638 – 713 (C: 慧能 huì néng) des sechsten Patriarchen der Meditationsschule, d.h. Chan bzw. Zen (C: 禅宗 chán zōng) und dieser Text wird im Chinesischen sogar aufgrund seiner Bedeutung als

Sutratext (C: 经 jīng) betrachtet.

- „Traktat über den Goldenen Löwen" (C: 华严金狮子章云间类解 huá yān jīn shī zǐ zhāng yún jiān lèi jiě)
  Dies ist eine Lehrrede zum tieferen Verständnis über die Eigenschaften der Erscheinungsformen und die Durchdringung aller Erscheinungsformen ineinander. Es ist ein Basistext der Blumengirlanden Schule, d.h. Hua Yan (C: 华严宗 huá yán zōng). Verfasst wurde der Text vom Gelehrten und Meister Fazang 643 – 712 (C: 发藏 fǎ zàng,).

<u>japanische Texte</u>

Auch in Japan wurde ein große Anzahl von Texten als Kommentar oder auch als Inspiration zur Lehre des Buddha verfasst. Dies gilt im besonderen für die Schulen des Zen, der Reinen Land Schulen und der Nichiren Schulen.

<u>Tibetisch</u> (SIEHE SEITE 409)

Auch im Tibetischen gibt es, ähnlich wie im Chinesischen Kommentarwerke zu buddhistischen Themen, die in den Tibetischen Schriftenkanon Eingang gefunden haben. Da der tibetische Buddhismus zwar auf den Philosophien des Mahāyāna aufbaut jedoch sich sehr stark auf die praktische Umsetzung und Übung fokusiert hat, haben die Kommentarwerke einen besonderen Stellenwert.

Chinesischer Kanon

Die Sammlung buddhistischer Schriften in Chinesisch (C: 三藏 sānzàng) (SIEHE SEITE 407) besteht aus den Übersetzungen indischer Originaltexte des Hīnayāna, des Mahāyāna und des Tantra sowie aus Texten chinesischer Autoren.

Unter der Herrschaft des Kaisers Xuánzōng 712 – 756 (C: 玄宗, Regierungsname 開元 / 开元 kāiyuán) in der Tang Dynastie (618 - 907) wurde der Kāiyuán Kanon (C: 開元釋教錄 kāiyuán shìjiào lù, buddhistische

Aufzeichnungen unter der Regentschaft von Kāiyuán) zusammengestellt. Er bildete dann die Grundlage aller weiteren buddhistischen Textsammlungen in Ostasien.

Die früheste offiziell gedruckte Ausgabe (C: 開寶藏 / 开宝藏 kāi bǎozàng, nützliche Fundgrube) entstand in der Nördlichen Song Dynastie (960 - 1127) ging aber verloren. Sie enthielt über 2000 buddhistische Werke. Später entstandene und erhalten gebliebene Textsammlungen stimmen weitestgehend damit überein.

In der Qing Dynastie (1644 - 1911) wurden später unter Kaiser Qianlong (1711 - 1799) im Jahr 1733 die früheren Kataloge und Sammlungen aus der Yuan Dynastie (1271 - 1368) und der Ming Dynastie (1368 - 1644) in Holzplatten geschnitzt und gedruckt. Daraus entstand dann die als Drachenausgabe (C: 龙藏 lóng zàng) bekannte Ausgabe des buddhistischen Kanons. Diese ist heutzutage auch in Buchform (7.245 Bände in 1.625 Titeln) erhältlich und wird in buddhistischen Ländern wie China, Taiwan, Korea, Japan und Vietnam verwendet.

Tibetischer Kanon

Die Sammlungen der tibetischen Texte gliedert sich in zwei große Bereiche, den Kangyur und den Tengyur. (siehe Seite 409)

Kangyur (T: bka' 'gy ur)

Im Kangyur sind die „übersetzten Wort-Schätze" und diese Sammlung wird als Buddhavacana angesehen, das heißt als die direkten Belehrungen des Buddha selbst. Diese Schriftensammlung umfasst 1196 Texte. Allerdings befinden sich unter den Reden, die der Buddha gehalten hat auch Beiträge, Belehrungen und Gespräche sowie Anweisungen von seinen Schülern (S: arhat) und anderen erleuchteten Wesen (S: bodhisattva, mahāsattva). Zusätzlich finden sich in dieser Sammlung auch noch spezielle Themen, wie z.B. Regeln der klösterlichen Ordnung hinsichtlich Ethik und Disziplin (Vinaya-Texte).

Tengyur (T: bstan 'gyur.)

Im Tengyur befinden sich die „übersetzten Abhandlungen". Diese Schriftensammlung umfasst 3391 Texte. Das sind tibetische Übersetzungen von Schriften buddhistischer Meister Indiens, sowie Erklärungen und Ausführungen der Worte Buddhas. Da der Buddhismus auch Kulturträger in Tibet ist, wurden hier auch nicht-buddhistische Werke aufgenommen.

Missverständnis

Es gibt nur einen buddhistischen Feiertag, den Vollmond-Tag im Mai.

Richtigstellung

Es gibt Feiertage im Buddhismus, die sich auf die Geburt, die Erleuchtung und das Hinscheiden des Buddha beziehen. Auf Grund unterschiedlicher Kalender fallen diese jedoch in den buddhistischen Ländern nicht immer auf den selben Tag. Zusätzlich gibt es schulspezifische und natürlich auch kulturbedingte weitere buddhistische Fest- und Feiertage.

Die wesentlIchsten buddhistischen Feiertage sind jener Tag an dem der Buddha geboren wurde, die Erleuchtung erlangte und der Tag seines Hinscheidens (P: parinibbana). Diese Ereignisse fanden der Überlieferung zufolge jeweils an einem Vollmondtag im Frühling statt.

Dieser Tag fällt gemäß des damals gebräuchlichen indischen Mondkalenders, wenn wir unseren Gregorianischen Kalender nehmen, in die Monate April oder Mai. Da dieser indische Monat in Pali vesakh (S: vaiśākha, Sommermonat nach indischem Kalender / S: vaiśākhī, Vollmondtag im Monat vaiśākha) genannt wird, hat sich im Westen die Bezeichnung Vesakh für diesen wichtigsten buddhistischen Feiertag eingebürgert. Dieser Tag wird auch von allen buddhistischen Schulen als Gedenktag gefeiert und ist somit der gemeinsame Gedenktag für alle Strömungen des Buddhismus weltweit.

Allerdings wird gemäss der unterschiedlichsten in Gebrauch befindlichen traditionellen Kalender der Tag nicht in allen Ländern am selben Tag gefeiert. Im Jahr 1999 wurde dieser Vesakh-Tag schließlich, offiziell von der UNO, als weltweiter buddhistischer Feiertag anerkannt. Im Westen feiert man zu Vesakh nicht nur die Geburt des Buddha, sondern auch seine Erleuchtung und sein Hinscheiden. In vielen asiatischen Ländern fallen die Festtage für die Geburt, die Erleuchtung und das Hinscheiden jedoch auf unterschiedliche Kalendertage.

- **Vesakh**

  Das ist der so genannte Hauptfeiertag für Buddhisten. Er erinnert uns an die Geburt des Buddha und wird jeweils zum ersten Vollmond im Frühling gefeiert. Dies ist auch jener buddhistische Festtag, der weltweit und in allen buddhistischen Traditionen gefeiert wird.

Zusätzlich gibt es je nach schulspezifischer Ausrichtung der einzelnen Schulen auch andere Gedenktage. So werden zum Beispiel in den Mahāyāna Schulen Gedenktage für unterschiedliche Bodhisattvas (SIEHE SEITE 62) gefeiert. Oder gemäß der Hīnayāna Tradition wie zum Beispiel in Sri Lanka, Thailand, Kambodscha und teilweise in Vietnam werden eine Vielzahl von weiteren Festen und Feiertagen begangen, die mit dem Buddhismus in Verbindung stehen.

In der Theravāda bzw. Hīnayāna Tradition beziehen sich die Festtage vorwiegend auf Ereignisse aus dem Leben Buddhas oder der frühen Gemeinde. In der Mahāyāna Tradition werden Gedenktage im Zusammenhang mit bestimmten Bodhisattvas oder bedeutenden Lehrern der Tradition abgehalten. Sowohl in China als auch in Korea und Japan gibt es auch buddhistische Festtage, die aus dem kulturellen Zusammenhang heraus zu verstehen sind. Sie stellen daher kulturell bedingte Feiertage dar, die einen buddhistischen Anstrich erhalten haben.

Hier nun einige Beispiele von buddhistischen Fest- und Feiertagen.

- Uposatha Tage (S: poṣadha, upavasatha) der Theravāda Tradition
  An diesen Tagen, entsprechend Mondkalender, kommen die Mönche und Nonnen zusammen, um gemeinsam zu meditieren und über ihr Fehlverhalten zu reflektieren.

- Asalha Fest der Theravāda Tradition
  Diese Fest erinnert an die erste Lehrrede des Buddha in Varanasi und damit an den Beginn der Unterweisungen durch den Buddha. Es ist eines der wichtigsten Feste im buddhistischen Südost-Asien.

- Avalokitesvara (C: 观音 guānyīn) Tag. Wird in der Mahāyāna Tradition wie z.B. in China, Vietnam und Tibet begangen. Es ist die Vergegenwärtigung des Bodhisattva Ideals und des mitfühlenden Empfindens allen Wesen gegenüber. (SIEHE SEITE 236)

- Nāgārjunas Geburtstag am 21. August. In der Mahāyāna Tradition als Gedenktag an Nāgārjuna dem bedeutendsten Lehrer und Meister des Mittleren Weges (S: madhyamaka). (SIEHE SEITE 173)

- Geburtstag Padmasambhavas in der tibetischen Vajrayāna Tradition Dies ist der Gedenktag an Guru Rinpoche. Er brachte erstmalig die Lehre des Buddha nach Tibet und gilt daher als der bedeutendste Lehrer des frühen Buddhismus in Tibet. (SIEHE SEITE 307)

- Losar Neujahrstag des tibetischen Kalenders
  Da die tibetische Kultur im Grunde vorwiegend eine buddhistisch geprägte ist, wird auch der Jahresbeginn im Zusammenhang mit buddhistischem Gedankengut begangen.

- Gedenktage an den Guru
  In den Schulen des Vajrayāna ist es üblich an Gedenktagen den Lehrern der eigenen Tradition seine Respekt und seine Zugehörigkeit zu zeigen. Daher werden bestimmte Tage wie zum Beipiel Geburts- oder Todestage von bedeutenden Lehrern und Schulgründern festlich begangen. Dies erfolgt allerdings schulspezifisch und daher im jeweiligen schulspezifischen Rahmen.

Was bedeuten nun buddhistische Feiertage für uns?
Es sind Festtage, die uns einerseits an ein Ereignis aus der buddhistischen Geschichte erinnern sollen aber andererseits und das ist wesentlicher zeigen sie uns, dass die Lehre des Buddha nicht losgelöst vom alltäglichen Leben sein sollte. Es sind nicht nur schöne Erinnerungen oder kulturelle Feierlichkeiten. Es sollte für Buddhisten, speziell hier im Westen, die

Gelegenheit sein, sich der buddhistischen Lehre (P: dhamma / S: dharma) im täglichen Leben, im Jahresablauf, direkt zuzuwenden und sie nicht als theoretischen oder zeitweisen Zeitvertreib zu betrachten.

Wir sollten aber, wenn wir keinen unmittelbaren Bezug zu einer asiatischen Kultur haben, diese Feste auch nicht einfach kopieren und damit meinen, dass wir nun ebenfalls Kulturträger dieser asiatischen bzw. buddhistischen Kultur geworden sind. Erst durch die inhaltliche Auseinandersetzung und die Assimilation der entsprechenden Inhalte in unser tägliches Leben hinein, werden diese Feste Wirklichkeit für uns werden. Nur so können sie uns dann bereichern und sind nicht nur eine Kopie oder die Nachahmung fremder Kulturen.

Missverständnis
Buddhistische Pilgerstätten gibt es nur in Indien.

Richtigstellung
In jedem Land, das eine buddhistische Tradition aufweist gibt es Stätten der Verehrung und Pilgerstätten.

In den vielen Jahrhunderten in denen sich der Buddhismus ausgebreitet hat entstanden im Laufe der Zeit Orte an denen wesentliche Ereignisse dieser Ausbreitung in Erinnerung geblieben sind. Da wurden dann Monumente oder Tempel errichtet, um an diese Ereignisse zu erinnern. So finden sich im Ursprungsland des Buddhismus, in Indien, solche Orte der Erinnerung. Diese dienten dann den nachfolgenden Generationen als Inspiration und hielten das Andenken an die damals stattgefundenen Ereignisse lebendig. Heute nennt man viele solcher Orte buddhistische Pilgerstätten.

Das sind zum einen jene Orte an denen der Buddha weilte und wo ein bedeutendes Ereignis aus seinem Leben stattfand, wie zum Beispiel das Erwachen zum Buddha in Bodhgaya (P: bodhgayā / S: buddhagayā), die erste Lehrdarlegung in Isipatana heute Varanasi (S: vārāṇasī bzw. sārnāth) bzw. Benares (ältere britische Bezeichnung) und das Hinscheiden des Buddha in Kusinara (P: kusinārā / S: kuśinagarī).

Es gibt aber darüber hinaus auch Orte, an denen nach der Lebenszeit Buddhas bedeutende Ereignisse stattgefunden haben und diese sind nicht auf Indien beschränkt. So findet sich in Sri Lanka (Jaya Sri Maha Bodhi, Anuradhapura) ein Ableger jenes Bodhibaumes unter dem der Buddha die Erleuchtung erlangte. Da ist auch jener Ort, an dem der Buddha mythologisch betrachtet seinen Fuss auf den Boden von Sri Lanka gesetzt haben soll (Samanaḷa Kanda, Adam's Peak).

Wir sehen also, dass nicht nur historische Orte sondern auch dem Mythos zugeschriebene Orte als Pilgerstätten existieren. Dazu zählt natürlich auch der Berg Kailash (T: gangs rin po che, gang rinpoche / C: 冈仁波齐峰 gāng rén bō qí fēng) in Westtibet.

In China sind dies zum Beispiel die vier heiligen buddhistischen Berge (C: 普陀山 pǔ tuó shān, 五台山 wǔ tái shān, 峨眉山 é méi shān, 九华山 jiǔ huá shān), da es dort ein sehr große Anzahl von unterschiedlichsten Klöstern gibt. Diese vier Berge sind auch nach chinesisch buddhistischer Auffassung von speziellen Qualitäten eines bestimmten Bodhisattvas durchdrungen.

In Tibet sind es die Orte, an denen bedeutende Meister gewirkt haben, wie die Höhle in der Milarepa meditiert haben soll oder bedeutende Klöster wie zum Beispiel die Hauptklöster der wichtigsten tibetischen buddhistischen Schulen.

Solche Pilgerstätten gibt es also in allen buddhistischen Ländern. Es erhebt sich nun aber die Frage, warum sollte man solche Stätten aufsuchen? Mit welcher Einstellung sollte man solche Stätten besuchen?

Im Allgemeinen sagt man, solche Stätten seien Kraftorte. Als Kraftorte werden meist Lokationen bezeichnet, die im Menschen eine inspirierende oder ehrfürchtige Gesinnung auslösen können. Es sind also Orte, an denen viele Menschen über einen langen Zeitraum sich inspiriert fühlten und damit diese Energie wie eine Wolke den betreffenden Ort bedeckt und durchdränkt. Aber auch die immense Energie aus der Anfangszeit eines solchen Ortes scheint von sensiblen Menschen gefühlt werden zu können. Damit ist klar, dass solche Orte nur dann inspirierend auf uns wirken, wenn wir uns innerlich öffnen, wenn wir in unserem Fühlen und Empfinden aufnahmefähig genug sind. Das ist aber meist nicht möglich, wenn man zu sehr gedanklich fixiert ist.

Pilgern im Buddhismus ist also kein intellektuelles Ansinnen. Es ist auch nicht das Sammeln von Reisezielen, um damit eine geplante und angestrebte Aufgabe abhaken zu können. Es ist vielmehr die demutvolle

Hinwendung an etwas unser Denken und unsere ständige interpretative Aufmerksamkeit Übersteigendes. Nicht der Ort selbst ist das Wesentliche, sondern das Wissen und die Inspiration die uns der Ort übermitteln kann, wenn wir ihm offen und unvoreingenommen betreten. Dann kann ein Besuch eines solchen Ortes Insprirationsquelle und Motivation sein, unseren eingeschlagenen Weg der Praxis im Buddhismus ernsthaft weiter zu gehen. Damit erzeugen wir in uns die Zuversicht und die Zielstrebígkeit, die uns auf diesem inneren Weg begleiten sollte.

Der Weg ist das Ziel wird oft gesagt. Ja die eigene Übung und das innere zielgerichtete achtsame Streben in allen Bereichen des Lebens ist dieser Weg. Daher ist eine Pligerreise nicht ausschließlich das Erreichen des Pilgerzieles. Es ist der Weg dorthin. Ein bewusster Weg der innere und äußere Erfahrungen mit sich bringt und an dem der Suchende menschlich reifen kann und wird. Doch dieser Weg ist vorwiegend ein innerer Weg. Der äußere Weg ist letztlich nur die Ausdrucksform unserer inneren Einstellung und Motivation dazu.
So ist auch die im Buddhismus bekannte Umrundung des heiligen Berges Kailash (T: gangs rin po che / C: 冈仁波齐峰 gāng rénbōqí fēng) in West-Tibet zu verstehen. Und selbiges gilt auch für den 88-Tempel Weg auf der Insel Shikoku in Japan (J: 四国八十八箇所 shikoku hachi jū hachi-kasho reijō). Dessen Wegstrecke von 1.200 km führt rund um die Insel und wird in Etappen meist zu Fuss zurückgelegt.

Missverständnis
Alle Statuen stellen Buddhas dar.

Richtigstellung
Die buddhistischen Statuen und Abbildungen stellen Buddhas, Bodhisattvas, überweltliche Wesen und Menschen dar.

Im Zuge der Ausbreitung der buddhistischen Lehre entstanden auch immer mehr figürliche Darstellungen. Waren am Beginn nur symbolische Darstellungen für den Buddha und die Lehre vorhanden, so änderte sich dies im 1. Jahrhundert v.d.Z. und sowohl der historische Buddha als auch Statuen anderer Buddhas traten in Erscheinung. Die ersten Buddhastatuen entstanden in Gandhāra. Das ist das heutige Grenzgebiet zwischen Afghanistan und Pakistan. Dieses Gebiet war damals unter griechischem Einfluss, da griechische Könige über Baktrien (heute Nordafghanistan) herrschten. Offensichtlich spielte dabei die griechische Tradition der Bildhauerei und die damit verbundene Darstellung von Göttern und Heroen als Statuen eine den Buddhismus inspirierende Rolle. Diese graeco-buddhistische Kunstepoche wird als Gandhāra-Stil bezeichnet, der indische sowie hellenistische und persische Kunstformen verband.
Buddhistische Statuen breiteten sich dann über den gesamten buddhistischen Raum aus und entwickelten schließlich in jedem kulturellen Gebiet und Land ihre spezifische Darstellungsform.

Ich werde hier nicht auf diese spezifischen Ausprägungen der Darstellungen eingehen, da es eine große Anzahl an Abbildungen und Informationen diesbezüglich heutzutage gibt. Es erscheint aber als notwendig und sinnvoll eine systematische Abgrenzung zu machen, damit man die unterschiedlichen Darstellungen bezüglich ihres Erscheinungsbildes und der damit verbundenen Aussage sowie

Bedeutung besser einordnen kann.

Es ist oft nicht leicht die verschiedenen Statuen sinnvoll gemäß ihrer Bedeutung zuzuordnen. Wir sollten bedenken, dass jedes Detail wie Handhaltung, Körperhaltung, Kopfform, Anzahl der Köpfe und Arme, Schmuck, Attribute sowie beigegebene Gegenstände aber auch die Farbe eine besondere Bedeutung haben. Die tiefe Bedeutung all dieser Details wird uns erst im Zuge einer meditativen Schulung und durch die Erklärungen eines seriösen Lehrers erschlossen. Selbstverständlich sind diese Details obwohl generell zugeordnet dennoch oft auch kulturbezogen oder durch eine schulspezifische Ausprägung geformt.

Zur besseren Orientierung und als erster Einstieg in diese Materie folgt hier nun eine kurze Auflistung der wesentlichen Gruppen von Darstellungen und ihrer wichtigsten Merkmale. Eine tiefer gehende Beschreibung der Darstellungsformen habe ich hier nicht gegeben. Dies soll hier lediglich als Ersteinstieg dienen.

<u>die Handgesten</u> (S: mudra, Siegel, Mysterium, Handgeste)
Für alle Statuen gilt, dass der Handgeste eine besondere Identität stiftende Bedeutung zukommt. Statuen gleichen Aussehens können sich daher nur durch die Handgesten unterscheiden und sind damit auch unterschiedliche Statuen.

<u>der historische Buddha</u> (P: sakkamuni buddha / S: śākyamuni buddha, der Weise aus dem Geschlecht der Sakya der zum Erwachten wurde)
Diese Darstellung ist immer ohne Schmuck und trägt das einfache Gewand eines Mönches, wobei die rechte Schulter meist unbedeckt bleibt. Es können unterschiedlichste Handgesten dargestellt sein, denn diese stellen dann verschiedene Epochen bzw. Ereignisse im Leben des Buddha dar. Zum Beispiel die Erberührungsgeste mit der rechten Hand deuted auf eine Situation während des Erleuchtungserlebnisses hin. Am Kopf dieser Statuen gibt es eine Erhöhung (P. uṇhīsa / S: uṣṇīṣa, entweder das turbanartig gewundene Haar oder ein Auswuchs auf dem Kopfe) und auf der Stirn an der Position des dritten Auges ein Stirnmal (P. uṇṇākesa / S:

ūrṇākeśa, ūrṇākośa, , Haarschatz, Haarbüschel).

Zwei Arten der Darstellung allerdings beziehen sich ausschließlich auf den historischen Buddha. Das ist einerseits der liegende Buddha und andererseits der Buddha als Kleinkind. Beide nehmen direkten Bezug auf die Lebensgeschichte Śākyamuni Buddhas. Darstellungen die ihn als Kind zeigen, beziehen sich auf Ereignisse kurz nach seiner Geburt und der liegende Buddha zeigt die letzten Stunden des Buddha vor seinem Hinscheiden (P: parinibbāna / S: parinirvāṇa).

<u>Vorzeitbuddhas</u> (P. satta tathāgata / S: sapta tathāgata, die sieben So-Gegangenen, die sieben Nichtwieder-Gekommenen)
Die Vorzeitbuddhas werden ebenfalls menschlich, so wie der historische Buddha, dargestellt, mit Erhöhung (S: uṣṇīṣa) am Kopf und Stirnmal (P. uṇṇākesa / S: ūrṇākeśa). Sie unterscheiden sich durch ihre Handhaltungen.

<u>Zukunftbuddha</u> (P: metteya / S: maitreya, von Wohlwollen erfüllt)
Diesen Buddha erkennt man leicht an seiner Sitzhaltung. Er sitzt nicht im Lotussitz sondern entweder in einer europäischen Sitzhaltung oder mit einem Bein im Lotussitz und mit dem anderen Bein wie in einer europäischen Sitzhaltung, also der Fuss hängt herab und berührt den Boden. Dies zeigt an, dass er der Zukünftige ist und bereit ist sich zu erheben, zum Aufstehen aus seiner Sitzhaltung.
Wird er als der Buddha der Zukunft dargestellt so gleicht er in seinen Attributen dem historischen Buddha und den Vorzeitbuddhas (Mönchgewand, Erhöhung am Kopf, Stirnmal). Wird er als zukünftiger Buddha dargestellt, er ist also noch ein Bodhisattva der zum Buddha werden wird, so hat er die Attribute eines Bodhisattvas. Als Bodhisattva befindet sich in seiner Kopferhöhung die Darstellung eines Stupa.

<u>die fünf Meditationsbuddhas</u> (S: dhyānibuddha, Meditationsbuddha / S: jina, der Siegreiche, der Alles glücklich überwunden hat)
So wie das Sonnenlicht sich beim Eintritt in ein Prisma aufteilt und in den verschiedenen Farben des Spektrums erscheint, so kann uns die nicht begreifbare jenseits des Denkens existierende Qualität der Erleuchtung in uns begreifbaren Formen und Qualitäten erscheinen. Diese in Meditation

erfahrbare Qualität wird in der formenden Gestalt eines Buddha lebendig. Farbe, zugehörige Lautschwingung (S: mantra) sowie Aussehen und Form manifestiert sich dann im Erscheinungsbild eines Meditationsbuddha (S: dhyānibuddha).

Jinas werden immer im Lotussitz (S: padmāsana) dargestellt. Sie können sowohl ähnlich dem historischen Buddha oder den Vorzeitbuddhas ohne Kopfschmuck aber auch mit Kopfschmuck dargestellt werden. Wesentlich ist jedoch, dass sie eine eindeutige spezifische Handhaltung (S: mudra) einnehmen und auch ein ihnen zugehöriges Attribut zugeordnet ist. Zusätzlich können sie dadurch erkannt werden, dass sie auf einem Thron sitzen der mit Abbildungen eines ihnen symbolisch zugehörigen Tieres geschmückt ist.

Es gibt bei den Erscheinungsformen der Dhyānlbuddha noch zwei wesentliche Aspekte, die berücksichtigt werden müssen.

Entsprechend der Drei-Körper-Lehre des Buddhismus (S: trikāya) (SIEHE SEITE 94) sind jedem der Jinas unterschiedliche weitere Aspekte und Buddhas sowie Bodhisattvas zugeordnet. Dies nennt man dann die dem Buddha zugehörige Familie (S: buddhakula, Buddhafamilie).

Entsprechend den Lehren des Vajrayāna gibt es auch Darstellungen im Yab Yum Aspekt (SIEHE SEITE 255).

<u>Wesen auf dem Weg zur Erleuchtung</u> (P: bodhisatta / S: bodhisattva)
Die weitaus größte Gruppe von buddhistischen figürlichen Darstellungen bilden die Bodhisattvas. Sie können sitzend oder stehend, männlich oder weiblich, mit mehreren Armen und Köpfen, einzeln oder in einer Gruppe auftreten. Ein und derselbe Bodhisattva kann auch in unterschiedlichsten Darstellungen und Varianten vorkommen. Um eine richtige Zuordnung treffen zu können, ist es notwendig all dies und vor allem die vorhandenen Attribute und Handgesten zu identifizieren.

<u>Götter und Schutzgötter</u>
So wie es die Menschenwelt und die Tiere gibt, so kennt der Buddhismus auch weitere Seinsbereiche in denen Wesen existieren. Einer dieser Bereiche ist die sogenannte Götterwelt. Götter sind Wesen, die auf Grund

ihres heilsamen und guten Karmas in einen Bereich hinein geboren werden, der wenig Leiderfahrung und viel Zufriedenheit ermöglicht. Allerdings ist es jenen Wesen dort nicht möglich Erleuchtung zu erlangen, denn es fehlt ihnen das Spannungsfeld zwischen Glück und Unglück, zwischen Zufriedenheit und Unzufriedenheit. Erst dadurch wäre es nämlich möglich wirklich zu reflektieren und die wahre Natur der eigenen Erlebenswelt zu ergründen.

Daher werden Götter im Buddhismus nie als Lehrer betrachtet. Sie können allerdings Beschützer der Lehre (S: dharmapala) oder Helfer in irdischen, menschlichen Angelegenheiten sein. Die Formen dieser Götter wurden nicht nur aus dem indischen traditionellen Gedankengut sondern auch aus der alten tibetischen Bön Religion in den Buddhismus übernommen und buddhistisch akzentuiert. Der Buddhismus zieht also keine unüberwindliche Grenze zwischen der buddhistischen Lehre (S: dharma) und dem über Äonen gewachsenen Empfindungen und Erfahrungswerten anderer Kulturen, wenn diese eine menschlich allgemeine Grundlage haben. Man könnte vielleicht im weitesten Sinne sagen, dass die übermenschlichen Wesen im Buddhismus so etwas wie Archetypen der Menschheit darstellen. Archetypen sind Urvorstellungen eines kollektiven Unbewußten, die seit Urzeiten allen Menschen gemeinsam sind.

> *"Deine Wahrnehmung wird nur dann klar,*
> *wenn du den Mut hast, in deine Seele zu schauen."*
>
> *Carl Gustav Jung*

Hier gibt es Beschützer der Lehre (P: dhammapāla / S: dharmapāla, Wächter Hüter der Lehre) in friedlicher (S: śānta, beruhigt, zur inneren Ruhe gelangt) und zornvoller (S: krodha, Zorn) Erscheinungform, die Vier Himmelkönige bzw. Weltenhüter (S: mahārāja, lokapāla), Bewahrerinnen verborgener Lehren bzw. Initiationsgöttinnen (S: ḍākinī), Yoginis sowie lokale Ressortgötter und andere.

All ihnen gemeinsam ist es, dass sie ähnlich den Bodhisattvas durch ihre Darstellungsform und Attribute vielschichtige Qualitäten sowie Ausprägungen ihrer energetischen Auswirkung auf uns Menschen darstellen. Für die Identifikation ist es daher wesentlich, die zugrunde liegenden Geschichten, Erzählungen, kulturellen und geschichtlichen Zusammenhänge zu kennen, damit man deren dargestellte Qualität richtig erfassen kann. Ein tiefes Eindringen in die Bedeutung ist allerdings nur dann möglich, wenn solche Darstellungsformen zum zentralen Thema einer meditativen Übung werden. Gerade diese Erscheinungsformen, da sie ja archetypische Formen sind, spielen eine nicht unwesentliche Rolle in den Übungssystemen des Vajrayāna.

personifizierte Darstellung der großen Tantrasysteme (S: sādhita)

Dies sind subjektiv erschaffene Formen (S: sādhita, gemeistert vollendet, wiedererlangt), die der Übende während seiner Meditation zum Leben erweckt und die ihn dann als inspirierende Kraft auf dem Weg seiner meditativen Bestrebungen begleiten. Sie sind an die großen tantrischen Systeme des Buddhismus gekoppelt und stellen daher äußerst umfangreiche Schulungssysteme im Vajrayāna dar.

historische Personen

Natürlich gibt es im Buddhismus so wie in jeder Religion und Philosophie Abbildungen von bedeutenden Personen. Daher finden sich hierzu zahlreiche Statuen, Gemälde und Zeichnungen die Schüler des Buddha (P: arahant / S: arhat), buddhistische Lehrer bestimmter Traditionen (P: ācariya / S: ācārya), bedeutende Yogis der Frühzeit des Buddhismus (S: mahāsiddha) aber auch geschichtliche und lokale Helden darstellen.

All diese figürlichen Darstellungen sind immer anhand ihrer Attribute wie Bekleidung, Sitzweise, Schmuck, beigegebene Artifakte, etc. identifizierbar. Wenn man also mit einer bestimmten Schulrichtung des Buddhismus oder einer Epoche des Buddhismus besser vertraut ist, so ist es nicht allzu schwer solche Abbildungen richtig zuzuordnen.

Abschließend sei noch ein Hinweis gegeben. Der bedeutendste Text, der die buddhistische Ikonographie des Vajrayāna Buddhismus erkärt, ist die Girlande der Übungssysteme „Sādhanamālā" (S: sādhana, richtig leitend, zum Ziel führend / S: mālā, Kranz, Reihe). Dieses Werk ist eine umfangreiche Sammlung von 312 meditativen Übungssystemen (S: sādhana) und liefert tiefgehende detaillierte Informationen zu den Meditationen, ihren Visualisierungen, den Mantras und der inhaltlichen Bedeutung. Entstanden ist diese Sammlung von Texten zwischen dem 10. und 12. Jahrhundert in Indien. Im tibetischen Kanon findet sich eine darauf basierende Version unter dem Titel „Ozean der Übungssysteme" (S: sādhanasāgara). Leider gibt es für das Sādhanamālā noch keine Übersetzung aus dem Sanskrit in eine westliche Sprache.

Da viele originale Kommentarwerke noch nicht in Übersetzung verfügbar sind, sind wir auf zwei Arten von Quellen angewiesen.

Zum einen sind dies die Unterweisungen von buddhistischen Lehrern, die uns je nach schulspezifischer Ausrichtung in die Ikonographie bestimmter Darstellungen einführen können und die dazu notwendigen Erklärungen geben. Dies sind sozusagen die seriösen Quellen, denn sie sind unmittelbar mit praktischer Übungserfahrung im Nachvollzug der buddhistischen Lehre verbunden. Daher sind sie auch zielgerichtet und korrekt.

Zum anderen müssen wir uns auf die Studien der Gelehrten und Buddhologen sowie Kunsthistoriker verlassen, die uns die Bilder- und Gestaltungswelt des Buddhismus nahebringen. Leider sind diese Quellen sehr oft mit Irrtümmern und Missinterpretationen durchwirkt, da diesen Forschern fast immer der praktische Zugang zur buddhistischen Lehre mangelt. Sie sind vorwiegend Denker, Philosophen und Gelehrte. Die Ikonographie des Buddhismus ist aber keine intellektuelle Disziplin oder das Ergebnis philosophischer Betrachtungen; es ist der schöpferische Ausdruck innerer Erlebnisse, der zu Gestalt, Form und Bildern wurden.

WAS SOLLTE MAN LESEN ?

DAS BUDDHAWORT

Missverständnis

Die Sutren zu lesen ist nicht notwendig, da es ja die Erklärungen der buddhistischen Lehrer und eine große Anzahl von Kommentarwerken gibt.

Richtigstellung

Erst durch die Kenntnis und das Studium der Basistexte des Buddhismus (die Sutren) erschließen sich uns die Erklärungen der Lehrer und die ursprüngliche Bedeutung der buddhistischen Lehre. Daher sollte man wesentliche Sutren kennen und studieren.

Alle Basislehren des Buddhismus findet man in den Sammlungen der Lehrreden (P: sutta / S: sūtra). Aber auch biographische Erzählungen aus dem Leben des Buddha sowie Geschichten aus der frühen buddhistischen Gemeinde sind dort enthalten. Die Sūtra Sammlungen sind daher die primäre schriftliche Quelle zum Verständnis des Buddhismus. Dabei ist es nicht wesentlich, ob es sich um sogenannte Hīnayāna (original in Pali) oder Mahāyāna (original in Sanskrit) Texte handelt. Beide Textsammlungen beinhalten die Basislehren des Buddhismus.

Um also tiefer und bewusster in die Gedankenwelt der Lehre und der Inhalte eindringen zu können, ist es unumgänglich Sutren zu lesen und zu studieren. Denn nur wenn wir die Basislehren kennen, werden wir auch die späteren Kommentare dazu richtig verstehen und begreifen können. Ideal wäre es natürlich diese Texte in der Originalsprache lesen zu können. Da wir aber meist diese Sprachen nicht beherrschen müssen wir auf Übersetzungen in europäischen Sprachen zurückgreifen.

Bei der Auswahl dieser Texte sind im wesentlichen folgende Aspekte zu beachten.

- <u>gezielte Auswahl treffen</u>
  Es macht keinen Sinn sich durch die immense Anzahl aller buddhistischen Sutren durchzuarbeiten, dazu reicht die Zeitspanne eines menschlichen Lebens nicht aus. Es ist daher wichtig sich jenen Texten zuzuwenden, die einen unmittelbaren Bezug zur eigenen Praxis haben. Ohne diesen Bezug bleibt das Gelesene nur theoretisches Wissen. Die buddhistischen Texte aber, so wie ja die Lehren des Buddhismus, sind Anweisungen zum Nachvollzug dieser Lehren, zur eigenen Praxis. Denn das Lesen dieser Texte dient dem Zweck gedanklich ein tieferes Verständnis über bestimmte Aspekte der buddhistischen Lehre zu gewinnen. Des weiteren hilft uns das Studium dieser Texte die eigene Motivation lebendig und inspirierend zu erhalten. Neben den spezifischen die eigene Praxis betreffenden Sutren sollte man grundsätzlich auch jene Sutren, die als Haupttexte in den verschiedenen buddhistischen Schulen hervorgehoben werden, beachten, um damit das Verständnis hinsichtlich der Basislehren vertiefen zu können.

- <u>Übersetzungen kritisch hinterfragen</u>
  Als Bewohner der westlichen Welt, werden wir naturgemäss die Texte nicht in ihrer ursprünglichen Form (Pali, Sanskrit bzw. Chinesisch, Tibetisch) lesen sondern in einer Übersetzung. Daher sollte man nicht nur eine einzige Übersetzung in westlicher Sprache zu Rate ziehen, sondern wenn möglich unterschiedliche Übersetzungen des selben Textes benutzen. Dadurch erkennen wir unter Umständen besser Schwachstellen oder Missinterpretationen in der Übersetzung. Bei Unklarheiten ist es sehr sinnvoll sich dann mit den Originalbegriffen zu befassen. Denn eine Kenntnis wesentlicher Vokabel der Originalsprache ist hier unumgänglich. Wenn zum Beispiel der Begriff anatta uninterpretiert bleibt und als Nicht-Ich übersetzt wurde, dann bleibt ohne Kenntnis der

ursprünglichen Bedeutung von atta bzw. atman dieser Begriff verschwommen und in diesem Fall ist eine Übersetzung als Nicht-Ich sogar falsch. (Siehe bzgl. Über das Ich Seite 163)

Dies gilt zum Beispiel auch für den Begriff des Karma, da dies meist vollständig mit Ursache und Wirkung übersetzt wird. Das ist aber unpräzise und führt sehr oft zu Missverständnissen. Karma ist nicht jede Ursache sondern es sind nur willentlich gesetzte Ursachen, da dieses Wort sich vom Handeln und Tun herleitet (P: kamma / S: karman, Handlung, Werk, Tat). (Siehe bzgl. Ursache und Wirkung (Kausalität) Seite 143)

- <u>Kommentare begleitend verwenden</u>
  Da wir immer Gefangene unserer eigenen Vorlieben, Ansichten und unseres momentanen Weltbildes sind, fällt es uns schwer neue Ideen oder gar fremde Ansichten aufzunehmen und zu begreifen. Dies wird uns beim Studium und Lesen von buddhistischen Basistexten, speziell der Mahāyāna Sutren, so ergehen. Manche Formulierungen, die wir darin vorfinden werden, entsprechen oft nicht unserem Weltbild und unserer Erwartungshaltung. Daher sagen Menschen im Westen oft, dass solche Sutren verworren und teilweise unverständlich oder langatmig verfasst sind. Sehr hilfreich, um dieses Problem zu entschärfen, sind dann natürlich die Kommentartexte, die auf solche Unklarheiten detalliert eingehen, sie beschreiben, erklären und für uns verständlicher aufbereiten können. Trotz allem sollte man aber bei Unklarheiten die Erklärungen seriöser buddhistischer Lehrer suchen und beachten.

Wir sollten nicht vergessen, dass die Lehren des Buddha in den Sutren am ursprünglichsten erhalten geblieben sind. Daher macht es Sinn, sich beim Studium buddhistischer Themen und Begriffe, sich nicht nur damit zu begnügen einen Kommentar und Erklärungen zu erhalten. Es ist für ein tieferes Verständnis sehr förderlich immer den Bezug zu entsprechenden Texten aus der Anfangszeit des Buddhismus zu Rate ziehen zu können. Man sollte die buddhistische Lehre nicht losgelöst von ihrer geschichtlichen Entwicklung studieren. Die tiefere Bedeutung erschließt sich oft erst, wenn man zurück zu den Ursprüngen geht. Daher sollte man auch nicht die Palitexte ignorieren nur weil man Mahāyāna Buddhist ist und nur diese Texte bevorzugt.

Alle Strömungen des Buddhismus der Anfangszeit, die Palitexte, die Sanskrittexte und deren Übersetzungen ins Chinesische und Tibetische sind wesentlich für ein tieferes Verstehen der buddhistischen Lehre. Daher ist eine Kenntnis und das gezielte Studium der für die eigene Praxis wichtigen Sutrentexte nicht nur vorteilhaft sondern meist auch unumkömmlich.

Wir sollten als Buddhisten aber auch die wesentlichen buddhistischen Textsammlungen kennen, nicht im Detail aber ihre geschichtliche Einordnung und ihren Inhalt. (SIEHE BZGL. TEXTSAMMLUNGEN DER BUDDHISTISCHEN TRADITION SEITE 398) Das ermöglicht es uns dann gezielter eine Auswahl von Sutren, die wir lesen wollen, treffen zu können.

Missverständnis

Kommentarwerke sind nicht so bedeutend wie die klassischen Sutren und daher zu vernachlässigen.

Richtigstellung

Kommentarwerke sind bedeutende und wichtige Erklärungen für das Verständnis der klassischen Sutren. Sie sollten das Studium der damit verbundenen Sutren ergänzen aber nicht ersetzen.

Kommentarwerke wurden verfasst, um bestimmte Aspekte der Basislehren des Buddhismus detaillierter herauszuarbeiten. Da die Auffassungsgabe der Menschen zu unterschiedlichen Zeiten sich nicht immer den selben Themen zuwendet, ist es notwendig dies zu berücksichtigen. Menschen in der Vergangenheit lebten in einem anderen Umfeld, als wir Menschen heute. Viele Dinge, die wir heute als wichtig und notwendig ansehen, waren es für Menschen in der Vergangenheit nicht und v.v.. Daher ist es sinnvoll die Lehre des Buddha entsprechend der momentanen Lebensumstände zu akzentuieren und in Bezug zum momentan vorhandenen Leben zu setzen. Dies geschah in der Vergangenheit und geschieht auch heutzutage noch. Buddhistische Meister versuchten daher in ihren Kommentaren immer den Bezug zur Gegenwart und damit zu einer lebendigen Praxis herzustellen.

Es nützt uns wenig, wenn wir die Lehre des Buddha ins Bücherregal stellen und nur von Zeit zu Zeit ein Buch herausnehmen um ein bißchen darin zu lesen. Wir müssen versuchen diese Lehren an unserem momentanen Leben zu reflektieren, denn nur dann erfüllen sie ihren ursprünglichen Zweck. Kommentarwerke des Buddhismus sind sozusagen Anweisungsbücher, die man regelmässig lesen sollte und mit denen man ständig arbeiten sollte.

Daher sind Kommentarwerke die wesentlichen Hilfen beim Erfassen und

Verstehen sowie die unterstützende Hilfe bei der praktischen Umsetzung der buddhistischen Lehren. Sie sind oft sehr detailliert und haben diesen praktischen Bezug.

Aber nicht nur die uns überlieferten Kommentare von bedeutenden Meistern der Vergangenheit sind wertvoll. Auch die in unserer Zeit verfassten buddhistischen Werke sind es. Die sogenannten alten Werke haben schon eher den Stellenwert von Sutren, da sie bedeutende Aspekte der Lehre herausgearbeitet haben. Sie sind somit wichtig, um diese Aspekte erkennen und studieren zu können. Die modernen Werke sollten eigentlich primär Anleitungen im Umgang mit der Lehre in der heutigen Zeit sein. Sie sind daher eher Anweisungen und Erklärungsversuche der Lehre, die dem momentanen heutigen Denken entgegenkommen und entsprechen kann. All diesen Büchern sollte jedoch gemeinsam sein, dass sie Möglichkeiten beschreiben wie wir selbst in unserem Leben die Lehren praktisch anwenden können.

Aber auch hier ist zu beachten, dass die Texte auf dem Fundament der Basislehren des Buddhismus aufbauen. Kommentare zur buddhistischen Lehre, die davon abweichende oder gar neu erfundene Themen des Buddhismus ansprechen sind mit Vorsicht zu geniesen. Wie bereits erwähnt sind Kommentarwerke eine Ergänzung zu den Lehren des Buddhismus, so wie sie einerseits in den Sutrentexten hinterlegt sind und andererseits durch die Sukzession der Lehrer in der lebendigen Tradition des Buddhismus weitergegeben werden. Neuerungen und Abweichungen davon sind immer dahingehend zu prüfen und zu reflektieren. Leider ist es gerade hier im Westen Usus geworden sich seinen eigenen „westlichen" Buddhismus zurecht zu zimmern. Und dieser hat in manchen Bereichen dann wenig oder gar nichts mehr mit der ursprünglichen Lehre des Buddha zu tun. Deshalb sollten wir uns bei Kommentaren zur buddhistischen Lehre immer die Frage stellen inwieweit der Autor ein praktizierender Buddhist ist oder nur ein Gelehrter der manche Aspekte der Lehre intellektuell interpretiert.

Missverständnis
Alle Bücher, die sich mit Buddhismus befassen, sind auch lesenswerte Bücher über die Lehre.

Richtigstellung
Nicht überall wo Buddhismus draufsteht ist auch Buddhismus drinnen. Daher ist es notwendig sich mit ein paar Kriterien auseinanderzusetzen, um sozusagen die Spreu vom Weizen trennen zu können.

Der Buddhismus ist im Westen auch bereits so etwas wie eine Modeerscheinung geworden. Dies zeigt sich nicht nur daran, dass man in Möbelhäusern neben Lampen und Wandbehängen auch schicke Buddhastatuen mit Lampenschirm oder einfach nur Buddhaköpfe oder buddhistische Statuen als Dekorationsobjekt erwerben kann. Wir sehen diese Tendenz aber auch am Büchermarkt. Es gibt jedes Jahr eine Unzahl von Schriften, die den Buddhismus im Titel führen oder darauf hinweisen. Man sollte daraus aber nicht schließen, dass all diese Bücher sich wirklich mit den Lehren des Buddhismus in korrekter Weise auseinandersetzen. Dies gilt leider vor allem für westliche Autoren, die meist nicht in einer lebendigen Tradition des Buddhismus stehen.

Da gibt es zum einen die New Age und Esoterik Welle, die sich sehr oft den Buddhismus als Thema inhaltlich einverleibt, leider aber mit den Lehren des Buddhismus nur wenig oder gar nichts zu tun hat. Oder es sind Autoren, die den Buddhismus für sich selbst neu erfunden haben und teilweise abstruse Darstellungen über manche Lehren des Buddhismus liefern. Nicht zu verschweigen sind auch kritische Bücher, die auf Grund eines tiefen Missverständnisses oder einfach nur aus Arroganz und Überheblichkeit heraus, die Lehren des Buddhismus verdrehen und völlig widersinnig darstellen. Dies gilt im besonderen für einige Bücher, die sich mit den tantrischen Lehren des Vajrayāna auseinandersetzen.

Wie kann man also sicher gehen, das richtige Buch auszuwählen? Gibt es diese Sicherheit überhaupt? Eine hundertprozentige Sicherheit dafür gibt es leider nicht.

Das teilweise Lesen eines Buches oder das aufmerksame Durchblättern kann uns einen ersten Eindruck vom Inhalt vermitteln. Auch die Struktur und die Verwendung der Begriffe im Inhaltsverzeichnung weist schon oft darauf hin, ob es sich um ein seriöses Buch handelt. Werden hier häufig christlich westliche Bezeichnungen verwendet, dann ist Skepsis geboten. Und mit dem achtsamen Reflektieren des dargebotenen Inhaltes können wir dann schließlich feststellen, ob dies für uns förderlich und wertvoll ist und ob es mit den Kernaussagen der buddhistischen Lehren übereinstimmt. Es seien hierzu nun ein paar Tipps angeführt, die es einem leichter machen können zum richtigen Buch zu greifen.

* eigene Motivation
Zuallererst sollte man sich selbst gegenüber im Klaren sein, warum man ein Buch lesen will. Ist es die Neugier Neues zu erfahren, ist es die Langeweile und daher nur ein Zeitvertreib oder ist es der Wunsch sich mit einem Thema näher auseinander zu setzen? Wenn hier Klarheit über die eigene Motivation besteht, dann ist bereits ein wesentliches Kriterium erfüllt. Denn daraus abgeleitet, werden wir bestimmte Bücher als wichtiger für uns einstufen als andere. Am Beginn ist also die Fragestellung für mich selbst zu klären, warum ich über dieses Thema lesen will. Und dann suche ich nach einer Antwort in diesem Bereich. So vermeiden wir es, uns mit Informationen zu überschütten und letztlich den Wald vor lauter Bäumen nicht mehr zu sehen.

* Inhalt und verwendete Begriffe
Eine gewisse Vorabinformation zum Buch ist hilfreich. Damit kann man erkennen, ob die behandelten Themen, meist aus dem Inhaltsverzeichnis ersichtlich, sich mit jenen Themen beschäftigen, die einem wirklich interessieren. Dabei geht es auch darum, ob der Text praxisbezogen oder rein akademisch aufgebaut ist. Interessant dabei ist es auch zu wissen, inwieweit ständig christlich geprägte Begriffe, wie Sünde, beten, Gott, etc.

Verwendung finden. Dies deutet oft darauf hin, dass es sich hier um die christlich geprägte Sichtweise auf den Buddhismus handelt. Die Bedeutung der buddhistischen Lehre wird damit leider uminterpretiert und in vielen Bereichen auch falsch dargestellt.

* der Autor
Hier geht es um eine gewisse Recherche hinsichtlich des Autors des Buches. Handelt es sich dabei um einen sogenannten Insider, einen Menschen der zum Beispiel in einer bestimmten buddhistischen Tradition steht oder haben wir es beim Autor um einen Theoretiker aus dem akademischen Umfeld zu tun, der dies als wissenschaftliche Untersuchung verfasst hat. Das heißt nun nicht, dass solche Bücher von Nicht-Insidern abzulehnen wären. Wir sollten uns aber an die zwei vorhin genannten Aspekte „eigene Motivation" sowie „Begriffswahl" erinnern.

* reißerische Aufmachung oder Modewort-Titel
Manche Bücher haben Titel oder eine Aufmachung, die dem Zeitgeist entsprechen sollen. Da gibt es Buddhismus für Manager, Buddhismus für Anfänger, Buddharezepte, Glück und Frieden mit dem Buddha, etc.. Bei all diesen Büchern muss man natürlich prüfen, inwieweit der Titel nur der Umsatzsteigerung dient und daher vom Verlag so gewählt wurde oder ob sich dahinter eine Anpassung des Autors an den momentanen Zeitgeist verbirgt. Wenn die Darstellung des Buddhismus in solchen Büchern wesentliche Elemente der Lehre unberücksichtigt lässt oder ein sogenanntes Seelenheil verspricht dann ist Skepsis geboten.

* Art der Übersetzung eines Sūtra oder Kommentartextes
Bei Übersetzungen von alten Basistexten sind zwei Kriterien zu beachten, Verweise auf originale sprachliche Vokabel sowie Anmerkungen des Übersetzers zu buddhistischen Begriffen.
Wenn es in einer Übersetzung bei spezifischen buddhistischen Begriffen keinen Verweis auf die ursprüngliche Formulierung bzw. das Originalwort gibt, dann ist Vorsicht geboten. Dadurch entstehen sehr leicht Missverständnisse im Leser, da die Breite und Tiefe mancher Formulierung in der Originalsprache bei der Übersetzung nur einen

eingeschränkten Aspekt der Bedeutung wiedergeben kann (siehe Seite 339). Wenn es keine Anmerkungen, sei es im Text oder als Fussnoten gibt, auch dann kann dies problematisch sein, da eine Übersetzung immer eine Vereinfachung oder Veränderung des originalen Inhaltes bedeutet. Daher sind zusätzliche Kommentare und Erklärungen des Übersetzers sehr hilfreich.

„Es gibt jedoch kein wortwörtliches Übersetzen, weil es kein wortwörtliches Wort gibt. Ein jedes Wort hat viele verschiedene Bedeutungen. Man hat sich für eine von ihnen zu entscheiden. ……
Im Akt des Lesens erschaffen wir nach unserem Verständnis unseren Arbeitstext. Nicht mehr und nicht weniger. Einziges Kriterium für eine Bewertung kann nur sein, ob unser Verständnis einen Sinn macht, sprachlich wie inhaltlich."

Wolfgang Kubin
in der Einleitung zu einer seiner chinesischen Übersetzungen
von Klassikern des chinesischen Denkens

Wir stellen also fest dass bereits bei der Auswahl des Lesestoffs die sogenannte buddhistische Übung in Achtsamkeit gefordert und notwendig ist. Nicht das Lesen selbst gibt uns den Anstoss zur Übung der Achtsamkeit sondern bereits der Auswahlvorgang des Buches. Die buddhistische Praxis kann und sollte nicht von den einfachen und profanen Tätigkeiten im Leben abgesondert geübt werden. (siehe bzgl. Lebensführung Seite 260)

ANHANG

SCHREIBWEISE UND AUSSPRACHE

Den buddhistischen Fachbegriffen wurde ein
  P für die Sprache Pali
  S für die Sprache Sanskrit
  C für die Sprache Chinesisch (Mandarin)
  T für die Sprache Tibetisch
vorangestellt.

Pali und Sanskrit sind sehr ähnliche Sprachen und beide gehören zur Familie der mittelindoarischen Sprachen. Daher sind sie sich nicht nur in ihrer Grammatik sehr ähnlich sondern auch phonetisch.

Sanskrit (S: saṃskṛta bhāṣā, die heilige gebildete Sprache) ist die altindische Sprache der Veden, der indischen Philosophie, des Yoga und auch des Buddhismus. Sanskrit hat drei große Ausprägungen. Das vedische Sanskrit (um etwa 1400 v.d.Z. aus dem Vedischen heraus entstanden), das klassische Sanskrit (um 400 v.d.Z. von Panini in seiner Grammatik klassifiziert) und das hypride Sanskrit (die Sanskrit Variante der buddhistischen Texte).

Pali ist die Schriftsprache der buddhistischen Texte, welche in Sri Lanka aufgeschrieben wurden.

Chinesisch (C: 汉语 hànyǔ) gehört zur sinotibetischen Sprachfamilie. Die Aussprache des Chinesischen ist aus den chinesischen Schriftzeichen heraus nicht ersichtlich. Daher wurden im Laufe der Zeit unterschiedlichste Transkriptionssysteme erfunden und verwendet. Hier benutze ich für das Hochchinesisch (C: 普通话 pǔtōnghuà, Mandarin) die Transkription in das Pinyin System (C: 汉语拼音 hànyǔ pīnyīn), die offizielle Romanisierung des Hochchinesischen. Die chinesischen Schriftzeichen habe ich in ihrer einfachen Form (Vereinfachung 1956 durch die Volksrepublik China) wiedergegeben.

Da hier nur einige wenige Begriffe in **Tibetisch** vorkommen, habe ich, der besseren Lesbarkeit willen, diese entsprechend der westlichen (deutschen) gängigen Aussprache wiedergegeben.

Sanskrit und Pali

Sowohl Sanskrit als auch Pali sind sich phonetisch sehr ähnlich. Einige Sanskrit Laute kommen in Pali jedoch nicht vor; diese sind mit * (Stern) gekennzeichnet, d.h. sie sind nur in Sanskrit vorhanden nicht in Pali.   .
Es gibt Vokale und Halbvokale, die nicht nur verschieden ausgesprochen werden, sondern im gängigen indischen Alphabet (S: devanāgarī) auch unterschiedlich geschrieben werden. In unserer lateinischen Umschrift werden sie durch diakritische Zusatzzeichen gekennzeichnet.

Vokale

Es gibt kurze und lange Vokale. Lange Vokale werden doppelt solange gesprochen wie kurze Vokale.

a i u	sind kurz zu sprechen	z.B. wann, wissen, uns
ā ī ū	sind lang zu sprechen	z.B. fahren, hier, Uhr
e o	sind kurz zu sprechen	z.B. leben, oft
ē ō *	sind vor Doppelkonsonanten lang zu sprechen z.B. Beet, Boot	

speziell in Sanskrit gibt es noch weitere Vokale.

ṛ *	kurz zu sprechen	z.B. drinnen
ṝ *	lang zu sprechen	z.B. Richard (doppelt so lang wie ṛ)
ḷ	wie l gefolgt von ri	z.B. Ulrich
ai *	wie ei	z.B. weise
au *	wie au	z.B. Haus

ṁ oder ṃ wie ein französisches n in bon, nachklingender Nasallaut

Endlaut

ḥ   ein Endlaut wie in aha wie schwachen a am Ende

Semivokale (Halbvokal)

y   wie in Yoghurt, als j sprechen

r   wie in Reichtum

l   wie in Licht

v   wie in Ventil, als w sprechen

In Sanskrit gibt es fünf Gruppen von Konsonanten (Rachenlaute, Gaumenlaute, Zahndammlaute, Zahnlaute, Lippenlaute), sowie drei Zischlaute und einen Hauchlaut. Zahnlaute und Zahndammlaute sind sich sehr ähnlich.   Aber auch sie werden in Devanāgarī unterschiedlich geschrieben.

Konsonanten - Gutturale (Rachenlaut)

k   wie in kann

kh   wie in Eckhaus, getrennt k + h sprechen

g   wie in gehen

gh   wie in wegholen, getrennt g + h sprechen

ṅ   wie in singen

Konsonanten – Palatale (Gaumenlaut)

c   wie in Tschechien

ch   wie in Englisch staunch-heart, getrennt tsch + h sprechen

j   wie in Dschungel

jh   wie in Englisch hedge-hog, getrennt dsch + h sprechen

ñ   wie in Canyon

Konsonanten - Alveolare / Zerebrale (Zahndammlaut)

ṭ   wie in töricht

ṭh   wie in Sanftheit, getrennt t + h sprechen

ḍ   wie in danke

ḍh   wie in Radhalle, getrennt d + h sprechen

ṇ   wie in Nuß

Konsonanten – Dentale (Zahnlaut)

sind selten bedeutungsunterscheidend zu den Alveolaren, daher können
sie gleich ausgesprochen werden.

t   wie in Ton
th   wie in Sanftheit, getrennt t + h sprechen
d   wie in danke
dh   wie in Radhalle, getrennt d + h sprechen
n   wie in Nuß

Konsonanten – Labiale (Lippenlaut)

p   wie in Park
ph   wie in Englisch up-hill, getrennt p + h sprechen
b   wie in Butter
bh   wie in Englisch rub-hard, getrennt b + h sprechen
m   wie in Mutter

Sibilante (Zischlaut)

ś *   wie in schon (palatal)
ṣ *   wie in Englisch shine (alveolar)
s   wie in Sein (in Pali immer scharf wie ß bzw. ss)

Aspirate (Hauchlaut)

h   wie in Haus

Sanskrit wird vorwiegend in Devanāgarī geschrieben.

बुद्धं शरणं गच्छामि   Ich nehme meine Zuflucht zum Buddha.

Pali wird in der Schrift des jeweiligen Landes geschrieben.

බුද්ධං සරණං ගච්ඡාමි   z.B. Singhalesisch (Sri Lanka)

พุทธํ สรานาง คัจฉามิ   z.B. Thailändisch (Thailand)

Die Pinyin-Umschrift ist eine Transformation der Aussprache des Hochchinesischen (Mandarin) in das lateinische Alphabet. Sie ist seit 1956 die offizielle Umschrift für chinesische Schriftzeichen.

Im Chinesischen gibt es neben dem neutralen Ton vier unterschiedliche Tonhöhen. Diese Tonhöhen sind wesentlich, da sich die Wörter nicht nur in der Aussprache sondern bei gleicher Aussprache durch die Tonhöhe unterscheiden. Die Tonhöhen werden in unserem lateinischen Umschrift als diakritische Zusatzzeichen wiedergegeben.

gleichbleibender hoher Ton	aufsteigender Ton (hinauf zu hoch)	abfallender & aufsteigender Ton (tiefer Ton)	abfallender Ton (herab zu tief)
hoch / tief			
ā	á	ǎ	à
ē	é	ě	è
ī	í	ǐ	ì
ō	ó	ǒ	ò
ū	ú	ǔ	ù

Im Hochchinesischen werden die Laute, bis auf die nun angeführten, so wie im Deutschen ausgesprochen.

c	stimmhaftes <u>ts</u> mit Luft
ch	stimmloses zerebrales <u>tsch</u>
z	stimmloses <u>ds</u> ohne Luft
zh	stimmhaftes zerebrales <u>dsch</u>
s	stummes <u>scharfes ß</u> bzw. ss
sh	zerebrales <u>sch</u>
q	wie tch (wie in Englisch „ki<u>tch</u>en")
j	wie ein <u>weiches dsch</u> ohne Luft
h	wie in a<u>ch</u>
x	wie eine Mischung aus ch in „ich" und ß in „weiß"
w	wie in <u>wie</u>
r	ähnlich wie in Französisch „bonjou<u>r</u>"

我 皈依佛 wǒ guīyī fó Ich nehme meine Zuflucht zum Buddha.

Im Jahr 1956 wurden die Schriftzeichen vereinfacht. Die nicht reformierten Zeichen (Langzeichen) werden jedoch noch in Taiwan, Hongkong, Macao und als Kanji in Japan sowie als Hanja in Korea verwendet. Die traditionellen buddhistischen Texte sind natürlich in den alten Langzeichen gesetzt. Diese haben durch ihre Strichfolge und Darstellung eine wesentlich tiefer gehende Bedeutung als die vereinfachten reformierten Zeichen.

zum Beipiel:
reformiertes Zeichen   经 jīng, Sūtra
altes Zeichen   經

    linke Seite 糸 sī - Seide (絲)

    rechte Seite 坙 jīng - ein Webstuhl mit durchlaufenden Fäden

Das Wort Sūtra (S: sūtra - Garn, Faden, Schnur, das Durchlaufende, kurzgefasste Regel, Lehrsatz) bezeichnet die Aufzeichnung eines Textes. Daher deutet das alte chinesische Schriftzeichen auf diese ursprüngiche Bedeutung hin.

zum Beispiel:

reformiertes Zeichen　　观　guān (P: vipassanā / S: vipaśyanā – Hellblick,

aufblitzende intuitive Erkenntnis).

(SIEHE BZGL. ANALYTISCHE AUFMERKSAMKEIT SEITE 217)

altes Zeichen　　觀

die linke Seite 雚 besteht aus drei Grundzeichen (Radikale)

　艹 cǎo – Gras, flüchtig, konzipieren (von 草)

　　buddh: das beginnende Heranwachsen, Fabrikation

　口 kǒu – ein Zählwort / Mund, Atemzug, Öffnung

　　buddh: Aktivitäten die auftreten

　隹 zhuī – kurz-schwänziger Vogel,

　　buddh: ständiges Herumhüpfen, flatterhafter Geist (monkey-mind)

die rechte Seite besteht aus dem Radikal

　見 erblicken, ein Auge auf Beinen

　　buddh. hin und her schweifen, observieren

Man sieht an diesem Beispiel, dass man in chinesischen Übersetzungen stark versucht hat, den Sinngehalt und die Bedeutung in den neuen Begriff durch die Auswahl und Festlegung des Schriftzeichens zu transponieren.

Man merkt also an diesen beiden Beispielen, dass die chinesischen Übersetzungen auf Grund des Vorhandenseins von (alten) Schriftzeichen, auch Langzeichen genannt, es ermöglichten, sich dem Bedeutungsgehalt der ursprünglichen Begriffe stark anzunähern. Dadurch blieb die Bedeutung der Lehre des Buddha über Generationen hinweg lebendig und wurde nicht durch sogenannte akademische Wortkonstruktionen verwässert oder gar verfälscht. Man machte auch nicht den Fehler buddhistische Originalbegriffe, für die es in der neuen Sprache keine Entsprechung gab, einfach mit bestehenden Begriffen zu übersetzen. Im westlich geprägten Kulturkreis wurden in einem solchen Fall dann leider auch christliche und abendländisch belegte philosophische Begriffe verwendet. Dies ist aber das große Manko vieler Übersetzungen der buddhistischen Lehre in eine westliche Sprache. (SIEHE BZGL. TEXT-SAMMLUNGEN SEITE 358 UND DAZU WAS SOLLTE MAN LESEN ? 381)

Pali Kanon

(P: tipiṭaka Dreikorb)

Dreikorb wird diese Textsammlung genannt, da die Schriften damals in drei Körben gesammelt und aufbewahrt wurden.

- Korb der Disziplin (P: vinayapiṭaka)
  - Darlegung der Regeln (P: suttavibhaṅga)
    Erörterung der empfohlenen Verhaltensweisen unterlegt mit Beispielen.
  - Die Kapitel (P: khandhaka)
    Es gibt zwei Kapitel bzw. Bücher, die große Gruppe (P: mahāvagga) und die kleine Gruppe (P: cullavagga). Sie beinhalten Berichte über das Leben des Buddha und auch über seine Schüler sowie die ersten Konzilien des Buddhismus. Zusätzlich werden auch Anweisungen bzw. Vorschriften des Mönchs- und Nonnenordens erläutert.
  - Zusatz (P: parivara)
    Fragen und Antworten zu den Anweisungen der Disziplin.

- Korb der Lehrreden (P: suttapiṭaka)
  In dieser Sammlung finden sich die Lehrreden des Buddha sowie auch einzelne Reden der Mönche und Nonnen. Diese Sammlung von Texten beinhaltet sozusagen die Kernlehren des Buddhismus.
  - Lange Sammlung (P: dīgha nikāya) - 34 Lehrreden
  - Mittlere Sammlung (P: majjhima nikāya) - 152 Lehrreden
  - Gruppierte Sammlung (P: saṃyutta nikāya) - 2889 Lehrreden
  - Angereihte Sammlung (P: aṅguttara nikāya) - 9557 Lehrreden
  - Die Kürzere Sammlung (P: khuddaka nikāya)
    Diese kürzere Sammlung beinhaltet 15 Bücher.

- Kurze Texte (P: khuddakapatha) - 9 Texte
  Hier findet sich die Dreifache Zufluchtsformel (SIEHE SEITE 204) sowie das Metta Sutta (SIEHE BZGL. BODHISATTVA-WEG.).
- Der Pfad der Lehre (P: dhammapada) – 26 Texte
  Hier finden sich die Kernlehren des Buddhismus und dieser Text ist der am weitesten verbreitete in den Theravāda Ländern.
- Verse der Erbauung (P: udāna) – 8 Texte
- Sammlung von Aphorismen (P: itivuttaka) – 112 Texte
- Einzeltexte (P: suttanipata) – 5 Bücher – 72 Texte
- Über die Göttlichen (P: vimānavatthu) – 7 Bücher – 83 Texte
  Lehrreden über Wesen, die auf Grund ihres heilsamen Lebenswandels in glücklichen Gefilden leben.
- Über die Hungergeister (P: petavatthu) – 4 Bücher – 51 Texte
  Lehrreden über Wesen die auf Grund ihres unheilsamen Lebenswandels in unglücklichen Gefilden leben und leiden.
- Lieder der Mönche (P: theragāthā) – 1279 Verse
- Lieder der Nonnen (P: therígāthā) – 522 Verse
- Wiedergeburtsgeschichten (P: jātaka) – 547 Texte
  Erzählungen und Geschichten über frühere Leben von Śākyamuni dem Buddha.
- Unterscheidungen (P: niddesa) – 2 Bücher – 34 Texte
- Der analytische Weg (P: paṭisambhidāmagga) – 3 Bücher – 30 Texte
- Geschichten (P: apadāna) – 547 Texte
  Biographien von Mönchen und Nonnen
- Buddhachroniken (P: buddhavaṃsa) – 28 Texte
  Lebenbeschreibungen und Geschichten zu den Buddhas der Vorzeit sowie des historischen Buddha.
- Lebenswandel (P: cariyāpiṭaka) - 3 Bücher – 35 Texte

• Korb der Höheren Lehren (P: abhidhammapiṭaka)
Diese Textsammlung ist höchst wahrscheinlich die älteste schriftliche Fixierung der drei Sammlungen des Dreikorbes (P: ti piṭaka). Sie

beinhaltet in strukturierter und detaillierter Form sehr ausführlich alle Aspekte der buddhistischen Lehre. Es existieren sieben Bücher.

- Kompendium der Erscheinungsweisen (P: dhammasaṅgaṇi)
  Es werden die Phänomene und Erscheinungsformen der Welt und der geistigen Innenwelt bzw. Bewusstseinsvorgänge (P: dhamma) klassifiziert und analysiert.
- Das Buch der Analyse (P: vibhaṅga)
  In 18 Kapiteln werden wesentliche Themen der buddhistischen Lehre hinsichtlich Konstitution des Menschen erörtert.
- Besprechung der Elemente (P: dhātukathā)
  In 14 Kapiteln werden die Sinneswahrnehmungen und somit die Vorgänge beim Erfahren, Erkennen, Bewusstwerden vertieft und erörtert.
- Charakterisierung menschlicher Typen (P: puggalapaññatti)
  Kategorisierung unterschiedlicher Menschen sowie die Schwächen und Vorzüge der menschlichen Persönlichkeit
- Streitpunkte (P: kathāvatthu)
  Auseinandersetzung mit Lehren, die von den buddhistischen Lehren abweichen. Diese Textsammlung beinhaltet die Argumente des Buddhismus wie sie im 3. buddhistischen Konzil (etwa 200 v.d.Z.) diskutiert wurden.
- Gegensatzpaare (P: yamaka)
  Fragen und Antworten zu Logik, Psychologie und Ethik werden aufgeführt und erörtert.
- Bedingte Beziehungen (P: paṭṭhāna)
  Über Kausalität und Konditionalität und der Kette der Abhängigkeiten des Bedingten Entstehens und Vergehens. (SIEHE SEITE 137 UND SEITE 143)

Es wird oft davon gesprochen, dass die Texte des Pali Kanons (P: ti piṭaka) die einzigen und daher ursprünglichsten und ältesten Quellen des frühen Buddhismus darstellen. Das ist nicht ganz richtig. Es gibt nämlich auch Sanskrittexte, die fast ident mit den Textsammlungen des Pali Kanons sind.

Eine solche Sammlung sind die in Nordindien entstandenen Texte der Sammlung der Lehren (S: āgama).

o   Lange Sammlung (S: dīrgha āgama)
o   Mittlere Sammlung (S: mādhyama āgama)
o   Gruppierte Sammlung (S: saṁyukta āgama)
o   Angereihte Sammlung (S: ekottara āgama)
o   Kürzere Sammlung (S: kṣudraka āgama)

Der Korb der Disziplin (P: vinayapiṭaka) wurde nicht aus dem Pali sondern aus dem Sanskrit Kanon (S: dharma gupta vinaya) ins Chinesische übertragen (C: 四分律 sī fèn lǜ) und ist in den Ländern des chinesischen Kulturraumes die bedeutendste Schrift bezüglich buddhistischer Ethik und Disziplin geworden.

frühe Kommentarwerke in Pali

Neben den großen Sammlungen der buddhistischen Lehrreden und Texte gibt es auch noch bedeutende Kommentarwerke, die nicht in die Sammlungen des Pali Kanon (P: tipiṭaka) aufgenommen wurden.

* Die Fragen des Milinda (P: milindapañhā)
  Dieses Gespräch aus dem 4. - 5. Jahrhundert ist ein Dialog zwischen dem griechischen König Menandros (Diadochenherrscher in Nordindien) und dem buddhistischen Mönchsgelehrten Nagāsena. Der König stellt dem Mönch Nagāsena Fragen zu verschiedenen Themen hinsichtlich der buddhistischen Lehre. Nagāsena beantwortet dies ausführlich und mit vielen Beispielen unterlegt.

* Weg der Reinheit (P: visuddhimagga)
  Dieser Palitext aus dem 5. Jahrhundert n.d.Z. ist eine umfangreiche und vollständige Darstellung der Lehren des Buddhismus. Die drei großen Abschnitte dieses Textes behandeln Sittlichkeit (P: sīla),

Sammlung (P: samādhi) und Wissen (P: paññā).

- Kompendium des Abhidhamma (P: abhidhammatthasaṅgaha)
  Dieser Palitext ist eine Zusammenfassung der Bücher des
  Abhidhamma (P: abhidhammapiṭaka) in strukturierter Form und wurde
  zwischen dem 8. und 12. Jahrhundert in Sri Lanka verfasst.

Prajñāpāramitā

Die Weisheitstexte (S: prajñāpāramitā sūtra) sind eine spezielle Kategorie
von Sutren, welche zeitlich am Beginn des Mahāyāna stehen. Sie
behandeln im wesentlichen Aspekte der buddhistischen Lehre, welche
sich mit der Realität und Wirklichkeit aller Erscheinungsformen und den
Phänomenen in dieser Welt beschäftigen. Es geht hier um die zentrale
Sichtweise bezüglich der wahren Natur und den Erscheinungsformen der
Wirklichkeit. Es geht um den absoluten Aspekt unseres Daseins im Bezug
zum relativen Aspekt unseres Daseins. Eine detaillierte Kommentierung
und Ausarbeitung aufbauend auf diesen Texten findet sich dann etwas
später in den Formulierungen des Mittleren Weges (S: madhyamaka) (SIEHE
SEITE 173) sowie der buddhistischen Bewusstseinslehre (S: vijñānavāda) (SIEHE
SEITE 187).

Diese Texte, welche als Weisheitstexte bezeichnet werden, sind nicht ein
einzelner Text sondern eine Sammlung von Texten.
Der älteste Text dieser Sammlung ist das "Sutra der Vollkommenen
Weisheit in achttausend Zeilen" (S: astasāhasrikā prajñāpāramitā sūtra) und
stammt wahrscheinlich als niedergeschriebene Schrift aus dem ersten
Jahrhundert v.d.Z.. Zusammengestellt wurde es aber bereits früher.
Aufbauend darauf wurde dieser Text dann ergänzt und erweitert und es
entstanden weitere Weisheitssutren in 10.000, 18.000, 25.000 und
100.000 Zeilen.
Eine Zusammenfassung des ursprünglichen Textes ist die „Verssammlung
der Juwelen" (S ratnaguṇasamcaya gātha) und dieser Text scheint die
früheste Version des astasāhasrikā prajñāpāramitā zu sein.

Da die umfangreichen Sutren dieser Sammlung aber nicht sehr praktisch in ihrer Handhabung waren entstanden dann auch kürzere Versionen wie das Diamantsutra (S: vajracchedikā prajñāpāramitā sūtra) und das Herzsutra (S: prajñāpāramitā hṛdaya sūtra).

Nachfolgend eine traditionelle Liste dieser Weisheitstexte.

- Einwort-Weisheitssutra
  (S: prajñāpāramitā sarva tathāgata mātā ekākṣara)
  Kürzestes Sūtra, besteht nur aus einem Buchstaben, nämlich dem Buchstaben "a", der als Symbol der Leere und des Nicht-Seins gilt, Die Verneinung eines Wortes im Sanskrit wird durch ein vorangestelltes a ausgedrückt (S: cintya, worüber man nachzudenken hat / S: acintya, wovon man sich keine Vorstellung machen kann).

- Ein paar Wörter über Weisheit
  (S: svalpākṣarā prajñāpāramitā)
  Sehr kurzer Text, der sich an Wesen mit begrenzten intellektuellen Fähigkeiten richtet und daher in einfacher Form die Weisheitslehren darlegt, nämlich durch Rezitation und Meditation über das Herz Sutra. Dieser Text wird auch im Westen als "Tantrisches Herz Sutra" bezeichnet.

- Herz Sūtra
  (S: prajñāpāramitā hṛdaya sūtra)
  Dies ist das am weitesten verbreitete Sutra und wird in allen Mahāyāna Traditionen regelmässig rezidiert. Eigentlich bedeutet der Name Herz (S: hṛdaya) nicht nur Herz sondern den Sitz geistiger Vorgänge, das Innere, der Kern einer Sache aber auch ins Herz dringend also tief betroffen sein.

- Diamantsutra auch 300 Verse Sūtra
  (S: vajracchedikā prajñāpāramitā sūtra / S: triśatikā sūtra)
  Der Titel bedeutet genau genommen "Die Vollkommenheit der Weisheit, die wie ein Blitz (diamantener Donnerkeil) schneidet". Dieser Text gehört neben dem Lotussutra und dem Herz Sutra zu den bekanntesten und am weitesten verbreiteten Texten des Mahāyāna Buddhismus.

- 500 Verse der Vollkommenen Weisheit
  (S: pañcaśatikā prajñāpāramitā sūtra)

- 700 Verse der Vollkommenen Weisheit
  (S: saptaśatikā prajñāpāramitā sūtra)

- 8.000 Verse der Vollkommenen Weisheit
  (S: aṣṭasāhasrikā prajñāpāramitā sūtra)
  ältestes Mahāyāna Sūtra

- 10.000 Verse der Vollkommenen Weisheit
  (S: daśasāhasrikā prajñāpāramitā sūtra)

- 18,000 Verse der Vollkommenen Weisheit
  (C: aṣṭadaśasāhasrikā prajñāpāramitā sūtra)

- 25.000 Verse der Vollkommenen Weisheit
  (S: pañcaviṃśatisāhasrikā prajñāpāramitā sūtra)

- 100.000 Verse der Vollkommenen Weisheit
  (S: śatasāhasrikā prajñāpāramitā sūtra)
  Das ist das inhaltlich umfangreichste der Sūtras, Teile davon finden sich auch in anderen Sūtras.

- 150.000 Verse der Vollkommenen Weisheit
  (S: adhyardhaśatikā prajñāpāramitā sūtra)

- Weisheitsbelehrungen für Indra
  (S: kauśika prajñāpāramitā sūtra)

- Verse der Anhäufung wertvoller Eigenschaften
  (S: ratnaguṇa-saccayagathā)
  Zusammenfassung des aṣṭasāhasrikā.

- Frage des Bodhisattva Savikrantavikrami
  (S: sārdhadvisāhasrikā prajñāpāramitā sūtra)

Mahāyānasūtra

Es gab in den Sammlungen des frühen Buddhismus (SIEHE SEITE 318) mehrere schulspezifische Sammlungen von Mahāyāna Texten. Diese wurden dann ins Chinesische und später auch ins Tibetische übersetzt. Somit haben wir mehrere hundert Mahāyānasutren von denen bis heute etwa 600 gänzlich oder zum Teil in Sanskrit erhalten geblieben sind. Jede Hauptströmung des Mahāyāna beinhaltet somit wichtige Texte, die aufbauend auf den

Basisaussagen sich mit spezifischen Aspekten, auf welche hauptsächlich Wert gelegt wird, befassen.

Hier einige Beispiele von Sutren, die in der jeweiligen Schule als wesentlich erachtet werden. Natürlich sind die Kommentarwerke der Meister dieser Schulen und deren Schüler ebenfalls wesentliche Texte.

<u>Madhyamaka (der Mittlere Weg)</u> (SIEHE SEITE 173)

- Reisstengel Sūtra
  (S: āryaśālistamba sūtra / C: 稻秆经 dào gǎn jīng)
  Erklärung des Abhängigen Entstehens und Vergehens (P: paṭicca-samuppāda / S: pratītya-samutpāda).

- Sūtra über die Stärke des Elefanten
  (S: hāstikakṣya nāma mahāyāna sūtra C: 大乘经 "大象的力量" dàchéng jīng "dà xiàng de lìliàng")
  Text zum tieferen Verständnis über die Leerheit aller Phänomene (S: śūnyatā).

<u>Vijñānavāda (Bewusstseinslehre)</u> (SIEHE SEITE 185)

- Erklärung der Geheimnisse
  (S: saṃdhi-nirmocana-sūtra)
  früher und wichtiger Text des Yogacāra (SIEHE SEITE 185)

- Sūtra über die Herabkunft nach Lanka
  (S: laṅkāvatāra sūtra / C: 楞伽经 lèng qié jīng)
  beschreibt unter anderem die Buddhaqualität (S: thatāgata garbha) und die Arten des Bewusstseins (S: aṣṭa vijñāna)

- Sūtra der Blumengirlande des Buddha (SIEHE BZGL. AVATAMSAKA SCHULE SEITE 327)
  (S: avataṃsaka-sūtra / C: 华严经 huá yán jīng)
  Dieser Text beinhaltet zwei Kapitel, die als eigenständige Sutren ebenfalls existieren.

- Sūtra über die zehn Stufen
  (S; daśabhūmika sūtra / C: 十地经 shí dì jīng)
  26. Kapitel des Avataṃsaka Sūtra.
- Eintritt in das Buddhaland
  (S: gaṇḍavyūha sūtra / C: 大乘蜜严经 dà chèng mì yán jīng)
  letztes Kapitel des Avataṃsaka Sūtra.

Reine Land Schule (siehe Seite 322)

- Das Sūtra über Amitabha Buddha in seiner kurzen Fassung
  (S: amitabha sūtra / C: 阿弥陀经 ā mí tuó jīng , 佛说阿弥陀经 fó shuō ā mí tuó jīng)

- Das Sūtra über Amitabha Buddha in seiner langen Fassung
  (S: sukhāvatī vyūha sūtra / C: 佛说无量寿经 fó shuō wúliàng shòu jīng)

- Das Sūtra von der Betrachtung des Amitayus
  (S: amitāyur dhyāna sūtra / C: 观无量寿经 guān wú liàng shòu jīng)

Meditations-Schule (siehe Seite 324)

- Sūtra über die Herabkunft nach Lanka
  (S: laṅkāvatāra sūtra / C: 楞伽经 lèng qié jīng)

- Diamantsutra / Das Sūtra dass wie ein Vajra (Donnerkeil, Diamant) schneidet
  (S: vajracchedikā prajñāpāramitā sūtra/ C:金刚般若波罗密经 jīn gāng bōrě bōluó mì jīng)

Tian Tai Schule (siehe Seite 324)

- Sūtra der Lotosblume vom wunderbaren Gesetz
  (S: saddharmapuṇḍarīkasūtra / C: 妙法莲华经 miàofǎ lián huá jīng)

Als repräsentatives Beispiel sei hier die Struktur und das Inhaltsverzeichnis des Kataloges „Drei Sammlungen aus der Ming Dynastie" 1368 – 1644 (C: 大明三臓圣教目录 dà míng sān zāng shèngjiào mùlù) wiedergegeben. Diese Sammlung beinhaltet 2015 Texte und zeigt deutlich den Umfang solcher Sammlungen.

- Erste Abteilung Sūtra Piṭaka (Σ 1434 Texte)

  - Teil 1 Mahāyāna Sutren (Σ 589)
    - Weisheitstexte (S: prajñāpāramitā) (22)
    - Juwelenhaufen (S: ratnakūṭa) (87)
    - Großes Zusammenkommen (S: mahāsaṃnipāta) (26)
    - Girlandenschmuck (S: avataṃsaka) (25)
    - NIrvanatexte (S: nirvāṇa) (13)
    - mehrfach einfach übersetzte Texte, vorher nicht aufgelistet (250)
    - einfach übersetzte Texte, vorher nicht aufgelistet (166)

  - Teil 2 Hīnayāna Texte (Σ 545)
    - Agama Texte (442)
    - einfach übersetzte Texte, vorher nicht aufgelistet (103)

  - Teil3 Texte aufgenommen während der Nördlichen und Südlichen Song Dynastie und der Yuan Dynastie (300)

- Zweite Abteilung Vinaya Piṭaka (Σ 85 Texte)
  - Teil 1 Mahāyāna Vinaya (25)
  - Teil 2 Hīnayāna Vinaya (60)

- Dritte Abteilung Abhidharma Piṭaka (Σ 154 Texte)
  - Teil 1 Mahāyāna Abhidharma (94)
  - Teil 2 Hīnayāna Abhidharma (37)

- o Teil 3 Texte aufgenommen während der Nördlichen und Südlichen Song Dynastie und der Yuan Dynastie (23)

- • Vierte Abteilung Verschiedene Texte (Σ 342 Texte)
  - o Teil 1 Werke der Meister aus Indien (147)
  - o Teil 2a Werke aus China (154)
  - o Teil 2b Werke der Ming Dynastie (36)
  - o Teil 2c Werke aus anderen Sammlungen (5)

Eine moderne Ausgabe des chinesischen Kanons ist der in den Jahren 1922 - 1933 geschaffene Kanon, welcher kurz nach der japanischen Taisho Zeit 1912 - 1926 (C: 大正時代 dàzhèng shídài / jap: taishō jidai) in Japan publiziert wurde. Er beruht auf den vorhandenen chinesischen Katalogen und hat daher die Bezeichnung „Große Sammlung der Taisho Ära" (C: 大正大藏經 dàzhèng dàzàng jīng / jap.: taisho daizokyo).

Diese Ausgabe wird heutzutage von vielen buddhistischen Gelehrten verwendet. Sie beinhaltet 85 Bände, welche die buddhistischen Texte enthalten, 12 Bände mit Abbildungen und Zeichnungen der buddhistischen Ikonographie sowie 3 Bände mit japanischen Texten und Kommentaren; alles in allem also 100 Bände.

Dieser Katalog der buddhistischen Texte gliedert sich folgendermassen.

- • Lehrreden des Buddha (S: sūtra, C: 經 jing)
- • Regeln der Diziplin (S: vinaya, C: 律 lü)
- • Höhere Lehren (S: abhidharma, C: 論 lun / 阿毘曇 ābǐ chéng)
- • Lehren des Mittleren Weges (S: madhyamaka, C: 中道 zhong dao)
- • Lehren der Bewusstseinsschule (S: vijñānavāda, C: 唯識宗 wie shi zong)
- • übrige Schriften (S: śāstra, C: 論 lun)
- • Kommentare von chinesischen Mönchen
- • Texte unterschiedlicher chinesischer Schulen
- • historische Aufzeichnungen
- • Enzyklopädien und Kataloge

Kangyur (T: bka'gyur Übersetzung der Worte)

Diese Sammlung enthält die ethischen Prinzipien (S: vinaya), die Reden des Buddha (S: sūtra) sowie Tantra Texte. Es sind Übersetzungen aus dem Sanskrit und manche Texte auch aus dem Chinesischen.

Folgende Kategorien sind vorhanden.

- Vinaya– behandelt hauptsächlich die klösterliche Disziplin
- Prajñāpāramitā – die transzendente, vollkommene Weisheit
- Avataṃsaka – der „Blumengirlande"-Sammlung zusammengehörige Sutras
- Ratnakūṭa – die Juwelenhaufen-Klasse der Sutras
- diverse Sutras
- Tantra – Texte, die zum Vajrayāna gehören
- Nyingma-Tantra – jene Texte, die in der frühen Übersetzungswelle nach Tibet gebracht wurden
- Dhāraṇī - kurze Texte, die Mantra-Rezitationen oder Gebetsformeln enthalten
- Kālacakra – Tantras, die zur Klasse des Kālacakra gehören

Tengyur (T: bstan'gyur die übersetzten Schätze)

Dies ist eine Ansammlung unterschiedichster Werke. Da der Buddhismus auch Kulturträger in Tibet ist, wurden hier nicht nur buddhistische Werke aufgenommen.

Folgende Kategorien sind vorhanden.

- Lobpreisungen
- Tantra – Vajrayāna-Abhandlungen
- Prajñāpāramitā – Abhandlungen über die transzendente vollkommene Weisheit

- Madhyamaka – Abhandlungen, die auf Nāgārjunas mittlerem Weg beruhen
- Sūtra-Kommentare – allgemeine Abhandlungen
- Cittamatra – Abhandlungen der Nur-Geist-Schule bzw. einige von Asaṅgas Schriften
- Abhidharma – Zusammenfassungen und systematische Zusammenstellungen der Lehre
- Vinaya – Abhandlungen, die von der klösterlichen Disziplin handeln
- Jataka – Geschichten, die von Buddhas früheren Leben als Bodhisattva handeln
- Briefe
- Logik
- Sprache
- Medizin
- Handwerk
- weltliche Abhandlungen

Kurzinfo zu den Verfassern der im Text eingefügten Zitate.

Atiśa

Atīśa Dīpaṅkara Śrījñāna (980 - 1054) war ein buddhistischer Gelehrter und der Abt der berühmten indischen Klosteruniversität Vikramaśilā. Er kam um das Jahr 1041 auf Einladung des tibetischen Königs von Westtibet nach Tibet und mit ihm begann die zweite Verbreitung des Buddhismus. Als sein Hauptwerk gilt „Die Lampe auf dem Weg zur Erleuchtung" (S: bodhipathapradīpa), das in dieser zweiten Phase der Verbreitung des Buddhismus in Tibet als Ausgangspunkt bzw. Basis für das Studium der buddhistischen Lehren diente.

Bankei

Bankei Eitaku (1622 - 1693) (jap.: 盤珪永琢 ei taku ban kei) war ein Zen Meister der japanischen Rinzai Schule und gilt als einer der bedeutendsten Zenmeister der japanischen Tradition.

Berkeley

George Berkeley (1685 – 1753) war ein irischer Theologe und Philosoph. Er gilt als einer der Begründer des Empirismus.

Blavatsky

Yelena Petrovna Blavatskaya (1831 - 1891) war eine russland-deutsche Okkultistin, die im 19.Jahrhundert den indischen Subkontinent bereiste und buddhistische sowie hinduistische Lehren studierte und diese im angloeuropäischen Raum bekannt machte. Sie gilt auch als Gründerin der Theosophischen Gesellschaft, die massgeblichen Einfluß auf die Verbreitung asiatischer Philosophien im westlichen Kulturraum ausübte.

Blofeld

John Blofeld (1913 - 1987) war britischer Staatsbürger, praktizierender Buddhist, Kenner des chinesischen Buddhismus und Daoismus sowie Schriftsteller.

Brunton

Paul Brunton (1898 - 1981) war ein britischer Weisheitssucher, Yogi, Philosoph und Autor, der durch seine Reiseberichte und spirituellen Bücher einen wesentlichen Einfluss auf das Bekanntwerden asiatischer Philosophien und des Yoga im Westen hatte.

Chögyam Trungpa

Chögyam Trungpa (1939 - 1987) war ein buddhistischer Meister der tibetischen Tradition (Kagyü- und Nyingma). Er begründete im Jahr 1974 eine staatlich anerkannte Universität auf der Grundlage buddhistischer Prinzipien in Boulder, Colorado, USA sowie Meditationszentren im Westen.

Dalai Lama

Tenzin Gyatso (geb. 1935) der 14. Dalai Lama ist ein Linienhalter der Gelug Schule des tibetischen Buddhismus. Er war bis 2011 Oberhaupt der tibetischen Exilregierung und gilt allgemein auch als geistliches Oberhaupt der Tibeter.

Descartes

René Descartes (1596 - 1650) war ein französischer Philosoph, Mathematiker und Naturwissenschaftler.

Dharmapala

Anagārika Dharmapāla (1864 - 1933) war ein buddhistischer Praktizierender (P: anagārika) aus Sri Lanka und Begründer der Mahabodhi Society.

Gandhi

Mohandas Karamchand Gandhi (1869 - 1948) war ein indischer Rechtsanwalt und Pazifist, sowie der geistige Anführer der indischen Unabhängigkeitsbewegung. Er gilt durch sein Leben im Widerstand gegen die britische Kolonialherrschaft in Indien als herausragendes Symbol der Gewaltlosigkeit.

Govinda

Lama Anagarika Govinda (1898 - 1985) war ein buddhistischer Gelehrter, Schriftsteller und Künstler deutscher Herkunft. Er wurde Mönchsanwärter in Sri Lanka und wechselte dann zum Mahāyāna und Vajrayāna. Er brachte das Wissen über den tibetischen Buddhismus (Vajrayāna) nach Europa und die USA und gründete im Auftrag seines tibetischen Guru den buddhistischen Orden Arya Maitreya Mandala.

Gödel

Kurt Gödel (1906 - 1978) war ein österreichischer (Österreich-Ungarn) Logiker und gilt als einer der bedeutendsten Logiker des 20. Jahrhunderts. Er vertiefte die Prädikatenlogik hinsichtlich Entscheidungsproblemen und Vollständigkeit.

Hegel

Georg Wilhelm Friedrich Hegel (1770 -1831) war ein deutscher Philosoph. er gilt als wichtigster Vertreter des deutschen Idealismus.

Heraklit

Heraklit von Ephesos, Hērákleitos Ephesius (ca.520 – ca.460 v.d.Z.) war ein vorsokratischer Philosoph aus Ephesos.

Hesse

Hermann Hesse (1877 - 1962), war eine deutscher Schriftsteller, Dichter und Maler. Er erhielt 1946 den Nobelpreis für Literatur. Seine aus buddhistischer Sicht lesenswerten Werke sind „Siddhartha", „Der Steppenwolf", „Die Morgenlandfahrt" und „Das Glasperlenspiel".

Jung

Carl Gustav Jung (1875 - 1961) war ein Schweizer Psychiater und der Begründer der analytischen Psychologie. Er verfasste auch einen bedeutenden psychologischen Kommentar zur ersten westlichen Ausgabe des Bardo Thödol (Tibetisches Totenbuch).

Kamalaśīla

Kamalaśīla (ca. 740 - 795) gilt als einer der wichtigsten indischen buddhistischen Autoren und Meister. Er war Schüler von Śāntarakṣita (8. Jahrhundert), reiste nach Tibet und stellte sich im Jahr 792 der Diskussion bezüglich Buddhismus und meditativer Schulung, was zu einer Hinwendung und Festigung der indischen Linie des Buddhismus in Tibet führte.

Kant

Immanuel Kant (1724 – 1804) war ein deutscher Philosoph und er zählt zu den bedeutendsten Vertretern der abendländischen Philosophie.

Karwath

Walter Karwath (1919 - 1986) war ein praktischer Arzt, der als Distriktsarzt über zehn Jahre in Borneo und Java (Indonesien) verbrachte. Mitte der 1950er Jahre kann er zurück nach Wien wo er als Arzt praktizierte. Er war von 1977 an Präsident der Österreichischen Buddhistischen Union und trug massgeblich zur staatlichen Anerkennung des Buddhismus in Österreich bei und war daher nach der staatlichen Anerkennung bis 1983 Präsident der Österreichischen Buddhistischen Religionsgesellschaft.

Khalil Gibran

Khalil Gibran (*ausgesprochen* Chalil Dschibran 1883 – 1931) war ein libanesisch-US-amerikanischer Dichter, Philosoph und Maler. In seiner Dichtung verbindet er das Gedankengut des Sufismus mit dem europäischen Denken und schaffte dadurch einen Brückenschlag zwischen der arabischen und der westlichen Welt.

Kubin

Wolfgang Kubin (geb. 1945) ist einer der bedeutendsten westlichen Sinologen und Übersetzer. Er ist Senior-Professor an der Beijing Foreign Studies University sowie an der Shantou University in Guangdong.

Lǎozi

Lao Tse, Lao Zi (C: 老子 lǎozi, 6. Jahrhundert v.d.Z.) war ein chinesischer Weiser und Philosoph. Er gilt als Autor des Dao De Jing, Tao Te Ching (C: 道德經 dàodéjīng) und als Begründer des Daoismus.

Łukasiewicz

Jan Łukasiewicz (1878 - 1956) war ein polnischer Philosoph und Mathematiker. Er entwickelte im Westen als Erster eine dreiwertige Logik.

Nāgārjuna

Nāgārjuna (2. Jahrhundert) war einer der bedeutendsten Meister in der Geschichte des Buddhismus. Er ist auch der Initiator der Philosophie des Mittleren Wegs (S: madhyamaka), die er auf den Grundlagen des Buddha detailliert ausformulierte.

Novalis

Georg Philipp Friedrich von Hardenberg (1772 - 1801) war ein Dichter namens Novalis, Gelehrter und Philosoph und einer der bedeutendsten Vertreter der deutschen Frühromantik.

Nyānatiloka

Nyānatiloka Maha Thera (1878 - 1957) war der erste Deutsche, der buddhistischer Mönch wurde und lies sich in Sri Lanka nieder. Er war ein herausragender Kenner der ältesten Schriften des Buddhismus und übersetzte viele Lehrreden aus dem Pali ins Deutsche.

Parmenides

Parmenides (5. Jahrhundert v.d.Z.) war ein griechischer Philosoph, zählt zu den Vorsokratikern und gilt als ein Hauptvertreter der eleatischen Schule (die Welt ist Schein, nur das Denken kann sich dem absoluten Sein annähern).

Patanjali

Patañjali (4 ./5. Jahrhundert) war ein indischer Gelehrter und ist Verfasser der bedeutendsten Lehrschrift über Yoga.

Russel

Bertrand Russel (1827 - 1970) war ein britischer Philosoph, Mathematiker sowie Logiker und Religionskritiker.

Saint-Exupéry

Antoine de Saint-Exupéry (1900 – 1944) war ein französischer Schriftsteller. Seine Erzählung „Der kleine Prinz" gehört zu den erfolgreichsten Büchern der Welt.

Sangharakshita

Sangharakshita (1925 - 2018) war ein britischer Buddhist und Schriftsteller. Er gründete den „Western Buddhist Order".

Schiller

Friedrich Schiller (1759 - 1805) ist einer der bedeutendsten deutschen Dramatiker und Lyriker.

Tarthang Tulku

Tarthang Tulku (geb. 1935) ist ein tibetischer Gelehrter, der im Jahr 1972 die Nyingma Tradition in die USA brachte.

Thich Nhat Hanh

Thich Nhat Hanh (1926 - 2022) war ein vietnamesischer buddhistischer Mönch, Lehrer, Friedensaktivist, Schriftsteller und Lyriker. Er war einer der einflussreichsten buddhistischen Lehrer im Westen und gründete weltweit zahlreiche Zentren für Meditation und Achtsamkeitstraining.

Thubten Chodron

Thubten Chodron (C: 德林 dé lín, 1950 -) geboren als Cheryl Green ist eine US amerikanische buddhistische Nonne und Gründerin sowie Äbtissin eines Trainings- und Ausbildungszentrums für buddhistische Mönche und Nonnen der tibetischen Tradition des Buddhismus in den USA.

Tomo Geshe Rinpoche

Ngawang Kalsang (1866 – 1936), genannt Tomo Geshe Rinpoche, war einer der einflussreichsten Lehrer der Gelugpa Schule des tibetischen Buddhismus seiner Zeit. Er war der Guru von Lama Anagarika Govinda.

Tsongkhapa

Tsongkhapa (1357 - 1419) war ein tibetischer Meister und der Reformator, der die Gelugpa Schulrichtung (Gelbmützen) in Tibet gründete. Sein Werk über den Stufenpfad (T: lam-rim) ist ein umfangreiches Lehrwerk des tibetischen Buddhismus und Grundlage der Mönchsausbildung.

Dieser hier gegebene zeitliche Vergleich umspannt etwa 100 Jahre vor dem in-Erscheinung-Treten des Buddha bis etwa 700 Jahre nach dem Verlöschen des Buddha, d.h. bis um ersten Jahrhundert nach der Zeitenwende unserer heutigen Zeitrechnung.

Es werden dazu die wesentlichsten buddhistischen Ereignisse im Vergleich zu geschichtlichen und politischen Weltereignissen gesetzt.

Jahr	buddhistisches Ereignis	andere Ereignisse
7.Jhd. v.d.Z.	--------	• 770 – 476 Frühlings- und Herbstperiode in China (östl. Zhou Dynastie) • 630 – 553 Zarathustra in Persien • Beginn der Entstehung der Upanishaden in Indien
6.Jhd. v.d.Z.	**563 – 483** **Siddhartha Gotama** **(der historische Buddha)**	• 587 Zerstörung Jerusalems durch Nebukadnezar II und Diaspora der Juden nach Babylonien • 571 - ? Lao Zi (Lao Tse) in China • 551 – 479 Kong Zi (Konfuzius) in China • 550 Gründung des Persischen Reiches durch Cyrus den Großen • ca. 540 - 468 Geburt des Vardhamana (der Mahavira) in Indien • 517 Darius I von Persien erobert einen Teil des Indusgebietes. • 513 erste zuverlässige schriftliche Erwähnung des Eisens in China • Ende des 6.Jhd., Beginn des 5.Jhd. Strategie und Taktik der Kriegsführung von Sun Zi in China

5.Jhd. v.d.Z.	486 Erstes Buddhistisches Konzil in Rajagaha nach dem Verlöschen des Buddha unter der Patronanz von König Ajatasattu Der Buddhistische Kanon, wie er in der Tradition der Theravadins überliefert ist, wird in mündlicher Überlieferung festgehalten.	• 490 Schlacht bei Marathon in Griechenland • 490 – 479 Griechisch – Persische Kriege • 475 – 221 Zeit der Streitenden Reiche in China (östl. Zhou Dynastie) • 469 – 399 Sokrates in Griechenland • 443 – 429 Perikleisches Zeitalter in Griechenland • 438 Bau des Parthenon in Athen • 427 – 347 Plato in Griechenland • Entstehung der Bhagavad Gita in Indien
4.Jhd. v.d.Z.	386 Zweites Buddhistisches Konzil in Vesali, etwa 100 Jahre nach dem Verlöschen des Buddha. Erste Spaltung des Sangha in Mahasanghika und Sthaviravada (Theravāda). 367 Nicht kanonisches buddhistisches Konzil in Pataliputra.	• 384 – 322 Aristoteles von Stageira in Griechenland • 356 – 323 Alexander der Große in Griechenland • 327 – 325 Alexander der Große zieht über Persien nach Indien • 342 – 271 Epikur von Samos • 336 – 263 Zenon von Kition (Stoizismus) in Griechenland
3.Jhd. v.d.Z.	272 – 231 Regierungszeit König Aśokas in Indien 250 Drittes Buddhistisches Konzil in Pataliputra, etwa 200 Jahre nach dem Verlöschen des Buddha, unter der Patronanz König Aśokas.	• 320 – 250 Aristarch von Samos (heliozentrisches Weltbild, Achsendrehung der Erde, Umlauf der Erde um Sonne, etc.) • um 300 Euklid (Lehrbuch der Geometrie) • 280 – 212 Eratosthenes von Syrakus (Kugelgestalt der Erde, Erddurchmesser, etc.) • Rom kämpft gegen Karthago. Im

	247 Aśokas Sohn Mahinda bringt den Buddhismus nach Sri Lanka. Der Buddhistische Kanon wird in Pali niedergeschrieben. Füheste Erwähnung des Buddhismus in China im Wei Lüeh von San Guo Chi.	zweiten Punischen Krieg steht Hannibal Barca (218) vor den Toren Roms.
2.Jhd. v.d.Z.	200 Beginn des Mahāyāna Buddhismus. Entstehung der Prajñāpāramitā Schriften. 185 – 175 Buddhistische Monumente in Indien entstehen (in Sanchi, Amāravati und Bodh Gaya).	• 206 – 220 Han Dynastie in China
1.Jhd. v.d.Z.	65 früheste Erwähnung buddhistischer Gemeinschaften in China (Kiangsu und Shandong) 68 zwei indische Mönche Kashyapa-matanga und Gobharana erreichen unter der Regierungszeit des Kaisers Ming (58 – 75, Han Dynastie) China. Als erstes buddhistisches in China übersetztes Sūtra entsteht das „Sūtra in 42 Abteilungen" 35 – 32 Der komplette spirituelle Kanon der	• 100 - 44 Julius Caesar • 70 – 19 Virgil, Lateinischer Dichter

	Theravāda Schule wird in Pali in der Aloka Höhle, nahe Matale in Sri Lanka, auf Palmblatt Manuskripten hinterlegt. Das Milinda-pañha (Fragen an den König Milinda) wird von Nagasena verfasst	
1.Jhd. n.d.Z.	64 Der erste Tempel (白马寺 bái mǎ sì, Tempel des Weissen Pferdes) wird in China gegründet, Provinz Henan und besteht heute noch. 78 – 101 König Kaniska beruft das 4. buddhistische Konzil in Jalandhar oder Kashmir ein (etwa im Jahr 100). Von den Theravadins wird dieses jedoch nicht beachtet. 100 Buddhismus kommt nach Kambodscha 150 Buddhismus kommt nach Vietnam Das Lotus Sūtra entsteht Erste Bildnisse, die den Buddha als Mensch zeigen, entstehen.	• März des Jahres 1: Einführung des reformierten Julianischen Kalenders. • um 7 – 40 Jesus von Nazareth • 70 Zerstörung von Jerusalem und des Zweiten Tempels.

Dieses Register der Sanskritbezeichnungen verweist auf jene Seiten, in denen die jeweiligen buddhistischen Fachbegriffe näher erklärt werden. Die zugehörigen Bezeichnungen in Pali, wenn vorhanden, sind dem jeweiligen Text zu entnehmen. In manchen Fällen wurden im Text, dort wo es sinnvoll erschien, auch die chinesischen, tibetischen oder japanischen Begriffe beigegeben.

abhiniṣkramaṇa sūtra 45
abhiṣeka 225
acaitanya 149
adhiṣṭhāna 225
advayajñāna 246
ahaṅkāra 164
ahiṃsā 292
ākāśāgarbha 65
akiñcanya dhyāna 30
ānanda 255
anātaman 163
anātman 111
anitya 111, 120
anumāna 183
apamāna 183
apramāṇa 289
ārāda kālāpa 29
arhat 71
āryāṣṭāṅgamārga 122
āsana 215
aṣṭa vijñāna 188
aśvaghoṣa 44
atīśa 85
ātman 163
avalokitaśvara 66
avalokiteśvara 66
avatāra 74
avdiyā 115

avidyā 33, 138, 218
bhaiṣajyaguru 209
bhava 140
bhavaṅgasota 164
bhikṣu 296
bhikṣuṇī 296
bodhi 239
bodhicitta 160
bodhisattva 62
bodhisattvamarga 236
brāhmaṇa 26
brahmavihāra 289, 291
buddha 204, 270
buddhacarita 44
buddhapada 106
cittamātra 188, 191, 197
cittasaṃtāna 158
dharma 194, 205, 262, 270
dharmakāya 99, 103
dharmakīrti 181
dharma-niyāma 153
dhyāna 216, 258
dignāga 181
dīpaṃkara 51
duḥkha 111, 117
dveṣa 119
dveṣa 115
guru 211, 212, 336

hīnayāna 317
jarāmaraṇa 140
jātaka 54
jāti 140
jñāna 182
kanakamuni 53
karma niyāma 145
karma vipāka 154
karma-niyāma 152
karuṇā 290, 292
kāśyapa 53
kleśa 218
krakucchaṁda 52
kśitigarbha 67
lalitavistara 43
lobha 119
lokottaravādin 43
madhyamaka 174
mahākaruṇā 237
mahāsāṅghika 43
mahāvastu 43
mahāyāna 318
maitreya 58, 67
maitrī 290
mañjuśri 68
mano-niyāma 151
māra 33
mithyā saṁvṛttisatya 171
mokṣa 255
muditā 291
mūlamadhyamakakārikā 178
muni 34
nāgārjuna 178
nāmarūpa 138
nidānakathā 45
nirmāṇakāya 99, 100, 337
nirvāṇa 74
nirvāṇa 121
nirvicāra 31
nirvikalpa 30

niyāma 150
nyāya 182, 183
paramārtha satya 172
paramārthasatya 179
parinirvāṇa 39
prajñā 218, 256
prajñāpāramitā 360
prakṛti 245, 255
prāṇa 258
prasaṅgika 179
pratimokṣa 286
pratītyasamutpāda 137
pratyakśāya 182
puruṣa 245, 255
rūpa 100
śabda 183
ṣaḍāyatana 139
sādhaka 222
sādhana 221
samādhi 218
samantabhadra 68
śamatha 216
śamatha-vipaśyanā 218
samayak samādhi 135
saṃbhogakāya 99, 102
saṃgha 204, 205, 271
saṁkhya 29
sāṃkhya 164
saṃsāra 77, 119
saṃskāra 112, 113, 138
saṃvṛtisatya 179
saṁvṛttisatya 170
samyak ājīva 124, 133
samyak dṛṣṭi 123, 128
samyak karmānta 124, 132
samyak samādhi 125
samyak sambuddha 204
samyak saṃkalpa 123, 129
samyak smṛti 125, 135
samyak vācā 123, 131

samyak vyāyāma 124, 134
saṃyojana 233
sandhyābhāṣā 357
saṅkhyā 164
sarvanivāraṇa viṣkambhin 69
sarvāstivāda 43
sat 170
satya 170, 294
satyadvaya 170
śikhin 52
śīla 218, 283
skandha 164
smṛti 217
sparśa 139
śraddhā 209
śrāddha 280
śramaṇa 27
srotāpanna 160
sthavira 336
stūpa 79
sukha 75
śūnya 169
śūnya 249
śūnyatā 169
svātantrika 179
tantra 251
tantrayāna 253
tat 170
tathya 170, 173
tathya saṃvṛttisatya 171
theravāda 318
trikāya 103

trilakṣaṇa 111
trimūla 141
triśaraṇa 269
triśaraṇa 204
tṛṣṇa 115, 139
udraka rāmaputra 29
upādāna 140, 233
upāsaka 296
upāsikā 296
upāya 256
upekṣā 291
utathya saṃvṛttisatya 171
utu-niyāma 150
vaiśākha 367
vaiśākhī 367
vajrapāni 69
vajrasattva 70
vajrayāna 319
vedanā 139
vedānta 30
vijñānavāda 189, 191, 198
vijñaptimātra 189
vipāka niyāma 145
vipaśyanā 217
vipaśyin 52
viśvabhū 52
yāna 303, 317
yathā bhūtam 142, 217
yoga 245
yogācāra 189, 191, 198
yukti 222

Buddhistische Tempel in Beijing - Ein Reiseführer
(Bedeutung, Architektur, Geschichte)
2014   BACOPA Verlag
ISBN 978-3-9027-3533-1
160 Seiten, deutsch

Der Mittlere Weg für die Praxis
(Anweisungen zu Nāgārjunas Mūlamādhyamakakārikā)
The Middle Way for Practitioners
(Instructions on Nāgārjuna's Mūlamādhyamakakārikā)
2021   BoD (Books on Demand, Norderstedt)
ISBN: 978-3-7543-5719-4
230 Seiten, deutsch & englisch

Buddhistische Nur-Bewusstsein Lehre für Praktizierende
(Yogacara Anweisungen, Saṃdhinirmocanasūtra und 100 Dharma Lehre)
Buddhist Consciousness-Only Doctrine for Practitioners
(Yogacara Instructions, Saṃdhinirmocanasūtra and 100 Dharma Doctrine)
2022   BoD (Books on Demand, Norderstedt)
ISBN: 978-3-7557-6768-8
434 Seiten, deutsch & englisch

email: rtk@chello.at

FSC
www.fsc.org
MIX
Papier aus ver-
antwortungsvollen
Quellen
Paper from
responsible sources
FSC® C105338